한국 근대소설의 구어전통과 문체 형성

저자

양문규(梁文奎 Yang, Mun-kyu)
1956년 인천 출생. 연세대학교 국어국문학과 및 동 대학원 졸업(문학박사). 현재 강릉원주대학교 인문대학 국어국문학과 교수. 저서로 『한국 근대소설사 연구』와 『한국 근대소설과 현실인식의 역사』가 있다.

한국 근대소설의 구어전통과 문체 형성

초판 인쇄 2013년 5월 20일 **초판 발행** 2013년 5월 28일
지은이 양문규 **펴낸이** 박성모 **펴낸곳** 소명출판 **출판등록** 제13-522호
주소 서울시 서초구 서초동 1621-18 란빌딩 1층
전화 02-585-7840 **팩스** 02-585-7848 **전자우편** somyong@korea.com **홈페이지** www.somyong.co.kr

값 31,000원

ISBN 978-89-5626-895-8 93810

이 책은 2008년도 교육과학기술부의 재원으로
한국연구재단의 지원을 받아 수행된 연구임(NRF-2008-812-A00162).

한국 근대소설의 구어전통과 문체 형성

The oral tradition of the Korean modern novel and its stylistic formation

양문규

소명출판

책머리에

한국의 근대소설은 전통적인 조선시대의 소설이 서구 또는 서구화를 꾀한 일본문학에 접촉, 촉발되어 변화를 일으키며 제작, 생산되었다. 기존의 문학사들은 이러한 소설사의 전개 과정을, 직선적이고 발전적인 관점에 서서 우리 소설이 과거 전통 소설의 구태로부터 탈각하여 서구소설을 모방하고 이를 정착시킴으로써 근대소설을 성취한 것으로 기술한다. 그런데 우리 근대소설이 서구의 소설문화와 만나 그것에 일방적으로 기울어졌는지, 그리고 설사 그렇다 가정하더라도 그것이 바람직한 발전 방향이었는지는 다시 따져볼 필요가 있다. 이를 위해 이 책은 우리 근대소설이 조선 후기 국문소설 또는 판소리문학에 나타난 구어체적 전통을 수용하면서 공동체적 경험을 지향하는 것과, 개인, 자아 또는 내면을 추구하는 서구의 근대성이 어떠한 방식으로 상호작용하는지를 살펴보고자 했다. 그리고 이러한 상호작용을 통해 성취하게 되는 새로운 문체의 성립을 논증해내는 것을 목표로 했다.

식민지 시기의 우리 소설 중에서 전통과 서구문화의 교섭으로부터 양지의 창조적 융합을 통해 이뤄낸 문학적 성과를 점검하는 것은 최근 국제화의 현실에서 문화적 다원주의에 기초하면서도 자신의 문화적 정체성을 찾아야 하는 요구에 하나의 단서를 제공한다고 본다. 또한 식민지 시기 소설사에서 구어 전통의 측면에서 문학적 성과를 보여준 작품들을 재평가하여 이를 문학사 전면에 내세우는 것은 소설사 내부의 문제에 국한된 것만은 아니다. 이는 우리 문화 전반에 걸쳐있는 현학성과 난해성을 극복하고 진정한 자기표현의 길을 찾게 하리라 보며, 더 나아가 언어로 빚어진 계층, 문화의 분단을 뛰어넘어 문화적 공감의 확대와 공동체적 유대를 기대하게 된다.

이 책은 이러한 나름대로의 문제의식을 갖고 논의를 출발시켰지만 이를 전개해나가는 과정에서 몇 가지 문제에 맞닥뜨리게 되었다. 우선 그동안 저자는 소설문학이 현실을 어떻게 반영하며 인식하는지에 초점을 맞춘 논의를 해온데 비해, 이 책은 이를 위해 문체가 어떠한 역할을 해내는지를 중심으로 논의를 전개하고자 했다. 그런데 막상 소설적 문체 연구를 진행하다 보니 그것이 과학적인 방법에 기초하기보다는 자의적 주관에 맡겨지게 되는 경우가 많았다. 그래서 어떤 경우 분석이라는 방법을 통과했지만 인상주의적 논의에 그치는 경우가 있었다. 그리고 소설문학에 나타나는 구어체에 대한 기존의 개념 논의를 새롭게 보완, 정립해보고자 했지만 이것이 연구자들 사이에서 어느 정도 동의를 받을 수 있는지도 궁금하다. 당연히 이에 대한 관련 연구자들의 엄정한 평가를 기대해보고자 한다.

그동안 출간했던 저자의 기왕의 책들이 여러 논문들을 모아 출간한 것과 달리, 이번 책은 한국연구재단의 지원 아래 출간된 이른바 전작 책인 셈이라 나름의 기쁨과 보람을 가져야 하는데 막상 출간을 하게 되고 보니 적잖은 부담감으로 다가선다. 저자에게로 돌아올 학문적 질타가 두렵지만 이는 이대로 겸허히 수용, 앞으로 지속될 공부의 밑거름으로 삼아야 된다는 생각을 또다시 하며 이를 스스로의 위안으로 삼는다. 책을 내면서 감사해야 할 분도 많지만 그중에서도 회강학사 동학들이 늘 힘이 되었으니 이 자리를 빌려 그들 모두에게 고마운 뜻을 전한다.

2013년 5월

양문규

차례

제1장 머리말

1. 연구의 목적

한국 근대소설은 전통적인 조선시대의 소설이 서구 또는 서구화를 꾀한 일본문학에 접촉, 촉발되어 변화를 일으키며 제작, 생산되었다. 특히 1910년대 이후 우리 소설은 이전의 전통소설과 상당한 단절을 겪으면서 근대적 서구소설의 구성 원리를 모델로 근대소설을 실현해간다. 기존의 문학사들은 이러한 소설사의 전개 과정을, 직선적이고 발전적인 관점에 서서 우리 소설이 과거 전통 소설의 구태로부터 탈각하여 서구소설을 모방하고 이를 정착시킴으로써 근대소설을 성취한 것으로 기술한다. 그러나 우리 근대소설이 서구의 소설문화와 만나 그것에 일방적으로 기울어졌는지, 설사 그렇다고 가정하더라도 그것이 바람직한 발전 방향이었는지는 다시 따져볼 필요가 있다. 서구 대 비(非)서구,

근대성 대 전통이라는 위계적 이분법과 그 속에 함축된 선형적 역사모델에 대한 재검토가 요구되는 셈이다. 우리 근대소설의 직전 단계에 등장한 판소리문학을 비롯한 조선 후기 국문소설은 시민사회의 성립과 더불어 발전해온 서구 근대소설이 걸어온 길과는 또 다른 성격을 가지고 있다. 바흐친은 소설 장르를 서구 시민계급 고유의 것으로만 보지 않는다.[1] 그는 소설이 완성된 형태를 갖추게 된 것은 시민사회 성립기의 일이지만 소설의 맹아는 지배적 공식문화에 맞서는 탈 중심적 비공식 문화의 대항이라는 모습으로 줄기차게 성장해왔다는 순환적 전망에 주목한다.[2] 민속적 저급 장르들은 소설의 탄생과 밀접한 관련을 갖는데, 이들은 동시대의 현실을 주제로 하고 동시대 현실의 기존 위계질서적인 거리를 파괴하며 현실 세계에 "리얼리스틱하게 접근"하고자 노력하기 때문이다.[3] 이들은 살아있는 실재의 무한히 풍부한 삶과 접촉하는 전통을 갖고 이러한 전통들이 바로 소설 장르의 단초가 된다고 본다. 동구나 러시아의 근대소설을 보면 서구의 시민소설과는 다른 민중적인 삶의 여건 속에서 나오는 이야기체 소설이 굉장히 많다.

민속적 장르 등 주변 장르와 연관된 조선 후기 판소리문학 또는 판소리계 소설은 문자문학으로서 통일성과 정연함을 갖춘 서구 근대소설과 달리 소설 안에서 다양한 구연 상황과 다채로운 구어의 세계를

---

1 바흐친의 소설론은, 소설을 서사시의 곁가지가 아니라 반대로 대립물로서, 문학 및 문화 체계내의 **반장르적**이며 지속적인 혁신적 힘으로 간주한다. 루카치(또는 벤야민, 골드만) 등이 소설을 쇠퇴의 표현의 하나로 보았다면, 바흐친의 독창성의 잣대는 바로 소설에서 쇠퇴의 현상이 아니라 오히려 권위의 족쇄로부터 담론의 해방을 발견한다는 데 있다. 사실상 그는 모든 특권화되고 격식화되고 고착된 것에 대해 근본적으로 반대하는 데에 소설의 특징이 있음을 암시한다.(프라바카라 자, 「루카치, 바흐친, 그리고 소설사회학」, 여홍상 편, 『바흐친과 문학이론』, 문학과지성사, 1997, 286면)

2 카를로 진즈부르그, 김정하·유제분 역, 『치즈와 구더기』, 문학과지성사, 2001; 설준규, 「대화론인가 대화주의인가」, 『창작과비평』 63, 1989, 404면.

3 이강은, 『반성과 지향의 러시아소설론』, 한국학술정보, 2009, 45면.

보여준다. 그리고 우리의 근대소설은 이러한 판소리계 서사체의 전통에서 발견되는 이른바 공식문화의 대립 항이자 '민중의 웃음'으로 표현할 수 있는 민속적 오락성 또는 구어전통을 생산적으로 수용할 가능성을 갖고 있었다. 아닌 게 아니라 이러한 방식들은 신소설에 부분적으로 계승되기도 한다. 그러나 소설문학에서 구어체의 전통은, 1910년대를 통과하며 우리 문학이 서구문화의 영향권 안에 놓이면서 일시적으로 위축된다. 인물의 내면성을 그리는 것이 소설의 근대성을 보증하는 것이 되면서, 오락적이며 사건 중심의 고소설이나 신소설을 기술하던 구어체적 전통은 경시된다. 이는 단순히 언어 내부의 문제로만 그치지 않고, 우리 이야기 서술의 전통을 긍정적으로 계승 못하며 더 나가서 우리 근대소설이 다양한 방식으로 성취되는 길을 방해한다. 우리 소설이 근대소설로 전환하는 과정에서 구어 전통이 일시적으로 쇠퇴했다는 것은, 언어를 매개로 관철되는 서구문화와 전통문화 사이의 권력 관계 또는 지배 종속관계에서 일시적으로 패배했음을 뜻하기도 한다.[4] 그러나 문화는 결코 지배계층의 상층문화에서만 독창적으로 발생하지 않는다. 오히려 상층문화의 상당한 부분에 걸쳐 퍼져 있는 문화의 민중적 기원을 주목할 필요가 있다.

---

4 문어와 구어의 차이가 생기는 데는 여러 가지 요인이 작용하겠지만, 그중의 하나에는 이질적인 문화의 만남 속에서 필연적으로 발생할 수밖에 없는 번역어의 영향도 있다. (…중략…) 문어는 그 말을 번역한 나라보다 더 강한, 지배적 위치에 있는 국가의 문화로부터 번역된 말들이다. 문어는 그래서 지배 종속, 계급 따위의 이미지와 떨어져서 생각할 수 없다. (…중략…) 번역을 통해 생성된 문어 표현이 독자의 생명력을 갖고 이른바 문어의 세계 속에 정착하는 것은 어떤 의미에서는 언어를 매개로 관철되는 국가와 국가, 문명과 문명, 문화와 문화 사이의 권력 관계, 지배 종속 관계의 표현이다. 문어는 구어에 비해 상대적으로 '고급문화'에 속하는 것이고, 이 경우 강자의 문화가 약자의 문화 속에서 상대적으로 고급문화 속에 똬리를 튼 것이라고 이야기할 수 있겠다. 문화적 종속은 언제나 고급문화 커뮤니티에서 시작되고 고급문화가 주도하는 것이기 때문이다.(야나부 아키라, 서혜영 역, 『번역어 성립과정』, 일빛, 2003, 206~207면)

서구 근대문학의 영향에서 출발했던 우리 근대소설사는 그러나 이후 서구, 그리고 일본과도 다른 비서구적 시각에서 새로운 자기 발견의 길을 모색한다. 이는 우리의 경우 특별히 식민지 경험을 하면서 서구의 경우와는 물론이요, 비서구 국가인 일본과도 다른 새로운 형태의 근대, 이른바 식민지 근대를 겪는 것과 관련된다. 우리 소설사는 점차적으로 서구소설 그리고 서구를 흉내 낸 일본문학에서 벗어나 조선 후기 판소리문학에서 보여준 민중적, 구어체적 전통을 계승하고자 한다. 판소리문학에서 나타났던 구어체 커뮤니케이션의 형태는 공동체적 유대, 그리고 공감의 확대와 관련된 공동의 예술체험을 강조한다. 그리고 이를 새롭게 받아들인 서구문학과 소통시키고자 하는 모색을 한다.

우리의 근대소설은 이를 통해 근대의 서구와는 또 다른 독자적 근대문학의 가능성을 보여준다. 근대 서구의 정체성은 모든 개인에게 개성과 깊은 내면, 확고한 자아가 있다는 점을 강조하는 데 있지만, 개인화한 사회는 공동체를 약화시키고 개인의 중압감을 증가시킨다. 이에 반해 구어체 전통을 생산적으로 수용한 우리의 근대소설은 작가 또는 화자, 작중인물, 독자 상호 간 추상적이 아닌 구체적이고 감각적인 관계를 맺고, 이로써 공동체적 연대의 회복을 꾀한다. 이는 독자를 익명화하며 작가나 인물이 개별자를 지향하는 근대 소설의 중심적인 경향으로부터 벗어나게 한다.

이 연구는 우리 근대소설이 국문소설의 구어체적 전통을 수용하면서 공동체적 경험을 지향하는 것과, 개인 또는 자아, 개성 및 내면을 추구하는 서구의 근대성이 어떠한 방식으로 상호작용할 수 있는지를 모색한다. 그리고 이러한 상호작용을 통해 성취하게 되는 새로운 문체의 성립을 논증해내는 것을 목표로 한다. 조선 후기 판소리문학 또는 판소리계 소설을 비롯한 국문소설에서 보이던 구어의 전통이 식민지시기를 거치면서 서구소설의 미학적 원리와 만나 문체의 측면에서 어떻게 독창적인 재구성을 해내는가, 그리하여 전통문화와 서구문화의 바람직한 '순환적 교류의 상호 작용'이 어떻게 이뤄질 수 있는가를 살펴봄으로써 현금 우리 소설의 전망 또는 지향점을 모색해보고자 한다.

식민지 시기의 우리 소설 중에서 전통과 서구문화의 교섭으로부터 양자의 창조적 융합을 통해 이뤄낸 문학적 성과를 점검하는 것은 최근 국제화의 현실에서 문화적 다원주의에 기초하면서도 자신의 문화적 정체성을 찾아야 하는 요구에 하나의 단서를 제공한다. 실제 서구를 수용하면서도 서구를 억압이 아닌, 자기 변형의 고도로 유연하고 창조적인 채널로 간주하며,[5] 더불어 전통적 경험 역시 상실하지 않고자 한 소설적 노력들은, 소설의 위기를 말하는 현금 소설 발전의 활로를 모색하고자 하는 암시를 받는다. 또한 식민지 시기 소설사에서 전통, 특히 구어 전통의 측면에서 문학적 성과를 보여준 작품들을 재평가하여 이를 문학사 전면에 내세우는 것은 소설사 내부의 문제에 국한된 문제가 아니다. 이는 우리 문화 전반에 걸쳐있는 현학성과 난해성을 극복하고 진정한 자기표현의 길을 찾게 한다. 그리고 적극적으로는 언어로 빚어진 계층, 문화의 분단을 뛰어넘어 문화적 공감의 확대와 공동체적 유대를 기대한다.

언어의 영역에서 근대화란 중세의 신분질서와 결합한 모든 언어신비주의로부터 벗어나는 과정이다. 그럼에도 조선 후기 우리 문학의 구어 전통은 일본을 통한 서구화의 과정을 통과하면서 일시적인 천대를 받고 위축이 된다. 그러나 알기 쉽게 생생한 구어로 글을 쓴다는 것은 문학 내부에서만이 아니라 사람과 사람 사이의 친화력과 자연스러움

5 더글러스 로빈슨, 정혜욱 역, 『번역과 제국』, 동문선, 2002, 134면.

을 회복하는 일이기도 하다. 앨런 테잇(Allen Tate)은 현대는 비인간화의 시대라고 말하면서, 비인간화를 특별히 사회의 말의 측면에 초점을 맞춰 논의했다. 현대사회는 인간을 목적으로 보지 않고 수단으로 취급하면서, 말은 수단인 사람을 집단적으로 통제하기 위한 '전달(커뮤니케이션)'의 도구로만 기능을 할 뿐이고 여러 사람이 서로 뜻을 함께 하는 '친교(커뮤니케이션)'의 매개로는 기능하지 못한다. "비인간화된 사회에서 사람은 의사 전달은 할 수 있으나 충만한 친교 속에 살 수는 없다."[6] 식민지 시대 서구 근대와 구어의 전통이 결합된 소설문학은 자연스럽고 소박한 언어를 통해 평등주의적인 인생관과 함께 특권을 반대하고, '전달'이 아닌 '친교'의 언어로 대중적 호소력을 갖고 우애와 사랑과 같은 인간적 가치를 갈망하는 공동체적 회복을 지향한다.

2. 연구의 내용과 방법

구어체란 사전적 의미로 정의하자면 입으로 하는 말, 회화에서 쓰이는 말을 글체로 한다. 즉 구어체는 글을 쓰는데 그것을 현실 생활에서 이야기하듯이 쓰는 문체를 가리킨다. 우리의 경우 구어체는 근대 계몽기 이후 한자 또는 한문 대신 국문을 사용하면서 말과 글을 일치시키려 했던 언문일치 운동과 관련되어 주로 이야기된다. 그러나 이 연구에서 구어체는 근대 계몽기 이후 주장되어 온 언문일치체와는 다른 것

6 이상섭, 『영미비평사』 3, 민음사, 1996, 123면.

을 가리킨다. 근대 계몽기 지식인들이 주창한 언문일치의 표면상 목적은 문자어를 구어에 맞게 만드는 것이었지만, 실제의 목적은 기존의 문어를 대신한 새로운 문어를 만드는 측면도 갖고 있다. 계몽기 최남선의 잡지언어는 언문일치라는 입장에서 한자와 한문을 배타적으로 밀어낸 주시경의 입장을 기본으로 하되, 지시어로서 한자의 역할을 인정하는 장지연의 실용적 태도를 교묘하게 결합시키고 있다.[7]

그리고 소설문학에서 특히 초기의 '단편소설 장르'에서 이광수, 김동인 등이 시도한 언문일치는 구미-일본어의 번역체를 합성하여 만든 신식 문언이지 구두상의 속어를 주된 원천으로 한 대중언어는 아니었다.[8] 다시 말해 그것은 진정한 구어체가 아니라 이 시기 지식인들이 주도했던 또 하나의 에끄리뛰르(글쓰기)의 창조이다.[9] 우리 근대 초기 소설의 언문일치의 문체는 조선 후기 국문소설의 것보다 새로운 기분의 외양을 띠지만, 글을 실제의 구어와 일치시킨다는 점에서 오히려 어떤 면에서는 더 물러서 있다. 특히 순국문체가 아닌 국한문체를 통해 언문일치 운동을 전개했던 근대 초기 지식인들의 글은 모호한 표현 방식을 취하며 대중 독자에게 친화적이지도 않았다.[10] 근대 이후 우리 언

7 한기형, 「근대어의 형성과 매체의 언어전략」, 『역사비평』 71, 2005, 366면.

8 김동인의 소설에는 한국어란 없고 다만 언문일치만 있다. 김동인은 일본의 근대소설을 가능케 한 일본소설의 문장(문체)에서 한 발자국도 떠날 수가 없었다.(김윤식, 「김동인 문학의 세 가지 형식 : 대동강의 사상과 감각을 중심으로」, 『한국학보』 11(2), 2002, 6면)

9 백지운, 「근대 중국 언어운동의 스펙트럼」, 『역사비평』 70, 2005, 363면.
중국의 경우도 마찬가지로, 구추백이 말하기를 5·4문화혁명이 열어놓은 언문일치의 지평은 전적으로 사대부나 도시 부르주아를 이롭게 한 것이지 대중의 진실 된 속어를 반영한 것은 아니라 한다. (…중략…) 속어란 무엇인가? 구추백에 따르면 그것은 사람들이 현재 쓰고 있는 '普通話', 따라서 필요하다면 '土話'로 표현된 방언문학도 포함하는 대중의 언어이다.(村田雄二郎, 류준필 역, 「'文言·白話'를 넘어서 : 근대 중국에서 '국어' 문제」, 『중국현대문학』 36, 2005, 197면)

10 이태준, 이병기 등은 언문일치체에 대해서 또 다른 관점을 제시한다. 이병기는 우리 고전 산문을 세 가지 즉 내간체(언문편지), 가사체(춘향전, 심청전), 역어체(언해)로 구분하고 그중

문일치운동에서 말과 글의 편향, 특히 주체의 편향은 일부 특수계층을 제외한 일반 민중에게 자기표현의 길을 제한하도록 만들었다.[11]

여기서 구어체란 이미 판소리문학 등 조선 후기 국문소설 등에서 적극적으로 나타나기 시작한 문체이다. 그것은 일부 특수 계층에 구속되지 않고 그 시대를 살았던 생활인이 일상의 현장에서 구사한 말을 꾸밈없이 재현한 문체를 가리킨다. 소설문학에서 구어체란 그것이 문자언어인지, 구두 언어인지 또는 실제 말과 문자를 물리적으로 일치시킨 말인지를 따지는 것이 아니다. 그리고 그것은 불가능한 일이다. 소설문학에서 구어체는 어떻게 실현되는가? 첫째로는, 등장인물의 개성적인 발언을 재현할(mimesis) 경우 적극적으로 이뤄진다. 이를 통해 어느 정도 문자로 구어를 담는 일이 가능하며 실제 현실 언어와 근접한다. 이는 소설의 화자가 대화문에서는 가급적 등장인물의 페르소나를 쓰고 그들의 말을 흉내 내고자 하기 때문이다. 여기서 인물의 존재는 작가 또는 화자로부터 독립성을 확보해야 한다. 그런데 구어체는 비단 인물의 발언에서뿐만 아니라 작가 또는 화자가 등장인물의 생각과 행동을 기술하는 이른바 비언어적 현실—지문에서도 실현된다.

구어체 소설의 화자는, 문어체를 지향하는 일반 소설과 달리 등장인

내간체를 가장 높이 평가한다. 그는 '가사체'의 경우 그것의 구술성 때문에 판에 박힌 형태의 수사와 진부한 상투구를 반복할 수밖에 없다고 본다. 이태준 역시 판소리계 소설의 문장은 "표현에 산문적 진실'이 없고" 인물 하나를 진실성이 있게 묘사해 놓은 것을 찾기가 어렵기" 때문에 현대의 소설 문장을 위한 고전(규범)이 되기에는 적합하지 않다고 주장한다. 따라서 이병기, 이태준, 정지용 등과 같은 '문장'파는 언문일치를 위한 '문어적 규범'을 내간체라는 중세의 귀족계층이 사용했던 여성적 문체에서 발견하였다.(배개화, 『문장』지의 내간체 수용 양상, 『현대소설연구』 21, 2004, 145~153면)

이태준 등이 소설에서 강조한 언문일치체 역시, 구어를 재현하고자 하는 데서 출발한 것이지만 감성과 합리성에 기초한 미문을 지향한다는 점에서 특정 지식인 계급의 취향을 보여준다.

11 구자황, 『이문구 문학의 전통과 근대』, 역락, 2006, 50면.

물을 대상화하고자 하는 것이 약화된다. 대신 화자는 궁극적으로 등장인물들과 '대화'적 자세로 임한다.[12] 대화는 말하는 상대로서 두 개의 주체를 명백히 요구한다. 화자가 인식의 주체가 되고 등장인물은 객체화된 대상이 되는 것이 아니라, 양자는 명백한 두 개의 주체가 된다.[13] 둘은 듣는 주체이자 말하는 주체이다. 등장인물이 상호주체가 되어 대화를 나누기 위해 양자는 체험을 공유하는 상황 안에 놓인다. 구어체 소설에서 화자는 구어의 말투를 구사하며 지문을 기술하여, 마치 그는 작중인물의 가족이나 이웃, 친지 또는 익숙하게 아는 사람인 것처럼 '인격화' 된다. 화자는 등장인물과 더불어 자신을 상대화하여 나름의 생각과 판단으로 등장인물들과 사태에 대해 논하고 이야기하는 말투를 보여주고 자주 작중인물의 언어로 지문을 서술한다. 화자의 말투는 따라서 대화문에서 실현되는 인물들의 말투의 분위기와 수준을 의식하거나 고려하여 구사된다. 작가는 그것을 어떤 경우에는 표 나게 때로는 표 나지 않게 한다.

이에 비해 서구 근대의 일반적인 삼인칭 소설에서 화자는 인격화되지 않는다. 작자가 화자의 존재 양태를 취하지 않고 일종의 가상적인

12 여기서 '대화'는 문장상에 표현된 대화 또는 소설, 희곡 등에서처럼 문자화된 목소리의 순차적인 재현을 말하는 것이 아니다. 여기서의 대화는 사람들 사이에서 얼굴을 맞대고 하는 직접적으로 음성화된 언어적 의사소통뿐만 아니라 모든 종류의 언어적 의사소통의 한 요소이다. 가령 소설 안의 화자들이 각자 주고받는 '대화의 교대적 행들'은 문법적으로 단절되어 있기 때문에 그 행들의 진정한 관계는 언어학의 용어로는 설명될 수 없다. 대화주의는 담론의 의미에 내재하면서 단어의 의미를 구상하고 지시 대상에 대한 단어의 창조 행위를 수행해주는 대화적 과정이라 정의할 수 있다. '대화'가 '말을 주고받는 형식'이라면, '대화주의'는 '말을 주고받는 언어행위'이다.(그레이엄 페치, 「바흐친의 소설 담론과 브레히트의 서사극」, 여홍상 편, 『바흐친과 문학이론』, 문학과지성사, 1997, 347면)

13 이러한 대화적 자세는 작가가 주인공에 대해 아무런 이점을 지니고 있지 않으며, 두 의식물은 완전히 동등한 권리를 지니고 작가-인물의 관계를 '나-그것'이 아니라 '나-너'의 유형으로 보는 바흐친의 견해(츠베탕 토도로프, 「바흐친의 문학론 : 인간과 상호인간」, 여홍상 편, 『바흐친과 문학이론』, 문학과지성사, 1997, 116면)와 유사하다.

시공의 지점(초월론적 시점)에서 발화하는 것, 이것이 바로 삼인칭이다.[14] 화자는 소설적 상황 바깥에 놓인 초월적이거나 신과 같은 존재가 아니면 최소한 중성적 존재가 된다.[15] 김동인이 서구 와 일본 소설을 흉내 내 사용한 '~ㅆ다'의 종결어미와 '그'라는 인칭대명사, 그리고 기타 술어들은, 서술자가 분명히 존재하는 데도 마치 없는 것처럼 느끼게 함으로써 현실감을 부여하는 근대적인 소설 언어들이다. 이른바 김동인의 '시점서술'은 인물의 행위와 말을 전경화함으로써 중개의 성격을 은폐하고 사실성의 효과를 높이는 서술방식이다. 재래의 전지적인 서술이 독자로 하여금 공동체의 지배적인 관념을 전해 듣는다는 인상을 강하게 준다면, 시점서술은 근본적으로 객관적인 서술을 지향하며 그렇게 묘사된 소설적 현실을 사실처럼 느끼도록 해준다.[16] 참고로 이러한 그럴듯함에 대한 천착은 사실에 대한 인식이 불가능해진 근대의 상황과 맞물린 것이기도 하다. 인간이 신으로부터 독립하여 사유할

14 이효덕, 박성관 역, 『표상공간의 근대』, 소명출판, 2002, 116면.
(삼인칭 소설에서) 등장인물과 작가는 영원히 결별한다. 존재하는 것은 작가라는 일인칭('자기')과 이야기 세계라는 '그것'이다. 이 일종의 진술적인 태도는 우연성을 배척하는 합리적 구성(플롯)의 전제조건이다. 따라서 '인형'(등장인물)은 '했다' 체로 소원화되고 플롯으로 전유될 타자, 즉 인공적으로 제작되고 플롯으로 전유될 타자, 즉 인공적으로 제작되고 재현될 삼인칭이라는 소설적 식민지의 다른 이름이다. 이는 자연에 대한 과학적 체계화 또는 더불어 대화할 수 없는 기계의 제작과도 본질적으로 상통한다. 당연히 독자는 "고독한 묵독"에 빠져들 수밖에 없다. 이때 인형과 작가, 화자와 청자, 자연과 체계 사이의 소원한 자율적인 지식체계들 사이의 고립으로도 반복된다.(이경훈, 「오디세우스의 변명」, 『대합실의 추억』, 문학동네, 2007, 31~32면)

15 근대소설에서 삼인칭과 과거시제 등은 다양한 종결어미의 사용에 의해 의식되던 화자의 존재를 중성화하고 희박하게 한다. 과거시제와 삼인칭 대명사는 화자가 스토리 외부에 위치하는 것, 다시 말해 화자가 소거되는 것, 이를 통해 스토리를 선택하고 재단하고 배치하여 직접 제시하는 일이 가능해졌다. 근대소설은 삼인칭 대명사 '그'의 도움을 받아 직접 제시되는 듯한 느낌을 획득한다. 그러나 제시되는 듯한 느낌뿐이지, 그것은 사실감의 환상에 불과하다. 그럴듯함은 그렇게 보일 뿐 사실은 아니다. 단지 관습에 의지해 사실이라는 형식적 보증을 한다.(박현수, 「과거시제와 삼인칭대명사의 등장과 그 의미」, 『민족문학사연구』 20, 2002 참조)

16 정연희, 「김동인의 시점론과 언문일치」, 『현대소설연구』 23, 2004, 224면.

때, 주체가 인식한 대상이 실제와 일치하는지를 어떻게 판별할 수 있는가? '그럴듯함'은 이러한 모색 중의 하나인 셈이다.[17]

화자가 이러한 위치에 서거나 또는 그러한 존재가 되었을 경우, 그는 마치 등장인물을 중립적이고 객관적으로 보는 것처럼 비친다. 그런데 이러한 화자를 가진 근대소설은 과연 소설 안 사태의 진실에 객관적으로 접근하는 것일까? 진실은 오히려 화자가 대상인물과의 체험과 지혜를 공유하는 우연성 안에서 이뤄진다. 근대의 서사는 전대의 서사 양식인 전(傳)이나 기(記)와 달리 선조적인 이야기의 성격을 강화하고 쓰기의 주체를 화자(서술자)라는 기능적 존재로 특화했다. 이러한 서사의 변화는 긍정적인 측면도 없지 않으나, 전통적 관습과 인간적 지혜를 무시하고 글쓰기를 분업화된 행위로 축소시키며, 작가가 작품의 내용에 도의적 책임조차 지지 않으려 하는 부정적 측면도 산출한다.[18]

근대 이전의 이야기 문예 작품은 늘 타자(화자)가 걸어오는 말을 음독으로 재현한다. 이에 비해, 묵독이라는 근대적 독서 형태에 의해 확보되는 근대소설의 현전성은 화자의 존재가 중성화되고 희박해짐으로써 이야기가 무매개적이고 직접적으로 나타나는 것, 즉 '자신이 이야기하는 것을 듣는' 것에 의해 가능해진다. 타자의 음성은 늘 자신의 음성으로서밖에는 나타날 수 없게 된다. 결국 그때의 타자는 단독성 따위를 결코 갖지 못하고 늘 자기와 상호 반전 가능한 동질적인 것에 불과한 존재자일 뿐이다.[19] 초월적 화자는 중성화되고 순수한 듯 보이나 그럴수록 타자의 세계는 본래의 생동하는 활력을 잃고 화자는 창백하게 되며 결국 현실과 유리된 형식주의로 전락한다.

17 박현수, 「과거시제와 삼인칭대명사의 등장과 그 의미」, 『민족문학사연구』 20, 2002.
18 배수찬, 「근대적 '서사' 관념의 형성 과정에 대한 연구」, 『민족문학사연구』 29, 2005, 81면.
19 이효덕, 박성관 역, 『표상공간의 근대』, 소명출판, 2002, 337면.

사건의 의미, 진실이란 작가(화자)가 하나의 발언(독단)으로 보여주는 것이 아니라, 화자가 등장인물과 대화적 자세를 갖고 자신을 열어 보이고 드러내는 중에 우연하게 나타난다. 이러한 대화의 과정을 통해 사건의 진실에 접근하고, 사건에 짜여 들어가 있던 또는 숨어있던 잠재적인 의미를 차례차례로 발견해나가는 방법을 찾게 된다. 사건의 의미, 진리는 존재하는 부동의 것이 아니고 서서히 자신을 명확히 하는 것, 결국 생성하는 것이기 때문이다. 항상 자기 자신이 과오를 범할 수 있다는 것을 자각하여, 자신을 부정하는 타자를 상정하고, 이러한 타자와의 대립을 매개로 하여 자신을 한층 고차원의 입장으로 발전시킨다.[20] 소설에서 이를 실현하기 위한 여러 미적 방식 중의 하나가 바로 화자가 소설의 인물과 대화하듯이 또는 인물과 사태를 구어체의 방식으로 서술해가는 것이다.

마지막으로 구어체 소설은 궁극적으로 화자가 청자 및 독자와 어떠한 관계를 유지하는 가에서 가장 두드러지게 실현된다. 실제 구어와 문어의 결정적인 차이점 중의 하나는 마주보는(또는 머릿속에 가정된) 상대방이 있는 상황에서 말로 이루어지는 것인가, 자기 혼자 어떤 내용을 글로 나타내는 것인가로 나누어진다. 말의 상황에서는 화자와 청자의 직접적인 교감과 비언어적 보조 수단이 수반된다. 그러나 글의 상황에는 그러한 것이 허용되지 않는다.[21] 화자만이 글을 쓸 뿐, 청자와의 직

20 진리 혹은 진실은 정직한 자기관계에서 현상하는 것이 아니라 오히려 정직한 타자관계 안에서, 어떤 상호주관적인 관계(대타자) 안에서 현상하는 것이 아닐까? 적어도 현실적인 진리, 객관적인 진리는 오로지 타자와의 사회적 관계를 전제하는 것이 아닐까? 어떤 명분에서든 자기의식은 상호주관적인 관계에서 벗어나자마자 모종의 기만이나 착각에 빠지는 것이 아닐까? 이것이 성실한 의식의 변증법을 마무리하면서 헤겔이 전하는 메시지다.(김상환, 『철학과 인문적 상상력』, 문학과지성사, 2012, 439면)

21 김미형, 「한국어 구어와 문어의 특징 연구」, 『한말연구』 15, 2004, 32면.

접적인 관계는 없다. 언어학적 측면에서 화자와 청자 사이에 일방적이든 쌍방적이든 어떤 통보 행위가 이루어질 때 양자 사이에는 상하관계가 성립하여 이것이 발화에 반영되는 유형이 '구어체'이며, 화자가 청자를 중립적으로 대우할 때 표현되는 발화의 유형이 '문어체'이다. 즉 화자와 청자 사이에 성립하는 발화가 전달하는 정보가 대인적(對人的)일 경우는 구어체로, 또 기술적인 경우는 문어체로 구별하기도 한다.[22]

문학의 근대를 둘러싼 커다란 구조변화는, 구비문학에서 사본(寫本)의 시대를 거쳐 활판인쇄의 보급이라는 작품이 전달되는 형식의 발달에 따른 작가와 독자의 거리의 증대, 양자 간에 있었던 "예전의 필연적 연대는 보장되지 않는다"는 점이다.[23] 따라서 화자와 독자의 밀접한 관계는 구연 상황에서 극대화되는 것이지만, 문자 상황에서는 작가가 이야기하는 욕망을 직접적으로 드러내는 화법을 통해 이뤄진다. 화자는 상대적으로 뚜렷한 상대를 앞에 두고 말을 하고, 그 글을 읽어줄 사람을 바로 가까이 마주 대해서 말을 하듯이 글을 쓸 때, 청자가 자신의 담화에 관심을 가져주기를 바라며, 그러한 원망을 자신의 담화 방식에 투영함으로써 청자의 우의와 관심을 유발하고자 하기도 한다.[24] 한 예로 구술 성격을 띤 글에서 끝맺음, 또는 종결사는 여러 가지로 나타나며 살아 있는 말의 효과를 보여주고자 한다. 주고받는 말에는 '~다'가 없으며, 그래서 그 살아 있는 말로 글을 쓸 때 '~다'는 저절로 사라지게 된다.[25] 근대소설에서 서술의 종결어미가 '~다'로 일관되는 것은 주고

22 장수원, 「문법연구와 문어체」, 『한국학부』 12(2), 일지사, 1986, 193·196면.

23 하라타 유미, 임경화 역, 『여성표현의 일본 근대사』, 소명출판, 2008, 203면.

24 이러한 것의 대표적인 기법이 '말 건넴'의 어투이다. 이에 비해 단정적 종결사는 화자와 청자와의 거리, 그리고 청자와 이야기 대상과의 거리를 벌어지게 함으로써 청자의 참여를 제약하고 현장의 친밀감을 삭감하는 요인이 된다.(김현주, 『구술성과 한국서사전통』, 월인, 2003, 114면)

받는 말을 잃었음을 가리킨다.

구어체 소설에서 우리가 발견하게 되는 것 중에, 화자는 흔히 소설 문맥으로부터 돌출하여 나오기도 하고 자신의 서술 전략을 노출하기까지 한다. 이것은 이야기가 직접적으로 전달되는 효과, 즉 누군가가 옆에서 직접 음성으로 말해주고 있다는 직접성의 효과를 얻는다. 화자가 소설의 세계를 완전히 지배하는 것이 아니고 자신도 관찰하고 판단하고 혹은 망설이고 혹은 사물을 보는 윤리적 잣대가 소설의 세계 속에서 상대화되어 나타난다.[26] 이를 통해 작가와 독자는 무엇보다 소통의 진정성 내지 대화적 진정성을 확보한다. 문자 매체로 기록된 텍스트에 나타나는 이런 종류의 구술자적 몸짓들(말 건넴의 방식)은 연행이나 구연을 전제로 하는 것이 아닌, 기술 매체에 새겨진 구술성의 '흔적'이다. '몰락한' 양식으로 간주되는 '이야기'를 소설에 도입하는 것이 단지 구시대의 형식으로 퇴행이나 쇠퇴를 의미하는 것은 아니다.[27]

서구의 경우에도 초기 근대소설 예컨대 세르반테스의 『돈키호테』 등에는 구술문학에서 나타나는 화자의 역할이 아직도 강하게 작용한다. 『돈키호테』에서는 작가의 '의식적인 자기기만' 현상이 보이기도 하고 작품의 현실과 작품 밖 현실의 경계선이 수시로 무너지고, 소설의 인물들이 거침없이 그들의 세계를 벗어나 독자의 세계로 걸어 들어오기도 한다. 표현방식에서도 구성의 자의성과 무형식성과 무절제성, 항상 새로운 삽화나 주석을 달고 싶어 하고 본 얘기를 벗어나서 샛길로 빠져가고 싶어 하는 욕망과 영화에서와 같은 비약과 탈선, 한 장면이

25 이오덕, 『우리 문장 쓰기』, 한길사, 1992, 114면.

26 진영복, 「한국 근대소설과 사소설양식」, 한국문학연구학회 편, 『한국 근대문학과 일본문학』, 국학자료원, 2001 85~87면.

27 김미지, 「박태원 소설의 담론 구성 방식과 수사학 연구」, 서울대 박사논문, 2008, 11면.

사라지면서 딴 장면이 동시에 나타나는 수법, 사실주의적 요소와 공상적 요소가 뒤섞인[28] 포스트모던 한 기법들이 나타난다. 이러한 방식은 『돈키호테』 소설 형식의 선진적 성격을 얘기하는 것이라기보다는 오히려 구어(민중)문학과 상층(문자) 문학이 활발하게 교섭하던 시대의 결과로 보아야 하지 않을까?

구어체 소설에서 화자와 독자의 연대는, 화자 또는 작가가 독자와 공모하여 등장인물을 논평하여 — 그 논평은 공감일 수도 있고 비판, 풍자일 수도 있다 — 독자의 참여를 유도하며 독자와 연대의식을 갖는 데서도 실현된다. 논평, 평가는 이야기를 진행시키는 힘으로 작용되기도 한다. 평가가 없다면 청자 쪽의 흥미를 유발하지 못한다기보다는 화자가 자기 이야기의 초점잡기나 추동력 — 자기 진술에 대한 확신과 흥겨움 같은 것 — 에 확신을 가지지 못하기도 한다. 논평(평가)은 어떤 측면에서 보자면 화자의 '말함직 함'을 유지시켜주는 원천이 된다. 그리고 이러한 논평은 청자로 하여금 정서적 수용을 유도하기도 한다. 이는 설의(設疑)적 문장, 흔히 수사의문문이라 부르는 것으로 나타나기도 한다.

화자의 논평 중 '감정발화사'의 경우 화자가 진술 자체에 대해 갖고 있는 감정을 표현함으로써 자기 진술을 자체적으로 북돋우는 기능을 하는데 판소리문학이나 김유정 소설에서 자주 나타나는 '딱', '척', '오매', '앗다', '에라', '에라 빌어먹을 거' 등이 그러한 예이다. 숨어있는 화자가 감탄사를 사용하지는 못한다. 판소리 놀이판의 경우 문장 중간중간에 '업쇼', '깜짝이야', '잘하다' 등의 추임새를 끼워 넣고 이 추임새가 운율을 만들면서 이야기를 풍성하게 만들며 이야기 마당의 회복을

28 A. 하우저, 백낙청·반성완 역, 『문학과 예술의 사회사 : 근세편』 상, 창작과비평사, 1980, 163면.

꾀한다. 이와 관련된 골계적 표현방식 역시 구술현장의 청자의 관심과 흥미를 비끄러매두고 나아가 청자의 참여 동기를 유발한다는 점에서 구술 담화의 중요한 요소가 되기도 하는데, 그것은 이야기 내용의 희극성이나 비극성과는 관계가 없다.

이렇게 구어체는 화자가 단순히 이야기를 전달하는 것이 아니라 작가 또는 화자가 인물, 청자와 함께 하며 이를 통해 공동체 인식에 근거한 소망을 전달하며, 대체로 민중적 가치관을 지향하게 된다.[29] 소설이 구어체를 지향한다는 것은 문학의 진정한 민중성, 공동체적 연대를 실현하는 출발점이다. 작가 또는 화자의 태도, 서술방식 등에서 드러날 수 있는 소설의 민중성의 회복은 구어체를 매개로 하는 기초 위에서 실현된다.

우리 소설사에서 구어체는 이미 조선 후기 판소리문학 등 전통의 소설문학에서 잘 드러난다. 기존의 연구는 근대문학사에서 이러한 구어 전통의 계승을 김유정, 채만식 등 작가들을 중심으로 논의를 전개해왔다. 1960년대 이후 이문구의 소설을 검토한 최근의 연구[30] 역시, 조선 후기 우리 문학의 구술의 전통이 1930년대 김유정, 채만식 등에 계승되었으며 이는 잠시간의 단절을 거쳐 이문구에게로 계승된다고 본다. 나병철은 20세기 이후 우리 소설사에서 시민계급과 개인의 내면을 통해 현실성을 모색한 서구적 근대소설과 달리, 민중적인 집단적 유대를 바탕으로 시민문학과는 다른 의사소통의 방식을 사용한 구어체 근대소설이 있다고 본다. 이를 대표하는 작가가 다름 아닌 김유정, 채만식, 홍명희이며, 이들은 조선 후기의 야담과 판소리문학의 구연 방식을 현

29 김현주, 『구술성과 한국서사전통』, 월인, 2003, 117~149면.
30 구자황, 『이문구 문학의 전통과 근대』, 역락, 2006 참조.

대적으로 변용하고 있다고 본다.[31]

이 연구는 이러한 관점들에 동의하면서도 그것들과 다음과 같은 점에서 구별된다. 첫째, 구어체 논의의 범위를 다시 확정하여 논의한다. 앞서 기술한 구어체에 대한 정의들을 다시 요약하면 소설문학의 구어체는 일차적으로 등장인물의 발언을 재현하면서 이뤄진다. 더불어 화자가 소설 안의 비언어적 현실, 지문 등을 서술하는 경우에도 이뤄진다. 그리고 근대소설은, 과거 판소리·야담문학과 달리 화자와 독자(청중)가 물리적으로 분리되지만, 구어체적 성격의 근대소설은 대신 구연상황과 유사한 내포적 소통상황을 통해 양자 간의 유대를 유지하며 서술하는 가운데 이뤄진다. 따라서 이 연구는 소설문학의 구어체를 논의하면서 이러한 세 가지 층위를 대상으로 하여, 구어체를 '구어적 표현(일상의 대화언어, 비속어, 방언, 속담 등의 관용어, 의성·의태어 등)'과 청자(독자)를 대상으로 발화하는 '구어체 서술방식'의 두 측면으로 나눠 살피려 한다. 기존의 연구들이 소설작품에서 구어체를 논의할 경우 어떤 경우는 어휘적 측면의 구어만을 중심으로 또 어떤 경우는 기술(記述)적 측면에서 구어체 서술방식의 논의를 진행했는데 이 연구에서는 이들 양자를 모두 논의의 대상에 포함시키고자 한다.

둘째, 그동안의 연구는 앞서 지적했듯이 우리 근대소설에서 구어전통의 계승을 김유정, 채만식 등 그 표지가 뚜렷한 작가를 중심으로 개별적으로 논의해왔다. 이 연구는 그와 달리 우선 조선 후기에 나타났던 구어전통이 근대문학에 들어오면서 어떠한 사정과 배경 아래 위축이 되는지를 묻는다. 그리고 1920년대 소설들은 이러한 위축 상태에서 어떻게 벗어나고자 하며 어떠한 모색의 과정을 거쳐 1930년대 일련의

31 나병철, 「구어체 소설과 또 다른 근대의 기원」, 『모더니즘과 포스트모더니즘을 넘어서』, 소명출판, 1999 참조.

작가들에 의해 다시 발전적으로 나타나는지를 통시적으로 살펴보고자 한다.

이를 위해 근대소설사의 전개과정에 나타난 구어전통을 논의하기 위한 전제로 우선 근대소설과 직접적으로 닿아 있는 조선 후기 국문소설에서 보이는 구어전통을 검토한다. 조선 후기 국문소설의 구어적 전통은 곧바로 신소설에 계승된다. 신소설에 나타난 구어체는 대체로 비속어, 속담, 몸짓언어 등의 구어적 표현에서 두드러지지만, 과거 판소리문학에서 청중과 이야기꾼이 직접 대면하는 상황에서 나오게 되는 유연한 구어체 서술의 전통에서는 물러난다. 더욱이 신소설은 그 전개과정에서 그 나마의 구어전통이 지속적으로 발전되지 못하고 1910년대에 들어와 일시적으로 위축된다. 이는 서구 또는 서구를 모방한 일본문학이 근대문학의 전범으로 부각되면서 상대적으로 구어전통을 기반으로 하는 전대의 소설과 신소설이 부정적으로 평가되기 때문이다.

신소설의 구어전통과 관련된 수사법에 대한 부정적 평가는 비단 그 시대에서뿐만 아니라 향후 신소설을 연구하는 한국문학 연구자들에게도 그대로 이어진다. 기존의 연구자들은 신소설에 나타난 구어전통의 수사법은 전대 소설의 잔재에서 벗어나지 못한 퇴행적이고 후진적인 것으로 평가한다.[32] 이 연구는 이와는 관점을 달리 하여 신소설에 나타난 구어전통의 긍정적 측면에 주목하면서 그럼에도 그것이 어떠한 상황과 조건 아래 위축되는 지를 살핀다.

1920년대 중반 이후부터 등장하는 일련의 사실주의 소설은 새로운

32 신소설의 수사적인 비유는 재래의 관습 형태를 많이 해체하고 新奇性은 있으나 상상력의 조잡성을 따르고 있으며, 속담을 많이 원용함으로써 개성적인 경험의 구조에 입각한 비유보다는 속담의 보편적인 상상력을 재확인하는 입장을 더 많이 취하여 그 문학적 상상력의 영영에서 다소 빈곤한 것으로 본다.(이재선, 『한국현대소설사』, 홍성사, 1979, 198~200면)

국문체를 모색한다. 이는 구어체 서술방식은 아니지만 구어적 수사법과 표현을 복구하려는 과정을 보여준다. 또 이것은 작가들이 작품에서 민중의 삶의 현실을 형상화해가는 과정과 비례하여 실현되는데, 이를 염상섭, 현진건, 나도향 소설의 문체를 통해 살펴본다. 그리고 이들 부르주아 리얼리즘 문학과 더불어 경향소설 역시 구어적 표현을 모색한다. 특히 민중적 입장을 대변코자 하는 경향소설은 구어적 수사법을 상대적으로 의식하는데 이러한 모습을 최서해, 이기영과 한설야 등을 중심으로 확인한다. 이러한 논의는 1930년대의 두드러지게 나타나는 구어체 소설의 외연을 무작정 확장시킨다는 오해를 낳을 수도 있지만, 김유정 등의 작품들이 등장하기 이전 우리 소설사의 구어체 또는 구어적 표현에 대한 모색의 과정을 살펴볼 필요가 있다. 1930년대 김유정 등이 등장할 수 있는 것은 바로 1920년대 소설의 구어적 표현을 모색하는 과정이 축적되면서이다.

최종적으로 1930년대의 박태원, 홍명희, 김유정, 채만식을 중심으로 이전 한국 근대소설사에서 모색되어 온 구어 전통이 어떻게 서구의 근대소설과 만나 변용되면서 새로운 문체를 형성해가는 지를 살핀다. 박태원은 흔히 서구 모더니즘 소설의 시학을 따른 작가로 평가된다. 따라서 기존의 연구들은 박태원의 초기 모더니즘의 경향의 소설들에서 나타나는 구어체적 특징에 주의하지 않는다. 이 연구는 그의 소설들에 나타난 서구와 구어전통의 교호 작용을 살핀다. 그리고 『천변풍경』에서 나타나는 이야기적 서술이, 화자가 사라지거나 중성화되는 근대소설의 극적 서술방식과 결합되는 방식에 주목한다. 구어전통을 현대적으로 변용한 박태원의 구어체는 그의 문학이 지향하는 민중 공동체의 연대의식을 실현하며, 종래 특정 계급이 주도한 언문일치와는 또 다른 문체의 가능성을 모색한다는 점에 주목한다.

홍명희의 『임꺽정』은 전통의 구어세계를 현대소설문학 안에서 재창출하고, 옛날 야담, 설화의 이야기꾼들을 현대적으로 변용하여 서구의 근대소설과는 다른 문학적 성과를 지향한다. 소설적 글쓰기는 이야기에서 흥미를 발견하고 그것에 대한 호기심을 가지고 있는 사회적 심리에 의해서 시작된 기나긴 여정의 결과이다.[33] 이 연구는 『임꺽정』에서 이야기를 본격적인 서사적 글쓰기로 변형하면서 구어체가 어떤 기여를 하는지와 그것이 근대소설에 어떻게 새로운 활력을 불어넣는지를 확인한다.

김유정은, 판소리 문체를 중심으로 그의 문학의 전통적 성격에 대한 많은 논의가 있어 왔다. 이 연구는 그의 문학이 구어 또는 판소리 문체의 현대적 계승을 통해 어떻게 서구근대문학과는 다른 성과를 지향하며 서구 리얼리즘 문학을 보완하는지를 살펴본다. 특히 당시 표준어 제정의 사회적 분위기 속에서 김유정이 구사한 사투리 등의 구어적 표현의 의미에 주목한다.

끝으로 채만식 문학에서는 그의 문학의 판소리 문체의 성과에 초점을 맞춘 기존의 연구와 달리 이 연구는 그러한 평가에 동의하면서도 채만식을 박태원, 김유정 등과 비교하여 그의 문학에서 구어체가 드러낸 부정적 측면에 오히려 초점을 맞춰 살펴본다.

이 연구는 한국의 근대소설이 구어 전통을 계승하면서 그것을 서구소설의 미적 원리와 결합해낸 성과를 따져보는 기준으로 다음과 같은 원칙을 제시한다. 첫째는 구어전통이 단순히 근대소설에 잔존하고 있다는 사실을 확인하기보다는 근대소설이 그것을 어떻게 받아들여 새로운 문체적 가능성으로 변용, 창조해 내는지의 여부이다.

33 서경호, 『중국소설사』, 서울대 출판부, 2004, 477면.

둘째는 서구문학의 대항으로서 전통의 추수가 아니라, 전통소설과 서구소설의 적극적인 교류가 이뤄지는가, 다시 말해 문화 간 순환적 교류의 상호 영향이 이뤄지는가 하는 점이다. 이는 바흐친이, 라블레와 민중문화의 관계를 묘사하면서 이른바 "종속문화와 헤게모니 문화가 상호 영향력을 주고받으면서 발생하는 문화의 순환"[34]이라는 문제 제기에서 방법론적 암시를 받는다. 즉 단순한 구어전통의 계승이 아니라 한국의 근대소설이 서구의 소설시학과 어떻게 결합해나가는지에 초점을 맞추게 된다. 따라서 구어는 순수하고 선하며 구어 사용의 세계를 우상화하여 서구를 비판적으로만 이해하는 것을 경계한다.

셋째, 구어 전통의 단순한 계승이 아닌, 그것이 기층문화 또는 민중성을 기초로 한 전통성을 계승하여 자양분으로 쓰느냐의 문제다. 가령 채만식은 김유정과 같이 판소리문학의 방법을 다양하게 계승하고 있지만 김유정과 달리 그것이 민중성에 기초하지 않을 때 나타나는 한계점을 살펴보고자 한다.

34 카를로 진즈부르그, 『치즈와 구더기』, 문학과지성사, 2001, 31면.

제2장
조선 후기 판소리문학과 국문소설의 구어 전통

근대소설과 직접적으로 연관되는 조선 후기 국문소설은 17세기에 발전의 기반을 다지고 18세기에 이르러 놀라울 정도의 양적 팽창을 이룬다.[1] 17세기에는 사대부 부녀 계층이 새로운 소설 독자층으로 부상하여 이른바 가문소설 또는 규방소설이라 부르는 소설 양식이 등장한다. 그리고 이보다 하층의 소설 향유 계층이 등장하면서 영웅소설 양식의 단초도 마련된다.[2] 그중 국문 영웅소설은 이전의 전기(傳奇)소설을 비롯한 우리 소설의 표기 수단이었던 한문에서 벗어나 소설의 독자층을 서민으로까지 대폭 확대시키는 데 중요한 기여를 한다. 이 시기 영웅소실은 문자문화를 향유하지 못하던 민중 계층이 이제 대규모로

1 이하 박희병, 「고전소설연구의 새로운 방향 모색」, 『민족문학사연구』 1, 1991; 「한국고전소설의 발생 및 발전단계를 둘러싼 몇몇 문제에 대하여」, 『관악어문연구』 17, 1992 참조.

2 박일용, 「가문소설과 영웅소설의 소설사적 관련양상」, 『고전문학연구』 20, 2001, 169면.

자신들의 문자문화를 향유하여 문화의식을 확보해나가는 매체로서 중대한 문화사적 의미를 지닌 소설양식이다.[3]

18세기에 들어서 영웅소설의 발달과 함께 앞 시기의 소설들과는 애초 발생론적 기반을 달리하는 판소리계 소설이 등장한다. 국문소설의 독자층이 여항인과 서민층으로 좀 더 확대되면서 소설의 대중화가 본격적으로 이뤄진다. 이 시기 국문소설에서 구어체 및 이야기형의 구어 담론이 크게 활성화되는 것은 격변기 조선 후기 사회의 현실에 대한 다기한 유형의 심리적 반응과 평가의 내용을 언표하고 싶은 욕구 때문이다.[4] 이와 같이 17~19세기의 국문소설에서 근대어문의 조기 실현이 이뤄진다.[5]

판소리계 소설과 함께 18·19 세기의 대표적인 소설 형식의 하나인 야담계 단편소설은 애초 당대 민중, 특히 도시 시정인의 필요성에 따라 민중적 세계관에 대응되어 민중들에 의해 발생·발달한 소설적 이야기들이 특정 작가의 손을 거쳐 기록으로 옮겨진 것이다. 그것은 비록 한문 표기로 되어 있을지언정 한문을 우리말에 가깝게 구사하려고 노력하고 우리말의 이야기투가 거의 그대로 평이하게 옮겨져 있다. 이러한 장르의 탄생 역시 이 시기 국문소설의 발달과 관련된다. 이러한 조선 후기 국문소설의 양적팽창과 대중화는 19세기에 일층 심화되어, 우리의 문학사는 소설의 시대를 맞이하여 20세기 초로 인계되어 근대의 신소설로 이어진다.

근대소설로 직접 연결되는 18·19세기의 조선 후기 국문소설을 문

---

3 박일용, 「「유충렬전」의 서사구조와 소설사적 의미 재론」, 『고전문학연구』 8, 1993, 287면.

4 김영범, 「조선 후기 판소리 담론과 민중집단의 집합의식」, 『한국학보』 12(2), 1986, 91면.

5 임형택, 「소설에서 근대어문의 실현경로 : 동아시아 보편문어에서 민족어문으로 이행하기까지」, 『대동문화연구』 58, 2007, 15면.

체와 구성의 측면에서 다음과 같이 크게 둘로 나눈다. 그 하나가 국문 영웅소설 예컨대 『홍길동전』, 『조웅전』 등의 문어체 소설이며 또 다른 하나는 『춘향전』 등의 판소리계 소설이다.[6] 어휘의 측면에서 볼 때 문어체 소설의 어휘들은 지배와 종속의 관계가 유지되는 사회에서 통용되는 어휘들, 즉 상층 또는 지배계층에 속한 사람들이 주로 사용하던 귀족적인 어휘들이 주를 이룬다. 판소리계 소설은 호칭 같은 어휘에서부터 인간을 관계의 망을 통해 추상적으로 인식하던 관습으로부터 인간을 하나의 독특한 개성적 존재로 인식하는 패턴이 등장한다.

판소리계 소설에서는 문어체 소설의 어휘들이 나타나기도 한다. 그런데 이는 권위·관념 등에 관계하기보다는 탈 중심화되어 장식적이거나 유희적인 언어로 이용된다. 예컨대 문어체 소설이나 판소리계 소설 공히 사자성어의 어휘가 나타나는 경우가 많다. 그러나 후자에서 그것은 정형화된 관용어구라기보다는 극중 상황을 지시하기 위해 새롭게 조립된 어휘에 가깝게 나타난다. 사건 상황이나 심리적인 정황, 또는 인물의 성격 등을 한마디로 압축 표현하는 문어체 고소설의 사자성어와는 달리 판소리계 소설에서는 문장 속에서 그것은 하나의 서술어 또는 목적어로 행세하면서 자유롭게 상용된다. 그리하여 그것은 사건의 진행과정과 인물의 행동묘사, 그리고 정황의 설명 등과 밀착되어 서술 속에 녹아 있다.[7] 어휘소 구성에서는 판소리계 소설이 문어체 소설에 비해 형태어의 비중이 상대적으로 많아 대상을 관념적이 아니라 물질적으로 인식함을 보여준다.[8]

6 이하 김병국, 「고대소설 서사체와 서술시점」, 『현상과 인식』 16, 1981; 「국문소설의 문체와 구성」, 황패강 편, 『한국문학연구입문』, 지식산업사, 1982 참조.

7 김현주, 「문장체 고소설과 판소리서사체의 언어조직 방식」, 『고소설연구』 19, 2005, 206·210면.

8 김현주, 「「춘향전」 담화의 회화성」, 『판소리연구』 10, 1999, 116·124면.

둘째, 대화체 문장을 기술하는 측면에서 문어체 소설과 판소리계 소설은 다음과 같이 비교된다. 전자에서는 진정한 의미의 대화체 문장이 이뤄지지 않는다. 문어체 소설에서는 인물의 대화가 제시될 경우, 인물의 발언과 그 발언을 유도하는 설명 및 상투적 인용어구 예컨대 '~왈(문 왈, 답 왈, 노 왈 등)'의 단조로운 교체를 보여준다. 뿐만 아니라, 인물의 발언에 서술자의 언어가 부단히 간섭을 하고 있어, 진정한 의미의 대화체가 이뤄지고 있지 않다. 따라서 대화를 통해 드러낼 수 있는 작중인물들의 생동감 있는 묘사가 이뤄지지 않는다.[9]

그러나 판소리문학 또는 판소리계 소설의 판소리 서사체는 인물들의 대화가 가장 순수한 상태로 모방된다. 인물의 말을 인도하는 상투적 인용어구 '~왈' 등이나, 대화와 대화 사이에 개재하는 서술자의 인물의 행동에 대한 설명도 없이, 일종의 '자유직접' 화법의 성격을 띤 인물의 말에 대한 자동기술이 형태의 예가 허다히 보인다. 상황을 유창하게 재현하기 위해서 필요하다면 조사나 연결어미 같은 요소를 과감하게 생략하기도 한다. 그리고 인물의 발언의 자동기술의 형태를 떠나서, 상투적 인용구나 인물의 행위에 대한 설명을 수반하는 대화체가 이뤄져도, 각 인물은 그 자신의 언어로써 발화 행위를 그대로 재현하고 있다. 판

9 문장체 소설에서도 「유충렬전」과 같은 소설은 율문적 문체나 일상어적 문체를 지향하긴 한다. 「유충렬전」 창본의 경우 실제 상황을 유창하게 재현하기 위해서 필요하다면 조사나 연결어미 같은 요소를 과감하게 생략하기도 한다. 바탕글은 아예 생략한다든가, 아니면 '들어서며', '생각하시드니', '대소하시며', '좋아라고' 등과 같은 행위 묘사의 말을 이어 대화 말이 나오는 경우가, 단순하게 대화를 이끄는 바탕글을 집어넣는 경우보다 훨씬 우세하다. 창본과 달리 경판은 대화를 이끄는 바탕글이 거의 대부분 존재한다. 그러나 '이도령 왈', '문 왈', '답 왈', '탄 왈', '노 왈' 등 바탕글 자체를 축소하려는 움직임을 보여주기는 한다. 완판은, 대화를 이끄는 바탕글이 다양하다. 즉 완판의 작가가 서술자의 발화를 대할 때는 글로서의 서술 논리를 염두에 두는 반면, 인물의 대화를 대할 때는 말의 속성에 의탁하여 인물의 실제 발화를 모방하려는 태도로 임한다.(박일용, 「「유충렬전」의 문체적 특징과 그 소설사적 의미」, 『홍익논총』 26, 1993.4) 그 외에도 한국고전문학회 편, 『국문학의 구비성과 기록성』(태학사, 1999)의 논의가 있다.

소리계 소설의 인물들은 각각 그 자신의 연령과 신분과 성격에 걸맞은 언어로써 말을 한다. 이는 판소리계 소설이 소리 창과 '판'이라는 현장을 통해 구연되는 판소리의 개방성을 이어받고 있기 때문이다.

그 밖에 담화 진행 방식에서 문어체 소설이 통시적이고 종적인 연속성을 따르는 데 비해, 판소리계 소설은 공시적이고 일탈적인 방식을 좇는다. 반복적 서술은 일직선상의 서사 진행을 방해하는 우회적인 서술이 되지만 반복적인 운율 감각을 통해 정서적인 감흥이 유발된다. 그리고 말놀이를 통한 파탈적인 담화방식, 권위적인 유교 경전 담화를 패러디를 통해 강등시켜 놓고, 정서적인 고조 부분에서 급작스럽게 일탈하기도 하여 텍스트 안의 정서적 일관성 내지 진지성을 내팽개친다. 또한 담화 진행에서 관계의 통시적 논리성을 따지는 것에서 벗어나 주변적이고 우연적인 것을 자유분방하게 연상한다. 부분의 독자성과 부분의 흥미성에 집중하여 플롯의 진행에 대한 관심은 별로 개입될 여지가 없고, 당장의 서술적 흥미로움을 추구한다. 전통적인 담화진행 방식으로 보면 상당히 일탈적인 것이 된다.[10]

이상과 같은 문어체 소설과 판소리계 소설 중, 전자는 국문체를 정착시켜 근대소설의 발전을 견인하기는 하지만 보수적·귀족적 세계관과 함께 예술적 긴장이 떨어진 채 통속화 경향이 심화되며 20세기 초로 인계된다. 이에 비해 조선 후기의 풍부하고도 선진적인 민중사상을 담은 판소리계 소설은 구어체를 통해 최고의 문체적 표현을 얻어 근대소설로의 상승 계기를 갖는다. 실제 판소리계 소설은 기존 국문소설의

10 김현주, 「「춘향가」 문체의 환유적 성격」, 『판소리연구』 19, 2005, 22·24면. 그 외에도 문장체 소설에 비해 판소리계 소설에서 두드러지는 미적 범주의 차이로는 해학, 골계미 등을 들고, 텍스트 구조 범주의 차이로 부분의 독자성, 장면 극대화의 원리, 긴장과 이완의 교차, 상황적 정서의 추구, 다성성의 원리 등을 들기도 한다.(이정원, 「고소설과 판소리의 장르 특질과 텍스트 양상」, 『고소설연구』 11, 2001, 60면)

일원적 언어의식에 일대 소설사적 이의를 제기하면서 패러디에 바탕한 다원적 언어의식을 보여준다. 그런데 이는 판소리계 소설 그 자체에만 국한되는 현상이 아니라, 영웅소설 등 여타 국문소설의 언어의식과 현실재현 방식에까지 대대적 수정을 가하고 있다. 이를테면, 완판본 영웅소설의 언어층위 속에는 판소리계 소설의 언어의식이 침투되고 있는 현상이 발견된다.[11]

판소리문학과 판소리계 소설이 구어적 표현 또는 구어체 서술을 통해 드러내는 문체의 성과는 다음과 같이 정리된다. 첫째, 판소리 서사체가 가진 욕설 등의 비속어, 의성어, 몸짓언어 등 구어의 진솔성, 현장성, 육체성은 조선 후기의 풍부한 민중사상을 효과적으로 표현한다. 판소리계 소설 등의 조선 후기 국문소설은, 양반의 규범 또는 양반의 가치관과는 상이하게 전개되는 어찌 보면 비속하면서도 또 어찌 보면 더없이 생기발랄하고 강인한 민중적 삶의 한 단면 또는 그 영위방식 등을 드러낸다. 이것은 이 시기 양반 등 지배계급의 고답적이고 위선적인 생활태도를 전복하거나 부정하는 역할을 수행한다. 즉 자연스럽고 자유로운 삶의 흐름을 억제하는 힘에 맞서서 그 정체를 폭로하고 또 바로 그러한 상황의 중심에서 변화의 가능성을 찾아내 인간의 창조성에 대한 궁극적 신뢰를 보여준다.

특히 판소리 서사의 구어적 표현체계는 육체 언어에 대한 관심을 통해 삶의 구체성과 현장성에 대한 관심을 반영한다. 이것이 독자를 경험 공동체로서의 공감대를 형성하여 상상의 공동체로 견인하는 문화적 역할을 담당한다.[12] 진정한 인간성과의 관계는 단지 상상력 혹은

11 박희병, 「고전소설연구의 새로운 방향 모색」, 『민족문학사연구』 1, 1991, 99면.

12 주형예, 「19세기 판소리계 소설의 서술기법 연구」, 연세대 박사논문, 2008; 최기숙, 「언어의 육체성, 공감과 경험의 수사학 : 「남원고사」의 문체 미학」, 『고소설연구』 16, 2003 참조.

추상적 사고의 대상이 아니라, 생생한 물질적이고 감각적인 접촉 속에서 실제로 실현되고 체험된다. 이 점에서 판소리계 소설은 그 전과 후로 어느 소설에서도 쉽게 성취하기 어려운 성과를 이룬다.

인간의 커뮤니케이션이 전체적일 때가 있었다. 그때의 커뮤니케이션은 우리의 모든 감각 기관을 사용하는 것이었고, 그때 우리의 가장 중요한 감각은 구술의 성격이었다. 글을 쓴다는 것은 말로부터 시각적인 것만을 추출하여 외화 하는 것인데 반해, 말한다는 것은 우리의 다섯 개 감각 모두를 한순간에 밖으로 외화(중얼거리는 것)하는 것이다.[13] 구연에 의해서 향유자가 만나는 구비문학에서 말은 사람의 밖에 있는 인간 외적인 도구나 기술이 아니다. 그것은 사람의 목소리라는 신체의 일부이고 또 목청의 울림이라는 신체의 운동에 의해서 생겨나는 하나의 생생한 사건이다. 구비문학의 역동성은 바로 이러한 사건의 현장성에서 똑바로 나온다.[14]

이러한 구비문학의 역동성을 기초로 한 판소리 서사체는 인물의 생각을 묘사하기 위하여 다양한 감각들을 동원한다. 예컨대 문장체소설에서 부가 절을 이끄는 서술어가 상투적 인용어구 예컨대 "~왈"의 단조로운 교체가 전개되는데, 판소리 서사체는 이러한 쓰임과 함께 다양한 신체의 행위들을 모방하는 언어로 이뤄지고 있다. 따라서 이를 실현하는 구어적 표현의 세계에서 독자는 주인공들이 겪는 세계와 일체감을 갖는다. 사람들은 문자화되면 될수록 그들이 살고 있는 세계로부터 더욱 분리되는 경향이 있으며 따라서 모든 문자적 인간이 대상 또는 타인과 갖는 관계의 기본적 성격은 구체적이고 육체적인 것이 아닌

13 M. 맥루한, 임상원 역, 『구텐베르크 은하계』, 커뮤니케이션북스, 2001, 45면.

14 유종호, 『사회역사적 상상력』, 민음사, 1987, 224면.

추상적이고 관념적인 것으로 변화한다. 그러나 구어에의 접근은 육체 언어에 대한 관심으로 나갈 수밖에 없고, 그것이 외부 세계의 보다 많은 사람들과의 공감을 전제로 한 것이라 생각할 때 결국 공동체적 유대와 공감의 확대와 연관된다.

둘째, 판소리계 소설과 병행한 문장체 소설의 어휘들은 상층 또는 지배계층의 생각과 말을 반영하는 귀족적인 어휘들이다. 이에 비해 판소리계 소설은 전대 귀족소설에서 사용된 상층계급의 어휘들과 소통하며 이를 수용한다. 한 예로 판소리계 소설은 상층에서 쓰이는 말투를 다른 차원으로 옮겨 놓아, 언어의 조건성과는 동떨어진 측면에서 그 말투를 새롭게 확립한다. 그리하여 일반적인 언어의 규범, 질서, 금지의 지배에서 해방된 말투는 특수한 언어가 되어, 공식적인 언어와의 관계에서 그 자체가 일종의 특수한 은어로 바뀐다. 다시 말해 이러한 언어들은, 각 시대가 가진 고유의 공식적이고, 예의범절에 맞는, 공손한 언어적 규범과 이미 규정된 언어적 위계에서 해방되는 자유를 누린다.[15]

조선 후기 국문소설에 나타난 구어 체계는 상층문화와 하층문화의 바람직한 순환적 교류의 상호 작용이 이뤄질 가능성을 보여준다. 민중의 말이나 생각이 지배층의 말이나 생각과 다양하고 활발히 뒤섞여 혼음(混音), 즉 바흐친이 말하는 이른바 '다성성'의 효과를 드러낸다. 그에 따라 세계관에서도 교섭과 혼합을 적극적으로 드러내 이른바 상층·고급의 문화와 하층·민중의 문화가 서로 활발히 접근하게 하여 공동의 감정문화를 만들어낸다.[16] 우아한 언어와 비속한 언어의 병치, 상이한

15 M. 바흐친, 이덕형 외역, 『프랑수아 라블레의 작품과 중세 및 르네상스의 민중문화』, 아카넷, 2001, 292~293면, 707면.

16 정출헌, 「판소리 향유층의 변동과 판소리 사설의 변화 : 〈흥부가〉의 사설을 중심으로」, 『판소리연구』 11, 2000, 86면.

어조(tone) 및 情調(mood)의 병치, 고전적 문구의 패러디 등으로 관객의 기대감을 갑자기 무산시키기도 하며, 한 장면 내부에서의 모순성 등도 일으키는 '생소화(이화)' 효과를 거둬, 관객은 장면을 인식할 뿐, 극적환상에 빠지지 않는다.[17]

셋째, 판소리문학에서는 재담과 연행의 구어체 서술 내지 문화 언어들이 소설의 언어로 수용, 융화되어, 문자소설에서 기대하기 어려운 다양한 효과를 가져 온다. 재담이 국문 소설에 수용되는 것은 소설의 힘이 강화되는 현상과 관련되어 있다. 또한 한글 문장의 세련화가 구어적 영역에서도 진행되었음을 보여준다. 19세기에 『남원고사』 같은 국문소설에선 재담하는 화자의 역할이 높은 완성도를 보이게 되는데 이를 기반으로 20세기 초에 이르면 소설문장으로 행동을 서술하고 장면을 묘사하고 발화를 재현하는 소설문장을 구성하게 된다.[18]

그리고 판소리문학의 화자는 연행의 형식에서 같이 청자와 직접 대면하며 자신의 담화에 관심을 갖게 하고, 이를 자신의 담화방식에 투영함으로써 청자의 주의를 끈다. 쓰기에 입각한 문화에서 말하기는 유난히 정보를 전하는 것을 중시하나(정보의 일방통행로), 구술문화에서 말하기는 한층 연행 지향적이어서 누군가에 대해서 무엇인가를 행하는 방식이 된다.[19] 이러한 연행의 현장을 수용한 구어체 소설은 내포 청중을 적극적으로 가정하며, 독자와의 공감대를 형성하는 데 중요한 역할을 한다.[20]

연행 현장을 모태로 하는 판소리계 소설 등은 종래 서사 장르가 가

17 전신재, 「판소리의 생소화 효과」, 『공연문화연구』 3, 2001, 153~156면.

18 주형예, 「여성 이야기를 통해 본 20세기 초 소설시장의 변모 : 이해조 〈원앙도〉 · 〈모란병〉을 중심으로」, 『한국고전여성문학연구』 22, 2011, 277면.

19 월터 J. 옹, 이기우 · 임명진 역, 『구술문화와 문자문화』, 문예출판사, 1995, 263면.

20 김현주, 『구술성과 한국서사전통』, 월인, 2003, 114 · 117면.

진 이야기하는 식의 서술구조 또는 사건소설이 아닌 장면중심 성격의 구조로 전환하기에 쉬운 구조를 갖는다. 연행 현장에서 획득된 청자에 대한 화자의 유연한 대응과 자세는 이를 문자화한 판소리계 소설에서 화자의 시점과 인물의 시점을 용이하게 혼합하고 상호 순조롭게 이동시켜, 달리 말하면 화자가 여러 가지 목소리를 뒤섞어 소설 안의 다성적인 효과를 유도한다. 화법의 경계선을 지워 폐쇄화법이 아닌 열린 화법으로 화자와 인물 사이의 존재론적 경계선을 허물면서 화자와 인물, 청자가 민중적 일치감을 경험한다. 그리하여 재담가인 화자는 시점 이동을 자유롭게 하여, 언어체계의 통일성이나 작가의 개성의 통일성이 아닌 언어의 사회적 다양성과 음성적 다양성을 드러낸다.

그럼에도 판소리문학 등 조선 후기 평민소설에서 드러나는 구어적 표현과 구어체 서술의 한계가 다음과 같이 지적되기도 한다. 첫째, 판소리계 소설 혹은 그 밖의 국문소설에도 나타나는 구어체 중, 욕설, 지저분하고 속된 말의 성격을 가진 구어적 표현과 수사법들은 상층의 문화를 전복하고 상층 사회를 비판하는 기능을 수행하지만 당대의 경험적 현실을 충실하게 인식하고 반영하는 것으로 나가지는 못한다. 다시 말해 욕설, 비속어 등의 구어들이 문제제기의 성격으로 진전되기보다는 흥미 위주의 우스개 차원에 머무는 경우도 있으며, 시비조나 비아냥조로 나타나기도 한다.

이러한 문체는 오히려 적용되는 상황에 따라 하층계급을 희화화하고 그들의 비속하거나 또는 저급한 성질을 특징적으로 두드러지게 보이는 매개로 쓰이기도 한다. 구어나 방언이 속어와 비어를 주로 하여 추악하고 기괴한 것이나 교양 없고 볼품없는 평민의 이미지를 그릴 때 쓰임으로써 부정적이고 비합리적인 인간관과 기존질서의 보수적 세계관을 강화하여 민중에 대한 전근대적 관점을 드러내게 한다.[21] 근대의 새로운 지식인 또는 예술가로 자처하는 이들은 조선 후기 소설에 나타난 구어체의 해학과 비속을 오히려 낡은 시대의 문학적 잔재로 치부한다.

둘째, 재담의 형식으로 상황을 서술하는 경향이 경험을 구체화하기보다는 경험에 대해 무관심하며 장식적이거나 언어유희 그 자체로 그치게 되는 경향을 드러내 극적 완성도를 저해하기도 한다. 재담, 유머 등이 담긴 단어, 문장 자체가 중요한 것이 아니라 그것이 어떠한 상황에서 어떻게 쓰이는지에 초점을 맞춰 살필 필요성이 제기된다.

셋째, 구어적 표현은 아무래도 인물의 외적 행위에 대한 묘사에는 기능적으로 사용되는 데 반해, 인물의 외면뿐만 아니라 심리묘사 또는 내면관찰에 이르는 것을 방해하며 세계를 단순화하여 바라보게도 한다. 이는 한문으로 표기된 전기(傳奇)소설들이 일정한 범위에서 내면적이고 고독한 인간상을 그려내는 것과도 대비가 된다.[22] 구어적 수사법의 이러한 성향은 삶의 경험의 복잡성을 그려내는 데 한계로 작용하기도 한다. 모든 개인에게 개성과 깊은 내면, 확고한 자아가 있다는 생각은 서구 정체성을 이루는 기본요소로서 서구의 근대소설은 이를 지향한다. 구어적 표현 방식은 이러한 점에서 약점으로 작용할 가능성도 있다.

넷째, 국문소설 특히 판소리계 소설에서 현실 인간은 발견되지만 이를 둘러싼 현실 배경은 잘 발견되지 못한다. 즉 구어적 표현은 주로 인물의 대화에서 이뤄지며, 반면에 배경이나 지문에서는 화려한 수사와 도식적 표현이 묘사를 대체하는 경향이 빈번히 일어난다.[23] 이는 판소리계 소설이 근대로 전환하는 시기의 인간 개인의 모습의 변화는 포착할지라도,

---

21 이기문·이상규 외, 『문학과 방언』, 역락, 2001, 296면.

22 박희병, 「한국고전소설의 발생 및 발전단계를 둘러싼 몇몇 문제에 대하여」, 『관악어문연구』 17, 1992, 35면.

23 임형택, 「「동패낙송」 연구 : 야담의 기록화 과정과 한문단편의 성립」, 『한국한문학연구』 23, 1999, 347면.

그를 넘어선 시대의 동향을 포착하기에는 한계로 작용하고 있다.

끝으로 연행 예술의 장점인 연행의 창자와 관중 또는 청자 사이의 구어적 소통이 어떤 면에서는 근대예술이 지향하는 양식적 완성도 내지는 서구 예술이 장르 문화를 통해 얻어낸 형식 질서를 산만하게 만들기도 한다. 단적인 예로 화자의 위치가 고정되지 않고 다변화되는 것 등이 서술태도의 미숙함에서 비롯되는 것이기도 해 그것이 빚는 텍스트 성격의 혼란, 독서의 혼란을 가져오기도 한다. 그러나 이러한 점들은 오히려 근대작가들에게 실험적 서술법으로 활용되기도 한다.

제3장
신소설의 구어전통과 그 한계

신소설은 조선 후기 국문소설의 전통과 직접 연결된다. 김태준은 『조선소설사』(1939)에서 영·정조 시대~17·18세기부터 1894년 이전까지의 소설을 '근대소설 일반'으로 이름을 붙이고, 영·정조 시대 문학에서 싹튼 근대적 맹아가 갑오경장 이후 명확한 근대성으로 전화되었다고 파악한다. 임화는 『개설 신문학사』에서 좀 더 구체적으로 신소설이 조선 후기의 국문소설을 어떻게 발전적으로 계승하고 있는지를 살펴본다. 예컨대 이해조의 「구마검」은 조선 시대의 가정소설을 기본 틀로 하고 있고, 등장인물인 '함진해'와 그의 사촌과의 관계에서는 「흥부전」의 형식도 교묘히 이용하는 등, 여러 형태의 구소설들을 활용하고 있다고 본다. 그리고 이해조는 이러한 구(舊)가정소설의 틀에다 새로이 시정소설의 요소를 도입하며, 이것이 그의 소설의 산문 성격을 증강시켜 신소설을 현대소설로 발전시키는 데 기여했다고 본다. 특히 임화는 조선 후기의 국문소설에는 "생생한 조선어의 보옥(寶玉)"이 숨어 있고 이것이 신소설에 계승된다고 지적하면서 신소설이 가진 전대 국문소설의 문체적 유산에 주목했다.[1] 물론 임화는 그러한 문체적 유산의 구체적 사례와 논증을 전개하지는 않는다. 이 연구는 이러한 문체적 유산에 주목하고자 하는데, 특히 조선 후기 국문소설의 구어체계를 신소설이 어떻게 계승하며 계승과정에서 나타난 한계는 무엇인지에 초점을 맞춰 논의를 전개한다.

1. 신소설의 국문 선택과 대화언어

신소설은 국문을 표기 수단으로 한 조선 후기 국문소설의 전통을 잇는다. 물론 이 시기 등장한 서사의 양식들이 모두 그런 것은 아니고, 신소설에서조차 이러한 계승이 아무런 문제없이 이뤄진 것은 아니다.[2] 신소설의 전범을 제시한 이인직의 경우, 『만세보』에 「혈의누」(1906)를 연재할 시, 「혈의누」에는 명치 이후의 일본 소설이나 기타 근대적 산문에서 흔히 보아 온 루비식 표기가 보인다.[3] 그 표기의 특징은 국한문 혼용에다, 한자에는 모든 국문으로 독음과 뜻을 다는 일본식 후리가나

1 임화, 임규찬·한진일 편, 『신문학사』 한길사, 1993, 133면.

2 「혈의누」가 발표되기 전, 일학산인(一鶴山人)의 「일념홍(一捻紅)」(『대한일보』 1906.1.23~2.18)은 「혈의누」와 유사한 제재를 다루고 있지만 표기방식은 한문 또는 한문현토(懸吐)식이다.(송민호, 『개화기소설의 사적 연구』, 일지사, 1975 참조) 이해조의 처녀작 「잠상태(岑上苔)」(1906)는 백화체 한문소설이며, 그의 순국문 소설은 이인직의 「혈의루」, 「귀의성」(1907) 이후에야 비로소 등장한다.

3 한자 옆에 일본어의 음과 의미를 단 작은 활자를 일컫는다.

이다. 이 같은 표기방식은 이인직 이전의 소설 문장에서는 보기 드문 현상이었던 만큼, 일본 소설의 영향이 작용하고 있음을 단정할 수 있다.[4] 그리고 작품 안에 사용된 어휘 가운데 일본 훈독(訓讀)식 한자 표기 내지 일본 한자식 표기도 눈에 띈다.[5] 이러한 일본식 문체는 이미 봉건시대부터 한글 전용의 전통을 견지하고 있었던 우리 소설 문체에서 오히려 후퇴한 것이다.

그러나 작품 전체를 놓고 보면 『만세보』의 「혈의루」는 실제 순국문체 소설이나 다름없다. 즉 『만세보』의 「혈의루」에서 루비식 표기는 1회, 9회에만 나타날 뿐 전체적(50회분)으로 큰 비중을 갖지 않는다. 그리고 1907년 단행본 『혈의루』에서는 완전히 국문 전용으로 돌아서며 이후 루비식 표기는 결코 나타나지 않는다. 그리고 『만세보』에 등장하는 일본식 한자어도 옥련(玉蓮)의 일본 생활을 묘사하는 부분(21~35회)에서만 이따금씩 나와 현장의 생동감을 보여주기 위한 장치로 이해해야 한다.

요컨대 이인직은 자신이 기획한 신소설이라는 새로운 소설 양식에서 궁극적으로는 순국문체를 쓰고자 했으며 이는 조선 후기 국문소설의 전통을 의식적으로든, 무의식적으로든 선번 수용하고 있음을 보여준다. 신소설이 궁극적으로 순국문체를 사용하고 있다는 사실은 조선 후기 평민의 문학을 대표하는 국문소설의 전통을 계승하며 봉건 지배계급의 문화에 도전한 일종의 민중적 미학의 발로로 이해된다. 왜냐하면 조선 후기의 지배 문화가 국문소설을 그토록 부정했던 것은 어쩌면 소설 장르가 갖고 있는 민중적 성격에 대한 무의식적인 경계의식의 발

4 이재선, 『한국개화기소설 연구』, 일조각, 1972, 138면.

5 예컨대 家內(아내), 芝居(연극장), 御孃樣(작은 아씨), 旦那(영감) 같은 일본 한자를 쓴다.

로였기 때문이다. 그런데 이해조 등의 신소설에서 나타나는 국문의 생동감은 종래의 국문소설 특히 영웅소설이 순국문체로 되어 있지만 다분히 상투화된 것과 달리 국문소설의 긍정적 요소를 발전적으로 계승함을 보여준다.

대화는 서술자가 인물의 말을 재현하는 것이다. 대화는 '재현된 인물의 객체화된 담론'으로 소설에서는 이를 통해 일차적 의미의 구어를 실현한다. 신소설 텍스트는 대부분 대화를 지문과 명확하게 구분한다. 이러한 지문과 대화의 분리 표기는 종래 조선 후기의 국문소설이 지문과 대화를 아무런 구분 없이 내리닫이 식으로 기술한 것과는 상당히 다르다. 이러한 방식은 우리 스스로가 1890년대 후반부터 자생적으로 실험하기 시작하고 있었으나,[6] 일본소설 스에히로 뎃초[末廣鐵腸]의 『설중매』(1886)에서는 현저한 사실이고 보면 일본문학의 영향에 힘입은 것으로 추측된다.[7]

종래의 국문소설 중, 『조웅전』 등의 문어체 소설에서는 인물의 대화가 제시될 경우, 인물의 발언에 서술자의 언어가 부단히 간섭을 하고 있어 진정한 의미의 대화체 문장이 이뤄지지 않는다. 따라서 대화를 통해 드러낼 수 있는 작중인물들의 생동감 있는 묘사가 이뤄지지 않는다. 그러나 판소리계 소설의 판소리 서사체는 인물들의 대화가 가장 순수한 상태로 모방된다. 신소설의 지문과 대화의 분리표기방식은 이러한 우리 국문소설의 전통적인 두 가지 화법형태를 지양한 것이다. 특히 대화자의 이름을 괄호 안에 정확히 표기하는 방식은, 인물의 발언에 대한 자동기술을 해야 할 경우 뚜렷이 나타난다.

6 권보드래, 『한국 근대소설의 기원』, 소명출판, 2000, 171면.
7 이재선, 『한국개화기소설 연구』, 일조각, 1972, 139면.

졈순의 뒤를 짜라 드러가며 시럽슨 말을 시작한다.

(박참봉) 너 엇지ᄒᆞ야 여기 왓느냐

(졈순) 덕에는 못올데이 오닛가

(박) 너 온졔 니 집에 와셔 보앗냐

(졈) 젼에는 못 왓습니다마는 이제는 ᄌᆞ쥬 ᄌᆞ쥬 오깃습니다

(박) 오냐 긔특하다. 이담에는 나제 오지말고 밤에 오너라 기다리고 잇스마.

(졈) 에그 망측ᄒᆞ여라. 누가 나리 뵈우러 옴닛가 마마님 뵈우러 오지오.

(박) 나는 마마님커냥 별상님도 업다. 이럿케 얼근 놈의게 ᄯᅩ 마마님이니 별상님이니 그런거시 잇셔셔 엇지하게

(졈) 누가 나리덕 마마님 뵈우러 왓습닛가. 우리덕 마마님 뵈우러 왓지.

(박) 이ᄋᆡ 너의 덕 령감게셔 쳡 두셧단 쇼문이 잇스니 참말니야

(졈) 령감 마님 심부름 ᄒᆞ러온 졈슈니는 병신으로 ᄋᆞ르시네. 어셔 마마님 뵙고 가기습니다. 어는 방에 게심니가

(…중략…)

졈순이가 문을 톡닷고 아릐목으로 드러오더니

(ᄌᆞ근돌) 보기실타 여우갓치 요거시 ᄃᆡ 무어시아

(졈순) 남더러 공연히 욕만 ᄒᆞ네

(ᄌᆞ근돌) 욕이 쥬먹보다 낫지 아니한가

(졈순) 결핏ᄒᆞ면 쥬먹만 내셰네 아무 죄도 업는 사름을 혈마 쳐쥭일라구

(ᄌᆞ근돌) 혈마가 다 무어시야 너도 마님갓치 강ᄶᅥ만 ᄒᆞ여보아라 한쥬먹에 쳐죽일터이다.

(졈순) 강ᄶᅥ는 엇더한 비러먹을 년이 강ᄶᅥ를 ᄒᆞ고잇셔 나는 순돌아버지가 다른 계집의게 밋쳐 납쒸는 거슬 보면 나는 다른 셔방 어더가지 밤낫 게절게절ᄒᆞ고 잇슬 망한년 잇나

(ᄌᆞ근돌) 이ᄋᆡ 그것 참 속 시연ᄒᆞᆫ 소리를 ᄒᆞ는구ᄂᆞ (…중략…) 계집 둘 두는

놈도 망한 놈이오 시얏보고 강ᄶᆞᄒᆞ고 잇ᄂᆞᆫ 연도 망한 년이라 요ᄉᆡ 개화세상인 줄 몰란ᄂᆞ냐

(졈순) 여보 요란스랍쇼 몰 흠부루 ᄒᆞ지마오. 그러ᄂᆞ 춘쳔 마마댁이 어드요ᄂᆞ도 가셔 구경 좀ᄒᆞ깃소

ᄒᆞ더니 눈우숨 치며 ᄌᆞ근돌의 억개 밋흐로 머리를 밧삭 듸민다 계집의게 속지 아니한다고 큰 쇼리를 탕탕하던 ᄌᆞ근돌이가 졈순의게 속을 썝펴셔 정신보퉁이를 송도리ᄶᅵ ᄂᆡ여 노앗더라.[8]

(고두쇠) 이ᄋᆡ 요ᄉᆡᄂᆞᆫ 네 뒤모냥 어엽벗고나. ᄃᆡ강이에 왼 기름을 그럿케 쳐 발라ᄂᆞ냐

(계집) ᄂᆡ ᄃᆡ강이에 기름을 바르던지 마던지 걱져이 무어시야

(고) 너무 어엿버 걱졍이란다.

(계집) 여엿부면 누가 집어 삼치ᄂᆞᆫ줄 아나베

(고) 에그 갖지 아니ᄒᆞᆫ 것 다 보깃구 너짜진 년을 엇더ᄒᆞᆫ 눈갈 먼 놈이 집어 삼치려 ᄒᆞ깃ᄂᆞ냐.[9]

지문과 대화를 분리 표기하는 방식은, 영웅소설 등 국문소설 화법 형태의 경직성을 벗어나 판소리계 소설의 화법 형태의 자유분방한 성격을 수용하는 당시로서는 최선의 방식이었다. 이는 소설 안에서 생생한 대화 언어를 구현시키는 장점을 가져, 인물들의 성격을 실감나게 구체적으로 형상화하게 한다. 임화가 이인직의 「귀의성」에 나타난 김승지 부인의 독설은 "實로 銳利한 感情을 表現하는 데 朝鮮語가 어느 程

8 이인직, 『귀의성』 상, 광학서포, 1907, 51 · 68~69면.

9 이인직, 『치악산』 상, 유일서관, 1908, 61~62면.

度까지의 技能을 가지고 있는가를 아는 좋은 標本이"[10] 될 수 있다고 상찬한다. 이는 바로 「귀의성」에 나타난 대화언어의 살아 움직이는 느낌을 지적한 것에 다름 아니다. 이해조의 「빈상설」에서 기생첩 평양집이 남편에게 행하는 너스레와 강짜로 이뤄진 대화는 인정의 기미에 절실하도록, 또는 삶의 모습에 꼭 들어맞게 실감나게 표현한다.

> (평) 마누라님이 불시에 그러케 보고 십읍든 이가 보고 십어 ᄀᆞᆺ스면 죵용이나 뒹겨 오거나 가기 구셕으로 무엇ᄒᆞ러 어실렁 드러가 군것질을 ᄒᆞ러 들엇소…….
>
> (셔) 이런 남에 속죵(속종 : 마음속에 품고 있는 소견—인용자)도 모르고 남으로기부텀 ᄒᆞ네…….
>
> (평) 속종이 무슨 속죵이란 말이오 삼사월에 파종 속죵 이야기 좀 들읍시다 그려
>
> (…중략…)
>
> (평) 에구 분히라 삼신도 눈쌀이 머럿지. 이왕 나를 졈지ᄒᆞ거든 허구 만흔 량반에 밋구멍을 다 버리고 하필 상놈의 집에다 틔여나게 힛던가 상년으로 틔여낫거든 상놈과 내외가 되야 살게 팔ᄌᆞ가 못되고 량반 아씨의 시앗시 되야 죵놈 죵년에게까지 이 망신을 당ᄒᆞ엿나 죽어도 맛당ᄒᆞ지
>
> 평양집이 손을 졉어 턱을 괴히고 뒤 창문을 물그럼이 바라보며 눈물을 쑥쑥 써러트린다.[11]

「구마검」에서도 엉터리 지관의 능청스런 행태를 대화언어로 묘사하는 이해조의 솜씨는 근대 작가의 솜씨에 비해 크게 떨어질 바가 없

10 임화, 「속 신문학사 (15회)」, 『조선일보』, 1940.2.24.

11 이해조, 『빈상설』, 광학서포, 1908, 42·45면.

다. 이해조 소설들은 대체로 사건소설임에도 불구하고 이야기식 서술구조가 아닌 장면 중심적 구조를 보여주고 구성을 밀도 있게 하여 긴장된 시간 단위 속에서 서사가 짜이게 한다.[12] 이를 대화언어의 생동성이 뒷받침한다. 이러한 특징은 이미 판소리계 소설의 전통에서 확인되는바, 비록 지문과 대화의 분리 표기방식이 외래적인 것일지라도 판소리계 소설의 자유간접화법 같은 전통의 뒷받침 없이는 신소설에서 그 실현이 불가능했다.

2. 구어와 속담의 수사학

전대 소설 중에서도 속어, 비어, 사투리를 포괄한 진정한 의미의 구어가 기록문학화되는 것은 판소리 텍스트에서 비롯된다. 판소리계 소설을 제외한 일반적인 국문소설은 그것이 비록 국문으로 쓰였더라도 진정한 의미의 구어체를 확립하지 못한다. 신소설은 이러한 판소리계 소설의 구어 전통을 발전적으로 수용한다. 일례로 「귀의성」에 나타난 "눈에서 모닥불이 쑥쑥 떠러진다"[13] 같은 표현은 "눈에서 불이 나다" 같은 관용 표현과 동일한 의미를 가지더라도 구성 어휘가 다양하게 변하여 표현의 효과를 높여, 신소설의 구어적 표현이 생산적으로 이뤄지

12 임형택, 「20세기 초 소설의 신구양식의 관련양상」, 『한국고전소설과 서사문학』, 집문당, 1998, 325면. 「빈상설」은 총 154면 중 삼분의 이에 해당하는 앞부분은 겨우 3일간에 일어난 사건의 서사로 되어 있다.

13 이인직, 『귀의성』 상, 광학서포, 1907, 133면.

고 있음을 알 수 있게 한다.

신소설에서는 무엇보다도 판소리에서 자주 눈에 뜨이는 몸짓 언어들이 작품 전체에 걸쳐 다양하고 풍요롭게 나타난다. 이러한 언어들은 율문 형식의 전대 소설과도 관계가 있다. 이는 근대소설의 정태적 서술체계를 소리로써 생생하게 드러내 현실적 삶의 인식으로 재구성하여 근대적 문체로 전환시키는 가능성을 가졌던 것으로 판단된다.

- 가슴이 **쌕쌕지근**ᄒᆞ야[14]
- 억개을 **웃쓱쓱쓱**하면서 진절이를 치고[15]
- 슈건으로 눈을 **홈착홈착** 씻는 모양[16]
- **부얼부얼**하고 탐스럽게 싱긴[17]
- 몸에 번열증이 ᄂᆞ셔 **이리등긋 저리등긋** 하다가[18]
- **아슬랑 아슬랑** 드러오면셔[19]
- 칠 팔잔을 바다 먹고 (…중략…) 시빨기지더니 **옹송망송**ᄒᆞ며[20]
- **납신납신**[21]
- **훼죽훼죽** 나가니까[22]
- **흔전흔전**이 쓰고[23]

14 위의 책, 61면. 이하 모든 강조는 인용자.
15 위의 책, 64면.
16 위의 책, 86면.
17 위의 책, 104면.
18 위의 책, 113면.
19 이인직, 『귀의성』 하, 중앙서관, 1908, 11면.
20 위의 책, 42면.
21 이해조, 『고목화』, 박문서관, 1922, 50면.
22 위의 책, 55면.
23 위의 책, 55면.

▫ 눈이 **실눅**하야지고 코방울이 **벌룽벌룽**하여[24]

▫ 살기가 **다락다락**하던[25]

이러한 구어의 표현들은 조선 후기 국문소설 특히 판소리 문체에 힘입은 바가 크다. 이인직의 「은세계」(1907)의 전반부는 이미 밝혀졌듯이 판소리와 밀접한 관련을 갖고 있다.[26] 이해조의 판소리의 소설화 작업 역시 신소설 작가들이 판소리 텍스트의 영향력 안에 놓여 있음을 짐작케 한다.

그런데 신소설은 비유적 표현으로 속담 및 전승비유 또는 고사를 인용하므로 전대 소설적 잔재를 벗어나지 못한다고 부정적으로 평가된다. 이는 재고할 필요가 있다. 고사(故事) 등의 인용은 신소설의 문학적 상상력의 빈곤을 의미할 수도 있다. 그러나 신소설에 나타나는 고사 또는 고사성어는 전대의 문어체 소설에서 보는 것과 같이 식자층에 점유되어 상투어가 된 것이 아니고, 속담의 역할을 하면서 민중들에게 친근하게 기능한다. 문어체 소설에서는 속담 수사가 자주 발견되지 않고 대신 죽은 비유만이 나타날 뿐이다.

> 최씨가 그 쏠 기를 쩍의 일을 말하자 ᄒᆞ면 **소진의 혀를 두셋식 이여놋코** 삼ᄉᆞ월 긴긴 히를 멧식 포개 노흘지라도 다 말홀 슈 업는 일일러라.[27]

> 앞헤셔 ᄆᆞ쥬오난 인력거와 엇지 몹시 부듸쳣던지 인력거 톳던 사람들은 **박낭**

24 이해조, 『구마검』, 이문당, 1917, 50면.

25 위의 책, 71면.

26 최원식, 「은세계 연구」, 『창작과비평』 48, 1978.

27 이인직, 『혈의루』, 광학서포, 1908, 23면.

사 철퇴 소리에 놀란 진시황ᄀᆞᆺ치 혼이 나셔 셔로 ᄂᆡ다 보더라.[28]

신소설에서는 판소리계 소설보다도 오히려 속담 사용의 빈도수가 높아지고 강화된다. 속담은 우리의 언어생활과 가장 밀접한 관계가 있기 때문에 퍽 익숙해진 말의 벗이다. 속담은 설화, 민요와 같이 대중 속에서 형성된 민중 생활의 산물로서 민중이 공감하고 애용할 때에 그 생명력이 살아난다.[29] 우리말이 굉장히 구체성을 좋아하는 언어라는 사실은 속담에서 확인된다.[30] 이들 속담들은 신소설에서 수사를 위한 수사라기보다는 이야기의 진행과정과 인물의 행동묘사, 그리고 정황의 설명 등과 밀착되어 서술 속에 녹아 들어간다. 그리고 이들은 이야기 안에서 인상적인 비유의 기능을 수행하면서도 해학적인 어조를 조성하여 이야기의 재미를 더한다.

- 싸고 싼 향ᄂᆡ도 나ᄂᆞᆫᄃᆡ 녀편네 셔방질ᄒᆞᄂᆞᆫ 소문이 엇지 아니ᄂᆞ깃소[31]
- 송곳눈을 가졋드리도 쑬코 볼 슈가 업ᄂᆞᆫ 구경을 하고 셧ᄂᆞᆫᄃᆡ[32]
- 모주 먹은 도야지 별으듯 ᄒᆞᆫ다[33]

---

28 이인직, 『귀의성』 상, 광학서포, 1907, 133면.

29 『돈키호테』는 빈번한 구어적 속담의 표현을 통해 상층문화를 패러디하며 민중문화의 역량을 암시한다. 돈키호테는 자신의 하인 산초가 구사하는 속담을 늘 비난하면서도 존경심을 드러낸다. "돈 끼호테는 감상에 찬 산초의 발언을 듣고 웃었는데, (…중략…) 자기 생각에도 맞는 것 같았으니 이따금씩 그를 놀라게 하는 말을 산초가 했기 때문이다. 산초가 점잔을 빼거나 박사처럼 말을 하려고 할 때마다 그 끝말은 거의 항상 소박성이라는 산 위에서 무식성의 심연으로 미끄러져 떨어지곤 했기 때문이다. 산초가 가장 멋있고 기억력이 좋아 보일 때는 상황에 딱 들어맞건 맞지 않던 간에 **속담을 끌어올 때였고**, 그것이 이 기록이 전개되는 데 늘 눈에 띄었던 점이다."(미겔 데 세르반테스, 민용태 역, 『돈 끼호테』 2, 창비, 2005, 147면)

30 이희재, 『번역의 탄생』, 교양인, 2009, 215면.

31 이인직, 『치악산』 상, 유일서관, 1908, 103면.

32 이인직, 『은세계』, 동문사, 1908, 61면.

33 이해조, 『고목화』, 박문서관, 1922, 64면.

▫ 상감님 망건 사러 가는 돈도 떼먹을[34]

▫ 십 년 공부가 삶은 개다리 되었다[35]

▫ 된장 항아리에 풋고초 백이듯[36]

▫ 모밀셤에 참싀쎄 덤뷔듯 ᄒᆞ얏스니[37]

▫ 인졀미를 굴녀도 검불 하나 안이 뭇을 것 갓흐나[38]

▫ 신통이 변하여 절통이 되느라고[39]

▫ 농익은 연감 모양 갓치 훌쭉ᄒᆞ도록 쌀녀 보아라[40]

위와 같은 예를 통해 보는 다양한 전승비유, 생활 언어가 이후의 우리의 소설사에서 확대, 재생산되지 못한다. 그리고 신소설은 그것이 꼭 속담은 아니더라도 시정의 세태 또는 당대의 사회 문제로부터 유래되었을 법한, 즉 사회적 세태에 빗댄 비유체계를 빈번히 동원한다.

▫ 평안도 빅셩은 염나딕왕이 둘이라 ᄒᆞ나는 황천에 잇고 ᄒᆞ나는 평양 션화당에 안젓는 감ᄉᆞ이라.[41]

▫ 화약연긔는 구름에 비뭇어 돈이드시 평양의 총소리가 의주로 올머가더니 (…중략…) 압록강에는 송장으로 다리를 놋는다.[42]

▫ 온양온졍에 옴쟁이 모히드시[43]

34 위의 책, 133면.
35 위의 책, 135면.
36 이해조, 『빈상설』, 광학서포, 1908, 119면.
37 위의 책, 130면.
38 이해조, 『구마검』, 이문당, 1917, 1면.
39 위의 책, 31면.
40 위의 책, 53면.
41 이인직, 『혈의루』, 광학서포, 1908, 12면.
42 위의 책, 21면.

▫ 사롬을 죽이고 벌력을 입으려면 락동장신 리경하는 놀마다 벌력믄 입다 ᄆᆞ
럿게오.[44]

신소설에서 속담을 중요한 수사법으로 활용하는 것은 전대 판소리계 소설에서 구사되는 구어 미학의 발전적 계승이다. 판소리계 소설의 속담과 관용구 등의 체계가 민중의 상상력에 바탕을 두었듯이, 신소설의 그것도 당대 민중들의 상상력을 토대로 한다는 점에서 신소설이 중세적 미학 체계를 벗어나 근대를 지향하는 판소리계 소설의 연장선상에 놓여 있음을 보여준다. 이는 신소설이 반봉건의 시대적 추세에 일정한 역할을 맡는 시민문학의 속성을 갖추고 있음을 보여주기도 한다.

그러나 문제는 신소설에서 활용되는 속담 그 외에 과장된 말, 언어유희, 욕설 등의 구어의 수사 체계가 궁극적으로는 독자들의 통속적 흥미를 자극하는 수준에 머물고 있다는 점이다. 물론 판소리의 골계와 해학 역시 일부러 웃자는 의미의 강한 오락성을 가지고 있다.[45] 그러나 판소리계 소설에서 사용된 구어의 수사체계들은 조선 후기 현실의 모순을 전면적으로 문제 삼는 수준에까지 나아가지는 못했다 하더라도, 물질적 매개를 용납하지 않는 도학(道學)의 수직적 상하질서를 뒤집으려는 차원에서 전개되었고, 관념화된 사고 체계에 대한 반역이었다. 그러나 신소설에 나타나는 오락성에서는 오히려 그것의 반민중적 지향을 느끼게 한다. 예컨대 신소설이 판소리계 소설과 같은 해학과 풍자가 활기를 보여주는 것은 주로 작가가 부정적 대상으로 만들어 정

43 이인직, 『귀의성』 상, 광학서포, 1908, 57면.

44 위의 책, 115면. 이경하(李景夏, 1811~1891)는 대원군 시절 천주교도를 탄압할 때 포도대장으로 있으면서 죄인은 반드시 낙동(駱洞)에 있는 그의 집에서 다스려 그가 살던 동네를 낙동염라(駱洞閻羅)라 했다고 한다.

45 김대행, 『우리시대의 판소리문화』, 역락, 2001, 48면.

한 인물이 등장하는 경우에 한해서다.[46] 아래와 같이 이인직 소설에서 부정적 인물로 등장하는 노비 등의 인물들은 모두 희화화된 모습으로 그려진다.

> 점순이가 입에ᄂᆞᆫ ᄭᅮᆯ을 발랏스나 가삼에ᄂᆞᆫ 칼을 품은 사ᄅᆞᆷ이라 (…중략…) 점순이가 그 부인 압헤셔 ᄌᆞ라날 ᄯᅢ에 ᄃᆡ강이ᄂᆞᆫ ᄌᆞ로 어더맛너라고 맛치 돌갓치 구덧고 마음은 하로 열두 번식 **핀잔과 ᄭᅮ지람 듯기에 졸업을 히셔** 여ᄀᆞᆫ ᄭᅮ지람은 드러도 드른듯 시푸지 아니ᄒᆞᆫ 점순이라[47]

> 옥단이가 ᄃᆡ답을 ᄒᆞᄂᆞᆫᄃᆡ **나뷔야 부르면 고양이 ᄃᆡ답ᄒᆞ듯 가량스러운 목소리로 녜-**.[48]

이해조 소설은 이 점에서 좀 더 뚜렷하다. 이해조 소설은 풍자와 골계가 훨씬 활발하게 나타난다. 그리고 그것이 이인직 문학에 비해 이해조 문학의 시정의 성격을 돋보이게도 한다. 이해조의 작품에서는 이인직 소설과 달리 부정적 인물이 사건이 전개되는 데 주동적 역할을 수행한다. 이들의 성격과 행동, 그들과 연루된 사건들, 그리고 이에 대한 풍자로부터 빚어지는 생동성은 판소리계 소설에서 발견되는 풍요로운 골계 또는 풍자의 수사와 곧바로 연결된다. 아래 인용된 첩들(또는 기생첩)과 노복의 걸쭉한 입심들은 저절로 웃음을 자아내게 한다.

---

46 풍자의 성격을 띤 소설에서는 독자가 인물 대신에 서술자와 제휴하여 이야기 세계에 참여하도록 빈번히 구어적 서술방식을 사용하기 마련이다.(나병철, 『근대성과 근대문학』, 문예출판사, 1995, 287면)

47 이인직, 『귀의성』 상, 광학서포, 88~90면.

48 이인직, 『치악산』 상, 유일서관, 1908, 111면.

(괴산집) **알수**가 업거던 병아리를 셰여보지[49]

(평양집) 왜굴머 왜굴머 **엽구리에다 독을 ᄎᆞ고 먹든가** 보구려[50]

(거복) **아쥬머닌지 두루쥬머닌지** 언제 방구셕에 붓터 잇는 것 보앗니[51]

(최부인) 팔ᄌᆞ ᄉᆞ오ᄂᆞ와 **열 소경의 한 막되갓은** ᄌᆞ식을 죽이어 구진 일에 쳥ᄒᆞ엿네그레[52]

그러나 이러한 유희적 충동을 느끼게 하는 말의 잔치들은 부정적 인물로 간주된 하층민 즉 무당, 기생(첩), 노비 계층의 부도덕함과 경박스러움을 희화적으로 강조하는 것으로 나타나 단순한 흥밋거리로 떨어진다. 판소리계 소설에 사용된 기층계급의 언어는 당대 지배계급의 규범과 습속의 굴레를 넘고자 하는 반(反)명제의 의미를 갖고 있다. 판소리계 소설에 등장하는 방자형 인물들이 상전에게 하는 어깃장과 대거리 등의 언어는 사대부의 위선적 문화에 대항하는 성격을 갖고 있다. 그러나 신소설의 구어적 수사학은 대부분 하층계급의 야비한 성향을 부각하는 데 쓰여 하층민을 경멸하는 작가의식의 일단을 엿보게 할 뿐이다. 따라서 신소설에서 자주 나타나는 하층민의 상스러운 욕설을 비롯한 비속어 역시 양반문화에 대한 전복의 성격보다는 예교의 양반문화와 대비된 하층계급의 비속함과 부정적 성격을 대비적으로 강조하

49 이해조, 『고목화』, 박문서관, 1922, 15면.
50 이해조, 『빈상설』, 광학서포, 1908, 43면.
51 위의 책, 54면.
52 이해조, 『구마검』, 이문당, 1917, 14면.

는 데 그치고 만다.

- 요 **박살를 하여 노흘 년** 우ᄋᆡ 나가지 아니ᄒᆞ고 알진알진하는냐 ᄂᆡ가 **조년붓터 죽여야** 속이 시연ᄒᆞ깃다[53]
- **조년의 아가리를 지씨여서** 기둥 밋헤 잔뜩 비끼러 ᄆᆡ여노아라[54]
- 에구 분ᄒᆡ라 삼신도 **눈**쌀이 머럿지 이왕 나를 졈지ᄒᆞ거든 허구만흔 **량반에 밋구멍**을 다 버리고 하필 상놈의 집에다 티여나게 힛든가[55]

이들 욕설의 주체는 하나같이 하층계급으로 이러한 욕설들을 통해 그들의 천박하고 비속한 부정성을 돋보이게 한다. 그리고 소설의 흥미에 초점을 맞춘 나머지 해학적 비유와 속담들이 작품의 맥락에 어울리지 않게 쓰여 작품이 의도하는 주제의 진지성을 약화시키기도 하고 문제의 본질을 얼버무리거나 감추는 구실도 하게 된다.

> 녜편녀 목쇼리지마ᄂᆞᆫ 무당년의 소리갓치 씩씩하고 시연ᄒᆞᆫᄃᆡ 폭포슈 쏘다놋틋 것침싀 업시 나오ᄂᆞᆫ 말이라. 마루청이 쏘개지도록 발을 구르더니 명창 광ᄃᆡ 화루도 숑셩 지르드시[56]

위의 인용문은 「귀의성」에서 김승지 부인을 묘사한 내용인데, 그 모습이 희화적으로 과장되고 있다. 부인의 악행에 대한 과장된 묘사와 서술은 작품 안에서 자주 나타난다. 이는 「귀의성」의 비극적 문제가

53 이인직, 『귀의성』 상, 광학서포, 1908, 5면.
54 이인직, 『치악산』 상, 유일서관, 1908, 124면.
55 이해조, 『빈상설』, 광학서포, 1908, 45면.
56 이인직, 『귀의성』 상, 광학서포, 1908, 20면.

양반제도의 모순에서 빚어진 것임에도 독자들의 관심을 시샘에 불타는 김승지 부인의 우스꽝스러울 정도의 악행으로 돌리게 한다. 이인직의 「은세계」에서 탐학 관료인 정감사가 비극적 주인공 최병도를 문초하는 장면은 비통한 분위기와 걸맞지 않는 비유로 묘사된다. 이는 비장과 골계를 아울러 갖추려는 판소리의 이원적 정서 체계의 잔재로 보이기도 하나, 사건의 비극적 정황과 어울리지 않는다.

> **씩으려는 황ᄉᆡ나 씩히지 아니ᄒᆞ려는 우렁이나 쏙갓다** ᄒᆞᄂᆞᆫ 말이 정감사와 최병도의게 절당한 몰이라. (…중략…) 최병도의 마음에ᄂᆞᆫ **찬 밥 ᄒᆞᆫ 술이 악가운 거시 아니라 괴양이 버릇이 괘씸ᄒᆞ다**는 말과 갓치[57]

이후 문초 끝에 죽은 최병도의 묘를 대관령 산봉우리에 쓰는데, 이 묘의 놓인 형상을 "전긔선 우에 ᄉᆡ가 올나 안진 것 갓치"[58]라고 묘사하여 비극적 분위기와 어울리지 않는 비유를 쓴다. 「은세계」는 조선 후기의 모순에 맞서는 평민 영웅의 비장함을 그린다. 그러나 이인직의 더욱 중요한 관심은 이러한 저항조차 아무런 의미가 없게 된 봉건조선의 망국적 상황을 그리는 데 있다. 최병도의 비극적 사건조차 부패한 봉건조선의 부정적 현실을 강조하는 데 하나의 흥미로운 이야깃거리로 전락한다.

57 이인직, 『은세계』, 동문사, 1908, 56~57면.

58 위의 책, 78면.

3. 구어와 문어체의 양립 양상

신소설에서는 작가가 깎아내리고 싶은 인물들을 묘사하거나 그들의 행위가 전개되는 상황을 그릴 경우에 한해서만 살아 움직이는 느낌의 구어적 표현이 나타난다. 신소설의 부정적 계층은 대개 두 부류로 나뉜다. 하나는 시대착오적이고 부패한 수구적인 양반, 그리고 다른 하나는 하층계급이다. 그런데 이들 중에서도 하층 노비들 사이에 이뤄지는 입씨름, 포악한 노주(奴主) 간에 이뤄지는 음흉한 대거리들, 그리고 이와 연루된 인물의 행위, 성격을 그리고자 하는 데서 구어체적 표현이 정점을 이룬다. 아래의 예와 같이 노비 점순의 경박함이 '요리개웃 조리개웃'과 같은 경망스러운 몸짓 언어로 빗대어 표현된다.

> 박참봉은 졈순이가 츈쳔집의 뒤를 발부러 와셔 **이방문, 여러보고, 져방문, 여러보고 요리개웃, 조리개웃, 하던** 고 모냥이 싱각이 는다.[59]

그러나 신소설에서 작가가 긍정적으로 생각하는 인물 계층이 등장하여 그들을 그려야 할 경우는 생동감 있는 구어가 사라지고, 이전의 문어체 소설에서 익숙하게 보아 온 문어적 표현이 나타난다. 신소설은 대개 노비, 상민 등의 하층계급은 부정적으로 본다. 신소설 작가들이 우호적으로 생각하는 대상은 이해조의 경우 양반 또는 개화된 양반 계층이며, 이인직의 경우 개화 인텔리들이다. 그러나 노비 등의 계급일지라도 그들이 올바른 양반에게 충직한 태도를 드러낼 때는 다시 의고

59 이인직, 『귀의성』 상, 광학서포, 1908, 70면.

적인 문어적 표현으로 미화된다. 「치악산」(1908)에서 개화양반 집안의 이부인과 그녀의 충비(忠婢)인 '검홍'의 흐트러짐 없이 반듯한 대화 장면은 문어체 소실의 분위기를 보여준다. 하층민들이 구어적 발랄함으로 묘사되다가도 주인공 격의 점잖은 양반이 등장하면 평면적이고 장황한 문어적 상투어가 출현한다.

> 졀믄 부인이 옥ᄀᆞᆺᄒᆞᆫ 흰 손길로 턱을 괴히고 (…중략…) 산쳔초목이 스러질득키 긴 ᄒᆞᆫ숨을 쉬고 쥰쥬ᄀᆞᆺᄒᆞᆫ 눈물이 잇다금 ᄯᅮᆨᄯᅮᆨ ᄯᅥ러지니 이부인은 신셰를 ᄉᆡᆼ각ᄒᆞ고 원통ᄒᆞᆯ ᄲᅮᆫ더러 업친데 덥친다고 쳔리 졀도 밧게 가신 부모와 동긔의 소식이 돈졀ᄒᆞ야 다시 못 뵈올듯ᄒᆞᆫ 근심과 ᄉᆞ랑ᄒᆞ시든 시부모의 향화를 ᄌᆞ긔 손으로 밧들지 못ᄒᆞ야 며ᄂᆞ리 도리를 다 ᄒᆞ지 못ᄒᆞ니 쳔지간에 ᄒᆞᆫ 죄인이 되거니십은 한탄이 ᄒᆞᆫ데 모혀 셔름이 ᄲᅧ에 사못치고 창ᄌᆞ가 녹는듯ᄒᆞ야 그리 ᄒᆞᄂᆞᆫ 것이라.[60]

귀족들의 숭고한 생의 이념과 고양된 미의식을 구현하는 경우에는 결코 구어의 체계가 끼어들지 못한다. 「혈의루」에서 유학생 주인공 구완서와 김옥련의 대화를 기술한 장면은 문어체 소설에서 재자가인이 이야기를 나누는 장면을 불러일으킨다.

> (구) 네 졸업은 감축ᄒᆞᆫ다. 허허 계집의 ᄌᆡ죠가 ᄉᆞᆫ아희보다 ᄂᆞ흔 거시로구나. 너ᄂᆞᆫ 미국 온 지 일 년 만에 영어를 ᄃᆡ강 아라듯고 학교에 ᄭᆞ지 드러가셔 졸업을 ᄒᆞ얏ᄂᆞᆫᄃᆡ 나ᄂᆞᆫ 미국 온 지 두 ᄒᆡ만에 즁학교에 드러가셔 ᄅᆡ년이 졸업이라. 네게ᄂᆞᆫ ᄇᆡᆨ기를 들고 항복 아니ᄒᆞᆯ 슈가 업다.

60 이해조, 『빈상설』, 광학서포, 1908, 8면.

옥년이가 딕답ᄒᆞ는딕 (…중략…) 닉가 그딕의 은혜를 바다셔 오늘 이렇케 공부를 ᄒᆞ얏스니 곰압소.[61]

「치악산」의 개화양반 가문의 이부인과 그의 충비(忠婢)인 검홍의 대화 장면도 그와 비슷하다.

검홍이가 부인을 말을 다 못듯고 눈물이 비오듯 ᄯᅥ러지며

(검) …… 만일 앗씨가 도라가시면 앗씨게셔는 근심업시 저승으로 가시려니와 친정댁 마님께셔는 무남독녀를 금옥갓치 길녀닉셧던 그 ᄯᅡ님이 자결ᄒᆞ야 도라가셧다는 말을 드르시면 그 마님 마음이 엇더ᄒᆞ시깃슴닛가 (…중략…) 딕감게셔는 남정의 마음이시니 일시에는 비창ᄒᆞ시드릭도 딕범ᄒᆞ신 마음이라 오릭되면 이지실 터오오나 마님게셔는 세월이 갈ᄉᆞ록 그 ᄯᅡ님 싱각만 ᄒᆞ실거니 앗씨게셔 그런 어머니를 이지시고 엇지 도라가심닛가.

(부) 이익 검홍아 우지말고 이러ᄂᆞ거라. 네가 저러ᄒᆞ면 닉가 마음을 더욱 진정ᄒᆞᆯ 슈가 없다. (…중략…) 이익 검홍아 이러나거라 네나 닉나 타고는 고싱이니 억지로 면ᄒᆞ려면 되깃ᄂᆞ냐 닉가 오날부터는 이 셔름보다 더ᄒᆞᆫ 셔름이 잇더릭도 참고 잇셔보마.[62]

「은세계」의 유학생 주인공 옥남의 일장연설은 귀족적 영웅소설(창작군담소설)의 주인공의 언사로, 그리고 유학생 주인공 옥순은 그러한 소설에서 흔히 보는 유형적인 여인상으로 재현된다.

---

61 이인직, 『혈의루』, 광학서포, 1908, 70~71면.

62 이인직, 『치악산』 상, 유일서관, 1908, 50면.

만일 십 년 전에 개혁이 되얏슬 지경이면 오호만의(嗚呼晚矣)라. 나라 일ᄒᆞ기가 ᄃᆡ단히 어려운 ᄯᅢ이라, 비록 남의 힘을 비지 아니ᄒᆞ고 ᄂᆡ 힘으로 ᄀᆡ혁을 ᄒᆞ엿더ᄅᆡ도 ᄇᆡᆨ공쳔창(百孔千瘡)의 쐬ᄆᆡ 지 못ᄒᆞᆯ 일이 여러 가지라. (…중략…) 황제 폐하께서 등극ᄒᆞ시면서 일반정치를 개혁ᄒᆡ시니 만고의 영절ᄒᆞ신 셩군이시라. 우리도 ᄒᆞ로붓비 우리나라에 도라가셔 우리 ᄇᆡ흔ᄃᆡ로 나라에 유익ᄒᆞᆫ 사업을 ᄒᆞ야봅시다.[63]

그 녀학ᄉᆡᆼ은 옥슌이라 옥갓흔 얼골이 아참볏 더운 ᄀᆡ운에 선잉도 빗갓치 익어셔 도화ᄉᆡᆨ이 지고 ᄯᆞᆷ이 송송 나셔 해당화에 이슬멧친 듯 ᄒᆞ얏ᄂᆞᆫᄃᆡ 어엿ᄲᅮ기ᄂᆞᆫ 일ᄉᆡᆨ이나 자셰보면 얼골에 나히 들어셔 삼십이 갓가온 모양이라[64]

심지어 같은 노비끼리 대화를 나누는 중이더라도 양반에게 충성하는 노비와 상전에 반발하는 노비에 따라 말씨의 규칙이 달라진다. 충비(忠婢)인 복단 어미와 양반 상전에게 불만을 가진 그녀의 남편 장 서방의 대화를 비교해보도록 하자.

(복단 어미) 여보 술이 다 무엇이오 (…중략…) 상젼부모라니 상젼이 굴머 안지셧ᄂᆞᆫᄃᆡ ᄆᆞ음에 황송ᄒᆞ지도 안쏘 아씨 가슴을 시원ᄒᆞ게 ᄒᆡ들일 슈ᄂᆞᆫ 업지만 언으 시졀이던지 됴흔 일이 ᄉᆡᆼ기도록 우리가 졍셩것 공궤를 안이 ᄒᆞ면 ᄀᆞᆺ득이나 스름이 산ᄀᆞᆺ치 싸이신테에 엇다가 ᄆᆞ음을 붓치신단 말이오

(…중략…)

(장서방) 졔미붓흘 오날 너 ᄒᆞ나 죽이고 나 죽엇시면 고만이로구나 이런 ᄯᅢ

63 이인직, 『은세계』, 동문사, 1908, 128~129면.

64 위의 책, 122면.

> 칼이라도 잇스면 ᄂᆡ ᄇᆡ를 씨고 창자를 ᄂᆡ여 보엿스면 술먹엇나 안이 먹엇나 시원히 좀 알게[65]

이해조의 「구마검」의 묘사가 넉넉하고 다채롭게 나타나는 것은 역시 무당의 굿 장면을 비롯하여 하층계급의 일상을 그릴 때이다. 그러나 미신으로 파산한 함진해의 죄를 묻기 위해 작품 후반부의 문중 대종회와 관련된 일련의 사태들은 전반부의 구어적 표현과 달리 새로이 등장한 개화기식의 국한문혼용체와 결합한 의고적 문체로 장황하게 그려져 작품의 살아 움직이는 느낌을 떨어뜨려 버린다. 이해조의 작품은 시정의 세계를 능숙하게 그려내면서도 하층 계급의 야비함과 부도덕성을 질타하는 작가의 교화 투의 설명이 작품 곳곳에서 이어진다. 신소설은 최종적으로는 판소리계 소설과 같이 도덕적 양반문화를 거역하는 기층계급의 질펀한 구어의 세계로 나가지를 못한다.

신소설이 작품 안에서 동일한 국문으로 쓰였지만 구어체와 문어체의 두 부분으로 분리, 양립되어 나타나는 것은 무엇을 의미하는가? 신소설 작가들로부터 엿보이는 반봉건적 성격은 양반문화를 거부하는 판소리계 소설의 생동감 있는 구어체적 표현을 이어받게끔 한다. 그러나 봉건세력에 대한 대안 세력으로 신소설 작가들이 적극적으로 또는 긍정적으로 그려야 하는 개화세력을 그릴 경우 종래의 귀족적 영웅소설의 보수적 문체 체계를 선택한다. 이는 당대 신소설 작가의 반봉건·개화의식이 실제 물적 토대를 기반으로 하지 않은 관념적인 성격의 것이며 오히려 기존질서의 보수적 세계관을 강화하고 있음을 보여 준다.

「유충렬전」 등의 영웅소설이 봉건조선의 정치적 파쟁에서 패배하

65 이해조, 『빈상설』, 광학서포, 1908, 5면.

여 실세한 계층의 복권의 꿈이 작품에 투영된 것이라는 주장을[66] 참조할 때 「은세계」 후반에서 강하게 감지되는 영웅소설의 플롯과 문체는 「은세계」에 나타난 개화파의 반봉건이라는 시대적 투쟁 역시 결국은 봉건적 권력으로부터 소외된 계층의 특권계급으로의 회귀 지향을 수반한, 다시 말해 수구세력으로부터의 권력 탈취를 위한 파쟁의 성격을 갖고 있다.

66 서대석, 「유충렬전 연구」, 『창작과비평』 43, 1977, 110면.

제4장
1910년대 구어전통의 위축과 국한문체 단편소설

1. 『매일신보』 장편과 구어적 수사법의 위축

한일병합 이전부터 신소설 작가로 활동한 이해조는 병합 이후『매일신보』 기자로 입사한 후 『매일신보』의 지면을 빌려 지속적으로 신소설을 창작한다. 『매일신보』에 연재된 이해조의 작품들은 내용과 주제 등에서 이전의 작품들과 상당히 달라진다. 「빈상설」(1907) → 「구마검」(1908) → 「박정화」(1910)로 이어지던 이전 시기의 작품들은, 이해조 소설이 중세의 로맨스 양식에서 벗어나 시정세태를 비판, 풍자하는 소설로 변화해가는 모습을 보여준다. 그런데 이해조의 『매일신보』 연재소설은 이러한 진행 과정을 중지하고 봉건시대 통속적인 유형의 고소설로 되돌아간다.[1]

이해조가 『매일신보』에 첫 번째로 연재한 소설은 「화세계」(『매일신보』, 1910.10.12~1911.1.17)이다. 주인공 여성 '수정(守貞)'은 그 이름이 말해주듯 정절을 지키고자 하는 인물이다. 이 작품은 그녀가 그 때문에 겪게 되는 우여곡절의 곤경을 그린다. 한일병합 이후 이해조 소설이 이러한 통속적 구소설의 스토리를 빌리게 되는 것은, 『매일신보』가 애국계몽기의 신문들과는 달리 반체제의 정치성을 배제하고 통속성을 사주하고 있는 것과 관련된다.[2]

이해조는 이러한 복고적인 고소설의 내용들을 선택하면서, 이전 「구마검」, 「모란병」, 「박정화」에서 보여주었던 시정의 세계를 더 이상 주요하게 다루지 않는다. 물론 「춘외춘」(1912) 같은 작품에서 색주가에 여염집 여자를 팔아넘기는 「모란병」의 소재를 다시 사용하고 있지만, 그것이 실제로는 계모형 구소설과 결합하고 있어 세태비판 소설로서의 성격을 약화시킨다. 예컨대 「모란병」·「박정화」 등에서 신랄하게 풍자되던 양반, 관리들의 부정적 행태들은 작품에서 사라지게 된다. 이러한 내용의 변화는 문체에서 이전 소설에서 보인 시정의 일상세태를 실감나게 그리려던 구어체적 묘사 대신 종래 문어체 소설에서 나타나던 추상적이고 상투적인 묘사법의 비중을 강화시킨다.[3] 이전 이해

---

1 이해조 문학의 변모 과정은 최원식, 「1910년대의 이해조문학」, 『한국 근대소설사론』, 창작사, 1986 참조.

2 가부장적 권위와 관련된 정절의 강조는 더 나아가 정치의식에서 예속을 지향하며 총독부의 권위에 순종하는 보수적 태도와도 관련된다.(양문규, 『한국 근대소설사연구』, 국학자료원, 1994, 88면 참조) 최찬식은 「츄월식」(1912)에서 등장인물의 입을 빌려 정절과 관련된 여성에 대한 차별적 발언을 다음과 같이 하고 있다. "아너가 졀기를 직히는 것은 원리젹으로 녀주의 즉분이 아니오닛가. 그러ᄒᆞ지만은 음분란힝은 만히 녀주의게셔 먼져 싱기는 고로 예쪄 성인도 '열녀는 불경이부'라 ᄒᆞ야 녀주를 더욱 경계ᄒᆞ셧스니 남의 안히된 ᄉᆞ룸의 칙임이 얼마나 더 즁흠닛가."(최찬식, 『츄월식』, 안동서관, 1913, 74면)

3 저자는 앞서 지적했듯이, 조선 후기의 국문소설을 문체, 구성의 측면에서 「유충렬전」, 「홍길동전」 등과 같은 문어(장)체 소설과 「춘향전」과 같은 판소리계 소설로 구분하여 본다. 저

조는 당대의 시정세태를 그릴 경우에는 재현에 집중하며 언어와 사물의 대응관계에 나름대로 긴장을 보여주었다. 「모란병」(1909)에서 먹을 게 없어 술지게미를 먹고 취해 쓰러진 가난한 집안 모녀의 정황을 다음과 같이 그린다.

> 방문을 와락 열고 보니 마누라는 아루묵에 가 모로 쓰러졋고 금션이는 그 겻헤 가 납으죽이 업다렷는ᄃᆡ 사ᄅᆞᆷ이 드는지 나는지 몰르는 지라 (…중략…) 위션 금션이부터 흔들흔들 깨오노라니 난ᄃᆡ업는 슐닉가 두 코를 쑥 질으는지라. 자셰 살펴본즉 모녀의 얼골이 사그ᄂᆡ 장승빗 갓치 되야 코에셔 룡수각 박은 약쥬 독 여러 노은 님시가 물큰 물큰 치미니 (…중략…) 무심히 방 구셕에 잇는 ᄃᆡ 졉이 눈에 쓰이는ᄃᆡ 슐 직검이가 셔너 술 담겨 잇는지라. (…중략…) 기갈을 못 견ᄃᆡ여 도야지나 먹이는 거을 먹고 져 디경들이 된[4]

> 쥬정 한 마대 못ᄒᆞ고 치밀던 불을 그 가삼에다 되셔려 담아 숫검당이 다 되면셔 (…중략…) 창ᄌᆞ는 맛드러 붓혓지마는 도야지 먹이 비스름ᄒᆞᆫ 락기죽이 참아 목구멍에 잘 넘어가리오 너밀욱나밀욱 홀쥭할쥭ᄒᆞ다가 그 상을 물녀노은 후[5]

> 허긔가 져셔 납쒸는 법이 산 범의 코 우에 날고기도 쎄여 먹으러 덤부리만치 되엿던 판이라[6]

자는 판소리계 소설이 구어체적 표현을 통해 조선 후기의 민중사상을 담아내 근대소설로의 상승 계기를 마련하는 데 비해, 문어체 소설 역시 국문체를 정착시켜 근대소설의 발전을 견인하지만 보수적·귀족적 세계관과 함께 예술적 긴장이 떨어진 채 통속화 경향이 심화되며 20세기 초로 인계된다고 본다.

4 이해조, 『모란병』, 박문서관, 1911, 10면.

5 위의 책, 3면.

6 위의 책, 7면.

ᄒᆡᆼ랑 것의 **괴동ᄃᆡ동** 지거리ᄂᆞᆫ 말[7]

사용된 속담도 진부한 관용어로서가 아니라 문장 안에서 살아 움직인다. 그리고 인물의 행위를 구체적이고 실감나게 재현하려는 몸짓언어들도 신선하다. 그러나 1910년대 『매일신보』의 이해조 소설은 기존의 통속적 고소설의 소재로 돌아가면서 사물 또는 사태에 대한 철저한 재현보다는 고소설의 익숙했던 스타일로 편안하게 물러선다. 단어와 사물의 일치가 아닌 치장의 언어를 익숙하게 사용한다. 1910년 이전의 작품인 「구마검」(가)과, 이후의 작품인 「화세계」(나)의 첫 장면인 무대 묘사를 비교해보자.

(가) **대안동 네거리에셔 남산을 바ᄅᆞ보고 한참 ᄂᆡ려가면 베젼 병문 큰 길**이라. 좌우에 져ᄌᆞᄒᆞᄂᆞᆫ 사ᄅᆞᆷ들이 죠셕으로 물을 ᄲᅮ리고 비질을 ᄒᆞ야 **인졀미를 굴녀도 검불 하나 안이 ᄆᆞᆺ을 것 갓ᄒᆞ나** 그 만ᄒᆞᆫ 사ᄅᆞᆷ 그 만ᄒᆞᆫ 소가 ᄇᆞᆲ고 오고 ᄇᆞᆲ고 가면 몃시 안이 되여 길바닥이 도로 지져분 ᄒᆞ여셔 바ᄅᆞᆷ이 그쳑만 잇셔도 ᄒᆡᆼ인이 눈을 ᄯᅳᆯ 슈가 업ᄂᆞᆫ ᄃᆞ리 **바ᄅᆞᆷ도 여러 가지라. 삼ᄉᆞ월 길고 긴 날** ᄭᅩᆺ **ᄌᆡ촉ᄒᆞᄂᆞᆫ 동풍도 잇고 오륙월 삼복중에 비 작만ᄒᆞᄂᆞᆫ 남풍도 잇고 팔월 ᄉᆡᆼ량ᄒᆞᆯ ᄯᆡ 셔리 오라ᄂᆞᆫ 동북풍과 십월 동지달에 눈 모라오ᄂᆞᆫ 북ᄉᆡ도 잇스니** (…중략…) 이 날 베젼 병문에셔 불든 바람은 동풍도 안이오 남풍도 안이오 셔풍 북풍이 모다 안이오 어ᄃᆡ로 조차 오ᄂᆞᆫ 방면이 업시 길바닥 한가온ᄃᆡ에셔 몬지가 솔솔솔 니러나더니 ᄯᅮᆨ ᄯᅥ러지며 엇더ᄒᆞᆫ 사람 하나를 겹겹이 ᄡᆞ도 도라가니 갓 귀영ᄌᆞ가 ᄡᅮᆨ ᄲᅡ지며 머리에 ᄡᅧᆺ던 졔모립이 **졍월 대보름날 구머리 쟝군연** ᄯᅥ**나가듯** 삼마장은 가셔 ᄯᅥ러진다. (…중략…) 그즁에 함진ᄒᆡ라 ᄒᆞᄂᆞᆫ 집은 형셰가 남의 밋헤 안이 들어 남노비에 긔구 잇게 지ᄂᆡᄂᆞᆫ 터인ᄃᆡ 한갓 ᄌᆞ

7 위의 책, 21면.

손 복이 업셔 낫키는 펄젹히도 길으기는 하나도 못ᄒᆞ다가 그 부인 최씨가 삼취로 드러와 아들 하나를 나아노코 몸이 큰톄ᄒᆞ야 집안에 **죽젹김이질**(죽 쑬 때 젓는 방망이질―인용자)을 훌딕로 ᄒᆞ며 그 남편ᄭᆞ지도 **손톱 반머리만치** 두려워ᄒᆞ지 안이ᄒᆞ고 마암에 잇는 일이면 올코 그르고 눈을 긔여가면셔라도 직셩이 **히토모리에 어름 푸러지듯**ᄒᆞ게 ᄒᆞ야 보고야 말더라.[8]

(나) 셰월이 덧업도다 언의듯 삼복염증이 지나가고 구십월이 되엿는가 간밤 부든 바람이 뜰 압에 섯는 나무를 이리 흔들 뎌리 흔들 흔들흔들 말지 안터니 무수ᄒᆞᆫ 락엽이 분분히 날아 ᄂᆡ리는고나. 락엽 뎨를 무심ᄒᆞᆫ 사ᄅᆞᆷ이 무심히 보게 되면 발ᄭᅳ 가고 발ᄭᅳ 오며 비를 들어 쓸어버릴 ᄯᆞ름이라. 조곰도 사랑ᄒᆞ고 어엽비 녁이며 불샹ᄒᆞ고 슬피 녁이지 안이ᄒᆞᆯ 터이로ᄃᆡ 풍상을 만히 격거 강긔ᄒᆞᆫ 마암이 가삼에 가득ᄒᆞᆫ 유지남아는 큰 잔에 술을 가득 부어 한숨에 다 마신 후에 긔쳔으로 굴러드러가는 뎌 락엽을 두 손으로 얼픗 집어 다졍히 들어보며 말 ᄒᆞᆫ마듸를 불가불 무러보리로다. (…중략…) 슬프다 이는 락엽을 ᄃᆡᄒᆞ여 탄식ᄒᆞ는 바이어니와 이 셰상에 신세가 뎌와 갓흔 쟈 몃몃인고. 둑셤 마진 편 강 위 바위틈에 연지 풀어 드린듯ᄒᆞᆫ 단풍 그림ᄌᆞ가 말고 말근 물 가온ᄃᆡ 울연히 빗취엿는ᄃᆡ 그 압겨드락 좁은 길노 년긔가 이십남짓ᄒᆞᆫ 녀승 한나이 옥양목 쥬의에 쳬ᄃᆡ삿갓을 숙여쓰고 무리바닥 메투리를 날아갈듯이 들메우고 구졀죽장으로 턱턱 ᄂᆡ여집흐며 푸른 산 졈은 연긔 속으로 허위단심 드러가는ᄃᆡ[9]

(가)는 당대 서울 도시의 시정을, (나)는 고소설 어디선가에는 흔히 볼 수 있음직한 곳을 무대로 한다. (가)에는 생활에서 나온 속담 식의

8 이해조, 『구마검』, 이문당, 1917, 1면.
9 이해조, 「화세계」, 『매일신보』, 1910.10.12.

비유, 해학적 비유들이 활발하게 나타난다. 그러나 (나)는 고소설의 의고적인 문체를 흉내 내며 장식적이고 격식화된 비유와 문구로 이뤄진다. 1910년 이후 이해조의 소설은 그가 조선 후기 시정문학에 나타난 민중언어의 리얼리티를 되살려 시정의 일상세태를 실감나게 묘사하고자 하던 노력을 더 이상 발전적인 형태로 전개하지 못한다. 원래 이해조 소설은 속담의 비유법에서도 그것이 반드시 속담은 아닐지라도, "길음 시루갓치 사롬이 쎅쎅ᄒᆞᆫ듸"라든지, "타작마당 닥듯 반듯ᄒᆞ고 넓은 길에" 같은 민중들의 생활체험과 밀착된 속담과 유사한 비유를 활발하게 사용했다.

그러나 「화세계」는, 속담의 비유가 설사 등장하더라도, "그림의 썩이요", "오륙월 불도 쪼이다 물너서면 셥셥ᄒᆞ다고", "츈향 잡으로 갓던 차ᄉᆞ 모양으로" 등과 같이 이미 오래 전 속담으로 굳어져 자동화된 비유법이 주를 이룬다. 우리는 1910년대 이전 이해조가 자신의 작품에서 전통적 국문소설을 현대적으로 변용하고자 했던 여러 가지 노력과 활발한 가능성들이 『매일신보』의 소설들에서는 사라지는 것을 발견하게 된다. 이는 비단 이해조에만 국한되지 않고 신소설 작가들 전반에 걸쳐 나타난다. 1911년 출간하여 김교제가 저술한 것으로 되어 있는 「치악산 (하)」는 1910년대 이전에 발표된 이인직의 「치악산 (상)」(1908)과 비교하면 문체 또는 수사 체계에서 크게 구별된다. 하권은 상권보다 참신성과는 거리가 먼 상투적인 고사성어나 비유법의 출현 빈도수가 압도적으로 많이 나타난다.[10]

그리고 흥미로운 점은 1910년 이후 등장한 김교제 소설에서 욕설이나 비속어 등의 구어 표현이 이인직, 이해조 소설 등과 비교할 때 두드

10 양문규, 「이인직 소설의 문체에 관한 연구」, 『한국 근대소설사연구』, 국학자료원, 1994 참조.

러지게 나타난다는 것이다. 이러한 현상은 1910년대 신소설이 엽기적 사건 중심의 통속적인 이야기로 변화하는 특성에서도 비롯된다. 통속적 이야기들은 잘 알다시피 독자의 흥미를 돋우기 위해 기본 구성으로 선인과 악인을 그리고 선행과 악행을 극단적으로 갈라놓는다. 김교제의 「목단화」(1912)는 전실 자식을 학대하는 계모와 그를 돕는 악비(惡婢) 등 악인들의 악행을 과장해서 그린다. 그리고 이러한 과장된 묘사에는 욕설과 비속어 같은 구어적 표현이 충실히 기여한다. 이러한 구어체계들은 독자들을 자극하며 사건의 충격성과 인물의 극악한 성격을 엽기적으로 보여준다.

▫ 졔 어미를 붓틀 놈의 도적놈 도적을 ᄒᆞ다 못ᄒᆞ야 ᄯᅩ도적놈이 다 잇나[11]
▫ 학치('정강이'의 낮은 말—인용자)를 뀔 놈 갓흐니
▫ 그 년이 쇼시ᄉᆞ젹에 이 근쳐의 불알 달닌 놈은 쌍그리 쥬어 먹엇다오. 그러도 유의부족ᄒᆞ야 셔울로 셔방질ᄒᆞ러 갓더니
▫ 당장 더운 간을 ᄂᆡ여 씹고 십흐나
▫ 당장 그 ᄌᆞ리에셔 칼로 쿡 찔너 업지르고 더운 피를 먹고 십으나
▫ 니마도 씌여지며 코도 을크러져 연지갓흔 붉은 피가 괄괄 흘으니
▫ 머리치를 숀에 휘휘 감아쥐고 ᄀᆡ 싸려 잡듯 막 짓바슈며 발오 알외라고 ᄒᆞ니

최찬식의 「츄월식」(1912)은 작품 안에서 욕설이 마구 벌어지는 겁탈 장면과 함께 치정극적 묘사가 이뤄진다.

소년은 불갓흔 욕심을 이긔지 못ᄒᆞᄂᆞᆫ 중 녀학ᄉᆡᆼ 죽기를 ᄒᆞᆫ하고 방식ᄒᆞᄂᆞᆫ 양

11 이하 김교제, 『목단화』(광학서포, 1911)에서 인용하나 인용 책에 면수 표시가 없어 면수 표기는 생략.

에 화증이 왈칵ᄂᆞ며 화증 ᄭᅳᆺ헤 악심이 ᄉᆡᆼ겨셔 왼손으로ᄂᆞᆫ 녀학ᄉᆡᆼ에 젓가심을 잔ᄯᅳᆨ 움켜잡고 오른 손으로ᄂᆞᆫ 양복 허리에셔 단도를 ᄲᅢ여들더니

(소년) 요년아 너 요러케 악지부리ᄂᆞᆫ 리유가 무엇이냐 소위 너의 결심ᄒᆞ얏다ᄂᆞᆫ 것이 무슨 그리 장ᄒᆞᆫ 결심이냐 너 이년 너의 ᄭᅩᆺ다운 혼이 당쟝 이 칼 ᄭᅳᆺ에 ᄂᆞᆯ나갈지라도 너는 네 고집ᄃᆡ로 부리고 장부의 가심에 무한ᄒᆞᆫ 한을 ᄆᆡ질 터이냐

(녀학ᄉᆡᆼ) 오냐 죽고 죽고 ᄯᅩ 죽고 만번 죽을지라도 너ᄀᆞᆺ치 ᄀᆡᄀᆞᆺ흔 놈에게 실졀은 아니ᄒᆞ깃다. 그 말에 소년에 악심이 더욱 심ᄒᆞ야 말이 막 긋치자 번쩍 드럿던 칼을 그ᄃᆡ로 푹 지르ᄂᆞᆫᄃᆡ[12]

그리고 악인들의 악행과 대조되어 선인들의 모습과 행동은 고소설의 장식적이고 인습적인 수사로 치장된다. 비속어와 전아한 언어가 선한 주인공과 악한 적대자들을 검정과 하양처럼 완연히 구별한다.

분한이 철골ᄒᆞ야 구슬갓흔 눈물이 도화량협에 굴너나리며 옥반에 준쥬 굴니는 소리로 (…중략…) 나도 ᄉᆞ부가 녀ᄌᆞ로 이런 일은 듯도 보도 못ᄒᆞ엿다가 이런 변을 당ᄒᆞ니 ᄃᆡᆨ이 만일 일향 무례히 굴면 나는 죽을 ᄲᅮᆫ이니 그러면 ᄃᆡᆨ은 무ᄉᆞᄒᆞ겟소 ᄯᅩ ᄃᆡᆨ이 나를 유의ᄒᆞᆯ 것 갓흐면 졍대ᄒᆞ게 구러도 될지말지 ᄒᆞᆫᄃᆡ 더구나 무례히 구니 ᄃᆡᆨ이 ᄉᆡᆼ각을 줄못 ᄒᆞ엿소

고촌단락에 물ᄉᆡᆨ은 쳐량ᄒᆞ고 압산 뒤들에 낙엽은 소소ᄒᆞᆫᄃᆡ 쳔리타향에 외로온 심ᄉᆞ는 흘으느니 눈물이오 동창에 돗는 달과 셔산에 지ᄂᆞᆫ ᄒᆡ는 모다 졍슉의 셔름이라

12 최찬식, 『츄월ᄉᆡᆨ』, 안동서관, 1913, 9면.

년치는 열 팔구세 가량은 되어보이는딕 살빗은 빅셜갓고 두 쏌은 홍도갓고 이마는 도다오는 반달갓고 입살은 식로 찍은 연지갓고 코는 딕쪽 찍어 노흔 듯 ᄒᆞ고 눈은 식ᄉᆞ별 갓고 킈는 호리호리ᄒᆞ나 아릭 위를 툭 찍어노흔 듯 ᄒᆞᆫ딕 허리는 ᄒᆞᆫ줌이 치 못되고 발은 외씨갓습듸다[13]

이렇게 신소설이 문체상으로 문어체 소설로 후퇴하는 것과 더불어, 당시 신파극, 번안소설 등이 유행하면서 이해조 소설은 『매일신보』 독자의 새로운 통속적 취향을 좇고자 한다. 이해조는 「구의산」(1911), 「우중행인」(1913) 등에서는 일본의 신파극에 등장하는 소재와 모티프들을 빌리고, 「춘외춘」은 전래의 계모 소설에 신식 여학생과 구조자로서 일본인 교사를 등장시키기도 한다. 「구의산」의 살인과 복수의 모티프, 「우중행인」에서는 오해의 사실이기는 하지만 형수와 시동생 간의 간통 등 치정의 모티프 등은 이해조 소설이 『매일신보』의 상업적 요구에 다가가기 위하여 여러 가지 모색을 하고 있음을 보여준다. 이해조는 자신의 소설에서 신파의 활극과 고전소설의 통속적 소재들을 뒤섞는데 아래 인용문에서 보는 것과 같이 초기 소설과 달리 관습적이며 한자성어가 섞인 의고적인 문어체로, 때로는 신파 군사극의 소재를 군담소설의 격식화된 스타일로 서술해나가기도 하니 이러한 작품들에서 더 이상의 문체의 갱신을 기대하기는 어려웠다.

(한) 이 우미ᄒᆞᆫ ᄉᆞ룸이 요처에게 고혹ᄒᆞ야 ᄌᆞ식을 악ᄒᆞᆫ 놈에 수중에 넛는 것을 씨닷지 못ᄒᆞ얏더니 존덕 혜턱으로 쳐식에 싱명을 구ᄒᆞ시고 ᄯᅩ 존공에 힘으로 요쳐 악흠을 엄징ᄒᆞ야 셜분을 통쾌히 ᄒᆞ얏ᄊᆞ오니 무엇이라 치ᄉᆞ홀 말이 업

13 이상 김교제, 『목단화』(광학서포, 1911)에서 인용.

고 ᄯᅩᄂᆞᆫ 존공이 동경셔 천식과 함게 하나다 상의 집에 계셧다 ᄒᆞ오니 천식에 소식을 듯고ᄌᆞ ᄒᆞ오니 불안ᄒᆞ오나 ᄃᆡ강 이략이를 ᄒᆞ야 주심이 웃더ᄒᆞ올는지오

(학) 천만의 외말삼도 ᄒᆞ심니다. 집에셔 령ᄋᆡ를 구제홈은 우연ᄒᆞᆫ 바이라다. 다시 말숨ᄒᆞ실 것이 업습고 령ᄋᆡ는 동경 ᄒᆞ나다 집에 무고히 잇셔 학교에를 잘 다니오니 아모 염녀 말으옵소서[14]

이 형님ᄭᅴ셔 젹슈공권으로 각ᄉᆡᆨ간고를 다 격그시다가 인제야 겨오 긔ᄒᆞᆫ을 간신히 면ᄒᆞ올만 ᄒᆞ온ᄃᆡ 아모 ᄉᆡᆼ업을 모로난 졔가 문호를 설입ᄒᆞᆫ난 날이면 한갓 형님에 이우만젹지 안이 되오리니 져ᄂᆞᆫ 무슨 경륜을 ᄒᆞ던지 ᄌᆞ신지칙이 넉넉키 젼에는 긔여희 쟝가를 안이들자 ᄒᆞᄂᆞᆫ이다.[15]

이번 싸홈에 물론 로국이 ᄑᆡ할 터이닛가 별 걱정이야 잇스릿가마ᄂᆞᆫ 젼쟝이라ᄂᆞᆫᄃᆡ난 ᄉᆞ디라 살라오기를 바랄 슈 업ᄂᆞᆫ 즁 더구나 이 ᄊᆞ홈은 텬하에 데일되ᄂᆞᆫ 강국들이 싸호난 터이라 ᄒᆡ상에 병홈이 팟ᄶᅩᆼ 드러셔듯ᄒᆞ고 ᄃᆡ포알이 우박쏘다지듯 ᄒᆞᄂᆞᆫ 곳이니 엇지 위험치 안이ᄒᆞ오 (…중략…) 나는 군이이 되얏스니 **시셕**(矢石)**을 두러 안이ᄒᆞ고 유진무퇴**(有進無退)**ᄒᆞᄂᆞᆫ 것**이 당연ᄒᆞᆫ 본분이오 너는 실어계에 투족ᄒᆞ얏스니 아못죠록 졀졀용졀검ᄒᆞ고 각 방면에 신용을 일치마라셔 세계에 유명ᄒᆞᆫ ᄌᆞ본가된ᄂᆞᆫ 것이 당연ᄒᆞᆫ 직분이니[16]

최찬식의 「츄월식」 역시 신소설의 삽화와 인물형들을 로맨스적 구소설의 조직 원리에 입각하여 거의 짜깁기했듯이,[17] 작품 안에는 신문

14 이해조, 『춘외춘』 하, 신구서림, 1912, 79면.

15 이해조, 「우중행인」, 『매일신보』, 1913.2.27.

16 위의 글.

17 최원식, 「1910년대 친일문학과 근대성」, 『한국계몽주의문학사론』, 소명출판, 2002 참조.

물 내지 신지식과 관련된 외래어, 신조어들이 문어체 소설의 관습적 표현구나 대목과 스스럼없이 결합한다.

- 소년은 삼촌장 무명업화가 **남아미리가주(딘보라쇼) 활화산 화렴 치밀듯**ᄒᆞ야[18]
- 겹 ᄃᆡ문 안이 **틔평양**을 격ᄒᆞᆫ것 갓치 적막ᄒᆞ고[19]

1) 번안소설의 경우

신소설을 대신하여 『매일신보』에 등장한 것이 조일재 등의 번안소설이다. 번안소설은 새로운 도시 시정의 세계를 작품 안에서 본격적으로 그린다. 그리고 그것이 비록 이식된 것일지라도, 이해소 소설의 시정세계와는 또 다른 새로운 자본주의적 시정의 공간을 보여준다. 소설의 세계가 본질적으로 근대 도시의 세계라는 점에서[20] 번안소설은 훨씬 근대소설에 다가서고 있다. 조일재의 「장한몽」(1913)에 그려진 플랫폼의 장면은 불과 십 년도 채 안 된 시간의 거리이지만 이해조의 「고목화」(1907)에 그려진 그것과 비교할 때 많은 변화를 느끼게 한다.

언마를 왓든지 살기치 나가던 차가 별안간에 뒤로 몸으청ᄒᆞ며 쑥긋쳐 졍거를 ᄒᆞ니 어셔 그러케 예비를 힛든지 열ᄃᆡ여셧살 된 아희들이 모판을 압흐로 메고 이 문 져문으로 드나들며 못지가 요로시(よろしい–인용자) 요로시 요로시 외ᄂᆞᆫ 소릐에 귀가 식그럽고 긔계통에 김쎄ᄂᆞᆫ 소릐를 몃번직 듯ᄂᆞᆫ 터이언만 들을

18 최찬식, 『츄월색』, 안동서관, 1913, 8면.
19 위의 책, 78면.
20 이언 와트, 전철민 역, 『소설의 발생』, 열린책들, 1988, 237면.

젹마다 가슴이 덜컥덜컥 ᄂᆡ려 안는다. (…중략…) 졍거수가 화통에 물을 너흐랴고 ᄶᆞᆯ오 ᄲᅦ여 올ᄂᆞ갓다 ᄂᆡ려왓다 급히 단기는 셔슬에 쳘로 갓가히셔 잇쓸 수가 업셔 멀즉이 물너가며[21]

영등포, 영등포- 에이도호(영등포의 일본식 발음—인용자) 에이도호- ᄒᆞ고 역명(驛名)을 부르며 창밧그로 역부들이 외오고 지ᄂᆡ여가는ᄃᆡ 긔챠는 임의 영등포 뎡거쟝 ᄲᅡ라트홈에 다앗더라. 나리는 사ᄅᆞᆷ, 오르는 사ᄅᆞᆷ, 뎡거쟝 문 앞에서는 요령 흔드는 소ᄅᆡ가 일시에 요란 복잡ᄒᆞ여지며 그 ᄉᆞ이로는 음식파는 ᄋᆞ희들이 목판을 엇메이고 창엽흐로 ᄅᆡ왕ᄒᆞ며

"벤ᄯᅩ, ᄲᅵ-루 마사무네 삼편 사이다-"[22]

「장한몽」에는 야행열차, 대합실의 괘종시계, 영등포 은행지점, 한강털교(漢江鐵橋), 믹쥬 등, 식민지 조선으로 빠르게 침투해 들어오는 자본의 문물이 쏟아지듯 등장한다. 기차 외에도 전기철도, 화양(和洋)요리점, 고리대금업자가 노니는 도시 시정과 풍물, 문명의 기호에 관한 세세한 묘사와 관심들은 독자들의 새로운 것에 대한 관심을 충족한다.

뎐긔텰도(電氣鐵道) 길로 좇ᄎᆞ 남대문 들어셔셔 다시 회동(會洞)병문으로 돌쳐 들어스더니 동으로 향ᄒᆞ야 한참 가다가 남으로 죠고마ᄒᆞᆫ 골목으로 ᄶᅩ부려져 두셔너 집 지ᄂᆡ여 모퉁이 길ㅅ가집으로, 문 앞헤는 붉고 푸른 류리로 만든 등에 화양료리(和洋料理)라 크게 써셔 잇고, 아즉 황혼ᄭᆞ지에 일으지는 안이 ᄒᆞ얏스되 불을 켜셔 영롱ᄒᆞᆫ 빗이 빗취이는ᄃᆡ 이삼층 되는 화양절충제도(和洋折衷制

21 이해조, 『고목화』, 박문서관, 1922, 125 · 127면.

22 조일재, 「장한몽」, 『매일신보』, 1913.6.10.

度)로 지은 료리뎜이라.[23]

작품 첫머리에 김중배가 '심순애'를 만나는 정월 보름날 '김소사' 집 윷놀이 판의 정경은, 시정의 젊은 남녀들의 욕정의 분위기를 감각적인 솜씨로 그려내 이전의 신소설의 표현에서는 찾아보기 어려운 생동감을 드러낸다. 실제 조일재의 「불여귀」 같은 번역소설이 포착한 것은 메이지 시대의 일본어 소설 문장이 지닌 대중적 호소력과 흡인력 또한 함께 번역하지 않을 수 없다는 사실, 그러므로 신소설의 언어와 구별되지 않고서는 새로운 상상력과 감수성을 제시할 수 없다는 사실이다.[24]

> 삼간 안ㅅ방에ᄂᆞᆫ 남포를 크게 켜서 한가온ᄃᆡ 노앗스니 밝기ᄂᆞᆫ 빅쥬갓ᄒᆞ여 사람의 얼골ᄭᆞ지 눈이 부시도록 광치가 난다. 남녀 오륙인은 그 방 윗목으로 돌나 안자 물불을 헤아리지 안이ᄒᆞ고 윷 노ᄂᆞᆫᄃᆡ 정신이 가리웟다. 등잔ㅅ불에 온긔와 화로에 피여노은 숫불의 열긔(熱氣)와 여러 ᄉᆞᄅᆞᆷ의 몸에서 일어나ᄂᆞᆫ 훈증(薰蒸)한 긔운이 셔로 얼키여 삼간방 안에셔 비회(徘徊)ᄒᆞᆫ다
>
> 윷노노라 요란히 덤비이ᄂᆞᆫ ᄉᆞᄅᆞᆷ들은 얼골이 모다 벌것토록 익엇스며 여자ᄂᆞᆫ 단장ᄒᆞᆫ 분이 ᄲᆞᆷ에 씨기여 여긔뎌긔 육색(肉色)이 드러나셔 얼룩얼룩ᄒᆞᆫ ᄉᆞᄅᆞᆷ도 잇스며 ᄯᆞ은 머리 쪽진 머리 모다 허트러져셔 귀인머리ᄂᆞᆫ 한 모습이 ᄲᆞ지엿고 쪽진 머리ᄂᆞᆫ 빈혀가 걱구로 셧다. (…중략…) 남ᄌᆞᄂᆞᆫ 두루마기의 옷고름을 ᄯᅥ러트린 것도 아지 못ᄒᆞ고 가삼을 펼쳐노은 치로 잇ᄂᆞᆫ ᄉᆞᄅᆞᆷ도 잇스며 두루마기도 버서놋코 좃기 입은 ᄃᆡ로 동저고리로 안ᄌᆞ 잇ᄂᆞᆫ ᄉᆞᄅᆞᆷ이 잇다.[25]

23 조일재, 「장한몽」, 『매일신보』, 1913.6.12.
24 박진영, 『번역과 번안의 시대』, 소명출판, 2011, 170면.
25 조일재, 「장한몽」, 『매일신보』, 1913.5.14.

이제 번안소설은 신소설과는 다른 서사문법으로 새로운 독서관습을 창출하여 이른바 서구—근대적인 의미에서의 '소설'에 대한 새로운 체험을 제공한다. 그것은 더 이상 전기수(傳奇叟)나 다른 사람이 읽어주는 것을 청각적으로 흡수하는 이야기 듣기가 아니라 묵독을 전제로 하는 근대소설 읽기를 뜻하게 된다.[26] 그러나 번안소설은 서구소설의 외양과 근사해지는 것과 비례하여, 신소설에서 나타났던 구어적 표현과 수사법은 소멸되기 시작한다. 번안소설에서는 신소설에서 수시로 등장하던 속담의 비유, 의성어, 의태어들은 상당수 사라진다. 설사 등장하더라도 그것들은 참신한 비유의 기능을 상실한 관습에 얽매여 자동화되고 습관으로 굳어진 속담과 의성, 의태어들이다.

그리고 번안소설은 일본의 원작을 번역, 번안한 것인지라, 화자가 서술하는 지문에서는 일본식 조어법 내지 어법이 나타난다. 수동태 문장의 빈도수가 높아지고, 전대 문학에서 동사, 형용사 등의 용언이 문장의 주요한 성분을 이루었는데 반해, 번안소설에서는 형용사, 동사 등의 단어가 자주 명사형으로 바뀌는 등 명사를 중심으로 한 문장들의 빈도수가 높아진다. 아래의 예에서와 같이 '핍박(逼迫)하다', '비등(沸騰)하다' 등의 동사의 경우, 명사 형태의 한자 어휘를 동사로 만들어 기존에 사용되던 쉬운 뜻의 동사를 대체한다. 한자어 동사의 남발이 문제가 되는 것은 그것이 일본에서 들어왔기 때문이 아니라 자주 불필요하게 어렵고 현학적인 형태를 띠기 때문이다. 인물이 가지는 감정이나 느낌들이 자주 명사화되고자 하면서 감정 자체를 관념화시키고 현실에 대해 관념적으로 반응한다는 느낌을 주게 된다.

26 박진영, 「일재 조중환과 번안소설의 시대」, 『민족문학사연구』 26, 2004, 222면.

슌ᄋᆡᄂᆞᆫ 한번 **가슴에 박은** 허영(虛榮)의 ᄆᆞ음이 ᄒᆡ로 좃ᄎᆞ 점점 셩ᄒᆞ여 (…중략…) 슈일이가 슌ᄋᆡ를 **사랑ᄒᆞᆷ과** ᄀᆞᆺ치 슌ᄋᆡᄂᆞᆫ 슈일을 **사랑치 못ᄒᆞᆷ**은 모다 이와 ᄀᆞᆺ흔 헛된 ᄉᆡᆼ각을 **잇지 못ᄒᆞᄂᆞᆫ ᄭᆡ닭으로 인연ᄒᆞᆷ이라** (…중략…) 이 방은 리슈일이가 거쳐ᄒᆞᄂᆞᆫ 방이라 아참 이후로 사ᄅᆞᆷ의 긔운이 ᄭᅳᆫ어졋던 방이라 살을 어이ᄂᆞᆫ 듯ᄒᆞᆫ 찬 긔운은 지금에 홀연 사ᄅᆞᆷ의 ᄯᅡ듯ᄒᆞᆫ 살을 **엇음을** 질기여 ᄆᆡᆼ호ᄀᆞᆺ치 몰아와서 물고 ᄯᅳᆺᄂᆞᆫ 것갓치 **몸에 핍박ᄒᆞᆫ다.**[27]

슈일의 가슴에ᄂᆞᆫ 경위업고 ᄂᆡ 욕심만 ᄎᆡ우ᄂᆞᆫ 소ᄅᆡ에 분홈을 익의지 못ᄒᆞ야 **ᄎᆡᆨ망ᄒᆞᆯ 일과 힐문ᄒᆞᆯ 일과 설명ᄒᆞᆯ 일이 여러 가지로 흉중(胸中)에서 비등(沸騰)ᄒᆞ것만은** 심턱은 슈일의 하ᄂᆞᆯ갓흔 은인이라[28]

이러한 일본식 조어법은 비단 번안소설에서뿐만 아니라 이 시기 일본의 문명에 노출된 조선의 지식인 계급들 사이에서 적극적으로 구사된다. 일본식 문법은 말할 필요도 없이 우리의 자연스러운 어법과 어긋날 뿐 아니라 소설 문학이나 일상 언어생활에서 대중과 유리된 현학적이고 낯선 문체를 생산해내는 계기를 마련한다. 이후의 소설들에서 지식인들이 자신의 생각을 표현할 때 개념적 문장, 추상적 설명으로 이뤄진 문체를 즐겨 사용하는 관습이 형성된다.

그런데 번안소설에서는 신소설과 달리 '서술'이 아닌 근거리 세부묘사의 강화를 비롯하여 '묘사'의 양이 획기적으로 증대된다. 이는 신소설이 이야기, 사건 중심으로 이뤄지는 데 반해 번안소설은 상대적으로 장면, 대화, 심리의 세계가 확장되기 때문이다. 번안소설의 『매일신

27 조일재, 「장한몽」, 『매일신보』, 1913.5.20.
28 위의 글, 『매일신보』, 1913.5.27.

보』 한 회 연재분량은 신소설에 비해 삽화를 빼고도 두, 세 배 정도가 늘어난다. 따라서 이해조의 신소설은 대체로 300~400매 안팎에서 머물렀던데 비해 「쌍옥루」는 1,710매 분량이며 「장한몽」도 1,760매에 이른다. 번안소설은 신소설에 비해 세 배 가량 분량이 늘어났다.[29] 그런데 장면과 대화 묘사의 확대는 번안문학이 신파극의 상연을 전제로 하고 있는 것과 관련되기도 한다.[30] 「장한몽」에서 공간배경의 묘사는 마치 극에 설정한 무대 장치를 설명하는 것 같으며, 그 무대를 배경으로 연극배우가 등장하는 분위기를 조성한다.

ᄯᅢᄂᆞᆫ 음력으로 ᄒᆞ면 삼월 샹슌이오 양력으로 말ᄒᆞ면 ᄉᆞ월 즁슌이라. 얼골을 싯치고 지ᄂᆡ여 가ᄂᆞᆫ 바ᄅᆞᆷ은 ᄯᅡᆺ듯ᄒᆞᆫ듯 서늘ᄒᆞᆫ듯 ᄒᆞ여 품안에 감동되ᄂᆞᆫᄃᆡ 만슈ᄃᆡ(萬壽臺) 아ᄅᆡ로 멀니 대동강(大同江)을 건너셔 ᄲᅡᆯ니여 잇ᄂᆞᆫ 능라도(綾羅島)ᄂᆞᆫ 아즈랑이가 가득히 ᄭᅵ여 암물암물 눈에 부시운ᄃᆡ 먼곳으로 좃차 츈초를 먹느라고 ᄆᆡ여 잇던 송아지ᄂᆞᆫ 밍-ᄒᆞᄂᆞᆫ 소ᄅᆡ 들니ᄂᆞᆫᄃᆡ 그 소ᄅᆡ가 가쟝 심난ᄒᆞ다. 그 소ᄅᆡ가 그치면 다시 솔나무 우에서 ᄉᆡ소ᄅᆡ가 난다. 바ᄅᆞᆷ도 업건만은 슈양류(垂楊柳)가지ᄂᆞᆫ ᄌᆞ로 흔들인다. 우러러보다 ᄶᅵᆺ고리 한 마리가 사ᄅᆞᆷ 잇슴을 보고 놀ᄂᆡ여 날아감이라.[31]

반공에 소ᄉᆞᆫ듯ᄒᆞᆫ 을밀ᄃᆡ(乙密臺) 엽흐로 한 줄거리 좁은 길이 소나무 ᄉᆞ이로 양의 ᄎᆞᆼᄌᆞ갓치 얼키잇ᄂᆞᆫᄃᆡ 그 길로 좃ᄎᆞ 영명ᄉᆞ(永明寺)를 지ᄂᆡ여 **부벽루**(浮碧樓) **압흐로 나려 오ᄂᆞᆫ 남녀 두 사ᄅᆞᆷ이 잇스니** 한 사ᄅᆞᆷ은 리슈일(李秀一)이요 ᄯᅩ 한

---

29 박진영, 『번역과 번안의 시대』, 소명출판, 2011, 23면.

30 조일재가 『매일신보』에 최초로 연재한 번안소설은 「쌍옥루」(1912.7.17)다. 이 작품의 연재가 시작될 때, 신문사는 사고(社告)를 통해 이를 신파극으로 공연할 계획을 갖고 있음을 밝힌다.

31 조일재, 「장한몽」, 『매일신보』, 1913.5.29.

사ᄅᆞᆷ은 심슌ᄋᆡ(沈順愛)러라[32]

번안소설에서 등장하는 인물에 대한 디테일한 묘사 역시 희곡 문학에서 인물을 설명하는 '지문'을 연상시킨다.

> 셔양머리로 쪽진 머리 우에ᄂᆞᆫ 남쎗나ᄂᆞᆫ '리봉'을 ᄭᅩ자잇고, 거문 무명을 발다듬이 ᄒᆞ여 쥬름을 듬셩듬셩 잡은 통초마ᄂᆞᆫ 발뒷굼칫가지 잘잘 ᄭᅳ을니게 ᄒᆞ여 밧삭 취키여 입고 남왜증겹져고리ᄂᆞᆫ 몸에 낙낙ᄒᆞ게 지어 입엇스며 올은 손에ᄂᆞᆫ 칙보를 드럿느나 은근히 얼골에ᄂᆞᆫ 심난ᄒᆞ고 경황업ᄂᆞᆫ 긔식이 나타낫더라.[33]

이러한 종류의 묘사 즉 당대 멋쟁이 남녀의 패션 및 풍속, 또는 새로운 세태의 풍속들을 상세하게 그리는 것은 독자의 세간의 호기심과 소문거리를 충족시키는 것과도 관계가 있다. 「장한몽」의 원작자 오자키 고요(尾崎紅葉, 1869~1903)는 당시 번성하기 시작한 미쓰코시 백화점의 의뢰로 신사, 귀족여자, 게이샤 등 다양한 인물들의 의복 모양과 같은 풍속을 묘사하는 것에 주안점을 둔 작품을 써서 당대의 유행을 선도해 나갔다.[34] 「장한몽」은 이수일과 그를 유혹하는 사치한 신여성 '최만경'을 선정적으로 묘사하여 독자들의 호기심을 자극한다.

> ᄋᆡ교(愛嬌)가 듯ᄂᆞᆫ듯 ᄒᆞᆫ 눈 근쳐에ᄂᆞᆫ 홍죠(紅潮)에 물들엇고 쥬긔ᄂᆞᆫ 젼신에 도라 쾌락ᄒᆞᆫ ᄆᆞᄋᆞᆷ으로 슈일을 향ᄒᆞ여 치여다보고 잇ᄂᆞᆫ 얼골은 화병에 ᄭᅩᆺ피여 잇ᄂᆞᆫ ᄭᅩᆺ가지로 잘못 보기도 쉬울지라. 흘너나리ᄂᆞᆫ 머리털을 굿치안아 ᄒᆞᄂᆞᆫ 모양으로 왼편

32 위의 글, 『매일신보』, 1913.6.3.
33 조일재, 「쌍옥루」, 『매일신보』, 1912.7.18.
34 진노 유키, 문경연 역, 『취미의 탄생』, 소명출판, 2008, 149면.

손을 들어 글어올니는 ᄯᅢ에 분ㅅ결ᄀᆞᆺ흔 손ᄭᅡ락에 금반지와 보셕반지가 두셔넛이라.[35]

번안소설에서 묘사의 양적 증대는 부분적으로는 작품의 리얼리티를 증대하며 고소설의 율문체가 사라지게 하고 산문의 성격을 강화한다. 이런 점에서 번안소설이 근대의 서사적 문법을 다듬었다는 주장은 맞는다. 그러나 위의 예와 같이 묘사가 장식적인 기능에 그치기도 하며, 중요한 것은 묘사를 확대하는 것들이 현실에 대한 사실적 재현의 가능성을 보장해주지 않는다는 점이다. 작중상황을 구체적으로 그린다는 것은 '소설적 현실성'의 한 기초요소가 되는 것이지만 그것이 곧바로 주제의 현실성을 보장하는 충분조건은 아니다. 번안소설은 인물의 심리묘사를 적극적으로 하는 듯이 보인다. 그러나 그것은 인물의 내면을 보여주기보다는, 통속적으로 복잡한 사건을 장식적으로 보조하는 데 그쳐 사건 중심의 신소설에서 크게 나아가는 바가 없다. 아래 인용문에서 보듯이 등장인물의 '심즁(心中)에'라는 문구가 반복되지만, '심중'의 내용은 사실에 충실한 '내면'의 묘사라기보다는 차라리 사건들을 연결하는 단순한 고리들에 불과하다.

셔병산은 미목이 슈려ᄒᆞᆫ 호남ᄌᆞ라. 오정당의 집에 ᄌᆞ조 츌입홈으로써 리경ᄌᆞ와도 ᄌᆞ연 셔로 슈작을 ᄉᆞ괴인 일이 잇스나 리경ᄌᆞ는 본릐 **심즁에 아모 ᄯᅳᆺ업시** 션싱의 집에 와 왕릐ᄒᆞ는 사ᄅᆞᆷ인 고로 의심치 안이ᄒᆞ고 지ᄂᆡ이나 **심즁에 ᄯᅳᆺ이 잇는** 오정당은 은근히 경ᄌᆞ에게 향ᄒᆞ여서 병삼의 인물을 칭찬ᄒᆞ며 품힝과 의리가 잇슴을 포양ᄒᆞ고 ᄯᅩ는 의학교에셔도 셩적이 초인홈을 말ᄒᆞ며 이 셰상에 밋을만ᄒᆞᆫ 남ᄌᆞ라고 항샹 말ᄒᆞ여 **경ᄌᆞ의 마ᄋᆞᆷ**을 은연지즁에 움직여노으려 ᄒᆞ며 정ᄌᆞ는 소

35 조일재, 「장한몽」, 『매일신보』, 1913.6.12.

> 셜을 됴와홈을 보고 이를 리용ᄒᆞ여 청년남녀의 련ᄋᆡ라 ᄒᆞᄂᆞᆫ 것은 극히 신셩ᄒᆞᆫ 일이라고 가츠쳐주어 아모조록 경ᄌᆞ로 ᄒᆞ야곰 남녀의 정이라하ᄂᆞᆫ 뜻을 ᄭᆡ닷도록 힘을 쓰니 서병삼과 오정당 수 사람 ᄉᆞ이에 ᄉᆞ로잡힌 비된 가련ᄒᆞᆫ 리경ᄌᆞᄂᆞᆫ 임의 함졍에 ᄲᅡ진 몸이라 졸연히 ᄲᅡ져 나오기 어렵게 되엿더라[36]

음송에 쉽고 단순한 서술체였던 고소설, 신소설과 달리 심리와 장면을 장황하게 묘사하는 번안소설의 문체는 오히려 지루하고 장황해진다. 신소설의 문장이 갖는 구연 효과는 오히려 작가가 마치 그 장면을 지각한 것으로 독자에게 표현하며, 또한 청자가 듣고 있는 듯한 효과를 준다. 번안소설에는 여러 가지 방식의 멋부린 묘사가 등장한다. 그러나 그것은 신소설의 묘사와 달리 재래의 어휘 또는 어법 대신, 일본식 말투 또는 우리가 예전부터 사용하지 않던 일본식 한자 신조어들로 바꿔 허황한 느낌을 준다. 그리고 설사 우리 전래의 수사 체계가 활용되더라도, 의고적이며 장식적인 한자성어의 수사나 관용구가 이를 차지한다.[37] "嗚呼崎嶇(오호기구, 16장)", "垂淚不見(수루불견, 18장)"과 같은 각 장에 붙여진 제목들이 이를 상징적으로 보여준다. 이러한 양식의 관습에 기댄 공식적인 한자식 문어와 수사들은 번안소설에 나타난 일상의 현실이 신소설의 그것보다 추상적인 것으로 보이게도 한다.

---

36 조일재, 「쌍옥루」, 『매일신보』, 1912.7.20.

37 권정희, 「도쿠토미 로카[德富蘆花] 『호토토키스[不如歸]』의 번역과 번안」: 조중환의 『불여귀』」, 『민족문학사연구』 22, 2003, 232면; 박진영, 「일재 조중환과 번안소설의 시대」, 『민족문학사연구』 26, 2004, 224면.
「장한몽」에서 아래와 같은 예를 찾아볼 수 있다.
"심턱의 千言萬語로 三寸之舌을 롱락ᄒᆞ여"
"김중배의 用錢如水ᄒᆞᄂᆞᆫ데 벌써 마음이 사로잡혔더라"(15회)
"左瞻後顧하며 의기양양ᄒᆞ였더라"(18회)
"만경의 웃음 띄운 눈에는 白芙蓉이 한송이가 불근빗에 反射됨가 갓하야"(28회)

여기에 더해 번안소설은 신파극과의 관련 속에서[38] 새로운 신파적 성격의 문체를 보여준다. 번안소설이 당시 독자층을 크게 확보하는 데에는 『매일신보』가 유도한 신파극 정책에 힘입었다. 『매일신보』에 게재된 번안소설은, 신파극과 더불어 이식된 자본주의에서 사회경제적으로 또는 정치적으로 미성숙한 시민계급의 통속적 흥미에 영합하는 대중문학으로서의 성격을 잘 보여준다. 번안소설의 신파적 글투는 전대의 신소설에서 찾아보지 못하던 것으로 그 특색 중의 하나가 화자에 의해 전개되는 영탄과 반복의 장식적인 말투이다. 이는 진실한 감정을 위배하거나 감정의 잉여를 드러낸다. 번안소설의 문체는 신파극 무대에서 배우가 관객을 향해서 하는 것과 같은 영탄조의 방백과 동일한 어구의 변주를 통한 구체화와 반복을 통해 작가 또는 등장인물의 감정을 독자들에게 강제적으로 옮겨 들이고자 한다.

> 슈일의 마ᄋᆞᆷ은 노**ᄒᆞᆯᄂᆞᆫ지** 원망**ᄒᆞᆯᄂᆞᆫ지** 욕을 **ᄒᆞᆯᄂᆞᆫ지** 슬허**ᄒᆞᆯᄂᆞᆫ지** 부르지즐**ᄂᆞᆫ지** ᄎᆡᆨ망을 **ᄒᆞᆯᄂᆞᆫ지** ᄭᅮ지즐**ᄂᆞᆫ지** 일시에 만감이 교집ᄒᆞ여[39]

> 망망ᄒᆞᆫ 셰상에 호올노 ᄂᆡ친 ᄇᆡ되여 한사ᄅᆞᆷ의 골육지친도 업거늘 함물며 ᄯᅡᆺ닷ᄒᆞᆫ ᄋᆡ정을 몸에 밧지 못ᄒᆞᄂᆞᆫ 슈일은 **거친 광야에 호올노 누어 잇ᄂᆞᆫ 바회들과 가치** 차고 젹막ᄒᆞ다. 슈일이가 심턱의 집에 붓치여 잇슬 ᄯᅢ 순ᄋᆡ를 ᄉᆞ랑ᄒᆞ여 그 아람다운 음셩과 보드러은 손과 ᄯᅡᆺ듯ᄒᆞᆫ 마ᄋᆞᆷ을 혼신에 밧고 지ᄂᆡᆯ ᄯᅢᄂᆞᆫ 그 질거움이 다시 어나 곳에 구ᄒᆞᆯ 바이 업섯더라.[40]

---

38 번안소설과 신파극의 상호텍스트적 관계는 최태원, 「번안소설·미디어·대중성 : 1910년대 소설 독자의 문제를 중심으로」(사에구사 도시카쓰 외, 『한국 근대문학과 일본』, 소명출판, 2003) 참조.

39 조일재, 「장한몽」, 『매일신보』, 1913.8.17.

40 위의 글, 『매일신보』, 1913.7.3.

이러한 말투는 인간성을 사실적으로 표현하기 위해서가 아니라 그런 정서에 빠져 있는 상태를 즐기기 위하여 인위적으로 조장할 때 생긴다. 그런가 하면 과도한 비속어, 과장된 어투, 엽기적인 표현으로 독자들의 통속적 흥미를 자극한다. 이미 신소설에서도 신파의 영향으로 이러한 점들이 나타난다.[41]

> 너는 사ᄅᆞᆷ을 보고 남편을 구ᄒᆞᄂᆞᆫ 것이 안이라 ᄌᆡ물을 보고 ᄂᆞᆷ편을 구ᄒᆞ니 그것이 무삼 지각업ᄂᆞᆫ ᄉᆡᆼ각인지 ᄉᆞ랑이 업ᄂᆞᆫ ᄂᆡ외간은 후일에 반ᄃᆞ시 후회ᄒᆞᄂᆞ니라. 네 일평ᄉᆡᆼ의 고락(苦樂)은 오ᄂᆞᆯ 밤 이 자리에셔 네 ᄉᆡᆼ각 한아에 달니엿다. 슌ᄋᆡ! 슌ᄋᆡ! 너도 네 몸을 위ᄒᆞ려거던 한번 다시 ᄉᆡᆼ각ᄒᆞ여보아라. (…중략…) 학문이 다 무엇이냐. 오ᄂᆞᆯ 져녁으로 마지막이다. 이 한으로 ᄒᆞ야셔 리슈일이 한 놈은 살아셔라도 아귀가 되어셔 너ᄀᆞᆺ흔 년의 고기를 씹고 피를 마실터이다.[42]

> 최만경의 슈중에 들엇던 칼은 ᄯᅮᆨ ᄯᅥ러지며 슈일의 압 방바닥에 ᄭᅩᆺ치인다. 슌ᄋᆡ는 얼푸시 몸을 ᄯᅱ여 그 칼을 손에 잡ᄂᆞᆫ다. 최만경은 칼을 ᄲᅢ앗기지 안이ᄒᆞᆯ ᄆᆞᄋᆞᆷ으로 다시 슌ᄋᆡ의 뒤으로 달녀드ᄂᆞᆫ 것을 한손으로ᄂᆞᆫ 최만경의 몸을 물니치며 칼날을 격구로 ᄒᆞ야 목에 다이고 힘을 다ᄒᆞ야 두 손으로 ᄶᅵ르ᄂᆞᆫ 기운에 칼날은 임의 반이나 남아 들어갓고 션혈은 림리하여 칼자로로 넘쳐흘은다. (…중략…) 션혈에 져진 칼자로를 목을 듸밀어 슈일의 손에 쥐여쥬며 슌애는 어름ᄀᆞᆺ치 식어가ᄂᆞᆫ ᄲᅡᆷ에 슈일

41 신소설의 신파화는 이미 신소설 초기 이인직의 「귀의성」 같은 작품에서 예견되고 있다. 임화는 「귀의성」에서 "춘천집의 암살과 복수사건의 진행, 강동지의 활약은 內地의 신파극과 탐정소설적인 것"(「(속)신문학사 (16회)」, 『조선일보』, 1940.2.28)이라고 지적한 바 있다. 전광용은 尹白南의 술회를 통해 이인직이 "東京의 『都新聞』이라는 삼류신문에 관계한 일이 있었고 東京 淺草의 新派劇과 더불어 그것이 다분히 菊初의 작품에 영향을 주었으리라"(전광용, 「이인직 연구」, 『서울대논문집』 6, 1957, 164면)고 말한다.

42 조일재, 「장한몽」, 『매일신보』, 1913.6.6.

의 손을 익그러다가 졍다이 ᄃᆡ인다.[43]

> 강원츈의 등 위로브터ᄂᆞᆫ 셔릿발ᄀᆞᆺ흔 칼날이 달아ᄅᆡ에 비초이며 강원츈의 목을 향ᄒᆞ야 ᄂᆞ려진다. (…중략…) 김용목은 칼날을 목에 다이고 짜 우에 업더지니 달 아ᄅᆡ에 거문 피ᄂᆞᆫ 흰 모ᄅᆡ를 젹시이고 참혹히 쥭은 두 신톄ᄂᆞᆫ 언덕 아ᄅᆡ에 빗기 노엿ᄂᆞᆫᄃᆡ[44]

번안소설의 새로운 신파적 글투와 이에 기초한 현실 인식의 안이한 태도는 당장 다음의 이광수 소설뿐만 아니라 이후 전개될 한국 장편소설 등에서 지속적 영향력을 미친다. 번안소설은 서구 또는 일본 원작의 구체적 묘사를 모방하면서 근대소설로서의 가능성을 열지만, 판소리 문학이나 신소설에 나타나던 구어적 표현이 지녔던 구체성과 묘사의 활력은 상실한다. 이는 앞서 지적했듯이 번안소설이 더 이상 다른 사람이 읽어주는 것을 청각적으로 흡수하는 이야기 듣기가 아니라 묵독을 전제로 하는 근대소설 읽기에 들어섰다고 볼 때 당연한 결과이다. 그러나 번안소설에서 수사법 전반에 걸쳐 구어적 특성에 기초한 방식의 수사가 위축되는 것은 번안소설이 현실을 인식하여 표현하는 비유 방식에서 감각적 구체성을 잃고 추상적인 것을 좇는 것과 관련된다.

여기서 잠시 화제를 돌려 번안소설의 현실인식의 추상성을, 그것이 신소설과는 어떻게 다른 태도와 방식으로 여성의 정절에 반응하는지를 통해 살펴보도록 하자. 이전 신소설의 여주인공들은 순결을 잃을 빈번한 위험에 처해도 쉽사리 정절을 잃지 않고 그 위기 상황을 벗어

43 위의 글, 『매일신보』, 1913.8.27.
44 조일재, 「국의향」, 『매일신보』, 1913.12.28.

나게끔 구성되어 있다. 그러나 번안소설의 여자 주인공은 강제 또는 자발적으로 순결을 상실하고,[45] 상실한 이후 발생하는 '죄의식'의 문제가 작품에서 중차대한 의미를 갖는다. 번안소설에서 보이는 정절에 대한 생각은 기존의 가부장적 이데올로기에 덧붙여, 서구에서 전래되어 온 기독교의 순결관과 관련된다.

『장한몽』의 여주인공 심순애는 첫사랑 리수일을 못 잊어, 남편 김중배에게조차 결혼한 이후 '기이하게도' 오륙 년 동안 몸을 허락하지 않는다. 그러나 "악귀가 몸에 침노ᄒᆞ얏던지 오륙 년을 두고 정결히 가지던 몸을 삽시ᄉᆞ동안에 (남편에 의해–인용자) 더럽혀 노앗스니", 그녀는 "한 번 믓친 더러운 뎜은 다시 씻지 못ᄒᆞᆯ 것"[46]이라고 생각하며 심한 죄의식에 사로잡힌다. 『장한몽』 외에도 번안소설에서 순결을 빼앗긴 여주인공들은, ᄌᆞ복(自服)', '회과(悔過)', '개심(改心)', '회심(悔心)', '복죄(服罪)'를 되뇌면서 '결백한 몸'에 강박증과 같은 태도로 집착하고, 순결의 훼손에 대해서는 공포 수준의 반응을 드러낸다.

신소설과 달리 번안소설에 등장하는 결백, 부정, 죄, 회과, 복죄 등의 어휘들은, 일본을 통하여 들어온 기독교 특히 청교도주의의 영향과 흔적을 보여준다. 리수일의 친구는 고리대금업자로 타락한 수일에게, "**ᄌᆞ네ᄂᆞᆫ 비록 술을 먹을 줄 몰나도 하나님의 셩찬**(聖餐)**에 마시ᄂᆞᆫ 포도쥬**로 알고 한잔 먹세"라고 포도주를 권하면서, "**한번 죄를 회기하고** ᄌᆞ복ᄒᆞᆫ 이후

45 『쌍옥루』의 '여학생', '리경자'는 젊은 시절 '경조부박(輕佻浮薄)'한 연애로 원치 않는 임신을 하여 사생아를 낳게 되면서 인생의 함정에 빠진다. "(서병삼은) 이 셰상에 밋을만ᄒᆞᆫ 남ᄌᆞ라고 항샹 말ᄒᆞ여 경ᄌᆞ의 마음을 은연지즁에 움직여 노으려 ᄒᆞ며 경ᄌᆞᄂᆞᆫ 소셜을 됴와홈을 보고 이를 리용ᄒᆞ여 청년남녀의 련ᄋᆡ라 ᄒᆞᄂᆞᆫ 것은 극히 신셩ᄒᆞᆫ 일이라고 가르쳐주어 아모조록 경ᄌᆞ로 ᄒᆞ야곰 남녀의 정이라 하ᄂᆞᆫ 뜻을 ᄭᆡ닷도록 힘을 쓰니 서병삼과 오정당 두 사람 ᄉᆞ이에 ᄉᆞ로잡힌비 된 가련ᄒᆞᆫ 리경ᄌᆞᄂᆞᆫ 임의 함졍에 ᄲᅡ진 몸이라 졸연히 ᄲᅡ져 나오기 어렵게 되엿더라."(조일재, 「쌍옥루」, 『매일신보』, 1912.7.20)

46 조일재, 「장한몽」, 『매일신보』, 1913.7.27

에ᄂᆞᆫ (…중략…) **젼능ᄒᆞ신 하ᄂᆞ님도 회ᄀᆡᄒᆞᆫ 사ᄅᆞᆷ에게ᄂᆞᆫ 죄를 용셔ᄒᆞᆫ다** ᄒᆞ셧ᄂᆞᆫᄃᆡ 젼능치 못ᄒᆞᆫ 인간으로 (…중략…) 예수 그리스도가 말ᄉᆞᆷᄒᆞ시기를 너희들이 만일 사ᄅᆞᆷ의 죄를 용셔ᄒᆞ면 너의들의 **텬부**도 ᄯᅩᄒᆞᆫ 너의들의 죄를 용서ᄒᆞᆯ 것이요"[47]라고 설득한다. 이러한 내용과 어법들은 이전 소설에서는 찾지 못했던 기독교적인 외래의 것들이다. 조일재의 또 다른 번안소설 「쌍옥루」에는 우리 소설사에서 최초로 '정신적 연애' 라는 말도 등장하는데 이 역시 기독교와 관련된다.

> 사ᄅᆞᆷ의 련ᄋᆡ라 ᄒᆞᄂᆞᆫ 거슨 역시 정욕에셔 나오ᄂᆞᆫ 말인ᄃᆡ 그 정욕이라 ᄒᆞᄂᆞᆫ거슨 사ᄅᆞᆷ ᄲᅮᆫ이 안이라 이 셰상에셔 말ᄒᆞ기ᄂᆞᆫ 사ᄅᆞᆷ의 련ᄋᆡᄂᆞᆫ 신셩ᄒᆞ니 무엇ᄒᆞ니 ᄒᆞ면셔 공연이 말을 지어가지고 ᄒᆞᄂᆞᆫ 거슨 참 우습도다. (…중략…) 육욕이외(肉慾以外)의 **졍신뎍 련ᄋᆡ**(精神的戀愛)를 ᄡᅵ다라 젼일 경ᄌᆞ가 녀학ᄉᆡᆼ 시ᄃᆡ에 리상(理想) ᄒᆞ던 바와 갓치 리샹뎍 가정(理想的家庭)을 셩립하엿스믜[48]

'연애'라는 단어는 일본에는 원래 없었고 서양에서 유래된 관념이다. 일본에서는 예전에는 '연애'를 연(戀)이나 애(愛), 혹은 정(情)이나 색(色)이라는 말로 표현했다. 그런데 고래로 일본에서는 이러한 단어들은 대개 육체와 관련되어 불결한 연상을 일으키는 것이었고 따라서 서양의 'love'에 해당하는 새로운 말을 만들어낼 필요가 있었다. 그것이 바로 '연애'라는 말이었다. 그 '연애'를 유행시킨 사람들은 지식인이나 그 자제들이 많았고, 특히 프로테스탄트계 기독교인이나 그 주변 사람들이 많았다. 일본의 경우 연애라는 단어가 기독교 지식인들 사이에 유행한

47 조일재, 「장한몽」, 『매일신보』, 1913.9.26.

48 조일재, 「쌍옥루」, 『매일신보』, 1912.8.10 · 1912.12.18.

것은 연애의 정신적 측면이 강조되었기 때문이다.[49] 심지어 그들은 자신들이 만들어낸 연애라는 말의 순수성이 훼손되었다고 생각했는지, 이를 육체적, 정신적 연애로 나눠 연애의 정신적 측면을 새삼 강조한다.

다시 말해 연애는 육체와 대립된 정신의 영역과 관련된 사랑으로 신성화된다. 이러한 태도는 성적 쾌락을 부정하고 금욕을 강조하는 기독교 전통과 관계가 있다. 기독교적 금욕주의, 청교도주의의 결벽증은 인간 각 개체들을 지배하는 욕망을 철저하게 배제할 뿐만 아니라 이를 혐오한다.[50] 그래서 영혼과 육체를 이분화 하고 영혼의 특권을 과장한다. 이 시기 일본 유학생들은 전반적으로 일본 기독교 지식인들의 영향 아래 놓여 있었던 게, 유학생 단체인 '학우회'는 '동경조선기독교청년회'와 상당수 중첩된 활동들을 전개하고 있었다.[51] 그들의 기관지 『학지광』은 '기독 잡지'를 방불케 할 정도로 유학생 지식인은 기독교에 접근한다. 『학지광』 편집장 장덕수는 「新春을 迎ᄒᆞ야 生命이 充實ᄒᆞ고 光明이 遍在ᄒᆞ라」(『학지광』 4, 1915.2)라는 글에서, 이 시기 조선 청년학생이 가장 크게 반성해야 할 점 중의 하나로 '수적 요구(獸的 要求)'와 '물

---

49 야나부 아키라, 서혜영 역, 『번역어 성립과정』, 일빛, 2003.

50 청교주의는 기독교 전통에 있어서 바울과 아우구스티누스적인 요소들로 되돌아가는 생각들을 특히 강력하게 강조한다. 남자의 육체적인 성질과 그 욕구들은 철저하게 사악한 것으로, 즉 인류 타락의 단죄 받은 유산으로 생각되었다. 결과적으로 미덕 그 자체는 자연적인 본능들을 억누르는 문제가 되어가는 경향을 보였다. (…중략…) 이것은 처음에는 소극적인 단계로만 간주되었다. 즉 육체를 극복하는 것이 정신의 법칙에 보다 나은 활동의 기회를 줄 수 있으리라는 것이었다. 그러나 이후 세속화 상태가 늘어나면서 그 자체를 위한 윤리적인 엄격주의를 취하는 경향 — 빅토리아조의 도덕이 청교적이라는 의미에서만 청교적인 경향 — 이 널리 퍼지게 되었다. 육체의 욕망들에 저항하는 것이 세속적인 도덕의 주요한 목적이 되었다. 그리고 순결은 많은 미덕들 중에 속한 하나의 미덕이 되는 대신에 최고의 미덕으로 되는 경향을 보였고 여성들에게뿐 아니라 남성에게도 적용되었다.(이언 와트, 전철민 역, 『소설의 발생』, 열린책들, 1988, 201면)

51 이에 대한 구체적 내용들은 이경훈, 「『학지광』 그 주변」(한기형 외, 『근대어·근대매체·근대문학 : 근대 매체와 근대 언어질서의 상관성』, 성균관대 출판부, 2006) 참조.

적 욕망의 노예(物的慾望의 奴隷)'가 되고 있다는 사실을 지적한다. 모든 문명의 멸망은 육적(肉的) 생활을 추구하는 데 원인이 있다고 보며, 육(肉)으로 심령(心靈)을 속박하지 말 것을 주장한다. 그리고 궁극적으로 "靈眼을 말게 쓰고 本能的生活을 批評ᄒᆞ는 것이 우리 人類의 特徵이요 靈性의 自然的 要求"[52]라는 주장을 펴, 육체·본능·물질과 대비된 정신·영혼의 우위성을 강조한다.

추송생(秋松生)의 「吾人의 理想」(『학지광』 6, 1915.7)은 메이지 말기 일본 정신계에서 유행했던 "자연주의자(自然主義者)"를, "感覺的 快樂"과 "物質的 快樂"을 추구하는 자들로 비난한다. "人心의 眞要求는 內的 精神生活을 要求하는 것인데, 그 내면적 생활이란 "現實的 生活이 아닌 永遠的 生活"이다. 그리고 "내생명(內生命)을 復活하고 精神生活을 再建"(59면)해야 소아(小我)를 몰각하고 대아(大我)를 건설할 수 있다고 강조한다. 감각은 일종의 관능의 죄와 연결되며 영혼을 무시하는 것이므로 부도덕을 넘어 죄로 치부된다. 요컨대 1910년대의 새로운 지식인들은 육적 생활을 부정하며 육으로 심령을 속박하지 말라고 하면서, 마치 망국의 원인이 성적 방탕에 놓여 있는 것처럼 생각한다. 앞의 장덕수는, "수적(獸的) 요구"를 강하게 부정하는데, 성적 욕망은 쾌락의 수준을 넘어 악의 표상이다.[53] 1910년대의 계몽주의자들은 방탕에 대한 잔혹한 징벌, 매음녀에 대한 경고를 중대한 과제로 설정한다. 이들은 욕망의 자제를 언급하는 정도가 아니라 이를 부정하고 혐오한다. 이 시기 계몽적 지식인들이 보수적인 청교도 신앙의 영적 결벽증에 포박되어 있음을 보여준다.[54]

---

52 張德秀, 「意志의 躍動」, 『학지광』 5, 1915.5, 43면.

53 고미숙, 『한국의 근대성, 그 기원을 찾아서 : 민족·섹슈얼리티·병리학』, 책세상, 2001, 111면.

54 다음과 같은 글은 당시 유학생 학우회의 청교도주의 지향을 짐작케 한다. "前日 放蕩한 豪傑

번안소설은 이러한 이 시기 지식인의 정신세계를 배경으로 한다. 육체, 욕망 등을 부정적으로 보고 죄악시하는 경향은 적어도 우리 전래 기층민의 일상에서는 찾아보기 어려운 것들이다. 번안소설의 여자주인공들은 다름 아닌 성적 욕망의 노예가 되어 정절을 잃고 또 이 때문에 심한 죄의식에 사로잡힌다. 여성의 순결은 신소설 시기에는 가부장주의와 관련된 것이기만 했지만, 번안소설에서는 육욕을 죄악시하고 영혼을 중시하는 기독교 전통에 입각한 '순결' 이데올로기와 관계된다.[55] 참고로 번안소설에는 세균설, 우울증, 히스테리 등 의학적 지식과 관련된 용어들이 자주 등장한다. 심지어 『쌍옥루』에서 순결을 잃은 여주인공은 과거를 참회하며 '간호부'로의 갱생의 길을 걷는다. 부정(不淨)한 몸을 씻고 간호부가 된 여주인공은, 기독교의 순결 이데올로기와 결합된 서구 의학의 위생논리를 상징하는 것은 아닌지?

이러한 모든 것들이 인간의 욕망은 대중들에게 무의식적으로 죄 또는 병적인 것을 불러일으키게 하여 대중의 정상적 욕망을 왜곡한다. 따라서 번안소설을 비롯한 1910년대 소설들은 근대의 외양을 갖추었을지언정 섹슈얼리티 표현에서는 오히려 조선 후기의 판소리계 소설보다 훨씬 위축된다. 한국 근대소설사의 등장하는 인물들이, 인물의 근대적 성격과 관계없이 욕망과 본능 등의 문제에서 자연스럽거나 진실하지 못하게 형상화하는 문제의 기원은 여기에 있다.[56]

主義는 금일 溫雅한 紳士主義로 변하야 會席에 喫煙을 禁에하는 건은 물론이요 所聞에 듯건ᄃᆡ 早稻田 大學同窓會에서는 公會席에 술을 禁하게 되얏다 하니 이는 참으로 學生界에 風紀기　新한 것을 表示한건이로다."(편집인, 「留學生의 成績을 드러 父兄의게 告하노라」, 『학지광』 10, 1916.9, 7면)

55 바호친에 따르면, 기독교의 금욕 전통은, 특히 여성을 죄의 육화, 육체의 유혹으로 타자화한다.(임철규, 『눈의 역사 눈의 미학』, 한길사, 2004, 88면)

56 고미숙, 「'전근대'와 '탈근대'의 횡단을 위한 시론」, 『실천문학』 54, 1999 참조.
1920년대 욕망 추동적인 인물을 그린 작가로 김동인과 나도향 정도를 든다. 그런데 김동인

다시 문체의 문제로 돌아가자면 번안소설의 언어들은 이러한 추상적 현실인식과 관련된다. 구어적 표현의 세계는 영혼, 정신, 도덕 엄숙주의가 추구하는 바와 정반대로 물질적 몸, 감각, 경험적 삶의 다양한 순간과 요소에 기초한다. 그러나 기독교 특히 일본을 통해 수입된 청도교적 세계관의 영향과 흔적이 있는 번안소설의 묘사와 비유체계는, 세계 인식의 매체로서 육체 및 감각과 관련된 활발하고 힘찬 상상력과 구어적 비유표현과는 거리를 둔다. 번안 소설은 근대장르임에도 오히려 신소설보다는 조선 후기의 문어체 소설에서 즐겨 사용하던 습관적이고 전통적인 발상의 표현 또는 한자성어 등 관념적 수사법을 훨씬 많이 빌려온다. 아래 인용문의 번안소설(가)에 나타난 비유어의 관념적 성격은, 육체, 감각에서 유추되거나 몸짓언어 등 구어적 표현에 기초한 조선 후기 평민소설(나)의 비유의 구체성과 단적으로 비교가 된다.

(가)

- 나와 져 녀ᄌᆞ ᄉᆞ이의 사랑은 진실로 **진토**(塵土) **즁에 싸인 ᄇᆡᆨ옥**(白玉)**갓도다**.
- 그 얼골ㅅ빗은 **ᄇᆡ꼿이 달 아릐에 비초이는** 것ᄀᆞᆺᄒᆞ야
- **쳔ᄉᆞ만념**이 실마리 일키이듯 **흉즁에셔 ᄇᆡ회**를 ᄒᆞᄂᆞᆫᄃᆡ[57]

(나)

- 셜운 마음이 븍받쳐 닙시웕기 비쥭비쥭 눈믈이 등겅등겅ᄒᆞ거늘
- 그 ᄯᅢ에 아희들끼리 맛나 살고(살구) ᄯᅩ올기(딸기) 맛보듯 ᄒᆞ야 싀큰한 맛셰

소설에서 이러한 욕망은 대개 기생, 하층민 여성에 국한되어 나타나고 이는 부정적 비판의 대상이다. 나도향의 경우는 욕망을 가난에 교차시켜 그리는데 대개 향토성의 세계 안에 머물러 있다. 따라서 식민지 시대, 성 또는 욕망에 대해 크게 거리낌 없어 하는 작가들로는 김유정 등 몇을 제외하곤 특별히 떠오르는 자들이 없다.

57 조일재, 「장한몽」, 『매일신보』, 1913.5.28 · 1913.6.26 · 1913.8.26.

> 그리ᄒᆞ나 보다마는 (…중략…) 네 어룬의 쇠옹도리뼈(소 정강이 뼈) 너흔듯 한 웅심(雄心)한 맛술 보아 무궁ᄒᆞᆫ ᄌᆞ미를 알 양이이면 짬박 반ᄒᆞ리라.[58]

2) 이광수 장편의 경우

이광수는 일본을 통해 받아들인 서구문학을 근대문학의 전범으로 삼아, 과거의 문학에 대해서는 편협한 이해를 가지고 있었다. 소설의 경우, 그를 비롯한 1910년대 신지식인들은 조선 후기의 국문소설과 신소설을 극복해야 할 부정적인 대상으로 보았다. 그 이유 중의 하나는 종래의 국문소설들이 이야기 또는 사건 중심에 치우친 흥미위주의 성격을 갖고 있기 때문이다. 이광수는 자신의 '단편소설 장르'에서 이야기 중심의 전통적 국문소설을 거부하고, 뒤에서 다시 살펴보겠지만 인물의 내면을 소설의 중심 소재로 삼아, 이러한 내용을 다루는 것을 근대문학 또는 순문학의 본령으로 생각했다.[59]

그러나 이광수가 실제로 『매일신보』와 같은 신문을 통해 독자들을 만나게 되었을 때 옛날 이야기문학의 전통과 문체를 마음속에 담아두어야만 했다.[60] 이광수는 늘 '대중적'인 작가이기를 열망한 장편소설

58 『남원고ᄉᆞ』 3, 24 · 28면, 이윤석, 『남원고사 원전비평』, 보고사, 2009에 수록.

59 김동인은 이인직을 고평하면서도 그 평가의 대목이 이야기를 제외한 부분 — 표현기법, 현실성, 배경의 활용 — 에 집중되어 있다. 이야기에 대한 상대적 홀시는 근대 문예양식에 대한 관심을 표현기법과 같은 형식적 요소에 치중하게끔 만든 요인이 된다.(박헌호, 「한국 근대단편양식과 김동인」, 『식민지 근대성과 소설의 양식』, 소명출판, 2004, 49면)

60 이광수는 『무정』에서 종래의 이야기적 전통을 빌리면서도 전대 소설과 차별화하고자 했다. 그 차별화는 지식인이 대중과 어떻게 만날 수 있는지의 문제로 귀결된다. 식민지 당국 및 『매일신보』 역시 이광수에게 그것을 기대했는데, 『무정』의 등장을 『매일신보』라는 매체의 조직적 발굴 내지 지원이 없이는 불가능한 것으로 보기도 한다.(김영민, 『한국 근대소설의 형성과정』, 소명출판, 2005, 163~165면 참조)

작가였다.[61] 그는 전통소설 또는 이미 『매일신보』에 연재되어 대중적 인기를 얻은 번안소설 등의 관습에 익숙한 대중독자들을 의식하고 있었다. 예컨대 『무정』의 여주인공 영채가, 순결을 잃고 자살을 시도하는 장소가 『장한몽』의 순애와 같은 '대동강'이기도 하거니와, 자살을 하기 전 남긴 여주인공의 유서의 내용은 둘 다 전통소설에서 빌려온 것임이 분명하다.

> 텬디신명은 박명ᄒᆞᆫ 쇼쳡의 신셰를 불샹히 넉이시고 (…중략…) **이 셰샹을** ᄲᅥ**나지 못ᄒᆞᄂᆞᆫ 날에ᄂᆞᆫ 졈졈 몸만 더럽힐** ᄲᅮᆫ**이니** 찰하리 이럿틋 **무졍** 야쇽ᄒᆞᆫ 셰샹은 일즉이 리별ᄒᆞ여 죽ᄂᆞᆫ 것으로써 (…중략…) 이 몸은 그 사ᄅᆞᆷ을 ᄉᆞ모ᄒᆞ며 셧녁가에셔 슈즁에 외로온 혼이 되리로다. **대동강** 흘으ᄂᆞᆫ 물에 이 몸은 좀길지언뎡 이 가슴에 싸인 회포ᄂᆞᆫ 능히 씨슬 긔회가 업슬지니 디하에 도라간 후라도 누가 이 몸을 위ᄒᆞ야 무한ᄒᆞᆫ 심회를 그 사ᄅᆞᆷ에게 젼ᄒᆞ여 쥬리요.[62]

> 션싱이시여! 이 몸은 가ᄂᆞ이다. 십구년의 짜른 일싱을 슯흔 눈물과 더러운 죄로 지ᄂᆡ다가 이 몸은 가ᄂᆞ이다. 그러나 참아 **이 더럽고 죄만흔 몸을 하로라도 셰샹에 두기 ᄒᆞᄂᆞᆯ이 두렵고** 금슈와 쵸목이 붓그러워 원(怨)도 만코 한(恨)도 만흔 **대동강**의 푸른 물결에 더러운 이 몸을 던져 탕탕ᄒᆞᆫ 물결로 ᄒᆞ야곰 더러운 몸을 씻게 ᄒᆞ고 **무졍ᄒᆞᆫ** 어별로 ᄒᆞ야곰 죄만흔 이 살을 ᄯᅳᆺ게 ᄒᆞ려 ᄒᆞᄂᆞ이다.[63]

이광수는 시대와 결합하기 위해 계몽을 전면에 내세웠지만, 아직도 다수의 독자층을 차지하고 있던 전통소설의 형식을 빌리는 방식으로

61 박헌호, 「한국 근대 단편양식과 김동인」, 『식민지 근대성과 소설의 양식』, 소명출판, 2004, 47면.
62 조일재, 「장한몽」, 『매일신보』, 1913.7.29.
63 이광수, 『무정』, 『매일신보』, 1917.3.3.

대중독자와의 결합을 유지한다. 이런 점에서 『무정』은 「구운몽」에서 「옥루몽」으로 내려온 서사전통의 끝자락에 놓여 있는 작품이기도 하다.[64] 『무정』은 화자가 이야기를 이끌어 나가는 방식에서도 전대 소설에 등장하는 화자의 말투를 자주 빌린다. 다양한 청자 지향의 어투들은 당대 독자들에게 다가가 진술의 추진력을 얻기 위한 노력을 보여준다. 때로는 아래의 마지막 인용문에서와 같이 청자를 앞에 둔 이야기꾼의 행위를 현대적으로 바꾸어 일종의 자기반영적 언술(자기 의식적 서술)을 보여주기도 한다.

- 그러다가 마참ᄂᆡ 형식이 셔울에 잇ᄂᆞᆫ 줄을 알고 이러케 차자 **왓던 것이라.**[65]
- 이 날 저녁에 영ᄎᆡ를 챠자 온 형식은 영ᄎᆡ를 **만낫ᄂᆞᆫ가**[66]
- 일동은 가장 합리(合理)ᄒᆞ게 만ᄉᆞ를 횡ᄒᆞ엿거니 ᄒᆞ엿다. (…중략…) **위험ᄒᆞᆫ 일이다.**[67]
- 영ᄎᆡ의 쇼식이 엇더케 합ᄒᆞ며 엇더케 틀닐지ᄂᆞᆫ 모르지만은 **여러분의 ᄒᆞ신 ᄉᆡᆼ각이 ᄂᆡ가 ᄒᆞᆫ ᄉᆡᆼ각이 다른 것을 비교히 보ᄂᆞᆫ 것도 ᄆᆡ우 흥미잇ᄂᆞᆫ 일일ᄯᆺᄒᆞ다.**[68]

그러나 『무정』이 기왕의 신소설, 번안소설과 구별되는 것은, 아래 인용문에 나타난 종결어미 변화에서 보듯이 화자가 옛 소설 방식의 이야기를 전개하는 경우라도, 수시로 그의 시선을 근대의 지적, 정신적 능력을 갖춘 부르주아 지식인 주인공 '이형식'의 시점으로 순조롭게 이

64 임형택, 「동아시아 서사학 시론 : 「구운몽」과 「홍루몽」을 중심으로」, 『대동문화연구』 40, 2002, 21면.

65 이광수, 『무정』, 『매일신보』, 1917.2.7.

66 위의 글, 『매일신보』, 1917.2.14.

67 위의 글, 『매일신보』, 1917.4.18.

68 위의 글, 『매일신보』, 1917.4.21.

동시키기 때문이다.

> 영치는 그 악한에게 붓들려 장ᄎᆞ **엇지되랴는가**. 그 악한은 어엿분 ᄐᆡ도를 탐ᄒᆞ야 못된 욕심을 치오려 **ᄒᆞᄂᆞᆫ가**. (…중략…) 아모려나 영치의 몸이 그 악한에게 더럽혀지지나 안이 ᄒᆞ엿스면 **ᄒᆞ엿다**. 그리ᄒᆞ고 영치의 얼골과 몸을 다시 ᄌᆞ셰히 **보앗다**. 대ᄀᆡ 녀ᄌᆞ가 남ᄌᆞ를 보면 얼골과 톄격에 변동이 ᄉᆡᆼ기ᄂᆞᆫ 줄을 알미라. 엇지 보면 아직 쳐녀인 듯도 ᄒᆞ고 ᄯᅩ 엇지 보면 임의 남ᄌᆞ에게 몸을 허ᄒᆞᆫ **듯도 ᄒᆞ다**.[69]

이야기를 풀어나가는 화자의 외적이고 객관적인 시점에 주인공의 내적이고 주관적이고 감정적인 시점이 수시로 덧입혀짐으로써 독자들은 주인공의 내면을 실감으로 대한다.[70] '하는 일 없음이 심리학의 시초다'라는 니체의 비아냥거림도 있지만, 근대의 특징은 인간 심리에 대한 관심이 증대한다는 점이다. 『무정』의 분량은 장편에 해당되지만, 이야기에서 실제로 흐른 시간은 칠일에 불과하다.[71] 이는 『무정』이 사건의 전개보다는 인물의 심리에 초점을 맞춰 그리고 있음을 간접적으로 증명한다.

심리 묘사가 늘어나는 것은 인간의 개인에 관계된 경험을 통해 인간의 진실에 접근하고자 하는 근대문학의 노력과 관련된다. 『무정』은 심리묘사를 통해 근대에 새롭게 등장한 시민계급의 감정, 의견, 태도 등을 진실하고 솔직하게 보여준다. 한 예를 들자면 『무정』의 인물들은

---

69 위의 글, 『매일신보』, 1917.1.14.

70 이를 달리 얘기하자면 인물시점을 이용하여 그것을 화자의 언어로 번역하는 것이라 할 수도 있다. 여기서는 인물 자신의 목소리는 들려오지 않지만 인물이 느낀 바가 객관적으로 전달되며 화자의 개입은 잘 드러나지 않는다.(나병철, 『소설의 이해』, 문예출판사, 1998, 406~409면 참조)

71 하타노 세츠코, 최주한 역, 『『무정』을 읽는다 : 『무정』의 빛과 그림자』, 소명출판, 2008, 208면.

새로운 사상을 당당히 실천해나가는 자들이라기보다는, 오히려 이를 주저하고 그 때문에 우왕좌왕하는 자들로 그려진다. 형식과 선형의 혼인을 주선하는 모임에서 참석한 모두들 '신식을 잘 아는 듯'싶지만, 실제로 그것은 서양을 '흉내' 내는 것일 뿐 정작 당사자들은 어색해 한다.

> "그러면 당자의 뜻을 무러보지오" ᄒᆞ고 ᄌᆡ판관이 심문ᄒᆞᄂᆞᆫ 톄도로 위의를 갓초더니 남ᄌᆞ되ᄂᆞᆫ 형식의 뜻을 먼져 뭇ᄂᆞᆫ 것과 다음에 녀ᄌᆞ되ᄂᆞᆫ 선형의 뜻을 뭇ᄂᆞᆫ 것이 맛당ᄒᆞ리라 ᄒᆞ야
>
> "그러면 형식씨도 동의ᄒᆞ시오?" (… 중략 …) 형식은 엇지 우수운 ᄉᆡᆼ각이 나ᄂᆞᆫ 것을 힘것 ᄎᆞᆷ엇다. 그러나 ᄃᆡ답하기가 붓그럽기도 ᄒᆞ얏다. 그러다 우션을 ᄉᆡᆼ각ᄒᆞ고 얼는 고ᄀᆡ를 들고 위엄을 갓초며
>
> "네" ᄒᆞ얏다. 졔 ᄃᆡ답도 엇지 우슈엇다.[72]

대중독자들은 이러한 인물들의 사생활, 개인적 경험을 들여다보는 데서, 이전 대중들이 하지 못했던 독서 체험을 한다. 인간의 본질 또는 삶의 현실의 본질을 말하겠다는 근대소설의 의도는 개인의 개체성을 확보하는 것일진대, 『무정』은 이 점에서 이전 소설과 분명히 구별된다. 『무정』이 주인공의 심리 세계가 미묘하게 변화하는 부분에 관심을 두고 있기 때문에, 비유와 묘사 체계는 이전의 신소설, 번안소설과 달리 습관적 표현들을 피한다. 번안소설과 같이 화자의 과도한 정서적 개입을 통한 감정의 잉여를 그리는 것 역시 자제된다. 『무정』은 비로소 전통의 국문체를 계승, 발전시켜 우리가 지금 보게 되는 새로운 근대적 산문의 문체를 확립한다. 단 『무정』의 문체가 새롭게 등장한 시

72 이광수, 『무정』, 『매일신보』, 1917.4.17.

민계급의 영혼을 그려내는 데 효과적으로 작용함에도, 그들이 발을 딛고 있는 시정 사회의 모습을 살아 움직이는 느낌으로 또는 넉넉하고 다채롭게 그려내는 수단이 되지는 못한다. 이광수의 묘사 대상의 주요한 목표는 아니었겠지만 박영채가 몸담은 기생 사회의 풍속은, 아래서 제시된 이해조가 그려낸 색주가의 풍속 묘사에 크게 못 미친다.

문 밧게셔 두런두런ᄒᆞ더니 엇더ᄒᆞᆫ 남ᄌᆞ들이 우둥둥둥 드러오며

슐잇소 슐파오

ᄒᆞᄂᆞᆫ 소리가 나잇가 (…중략…)

예 슐잇슴이다. 어서 드러오십시오.

된놈 안이 된놈 검동이 센동이 셔울로 이르면 병문 친구 짓친 것갓ᄒᆞᆫ 쟈들이 턱턱 자리을 잡고 느러니 돌나안더니 그중 한 사ᄅᆞᆷ이 엇죠로 슐을 데려 오라 ᄒᆞᄂᆞᆫᄃᆡ (…중략…) 얼마 안이 되야 션무당년 푸닥걸리 상갓치 쪽졉시에 피밤 피잣과 락화ᄉᆡᆼ 등속을 느러노아다 한가온ᄃᆡ다 노터니 서양 쳘쥬젼ᄌᆞ를 기우려 ᄎᆞ례로 슐을 권ᄒᆞ니 그 쟈들이 슐먹기에ᄂᆞᆫ 쥬의을 안히ᄒᆞ고 말나ᄲᅢ진 쏠득이 갓ᄒᆞᆫ 계집을 가온ᄃᆡ다 안치고 졔각기 말 자랑ᄒᆞ기로 쥬장ᄒᆞᆫ다. (…중략…)

(김션달) 나ᄂᆞᆫ 평ᄉᆡᆼ에 소리업시 술을 먹어 본젹 업ᄂᆞᆫ걸

(벽도) 가이 업심이다. 션ᄉᆡᆼ님을 못 모시어 소리를 비오지 못ᄒᆡᆺ습니다.

(김) 이게 무션 어림업ᄂᆞᆫ 사양이야 예가 젼쥬봉상으로 아나

(벽) 이쳐럼 ᄒᆞ시니 변변치 안이ᄒᆞᆫ 소리 남아 합지오

약산동ᄃᆡ 야지러진 바위

한 사ᄅᆞᆷ이 손짓을 홰홰ᄒᆞ며

주인ᄃᆡᆨ 소리ᄂᆞᆫ 잘 ᄒᆞ네만 나ᄂᆞᆫ 무식ᄒᆞᆫ 놈이 되야 뎌런 됴잇ᄂᆞᆫ 소리 듯기 슬여 고만 두고 잡가를 ᄒᆞ게

이 사ᄅᆞᆷ 옷자락이 얼마나 넓은가 소리 쳥ᄒᆞᆫ 친구ᄂᆞᆫ ᄯᅡ로 잇ᄂᆞᆫᄃᆡ 중동을 ᄭᅳᆫ어

서 이게 무산답지 못ᄒᆞᆫ 짓인가

여보게 주인ᄃᆡᆨ 어서 ᄒᆞ던 소리를 ᄆᆞᆺ치게

삽가 졍ᄒᆞ넌 자이 긔들 버력ᄂᆡ며

뎌게 명식이 무엇이야 귀가 산호가지로 듯기ᄂᆞᆫ 엇의서 드럿나보다마는 이놈아 예가 기ᄉᆡᆼ방으로 알고 왓느냐 안이ᄭᅩ은 경계를 픠오고 잇게 잡가 좀 청ᄒᆞ면 엇ᄃᆡ

ᄯᅩ 한 사ᄅᆞᆷ이 그 시비를 가로막으며 이 사ᄅᆞᆷ을 시비허러 왓나 술먹으로 왓지 파탈한 자리에 권주가를 청ᄒᆞ면 엇덧코 잡가를 청ᄒᆞ면 엇덧코 자리에 ᄯᅩᆼ을 싸면 관계가 잇나[73]

형식은 한참이나 '계월향'이라고 쓴 광명등을 보고 셧다 (…중략…) "에헴" ᄒᆞ고 크게 긔침을 ᄒᆞ얏다. 저편 방으로셔 뚱뚱ᄒᆞᆫ 로파가 나오ᄂᆞᆫ 것을 보고 형식은 한 거름장 압흐로 갓다. 번젹ᄒᆞᄂᆞᆫ 화류 ᄌᆞ기함롱이 보이고 아ᄅᆡ목에ᄂᆞᆫ 분홍빗 그물 모긔장이 걸니고 오른편 구셕에ᄂᆞᆫ 아롱아롱ᄒᆞᆫ 자루에 너흔 가야고가 비스듬이 벽에 지ᄃᆡ여 셧다. 형식은 이것이 '영ᄎᆡ의 방'인가 ᄒᆞ얏다. 그러고ᄂᆞᆫ 알 수 업ᄂᆞᆫ 슯흔 ᄉᆡᆼ각과 불쾌ᄒᆞᆫ ᄉᆡᆼ각이 난다. 이 방에셔 여러 남ᄌᆞ로 더브러 져 가야고를 디고 소ᄅᆡ를 ᄒᆞ고 춤을 츄엇ᄂᆞᆫ가. 그러나가 셔 보긔냥 속에셔 날마다 다른 남ᄌᆞ와……. 형식은 참아 더 ᄉᆡᆼ각ᄒᆡ가 실혓다. (…중략…) 뚱뚱ᄒᆞᆫ 로파를 보고 "저것의 소위 어미로구나" ᄒᆞ얏다. 로파ᄂᆞᆫ 손에 태극선을 들고 담ᄇᆡᄃᆡ를 물엇다. 지금ᄭᅡ지 웃동을 벗고 안졋셧던지 명주황라 젹삼 고롬을 ᄆᆡ면서 나온다. (…중략…) 형식이가 만일 죠흔 셰비로 양복에 분홍 넥타이를 ᄆᆡ고 슐이 취ᄒᆞ야 단장을 두드며 "여보게" ᄒᆞ고 드러왓던들 로파ᄂᆞᆫ 분쥬히 담ᄇᆡᄃᆡ를 놋코 마당에 ᄯᅱ여나리며 "에그 령감ᄭᅴ셔 오시ᄂᆞᆫ구랴" ᄒᆞ고 션 우숨을 첫스련만은 굵은 모

73 이해조, 『모란병』, 박문서관, 1911, 38~40면.

> 시 두루막에 파리ᄯᅩᆼ 뭇은 ᄆᆡᆨ고ᄌᆞ를 쓰고 슐도 취ᄒᆞ지 안이ᄒᆞ고 단장도 두루지 안이ᄒᆞ고 '여보게'도 부르지 안이ᄒᆞᄂᆞᆫ 형식과 ᄀᆞᆺ흔 사ᄅᆞᆷ은 로파의 보기에 극히 하등 사ᄅᆞᆷ이엇다.[74]

오히려 『무정』은 박영채 등의 여주인공을 그리면서 간간히 전대 로맨스의 인습적인 국문체, 염정소설의 분위기를 흉내 낸다.

> 월화ᄂᆞᆫ 영치의 어린 것을 불상히 녀기ᄂᆞᆫ듯시
>
> "너ᄂᆞᆫ 아직 모르ᄂᆞᆫ고나" 하얏다. 월화는 셩당시ᄃᆡ 강남에 나지 못ᄒᆞᆫ 것을 한ᄒᆞ얏다. 탁문군은 ᄌᆞ긔언마ᄂᆞᆫ 봉황곡으로 ᄌᆞ긔를 후리ᄂᆞᆫ ᄉᆞ마상여의 업슴을 한ᄒᆞ야산 월화의 ᄉᆡᆼ각에ᄂᆞᆫ 하늘이 대동강을 너시ᄆᆡ 모란봉을 ᄯᅩ 너셧스니 계월화ᄂᆞᆫ 대동강이 되려니와 누가 모란봉이 되야 봄에ᄂᆞᆫ ᄭᅩᆺ으로 가을에ᄂᆞᆫ 단풍으로 그 그림ᄌᆞ를 부벽루 앞헤 비최리오 ᄒᆞ얏다.[75]

『무정』에서는 시정 세태를 그리는 것을 특징으로 하는 조선 후기 국문소설의 구어적 표현과 수사들은 거의 발견되지 않는다. 이러한 결과는 이광수 개인의 문제에서 비롯된 것만은 아니다. 신소설 시기 이인직과 이해조 등의 작품은 조선 후기 국문소설의 전통을 발전적으로 계승할 기회를 갖고 있었다. 그러나 식민지시기에 접어들면서 이해조 소설에서 확인한 것처럼, 경험적 현실을 강조하며 세태묘사 등을 특징으로 하는 조선 후기 국문소설의 성과가 발전적으로 이어지지 않는다. 따라서 이광수 소설이 이전의 신소설 또는 조선 후기의 국문소설과 달

74 이광수, 『무정』, 『매일신보』, 1917.2.16.

75 위의 글, 『매일신보』, 1917.2.8.

라지는 가장 두드러지는 특징 중의 하나가 표현 방식에서 구어적 표현의 위축과 소멸로 그것은 다음과 같이 세 가지 측면에서 나타난다. 첫째, 비유 등의 표현 방식에서 속담을 비롯한 민중적 관용어의 소멸이다. 둘째, 일정 계층의 성격을 반영하는 방언, 속어의 소멸이다. 이에 반해 지식인 계층의 서양어, 일본어 등은 새롭게 나타난다. 셋째, 조선 후기 국문소설과 신소설에서 풍요롭게 나타났던 몸짓 언어와 같은 살아 움직이는 느낌의 구어체계의 위축이다.

이광수가 『무정』에 곧이어 발표한 『개척자』는 『무정』과는 또 다른 방식으로 부르주아 지식인의 문제를 그리면서 전통시대 국문소설에서 훨씬 더 벗어난다. 『개척자』의 지식인 주인공 '성재'는 세속적 이해관계를 떠나 오로지 과학 연구에 몰두하여 자신의 이상을 실현하려는 이상주의적 인물이다. 그의 여동생 성순은 오라비의 이러한 열정에 감동하여 그를 힘을 다하여 돕는다. 그런데 작품 후반부에 가서는 소설의 주인공이 과학자 성재가 아니라 그의 누이 성순으로 바뀐다. 성순은 오빠의 친구이면서 '화가(아마도 우리 근대소설사에서 예술가가 최초의 작중 인물로 등장하는 예로 짐작된다)'인 유부남과 소위 '영적인 사랑'을 내세워 세속의 이해관계를 뛰어넘는 이상주의적 사랑을 추구한다. 그러나 주위의 훼방과 반대로 그녀는 끝내 그 뜻을 이루지 못하자 자살을 과감하게 실행한다. 『개척자』는 『무정』과 다르게 지식인 또는 예술가 주인공의 이상주의를 강조하며 현실에 대해 비관적인 태도를 드러낸다.

그런가 하면 『개척자』는 순결, 성 또는 욕망 문제와 관련해서는 번안소설이 가진 문제의식을 더 철저하게 이어 받는다. 이후 이광수는 지속적으로 자신의 대중소설에서 욕망 또는 성을 강력하게 부정한다. 이는 이미 번안소설에서 확인되었던바, 일본을 통해 수입된 기독교의 청교도적 금욕 전통 영향과 관련된다. 성애를 기본적으로 부정하는 기독교 교회는 남녀의 성적 결합이란 인류의 존속을 위해서만 불가결한 것으로 보고 이를 위해 결혼이라는 제도를 용인했고, 교회의 축성을 거친 혼인 관계 안에서의 남녀의 결합만을 정당한 것으로 인정하였다.[76] 『개척자』는 이러한 생각을 아래와 같이 잘 보여준다.

> "녜 엇더ᄒᆞᆫ 程度ᄭᆞ지가 處女오닛가."
>
> "한 번도 男子를 接ᄒᆞ지 아니 ᄒᆞᆫ 女子를 處女라고 ᄒᆞ지오 (…중략…) 한 자리에셔 잔다ᄂᆞᆫ 뜻이겟지오……. 性交를 ᄒᆞᆫ다ᄂᆞᆫ 뜻이겟지오."
>
> "져ᄂᆞᆫ 한 번 마음을 엇던 男子에게 許ᄒᆞ면 벌셔 그 女子ᄂᆞᆫ 處女가 아니라 히요."[77]

> 성순은 아모리 ᄉᆡᆼ각ᄒᆞ야도 肉이라ᄂᆞᆫ 것이 그러케 重要ᄒᆞᆫ 것인줄을 알 수가 업셧다. 사랑에 肉이란 觀念이 안니 셕기지 못ᄒᆞᄂᆞᆫ 것을 도로혀 嫌惡ᄒᆞ게 ᄉᆡᆼ각ᄒᆞ엿다. 自己에게ᄂᆞᆫ 眞實로 죠곰도 肉 에 對ᄒᆞᆫ 請求가 업고 다만 精神的으로 셔로 사랑ᄒᆞᆯ 수만 잇셧스면 그것으로써 滿足ᄒᆞ리라 ᄒᆞ엿다. 自己의 肉體가 消滅되고 난 뒤에 그 ᄉᆞ랑만이 ᄯᅱ어나셔 永遠히 永遠히 살아잇슬 것 ᄀᆞᆺ하다.[78]

그리고 『개척자』는 문체의 측면에서, 『무정』과는 다르게 표기상에서 의식적으로 국한혼용의 문장을 사용한다. 『무정』에서는 화자가 주인공의 자의식을 그리면서 개념어 등이 등장할 경우엔 국문과 괄호 안의 한자를 나란히 표기한다. 그러나 『개척자』는 그러한 표기가 없이 그대로 한자가 제시되어 독자에겐 과도할 정도로 한자를 많이 노출한다. 이는 이광수가 자신의 단편소설에서 대중으로부터 소외 또는 격리

76 한정숙, 『여성은 이렇게 말했다』, 길, 2008, 432면.
77 이광수, 『개척자』, 『매일신보』, 1917.12.11.
78 위의 글, 『매일신보』, 1918.3.1.

된 지식인의 세계를 그리는 데 의식적으로 국한문혼용체를 사용했던 것과 비슷하다. 잡지에 게재되는 단편문학이 소수의 특정 지식인 계층 독자들 사이에서 유통되었던 사실에 비춰 볼 때, 『개척자』는 『무정』과는 달리 대중 독자 이상으로 특별히 지식인 독자층을 의식했던 것으로 짐작한다. 『개척자』는 『무정』과 비교할 때 대중에게 소외된 지식인 주인공의 고단(孤單)한 위치를 유별나게 강조한다.[79] 『개척자』의 화자의 말투는 지식인의 언어이다. 작품 서두에서 나타나는 성재의 실험실에 대한 묘사는 과학자 연하는 지식인 인물의 모습을 강조한다.

> 性哉는 水蒸氣가 그치기를 기다려셔 다시 그 試驗管을 酒情燈에 대고 앗가 모양으로 빙빙 돌린다. 그 黃褐色 液體로 앗가보다 죠곰 淡ᄒᆞ게 되엿스나 如前히 黃褐色대로 부글부글 끌으며 暫間 쉬엇던 惡臭를 發ᄒᆞᆫ다.[80]

『무정』과 비교해서 『개척자』는 번안소설이 구사하는 일본식 한자 신조어들과 관념적인 말투들이 더 많이 등장한다. 때로는 독자를 "제군(諸君)"이라 부르면서 화자는 권위적이고 위압적인 말투로 독자를 설득하고 타이르고자 한다.[81] 『개척자』에서 화자의, 타자의 견해에 대한 언급은 그것이 비판이든 옹호이든 자신의 문제를 확인하거나 자신의 능력을 피력하는 계기에 불과하다. 타인에 대한 비판은 자기과시로,

79 이광수는 『개척자』에서 "因襲에 對한 個性의 反抗과 解放", "사랑의 自由와 神聖性", "靑年들의 微弱하고 孤單하나 朝鮮에 新文化를 自己네 손으로 建設해보려는 熱情"을 그리고자 했다고 한다. (이광수, 「多難한 半生의 途程」, 『이광수전집』 14, 삼중당, 1962, 401면)

80 이광수, 『개척자』, 『매일신보』, 1917.11.10.

81 물론 이광수는 『무정』의 53회분 같은 경우에 역시 작정한 듯이 논설 형태의 글을 장황하게 삽입한다. 그러나 이러한 논설로 제시된 주장들에 대하여 등장인물 '이형식'은 매몰되지 않고 거리를 둬 자신의 의견을 피력한다.

타인의 옹호는 자신의 옹호와 찬양으로 귀착된다.

> 성순은 아모리 싱각ᄒᆞ야도 肉이라는 것이 그러케 重要ᄒᆞᆫ 것인줄을 알 수가 업섯다. 사랑에 肉이란 觀念이 안니 셕기지 못ᄒᆞ는 것을 도로혀 嫌惡ᄒᆞ게 싱각ᄒᆞ엿다. 自己에게는 眞實로 죠곰도 肉 에 對ᄒᆞᆫ 請求가 업고 다만 精神的으로 셔로 사랑ᄒᆞᆯ 수만 잇셧스면 그것으로써 滿足ᄒᆞ리라 ᄒᆞ엿다.[82]

> 諸君은 무엇을 볼 ᄯᅢ에든지 그것이 盈ᄒᆞ는 것인지 虧ᄒᆞ는 것인지(Waxing or Waning)를 먼져 살펴야ᄒᆞᆫ다. 그리ᄒᆞ야서 그것이 盈ᄒᆞ는 것일진뎐 現在의 小와 弱은 將來의 大의 强을 約束홈인 줄을 알아야 ᄒᆞᆫ다. 明晳치 못ᄒᆞᆫ 사람은 虧ᄒᆞ는 大ᄅᆞᆯ와 强을 보고 깃버ᄒᆞ고 盈 ᄒᆞ는 小이와 弱 을 보고 도로혀 슬퍼ᄒᆞᄂᆞ니 明晳ᄒᆞᆫ 諸君은 이러ᄒᆞᆫ 미련을 비와셔는 되지 아니ᄒᆞᆫ다.[83]

『무정』에서도 논설 형태의 글이 삽입되는 경우가 간혹 있다. 그러나 『무정』의 '형식'은 논설의 형태로 제시된 작가 또는 화자의 주장에 대해 비판적 거리를 두는 '자의식'을 보잘 것 없으나마 보여준다.[84] 다시 말해 화자 또는 주인공은 자신이 생각이 옳은가 되돌아보고 자신의 사유를 되짚어 반추하는 음성을 들려주면서 자신을 대상화하는 노력을 보여준다. 이에 반해 『개척자』의 화자는 우월한 위치에서 지식인 주인

---

82 이광수, 『개척자』, 『매일신보』, 1918.2.20.

83 위의 글, 『매일신보』, 1918.1.22.

84 53회(『매일신보』, 1917.3.7)에서 화자는 형식의 생각을 빌려 장황한 논설적 주장을 편 이후 마지막에 다음과 같이 덧붙이며 끝낸다. "형식은 리론(理論)으로는 영치를 위ᄒᆞ야 울지 안이치 못ᄒᆞ얏다. 그러나 형식은 영치를 날근 녀ᄌᆞ라 ᄒᆞ고 다시 형용ᄉᆞ를 부쳐셔 슌결열렬(純潔熱烈)ᄒᆞᆫ 구식녀ᄌᆞ(舊式女子)라 ᄒᆞ얏다. 그러나 우션은 이번 영치의 힝위는 졀디뎍(絶對的)으로 션(善)ᄒᆞ다 ᄒᆞᆫ다. 한아는 영문식(英文式)이오 한아는 한문식(漢文式)이로다" 면서, 친구 '우선'의 생각을 끼워 넣어 나름대로 화자에 대한 회의적 생각을 보여준다.

공의 입장을 일방적으로 드러낸다. 작가의 관념은 타인의 관념과 본질적인 대화를 맺을 때만이 살기 시작한다. 그때 관념은 그 존재의 영역이 개인적 의식이 아니라 의식들 사이의 대화적 교류이므로 상호 개인적이며 상호주관적이다.

바흐친은 도스토예프스키가 사고체계로써 사고하지 않고 여러 가지 시점, 의심, 목소리로써 사고하였다고 본다. 그에게서 두개의 사고는 이미 두 사람이나 마찬가지이다. 각 사고는 한 인간의 전체를 나타내주기 때문이다. 『개척자』에 나타난 작가의 관념은 본질적으로 의식들 사이에 있는 인식적 상호작용의 한 가지 모습만 알고 있다. 진리를 알고 그것을 소유하고 있는 화자는 이 진리를 모르거나 잘못 알고 있는 자신의 인물과 독자에게 가르친다. 이를테면 이것은 스승과 제자와의 상호작용인데 이는 결과적으로 오로지 교육적인 대화(pedagogical dialogue)에 불과한 셈이 된다.

『개척자』의 화자의 말투는 독단적인 지식인의 언어이다.[85] 자기성찰은 근대 이성의 주요 기능 가운데 하나인데, 그것이 결여된 성찰은 타자에 대한 계몽주의적 폭력에 빠지기 십상이다.[86] 이러한 성찰은 스스로를 절대화함으로써 자기 갱신을 허용하지 않기 때문이다. 『무정』은 적어도 소설 전반부에서는 대중에 대하여 우월한 위치에 있기보다는, 대중을 내부로부터 파악하고 자신이 서있는 자리 자체를 문제삼는 시선이 상대적으로 눈에 뜨인다. 그러나 『개척자』는 이보다는 대중으로부터 소외된 지식인의 고립돼 있지만 우월한 모습을 보여준다. 이는 그의 계몽주의가 가진 분열적 모습이다. 계몽에 대한 열정을 견

85 M. 바흐찐, 김근식 역, 『도스또예프스끼 시학』, 정음사, 1988, 129면.
86 하정일, 「김수영, 근대성 그리고 민족문학」, 『실천문학』 49, 1998, 201면.

지하면서도 한편으로는 식민지 상황에서 계몽적 지식인이 갖는 좌절감들이 대중을 타자로 대하거나, 또는 대중으로부터 분리된 지식인의 고립을 내세운다. 『개척자』는 바로 이러한 지점에 서있다.

단 『개척자』는 신문에 연재된 대중소설이기에 대중과 절연된 지식인의 소외를 추상적으로만 그리기는 어려웠다. 『개척자』는 이를 위해 『무정』 직전 번안소설이 즐겨 사용하던 삼각관계에서 빚어진 갈등의 플롯을 빌린다. 근대인의 좌절 또는 소외를 인습과 금전(金錢) 때문에 파국에 이르게 되는 남녀의 사랑 문제를 통해 전달한다. 『개척자』의 주인공들은 금전으로 그들의 집안을 몰락케 하는 속악한 시정배들에 둘러싸여 있다. 그리고 세속적 이해관계를 멀리하는 과학자 성재마저 끝내는 잇속에 눈이 멀어 누이가 가난한 예술가와 혼인하려는 것을 방해한다. 결국 누이는 이 때문에 자살에 이른다. 이는 금전의 문제 때문에 좌절하는 남녀 간의 사랑을 다룬 번안소설의 전형적인 이야기 구조이다. 그리고 금전 때문에 사랑에 좌절하는 주인공의 이상주의를 자주 신파의 글투로 표현해낸다.

> 兩人은 한참이나 無言의 抱擁 속에 잇셧다. 그러고 形言홀 수 업ᄂᆞᆫ 悲哀를 씨다라셔 마조 안즐 ᄯᅢ에ᄂᆞᆫ 兩人의 눈에 눈물이 잇셧다. (…중략…) "졔가 性淳氏를 ᄉᆞ랑ᄒᆞ여들일 權利가 업셔요. (…중략…) 모두다 졔 責任이야요. 그러닛가 容恕ᄒᆞ여 주십시오."[87]

> 그러나 졔가 산다고 ᄒᆡ도 당신ᄭᅴ 誹謗과 苦痛을 들일ᄲᅮᆫ이겟지요? 世上은 당신을 逼迫홀 수 잇ᄂᆞᆫ대로 逼迫ᄒᆞ겟지오? 당신의 平穩홀 수 잇ᄂᆞᆫ 一生은 도로혀

87 이광수, 『개척자』, 『매일신보』, 1918.2.10.

져를 爲ᄒᆞ야 不幸ᄒᆞᆫ 一生이 되겟지오. 졔가 ᄉᆞ랑ᄒᆞ여들이ᄂᆞᆫ데셔 밧으시ᄂᆞᆫ 깃붐이 足히 그 不幸과 相殺ᄒᆞ고 남음이 잇겟ᄉᆞᆸ닛가. 엇더케 엇더케. 제 ᄉᆞ랑이 무엇이기로 져갓흔 것의 ᄉᆞ랑이 무ᄉᆞᆫ 힘이 잇고 무ᄉᆞᆫ 價値가 잇겟기로. 아― 偉大ᄒᆞᆫ 당신에게 조고마ᄒᆞᆫ 졔 ᄉᆞ랑이 무엇이겟습니가. 졔가 졔몸과 마옴을 다 바친들 그것이 무엇이겟습닛가.[88]

『개척자』에서 강화된 신파적 글투는 독자들로 하여금 이야기 자체를 자기 나름대로 생각해볼 수 있게 하기보다는 장식적인 글투로 사건들을 단선적으로 몰고 간다. 그것은 작가와 독자의 진정한 소통을 거부한다.

世上은 당신을 逼迫ᄒᆞᆯ 수 잇ᄂᆞᆫ대로 逼迫ᄒᆞ겟지오? 당신의 平穩ᄒᆞᆯ 수 잇ᄂᆞᆫ 一生은 도로혀 져를 爲ᄒᆞ야 不幸ᄒᆞᆫ 一生이 되겟지오. 졔가 ᄉᆞ랑ᄒᆞ여들이ᄂᆞᆫ데셔 밧으시ᄂᆞᆫ 깃붐이 足히 그 不幸과 相殺ᄒᆞ고 남음이 잇겟ᄉᆞᆸ닛가. 엇더케 엇더케. 제 ᄉᆞ랑이 무엇이기로 져갓흔 것의 ᄉᆞ랑이 무ᄉᆞᆫ 힘이 잇고 무ᄉᆞᆫ 價値가 잇겟기로. 아― 偉大ᄒᆞᆫ 당신에게 조고마ᄒᆞᆫ 졔 ᄉᆞ랑이 무엇이겟습니가. 졔가 졔몸과 마옴을 다 바친들 그것이 무엇이겟습닛가.[89]

이와 같이 『개척자』에는 통속적 담론과 계몽적 담론의 상충하는 이데올로기가 혼재되어 있다. 이를 반영하여 문체는 이중적으로 표현된다. 그 하나는 대중과 분리되어 지식인의 입장을 대변하고, 이를 통해 대중을 대상화 하는 독백적인 말투이다. 또 다른 하나는 대중독자를

88 위의 글, 『매일신보』, 1918.3.5.

89 위의 글.

염두에 두고 있는 신파의 문체이다. 이러한 두 가지 문체는 향후 1930년대의 장편 대중소설이 독자에게 일방적 계몽을 내세우면서 한편으로는 그것을 통속적인 내용과 결합하는 방식으로 실현한다.

요컨대 『매일신보』이광수 소설의 문체는 조선 후기 국문소설의 문체를 오늘날 우리가 보게 되는 근대적 문체로 정착시킨 한국 근대소설 문체의 전범으로 평가된다. 그러나 아쉬운 점은 그의 소설문학은 조선 후기 국문소설에서 성장되어 왔던 과거 민중적 전통의 문체를 수용하려 하지는 않는다. 따라서 다양한 몸짓말, 속담의 비유, 특정 계층에 바탕을 둔 비속어, 방언 등 우리말의 잠재력을 다각도로 끌어올릴 가능성은 차단된다. 『무정』은 민중문화의 고유한 입담과 해학 및 이야기적 전통과 만나지 못하여, 이들의 언어 안에 담긴 역사적 경험의 지혜와 단절되고 이광수 자신의 언어가 이들을 통해 시험될 가능성이 차단된다.[90] 이광수는 새로운 소설을 전대의 소설과 구별 짓기 위해 소설을 아무래도 엄숙하고 경건한 것으로 보았던 듯싶으며 이를 위해 이미 언어의 위계질서를 내면화하는 방향으로 나가며[91] 대중언어, 속어의 세계를 억압한다. 그리고 『개척자』에서 이 점이 심화되며, 이는 이후 식

---

90 언어는 장르와 마찬가지로 세계를 말로 파악하는 방식이다. (…중략…) (이질언어적) '언어'는 신념들의 복합체다. 각각의 이질언어적 언어는 사회적이면서도 심리적인 경험의 광범위한 배치에서 발생했다. (…중략…) 그래서 언어에는 그 발화자의 겪은 역사적 경험의 지혜가 담겨 있는 것이다. 또한 장르처럼 이질언어적 언어도 분명하게 표현할 수 있는 명제들의 집합이 아니라 경험에 반응해서 변화하며 이를 통해 잠재력을 육성하며 (…중략…) 이 잠재력은 다른 언어 및 다른 신념 복합체와의 상호작용을 통해서 실현된다.(게리 솔 모슨·캐릴 에머슨, 오문석·차승기·이진형 역, 『바흐친의 산문학』, 책세상, 2006, 531면)

91 이광수에게서 흥미로운 것은 그가 남긴 수많은 작품에서 '방언'을 사용하는 인물이 전혀 등장하지 않는다는 점이다. 실감을 무시하면서까지 방언을 배제하고 깍듯한 표준어에다가 가끔 '고급언어'인 일본어나 영어를 섞어서 대화체를 구성한 데에서 보듯, 한국어의 근대 문어체는 표준어가 공식적으로 공표되기 이전에도 이미 언어의 위계질서를 내면화하는 방향으로 나아가고 있다.(김철, 「소설과 표준어·방언」, 『방언 이야기』, 태학사, 2007, 407면)

민지 시대 한국의 대중적인 장편소설이 실현해가는 문체의 전형적인 규범이 된다.

2. 단편소설과 지식인의 국한문체

1) 신지식인 소설의 국한문혼용체

기존의 연구들은 이광수가 이룩한 근대문학적 성과 중의 하나로 근대적 문체의 확립을 든다. 백철은 『조선신문학사조사』(1948)에서 최남선과 이광수를 오늘날 한국에서 쓰이는 새로운 문장을 최초로 확립한 자로 말한다. 조연현의 『한국현대문학사』(1957) 역시 이를 뒷받침하여 이광수가 확립한 신문장이란 다름 아닌 구어체 문장임을 지적한다. 여기서 조연현이 말한 구어체 문장은 지금 우리가 애기하는 이른바 언문일치체의 문장을 가리킨다. 김윤식·김현의 『한국문학사』(1973)는 이광수 문장이, 김동인이 자신의 문학적 공과로 든, '~다'나 현재진행형, 과거형 등을 이미 정확하게 사용함으로써 고투를 벗어났다고 지적한다. 이러한 기왕의 주장들은 이후 크게 바뀌지 않고 이어져 왔다. 최근의 논의에서도 이광수가 소설에서 성취한 문체는 전대와 달리 독자적이고 고립된 '내면'을 포착하여 이를 표현하고자 하는 데 적절히 기여함으로써 1910년대 소설이 근대의 '문학'을 형성하는 데 일정한 역할을 수행한다고 본다.[92]

이 글에서는 이러한 기왕의 논의들을 다음과 같은 측면에서 다시 보고자 한다. 우선 김윤식의 『한국문학사』에서 이미 지적한바, 이광수가 이룩한 언문일치의 문장이 과연 진정한 언문일치체의 문장이었는지 하는 문제이다. 『한국문학사』는 이미 이에 대한 이의를 제기했다. 예를 들어 이광수의 문장을 그 의미가 막연한 '서양언어 직역투의 문장'이라고 규정한다. 단 그러한 문장이 소설 속의 사고하는 주체를 객관화할 수 있어 결국은 근대적 문체로 기능한다고 판단한다. 이 글은 이광수가 이룩하고자 했던 언문일치가 '과연 누구의 언어와 일치시키기 위한 문장'이었는가 하는 관점에서 다시 따져보고자 한다. 그리고 이광수 등의 문체가 1910년대 소설이 근대의 문학을 형성하는 데 일정한 역할을 했다는 주장들은 서구와 이를 본뜬 일본의 근대문학적 기준에만 맞춰 평가한 것이라는 의문을 가진다. 오히려 이러한 문체가 우리 근대소설이 보여줄 여러 가지 가능성을 제한했던 것은 아닌지 다시 따지고자 한다. 이러한 문제점들은 이미 이광수의 장편 『무정』과 『개척자』를 통해 일부 살펴보았는데, 이 장에서는 이를 이광수와 이 시기 유학생 작가들의 단편소설 장르에 초점을 맞춰 살펴보고자 한다.

1910년대에는 새로운 지식인 계층으로서 이광수를 비롯하여 현상윤, 진학문 등의 유학생 출신 작가들의 활동이 두드러진다. 이들은 외래의 영향으로 고소설 및 신소설 작가와는 다르게 인간의 내면을 그리는 단편의 서사 양식을 새로운 근대소설로 간주한다.[93] 1914년 창간된

---

92 대표적 논의로 권보드래의 『한국 근대소설의 기원』(소명출판, 2000)이 있다.

93 당대의 지배적인 서사양식(신소설과 활자본 고소설)에 대한 대타의식이 작가들에게 단편양식을 통해 문학의 근대성을 증명하려는 시도를 초래한다. (…중략…) 소설의 예술로서의 인정투쟁은 소설을 '도청도설류'로 보는 전통적인 문학관과의 투쟁일 뿐만 아니라 당대의 지배적인 서사양식인 '신소설'과 '활자본 고소설'과의 헤게모니 싸움을 수반한다.(박헌호, 「한국 근대소설사에서 단편양식의 주류성 문제」, 『식민지 근대성과 소설의 양식』, 소명출판, 2004, 71·80면) 그리고 내면은 근대소설의 대표적인 변별항이다. 그것은 자아의 각성으로 통칭되는 근대성의 소설적 매개이다. 1900년대에서 1920년에 이르는 도정은 소설에서 내면의 위상

『청춘』 및 『학지광』 등의 유학생 잡지는 새로운 지식인의 제일의 의무로 이른바 '자아의 각성'을 강조한다. 모든 개인에게 개성과 깊은 내면, 확고한 자아가 있다는 생각은 서구 정체성을 이루는 기본 요소이다. 다이쇼[大正]시대 일본의 문단, 정신계는 이것이 가장 중요한 의제였다. 조선인 유학생들도 이에 절대적 영향을 받고 문학에서도 역시 이러한 개성과 자아를 표현하고 발견하고자 한다.[94]

『청춘』에서 이를 상징적으로 보여주기 시작하는 소설이 이광수의 「금경(金鏡)」(『청춘』, 1915.3)이다. 「금경」은 한 인물의 내면이 소설의 중심 제재가 되고 있다. 주인공의 내면이 중심이 되면서 「금경」이라는 소설에 나타나는 새로운 수법의 하나가 정태적인 풍경의 묘사이다. 주인공이 고향 역에 내려 자신의 숙소로 돌아오면서 묘사하는 자연 풍경은, 그 풍경에 어떠한 의미를 부여하기보다는 그냥 개인의 관조의 대상으로, 즉 바깥 세계가 아니고 내부로 몸을 돌린 자아의 무심한 대상으로 묘사하기에 이른다. 개인은 자연과 상호 작용을 하기 보다는 오히려 산책을 하거나 무작위로 흘끗 보는 동안 자연을 관조한다.[95] 이 풍경 묘사에서 '～ㄴ다'체가 강화된다.[96]

이번도 한 달 만에 돌아오는 길이라 가슴이 트렷하도록 반가움과 깃븜이 속

과 비중이 점차 커지는 과정과 동궤이다. 이를 두고 '개인의 발견'이라 부르는데 동인지문학에 이르러 하나의 정점을 맞이한다.(박헌호, 「한국 근대소설과 내면의 서사」, 『식민지 근대성과 소설의 양식』, 소명출판, 2004, 130면)

94 양문규, 「1910년대 소설의 근대성 재론 : 내면의 문제를 중심으로」, 연세대 근대한국학연구소, 『한국문학의 근대와 근대성』, 소명출판, 2006 참조.

95 게리 솔 모슨·캐릴 에머슨, 오문석·차승기·이진형 역, 『바흐친의 산문학』, 책세상, 2006, 666면.

96 이러한 '～다'체는 이광수 자신의 것이라기보다는 러시아 문학을 전공한 진학문이 『학지광』과 『청춘』에 러시아의 단편소설을 번역 게재하면서 사용한 것으로 본다.(권용선, 「1910년대 '근대의 글쓰기'의 형성과정 연구」, 인하대 박사논문, 2004, 6·11면)

에 차 혼자 우스면서 저녁 煙氣 나는 村中께를 向하고 들어온다. 발서 벼 갈이 씃나고 여긔저긔 굽을굽을한 벼 배가 싯누런 뱀 모양으로 서리엇다. 동툭에 버들입은 아직도 푸른 긔운이 잇서 서늘한 저녁 바람에 살살 썰린다. 南國으로 돌아가는 오리쎄가 이 논에 저 논에 물 잇는 논을 짜르어 푸드득하고 날개 소리를 나이며 왓다갓다 한다.[97]

이광수는 이렇게 기존의 국문체를 내면을 묘사하기 위한 세련된 국문체로 바꾼다. 현상윤의 「핍박」(『청춘』 8, 1917.6)도 이의 연장선상에 놓인다. 이광수, 현상윤 소설 등에서 '~다'체는 고립된 개인의 언어로 모든 관계가 배제된 개인의 내면을 위한 공간이 된다.[98] 이후 『청춘』의 현상문예 작품들, 가령 주요한의 「마을집」(『청춘』 11, 1917.11) 등도 이를 따른다.

얼마 잇더니 들 밧그로서 農軍의 쎄가 들어온다. 가래 멘 이도 잇고 호미 멘 이도 잇고 쇠시랑 든 이도 잇고 낫 든 이도 잇다. (…중략…) 나는 거름을 옴긴다. 옴길 째마다 醉客과 農軍들이 눈압헤 보이면서 나를 물그럼이 보며 비웃는 듯하다. 슬프다. 이것이 人生이다. 안이 이것이 人生의 多數로다.[99]

달은 구름 속으로 들엇다 나왓다 한다. 모긔 피우는 쑥의 煙氣가 어렴풋 올으는 것이 뵈인다. 박쥐가 푸드덕 푸드덕 날며 어린 아해들은 반듸를 잡노라고 몰녀 단닌다. 그 사람들은 무슨 쯧으로 사는 지 알 수 업다. 그 사람들은 前 이나 이제나 變한 것이 업는 듯하다.[100]

---

97 이광수, 「金鏡」, 『청춘』, 1915.3, 119면.

98 권보드래, 『한국 근대소설의 기원』, 소명출판, 2000, 248~249면.

99 현상윤, 「핍박」, 『청춘』 8, 1917.6, 90면.

그러나 한층 세련된 국문으로 그려지게 된 '내면'은, 점차 독자대중을 타자화하면서 무지한 대중 또는 속물적 세계에 대한 지식인의 우월함을 과시하는 기능을 해나가게 된다.[101] 내면이 이러한 역할을 떠맡으면서, 내면을 묘사하는 국문체는 세련된 국문체라기보다는, 일본식 신조어에 영향 받은 현학적인 국한문혼용체로 변화해간다. 사건 또는 줄거리 중심의 고소설이나 신소설의 기술은 순국문체로 가능하나, 그것이 내면화된 생을 중시하는 근대소설의 기술에서 사색적인 진지함을 담는 문체로는 적당하지 않다고 생각하게 된다.

국한문 혼용체의 선호는 일본의 그것과 밀접한 관련을 맺으며,[102] 또한 그것은 일본 지식인이 서구를 맹목적으로 좇는 것과도 깊게 관련되어 있다. 일본 지식인들은, 서구의 것은 선진 문명을 배후로 한 상등의 것이기에 그 번역을 일상어와는 격이 다른 막연하고 모호하기조차 한 한자의 조어(造語)로 표현해내고자 했다.[103] 일본이 서구의 문명과

---

100 주요한, 「마을집」, 『청춘』 11, 1917.11, 57면.

101 한국 근대문학사에서 근대문학 체계의 수립은 정치적 강점상태와 계몽의 실패에 대한 심리적 기능적 보상의 성격을 가지며, 문학의 기획은 체계적인 기능 억제를 통해서 세속적인 사회와 결별하는 모습을 보이고 엄숙하고 경건한 태도를 요청한다.(김동식, 「한국의 근대적 문학개념 형성 과정 연구」, 서울대 박사논문, 1999, 119면)

102 다음과 같은 글에서 이 시기 지식인들의 문자의식을 추측해볼 수 있다.
"日本은(…중략…) 和漢兩文의 調用法을 實施ᄒᆞ니 極히 簡活ᄒᆞ고 平易ᄒᆞᆯ 아니라 西學의 飜譯에도 大效力이 有ᄒᆞᆫ고로 民智가 速히 發達되야 不遇 四十年에 歐米列强과 爭雄ᄒᆞ니 (…중략…) 我國內 同胞ᄂᆞᆫ(…중략…) 國漢文 調和法을 實施ᄒᆞ되 몬져 日本으로 前鑑삼아."(韓興敎, 「國文과 漢文의 關係」, 『대한유학생회보』 1, 1907.3, 29~30면)

103 이러한 조어는 학문과 사상의 기본적인 용어에서 두드러지게 나타나며 상당수가 간략하게 집약된 두 자의 명사어로 구성된다. 이러한 식으로 번역된 대표적인 것들로 社會(society), 個人(individual), 近代(modern), 美(beauty), 戀愛(love), 存在(being), 權利(right), 自由(freedom) 등이 있다.(야나부 아키라, 서혜영 역, 『번역어 성립사정』, 일빛, 2003 참조) 압축된 형태로 표현되어 어려워 보이는 한자에는 잘은 모르지만 뭔가 중요한 의미가 있다고 생각했다. 야나부 아키라는 이를 '카세트 효과'라고 부르니, 카세트(cassette)란 작은 보석함을 이르는 말로, 내용물이 뭔지는 몰라도 사람을 매혹시키고 애태우게 하는 물건을 일컫는다. 그리하여 이후 구체적 일상어가 아닌 추상적 한자어로 표현되는 지식인의 사상이나 학문이라는 것은

학문 또는 사상을 개념어로 번역할 때 일본의 현실에서 살아있는 말, 다시 말해 일본인이 일상의 보통 언어 감각을 통해서 이해하는 고유의 야마토 말[大和言葉]을 사용하지 않았다.

일본에서는 메이지 시대 접어들어 이렇게 새롭게 만들어진 한자숙어를 대량으로 사용한 문체 자체를 '구문직역체(歐文直譯體)'로 불렀다. 번역어인 한자숙어는 많아지며 많아질수록 그것은 서구적으로 '문명개화'한 주체라는 것의 증거였다. 이러한 한자숙어 없이는 지식인들 사이에서 지적으로 의미 있는 의사소통이 불가능한 것으로 보았다.[104] 진학문이 『학지광』에서 서양소설을 번역하면서 구사한 일련의 추상적 어휘와 명사적 문장으로 이뤄진 번역조의 국한문 혼용체가 이러한 점을 보여준다.

> 學生間에서는 그를 조와하지 아니햇다. 그것은 그가 그들의 **生活과는 全然 沒交涉하야**, 그들의 **生活의 各種의 깃븜**을 그는 理解치못한 ᄭᅡ닭으로. (…중략…) **歡樂이 極하야, ᄯᅳ거운 피가 血管에서** ᄭᅳᆯ을 ᄯᅢ (…중략…) 平常時에는 제격에 맛지 안는, 鈍한 그가, 이ᄯᅢ는 **一片의 羽毛와 갓치 敏捷하게 動作했다.** (…중략…) 夢魔와 갓ᄒᆞᆫ, 取할 것 업는, 怪異한 生活이, **無數의 生을 貪食한 것**과 갓치 그들을 貪食할 것이라, 함으로 엇더한 **優越한 生活을 産出**코저 하든 그들의 努力도 水泡가 될 것이라.(…중략…) 終日 **조곰의 猶豫도 업시 繼續하야** 働作한, 그 사람 自身에 對한 憐憫, ᄯᅩ는 **靜穩과 愛와 安息을 要求하는** 사람 아닌 偉大한 엇던 物件에 對한 憐憫의 情으로 그의 마음은 긋치지 아니하고 ᄯᅥᆯ녓섯다.
>
> **騷擾하고 快闊로운 會話**에 그는 그前 '치스ᄶᅵ아ᄲᅩᄲᅳ'가 되엿다.[105]

대중들로 하여금 생활과 유리된 진공 상태에서 이뤄지는 것이라는 착각을 낳게 한다.

104 코모리 요이치, 정선태 역, 『일본어의 근대』, 소명출판, 2003, 140~141면.

105 안드레-ᄲᅳ, 夢夢 譯, 「外國人」, 『학지광』 6, 1915.7, 83~89면.

이 시기 소설의 이러한 국한문혼용체는 지식인들의 지적인 과시를 드러내는 수단으로 행세한다. 이광수의 소설 등에서 과학 등에 관련된 문명 용어가 특히 많이 나타나는 것은 실용과학 중심의 서구 수용에 열중했던 일본의 번역문화에 영향을 받은 것이지만,[106] 그것이 이전 동양에서는 전혀 없었던 서양의 '강자의 문화'로부터 들어온 것이기에 '고급문화'로 치부되고, 지식인이 이를 향유하는 것은 곧 대중에 대한 지배적 역할을 과시할 수 있는 것으로 생각했기 때문이다. 「어린 벗에게」서 주인공은 아래와 같이 자신의 과학적 언어와 지식들을 뽐내며 선각자인 연한다.

> 우리 배는 발서三十 餘 度나 左舷으로 傾斜하고 汽罐 소리는 죽어가는 사람의 呼吸 모양으로 퉁퉁퉁퉁 하더이다. (…중략…) 上甲板에서 누가 "船體는 水雷에 腹部가 破碎되어 救援할 길이 업소 只今 救助艇을 나릴 터이니 各人은 文明한 男子의 最後 體面을 생각하여 女子와 幼兒를 몬저 살리도록 하시오" 하고 웨치는 것은 船長이러라 (…중략…) 나는 人類의 文明을 爲하야 電氣나 化學의 試驗중에 죽을 것인가 하나이다.[107]

화려한 문장으로 평가받는 이광수의 「어린 벗에게」의 문장은 아래의 인용문과 같이 대중과는 유리된 그 시기 특정 지식인 계층 내부에서 통용되던 일종의 사회적 방언이다. 이는 이 시기 지식인 소설가들이 내면을 자신들 문학의 특권적 영역으로 채택한 것과 마찬가지로 사회와 대중에 대한 의식적 고립을 취한 결과이다.

106 마루야마 마사오·가토 슈이치, 임성모 역, 『번역과 일본의 근대』, 이산, 2000 참조.
107 이광수, 「어린 벗에게」, 『청춘』 10, 1917.9, 27~28면.

空氣에 對流作用이 업섯던들 그의 깨씃한 肺에서 나온 입김이 그냥 그 자리에 잇서 왼통으로 내가 들이마실수 잇섯슬것이로소다. (…중략…) 椅子에 힘업는 듯 지대고 섯는 양이 참 美妙한 藝術品이러이다. (…중략…) 마치 그 말이 엑스光線 모양으로 封套를 께뚤코 내 쓰거운 머리에 直射하는 듯하더이다. (…중략…) 그의 가슴속에는 日光이 차고 春風이 차고 詩누가 차고 美와 사랑과 溫情이 찻도다. 이에 외롭고 싸늘하게 식은 青年은 그 흘러넘치는 깃븜과 美와 사랑과 溫情의 一滴을 얻어 마시려고 무릅흘 꿀고 두손을 들고 눈물을 흘리며 그 압해 업더졋도다. (…중략…) 只今 내 身體를 組織한 모든細胞는 깃븜과 滿足에 쒸며 소래하고 熱한 血液은 律呂마초아 循環하는도다.[108]

1910년대 유학생 계층의 신지식인 작가들이 외적 사건 대신 내면 심리를 다루는 기술에 관심을 두고 이와 함께 국한문 혼용체를 선호하게 되자, 신소설에서 그나마 계승됐던 전통적 국문소설의 구어적 표현은 끼어들 여지가 사라진다.[109] 1910년대의 새로운 작가 계층은 신소설의 통속성에 강하게 반발하며 이러한 반발은 신소설 통속성의 기초로 보이는 기층계급의 구어 전통을 무시하고 천대하게 된다. 1910년대를 통과하면서 통속문학의 상업성과 재미에 대비하여 순문학을 강조하며 우리 문학의 무게 중심이 신문에서 잡지, 또는 동인지 형식의 잡지 미디어로 옮겨가게 된다.

신문의 소설들은 어찌했든 '재미' 등을 고려하며 텍스트 외부의 실제의 청중을 지향하려는 노력을 드러낸다. 그러나 1910년대 특정 지식인, 학생 계층을 중심으로 한 『청춘』·『학지광』 등의 잡지 미디어는 이

108 위의 글, 『청춘』 9, 1917.7, 104·113·118면.

109 내면심리를 다루는 기술의 발달은 구술문화의 쇠퇴와 쓰기의 강력한 추진에 따라 이뤄지기는 한다.(월터 J. 옹, 이기우·임명진 역, 『구술문화와 문자문화』, 문예출판사, 1995, 226면)

러한 공동의 독서가 아닌 개인적인 독서를 조장하며 잡지에 게재된 소설 창작도 점차 전달보다는 개인적이며 고립된 엄숙한 지적 활동으로 변하게 한다.

지식인들이 모여 만든 잡지와 1920년대 유행하는 동인지 등은 그들 특유의 분파성과 폐쇄성으로 살아있는 구어를 배제하고 그들만의 '사회적 방언'을 강화한다. 알기 쉽게 구어로 글을 쓴다는 것은 단순히 문체의 문제가 아닌 작가와 독자 사이의 친화력과 자연스러움을 회복하는 길이다. 그러나 지식인 작가들은 그들만의 언어로 동일집단·계층 사이에서 상호확인이나 자기 증명의 표지로 삼고 다른 계층의 사람들을 의사소통 권에서 배제한다.

이른바 문학적 제도의 독자성이 이뤄지는 셈인데, 이제 문학은 지식인의 자의식 같은 곳으로 문제를 좁히게 된다.[110] 진리의 이중성을 드러내고 상황의 입체성을 보여주는 것은 반성적 회의와 아이러니한 문체이다. 그런데 이광수를 대표로 하는 1910년대 단편소설은 혼자서 말하고, 또 아래를 향해 말하는 특징을 갖는다. 여기서 독백의 공간이 탄생한다. 독백 속에는 화자의 권력만이 있고, 독자와 함께 하는 화법은 부재한다. 독백 속에는 '함께 또는 더불어'가 없다. 소설 안의 사태를 제대로 그리기 위해서 화자는 겸손해야 한다. 그러나 그들의 소설에서는 그들 내부의 문자문화의 싫증나게 획일적이고 동일한 어조를 유지하면서 민중과는 유리된 '작가' 또는 '예술가'를 탄생시킨다. 요컨대 1910년대 이광수와 유학생 작가들이 장편이 아닌 특히 단편소설을 통

110 일본의 사소설이 좁고 폐쇄적인 '문단'의 소산이었다는 지적, 즉 서로 잘 아는 작가와 독자 사이에 자전적 성격과 대상 지시성이 강한 텍스트가 쓰였으며, 또 그렇게 읽도록 촉구되었다는 점(스즈키 토미, 한일문학연구회 역, 『이야기된 자기』, 생각의나무, 2004, 105면)도 이와 관련된다고 볼 수 있다.

해 시도했던 언문일치체는 민중을 '타자화' 하는 특정 지식인 작가 중심의 또 다른 문어 체계이다.

2) 산문적 관심과 근대국문체의 가능성

『신문계』 등의 잡지에는, 『청춘』, 『학지광』 등에 게재된 유학생 지식인의 고민과 내면을 그린 소설과는 다르게, 당시 사회의 부정적 현실을[111] 가난한 하층민의 삶의 모습에서 찾고자 하는 현실비판 경향의 소설들이 눈에 띈다. 『신문계』의 편집인이자 기자로 이 잡지에 많은 소설을 쓴 백대진은 자연주의 문학과 러시아 문학을 소개하면서, 문학은 "인생의 암(暗)면과 사회의 결함"을 그리는 데 주력해야 한다고 주장한다.[112] 그는 신문학은 서양문학의 진화의 최종 단계라 간주되는 '인생의 문제'를 정신으로 삼아야 한다고 본다. 이 때 '인생화'라는 정신의 근저에는 바로 시간적으로 진화에 부응하고 공간적으로 환경에 적응하려는 '지금 그리고 여기'라는 과제가 깔려 있다. 백대진은 비록 체제에 영합한 교훈담을 쓴 보수적 작가이기도 하지만, 그 같은 문제의식에서 현실비판의 성격을 띤 소설도 쓴다.

시름 업시 부던 바람 ― 여러 봉오리에 모히여 잇던 구름을 헤쳐닉더니, 고요ᄒᆞ고 밝던 하날이 먹장 가라 분듯이 캄캄히 간다. 임의 검은 구름이, 푸른 하날

---

111 당시 『신문계』 또는 『매일신보』 등에는 당시 사회의 부정적 현실을 풍속이나 세태에서 찾고자 하는 소설들도 있다. 그런데 이들은 교훈, 경계의 계몽을 빙자하여 사회의 부정적 세태를 그린다면서 이 시기 세간의 관심을 자극하는 소문거리와 관음증적 대상의 소재들이 주를 이룬다.

112 白大鎭, 「現代朝鮮에 「自然主義文學」을 提唱홈」, 『신문계』, 1915.12.

을 물드려 노앗다.

고요한 밤의, 빗소릭 이웃집의 양쳘 차양을 두다려 닉인다. 웬 텬디가 비의 세계로 변ᄒᆞ엿다. 밤은 임의 느져, 이웃집의 괘종-저녁-열한시를 보ᄒᆞᆫ다, 영슈는 자지을 안코 울고 부르지지는 간난 ᄋᆞ희를 안고, 양졋을 멕이고 잇다. 큰 아희는, 입버릇과 ᄀᆞ시, ᄯᅩᄒᆞᆫ '엄마 엄마' 부르면셔 돌쳐눈다.[113]

일동은 져의 몸에 부족이 잇슬 ᄯᅢ마다, 병던 어머니를 흔드러 못 견듸게 군다.

"엄아, 왯덕-좀, 어마, 왜ᄯᅥᆨ-좀."

ᄒᆞ고 부르지지면셔 운다.

일동의 어머니 경희는 세상을 잇고, 잠을 잔다.

일동은 더욱더욱, 잡어 흔든다- 경희의 얼골이며, 머리를 잡어 뜻는다-

병상의 피곤을 못 니겨 자던 경희는 일동의 으아 우는 소릭에 잠을 ᄭᆡ우고, 북어ᄉᆞᆺ치 마른 두 팔을 번쩍 들면셔-

"어-휴, 어-후, 이를 엇지ᄒᆞ나?!"

ᄒᆞ고 다시 눈을 감고 도라눕는다.

일동은 더욱 으아 소릭를 놉히고 운다. 경희의 ᄲᅣᆷ을 박박, 할퀴여난다.[114]

현실을 호도하는 기만적인 교훈담 또는 유학생 지식인의 내면을 다룬 작품들과는 달리, 하층민의 현실을 그리면서 일종의 미학적 정직성이라고 할까, 작가는 현실의 경험에 충실해진다. 그리고 이러한 작품들에서는 한자들이 전면에서 사라지면서 순국문체를 선택하며 소설의 묘사력도 신장된다. 더불어 현장감 또는 긴박감을 가져다주는 현재

113 걱정업슬이, 「絶交의 書翰」, 『신문계』, 1916.7, 66면.
114 白樂天子, 「良人의 祈禱」, 『반도시론』, 1917.9, 66면.

형 어미가 사용된다. 물론 이들 소설은 비교적 치밀한 국문체로 궁핍한 삶의 현장을 그려내다가도 궁극적으로 그러한 현실에 대한 비판을 신파조의 넋두리로 끝내곤 한다.

> 아! 이 샤회의 생활처럼 부자연홈은 업스리라. 돈이 넘어 만어 그 쓸 바를 엇지 ᄒᆞᆯ 줄 몰나 아참 져녁 걱정으로 지닋는 사ᄅᆞᆷ도 잇스며 하로밤에 올치 못ᄒᆞᆫ 즐거움으로 말미암아 슈쳔원씩 닉여 바리는 사ᄅᆞᆷ도 잇스되 이런 불상ᄒᆞᆫ 경우에셔 피눈물을 흘니고 잇는 사ᄅᆞᆷ을 위ᄒᆞ야 큰 마음을 베풀고져 ᄒᆞ는 사ᄅᆞᆷ은 다시업다.[115]

백대진의 「寡母의 淚」(『반도시론』 2(1), 1918.1), 「生!」(『반도시론』 2(4), 1918.4) 역시 가난한 과부 또는 걸인 장애자들의 한과 넋두리를 호소하는 수준에 머물러 있다. 하층민들의 세계를 그리며 보여주었던 치밀한 국문 묘사는 1910년대에는 더 이상 발전의 길을 모색하지 못하고, 1920년대로 넘어가 사실주의 작가 나도향, 현진건 등의 소설에서 발전적으로 이어진다. 아래 인용된 나도향의 「행랑자식」(1923)은 1910년대의 빈궁을 소재로 하는 소설의 연장선상에 놓여 있으면서도 한결 더 구체적이며 절제된 문장으로 궁핍의 단상을 선명하게 보여준다.

> 그래도 미심하여서 나는 쌀 느어두는 항아리를 듸려다 보앗다. 듸려다 보닛가 겨무든 쌀박아지 식썸은 항아리가 쾅 부인데 들어 잇슬 쌘이다. 鎭泰는 힘업시 쑥썽을 덥고서 섭섭한 마음으로 방안을 왓다갓다 하엿다. 어린애는 등에서 꼼지락 꼼지락 하고서 두 발을 부빈다.
>
> "오늘도 쏘 밥을 하지 못하는구나"

115 위의 글, 65면.

하고서 펄럭펄럭하는 문을 열고 쪽마루로 내려왓다.

내려와서는 냄비가 걸녀잇는 아궁지 밋흘 보앗다. 거기에는 타타 남은 픈거리 장작이 두어 개 재속에 남어잇다.

(…중략…)

조곰 잇다가 어머니는 허둥지둥 나와왓다. 아마 부억에 불을 집히고 나온 모양이다. 鎭泰의 눈에는 아궁지서 타나오는 장작불을 한발로 툭툭 차늣튼 어머니의 집섹이 발이 보인다.[116]

1910년대 『신문계』 등의 잡지에서 나타난 현실비판 유형의 소설들은 『청춘』 등의 소설 현상모집에 응모했던 아마추어 작가들에게도 보인다. 유종석(유광렬)의 「冷麪 한그릇」(『청춘』 10, 1917.8)은 빈농의 자제가 서울의 화려한 도시 풍경을 목격하며 갖게 되는 우울하고 슬픈 마음을 진지하게 그린다.

왜- 내가 餘年이 몃칠 못 남은 父親을 내버리고 京城에 올나와 잇섯든고 하는 後悔의 마음이 소사나서 고만 더운 눈물이 압흘 가린다. 맛츰내 그 랭면 한 그릇을 서름에 밧치여 먹지 못하고 말앗다. 흘너 나리는 두 줄 눈물을 누가 볼세라 이리 씻고 저리 씻고 이러서서 랭면갑을 치러주고 나왓다.

어느듯 황혼이 되어 시가는 어둑어둑한데 집집이 저녁 등불이 켜졋다. 엇전일인지 마음이 창연-하여 지고 이 세상 일이 모다 신산스럽고 귀치안코 슬프고 한스럽다. 저무러 가느 시가에 수뢰박휘 소래 요란히 들니고 길가에 안졋는 사람들은 무슨 이약이를 짓걸짓걺하다.[117]

116 나도향, 「행랑자식」, 『개벽』, 1923.10, 120~121면.
117 유종석, 「冷麪 한그릇」, 『청춘』 10, 1917.8, 110면.

이들 소설은, 『청춘』과 『학지광』의 대부분의 국한문혼용체의 소설들과 달리 알아듣기 쉬운 국문체로 쓰여진다. 그러나 이들 역시 1910년대 작가들에서 공통적으로 나타나는 것과 같이 구어적 표현들이 위축이 된다는 점에서는 크게 다르지 않다. 단 1910년대 소설 중 나혜석 문학은 다소 예외적이다. 나혜석은 1910년대 그 자리에 분명 있었음에도, 기존의 문학사가 알아차리지를 못하다가, 여성주의 문학론이 부상하면서 문학사에서 주목받기 시작했다. 나혜석은 이 시기 남성작가들 중심의 계몽주의 또는 사실주의 문학이 지향했던 근대성과는 또 다른 근대의 가능성을 보여준다.

1910년대 계몽주의자들은 자신의 글들에서 근대성을 민족·국가 또는 문명개화로 고정화시키고 있다. 그러나 나혜석의 글들은 근대성을 그러한 보편의 추상적 대의로부터 시작하는 것이 아니고 여성 자신의 문제를 매개로 구체화 시켜 나가고 있다. 「잡감(雜感)」(『학지광』, 1917.3)은 유학생들 학우회의 망년회에서 여자 유학생들이 겪었던 일상의 경험을 실마리로 이야기를 시작한다. 그리고 이를 작자가 '언니'라는 청자를 대상으로 상호 간 대화를 나누듯이 전개한다. 이는 개념과 추상으로 일관되는 이 시기 일반적인 지식인의 수필들과 비교된다. 이 시기 남성 계몽주의자들의 수필은 개성과 자아를 수도 없이 강조하지만, 실제 들리는 것은 개성과 자아를 강조하는 개념의 목소리일 뿐, 그 결의가 실감으로 다가오는 글들이 전혀 발견되지 않는다. 이에 비해 나혜석은 자신의 논지를 여러 가지 참신한 비유를 통해 펼친다.

새벽녘 눈 덮인 산정으로 올라가면서 마주치게 되는 풍경의 이모저모를, 조선의 여성이 거쳐나가야 할 어려운 경로에 비유한다. 또 "넓은 湖水의 스케틩 터를 (…중략…) 져네들은 져러게 날카라온 스케트를 신고도 自由로 뛰어 ᄃᆞ니건마는 나는 암만히도 이 넙젹ᄒᆞᆫ 신을 신고라도 한 거름도 것지 못ᄒᆞ고 나잡바질 것 ᄀᆞᆺ소. 아모라도 밋그러져서 머리가 터질 覺寤로 밟아나 볼 慾心이오"[118]라는 묘사는 조선의 여자 지식인이 처한 상황을 구어적 말투를 살린 실감난 비유를 통해 보여준다. 「잡감 : K언니에게 여(與)함」(『학지광』, 1917.7)에서도 조선의 여자들은 "아직 實力이 업스니까 充分히 수양ᄒᆡ가지고 그ᄯᅢ 事業을 ᄒᆞ자"는 소극적 자세로부터 탈피할 것을 주문하면서, 이를 "狂雨가 쏘다지오(…중략…) 어노듯 地震까지 이러나오. 왼집이 흔들이오. 아이구 이를 엇지ᄒᆞ오? 어ᄃᆡ로 避ᄒᆞ여야 산단 말이요? (…중략…) 아모러나 나가다가 벼락을 마져 죽든지 진흙에 밋그러져 亡身을 ᄒᆞ든지 나가볼 慾心이오"[119]라고 비유한다. 이러한 구체적이고 적확한 비유들은 생각의 진솔함에서 비롯된다.

나혜석의 글에는 구어적 표현 — 의태어 · 부사어 · 동사어 표현이 현저하게 많이 쓰인다.[120] 그녀의 글은 상대적으로 구어적 표현을 통해 인간의 원초적 정감을 겉으로 드러내며 추상적인 허전함을 깬다. 정감은 인위적 가식이나 경직된 규범에서 벗어나 있기 때문에 소박한 진실성을 담는다. 그리고 이는 관습적 억압에 대한 저항과 분노의 열정을 드러내기도 한다. 단지 나혜석의 이러한 글 형식들은 남성 주도의 1910년대 문단에서 주변화된 소수자의 것이기 때문에 이 시기 문학사에서 주목을 받기는 쉽지 않았을 법하다.

나혜석의 소설 작품에서 볼 때, 1910년대 그녀의 대표작 「경희!」(『여

118 나혜석, 「잡감(雜感)」, 『학지광』, 1917.3, 55면.

119 나혜석, 「잡감 : K언니에게 여(與)함」, 『학지광』, 1917.7, 68면.

120 서구의 문학에서도 여성들의 활약은 특별히 구어체나 노래체의 시, 즉 발라드 · 동요 · 주문 · 수수께끼 · 민요 등과 연관된 시 전통에서 두드러진다. 여성들이 구어체 시를 많이 썼다는 사실은 여성들이 오랫동안 고전교육으로부터 배제되어 온 것과 관련된다.(팸 모리스, 강희원 역, 『문학과 페미니즘』, 문예출판사, 1997, 140면)

자계』, 1918.3)의 여주인공 '경희'는 이 시기 남성작가들의 계몽주의 소설에 등장하는 주인공들과 여러 가지 점에서 다르다. 첫째, 「경희!」의 주인공들은 일반 계몽주의 소설의 주인공과 같이 어설프게 대중을 계몽코자 하거나, 대중에 대한 우월한 자세를 가지려 하지 않는다. "경희의 입살은 간질간질ᄒᆞ엿다 (…중략…) 여러 가지 례를 들어 설명도 ᄒᆞ고 싶헛셧다 (…중략…) 일절 입을 담울엇다"라는 구절들이 가리키듯이, 대중을 설득하기에 앞서 대중들을 향해 어떤 방식으로 맞서서 응해 나갈 것인가에 대해서 진지한 고민과 해결책을 모색한다.[121] 그래서 그러한 고민들이 구체적으로 드러나 보인다.

그리고 주인공은 외부와 단절되어 폐쇄된 내면 안으로 고립화되지 않는다. 「경희!」의 언어는 지식인들 집단에서 소통되는 언어가 아닌 민중들과의 교류에서 얻은 경쾌하고 해학적 성향의 언어들로 이뤄진다. 주인공은 사돈 마나님을 비롯한 옛날 여인들이 여학생에 대해 갖고 있는 적대감에 대하여 나름대로의 이해를 꾀한다. 떡 장사와의 시시콜콜한 이야기들, 동경에서 귀국하면서 여종 시월이의 애들에게 장난감 선물을 마련하는 일화 등, 아낙네들의 사소하고 보잘것없는 것에 대한 작가의 따듯한 감성적 연대야말로, 남성 근대주의자들과 비교할 때 나혜석이 갖고 있는 뛰어난 장점이다. 이 시기 어느 소설에서도 「경희!」에서와 같이 아낙네 계층들의 목소리를 듣기란 쉬운 일은 아니었다.

둘째, 「경희!」는 1910년대 남성작가들의 작품과 달리 일상과 풍속의 세계가 넉넉하게 나타난다. 경희가 시월과 함께 음식을 준비하고, 소제를 하는 등 '몸소' 집안일을 거들면서 보여주는 일상과 풍속의 세계는, 단독적이고 고립적 주체가 침묵 속에서 관찰하는 현실세계와 비교

121 이상경, 『인간으로 살고 싶다 : 영원한 신여성 나혜석』, 한길사, 2000, 97면.

된다. 「경희!」에서 이러한 일상과 풍속의 현실이 풍요롭게 그려질 수 있는 데에는 이광수 등의 단편소설의 주인공들이 모든 다양한 인간관계에서 단절되어 있는 것과 달리, 「경희!」의 주인공은 철저하게 경희의 가족과 이웃 인물들과의 관계망 안에 놓여 있기 때문이다. 일본에 가서 공부하는 경희에 대해 걱정해주는 양하면서 이를 마땅치 않아 하는 사돈마님의 일거수일투족이 빈틈없이 그려진다.

> "아이고 그 좃튼 얼골이 엇저면 저러케 못되엿니……" 사돈마님은 자비스러운 音聲으로 말을훈다. **일부러 경희의 손목을 잡아 문젓다.** (…중략…) 사돈마님은 경희의 이마우에 넙펄넙펄 느려온 머리카락을 두기 밋헤다 끼워주며 적삼위로 등의 살도 만져보고 얼골도 씨다듬어준다. (…중략…) 변덕이 듸룩듸룩훈 두 뺨의 살이 축 처진다.[122]

현상윤의 「핍박」(『청춘』, 1917.6) 등에서는 대화문이 거의 나타나지 않아 사회와 단절된 내향적이고 폐쇄적인 주인공의 체념하고 포기하는 성격만이 나타난다. 그리고 모든 일어나는 일 또는 주변 인물들이 철저히 주인공 '나'의 시선을 통해서만 판단의 대상이 된다.

> 이즘은 病인가 보다. 그러나 무엇으로든지 病일 理由는 업다. 新鮮한 空氣가 맥힘 업시 들엉고 玲瓏한 光線이 가림 업시 빗치고 새는 울고 꼿은 웃고 샘은 맑고 山은 아름다운데- 조곰도 病일 까닭은 업다.
>
> (…중략…)
>
> 긴 담배대 문 尊位님도 안잣고 (…중략…) 누구누구 여러 사람이 안잣는데 모

122 나혜석, 「경희!」, 『여자계』, 1918.3, 60, 62면.

도 다 나를 보고는 압살이 한편으로 찌여지면서 비죽비죽 웃는 模樣이라.

아모리 생가하야도 우슴 바들만한 일은 업다. 그럼으로 무엇이 우슬 만한 것이 머리에 잇나 하야 머리를 쓸어 보아도 아모 것도 업다.

(…중략…)

얼마 잇더니 들 밧그로서 農軍의 쎄가 들어온다. 가래 멘 이도 잇고 호미 멘 이도 잇고 쇠시랑 든 이도 잇고 낫 든 이도 잇다. (…중략…) 나는 거름을 옴긴다. 옴길 째마다 醉客과 農軍들이 눈압헤 보이면서 나를 물그럼이 보며 비웃는 듯하다. 슬프다. 이것이 人生이다. 안이 이것이 人生의 多數로다.[123]

「경희!」는 소설 서두가 대화문으로 시작되고 대부분이 대화로 이뤄진다. 인물의 묘사가 인물들과의 관계인 대화문으로 이뤄지니 인물들은 살아서 움직이는 느낌을 얻는다. 뿐만 아니라, 소설 속 다양한 목소리들이 경합하고 충돌하는 과정에서 작가 내지 주인공이 가진 문제의식이 뚜렷하게 부각된다. 경희와 사돈마님, 경희와 어머니, 아버지, 올케, 경희와 시월이, 떡 장사 — 등장하는 모든 인물들이 경희와 빠짐없이 대화를 나눈다.

"쪽 심ᄒᆞᆫ 시집살이 ᄒᆞᆫ 손갓고나. 女學生들 손은 비단결 갓ᄒᆞ다는데 네 손은 웨이러냐"

"사너니 골을 간단 말이냐? 郡主事라도 ᄒᆞᆫ단 말이냐" (…중략…) "저 계집의를 누가 데려가나"

123 현상윤, 「핍박」, 『청춘』, 1917.6, 86~90면.

"女學生들은 예사로 시집 말들을 ᄒᆞ더라 아이구 망칙ᄒᆞᆫ 세상도 만하라"

"학싱도 바누질을 다 ᄒᆞ나요" (…중략…) "어듸 바누질이나 제법 안져서 빅홀 새나 있나요, 그릐도 차차 철이 나면 ᄌᆞ연히 의사가 나ᄂᆞ 보아요. 가라치지 아니 히도 제절노 ᄉᆞ미게 되던구면요. 어려운 공부를 ᄒᆞ면 의사가 틔우나보아요."

"짜님은 그러케 공부를 식혀서 무엇ᄒᆞ나요?" (…중략…) "누가 아나요 이 세상에는 계집ᄋᆡ라도 빅화야 ᄒᆞᆫ다니까요"

"계집ᄋᆡ가 시집가기를 실타니 그런 망칙ᄒᆞᆫ 일이 어듸 잇셔 남이 알가보아 무섭지 발셔 適合ᄒᆞᆫ 婚處를 몃 군듸를 놋쳣스니 엇더케 ᄒᆞ잔 말이야–" (…중략…) "아이 아니ᄭᆞ운 년 그릐기에 계집ᄋᆡ를 가라치면 건방져서 못 쓴다는 말이야(…중략…) 오작ᄒᆞᆫ 집에서 婚姻을 썩구로 ᄒᆞᆫ단 말이오."[124]

이에 비해 「핍박」 등의 주인공은 진지하나 답답한 엄숙주의 안에 갇혀 있다. 「핍박」, 「슬픈모순」(『반도시론』, 1918.2) 등은 사회와 갈등하는 개인, 사회로부터 소외된 개인의 긴장감을 날카롭게 내어놓는다. 그러나 이러한 소외를 불러오는 사회적 모습을 묘사하는데 일상의 현실이 사라졌기 때문에 문제 제기가 추상적이다. 그런데 「경희!」의 성과는 생동감 있는 일상의 반영에 있는 것만은 아니다. 중요한 것은 여성 개인을 억압하는 작고 큰 일상을 보여주면서 여성으로서의 자아 성찰 또는 자아 확립이라는 이 시기 부르주아 계몽주의의 의제를 제기한다는 점이다. 여주인공은 아버지가 정한 혼처를 물리치며 "여자이기에 앞서

124 나혜석, 「경희!」, 『여자계』, 1918.3, 60~68면.

사람이어야 한다”는 각오를 단단히 하지만, 정반대로는 아버지에게 “네” 하고 혼사를 받아들이지 못한 것을 후회하며, 닥쳐올 막막한 미래에 밤새 괴로워한다. 그리고 더욱 주목해야 하는 사실은 이러한 여주인공 경희의 내면이 격렬한 ‘몸짓 언어’로 표현된다는 점이다. 몸 전체의 감각을 통해 현실에 반응하기 때문에 실지로 체험하듯이 느끼는 정도가 높다.

> 경희는 흙흙 늣겨운다. 방바닥에 업듸리기도 ᄒᆞ다가 이러안기도 ᄒᆞ고 또 이러셔셔 壁아에다 머리를 부듸친다. 기둥을 불ᄭᅳᆫ 안고 핑핑돈다. (…중략…) 아아 경희는 어느 길을 擇ᄒᆞ여야 當然ᄒᆞᆫ가? 엇더케 살아야만 조흔가? 마치 길가에 탄평으로 몸을 느려 기어가든 비암의 ᄭᅩᆼ지를 집힝이 ᄭᅳᆺ으로 조곰 근듸리면 느러졋든 몸이 밧ᄶᅡᆨ 옥으러지며 눈방울이 ᄃᆡ룩ᄃᆡ룩ᄒᆞ고 ᄲᅧ족ᄒᆞᆫ 혀를 毒氣잇게 자조 ᄂᆡ미는 貌樣갓치 이러ᄒᆞᆫ 생각을 할 ᄯᅢ마다 경희의 몸에 ᄆᆡ달닌 두 팔이며 느러진 두 다리가 밧ᄶᅡᆨ 가슴 속으로 ᄇᆡ속으로 옥으라 드러온다. 마치 어느 作亂감 商店에 노은 ᄃᆡ가리와 몸ᄯᅮᆼ이 ᄲᅮᆫ인 作亂감갓치 된다. 그리고 十三貫의 體重이 急작이 白紙 한 장만치 되여 바람에 날니ᄂᆞᆫ 것갓다. ᄯᅩ 머리 속은 저도 알 만치 ᄶᅵᆼ ᄒᆞ고 서-늘해진다. 눈도 ᄭᅡᆷᄶᅡᆨ으릴 쥴 몰누고 壁에 구멍이라도 ᄯᅮ를 것갓다. 등에는 ᄯᆞᆷ이 흠ᄲᅦᆨ 괴이고 四指ᄂᆞᆫ 죽은 사ᄅᆞᆷ과 갓히 차듸차다.[125]

「경희!」는 일상의 풍부한 모습을 그리기 위해 구어적 표현을 자주 사용한다. 『학지광』·『청춘』의 대부분의 남성 작가들은 순국문체 또는 구어체를, 그들이 부정적으로 여겼던 고대소설이나 신소설 따위의 이야기 형태의 소설을 기술하는 데에는 맞는 것으로 생각했다. 그리하

125 나혜석, 「경희!」, 『여자계』, 1918.3, 70~71면.

여 그것이 내면화된 생을 중시하는 근대소설의 기술에서 사색적인 진지함을 담는 것으로 들어맞거나 어울리지 않는다고 생각했다. 그러나 「경희!」의 언어는 이러한 사고 체계로부터 벗어나 있다.

나혜석의 또 다른 작은 소설 「회생한 손녀에게」(『여자계』, 1918.9, 이하 「회생」)는 이광수의 서간문 소설 「어린 벗에게」(1917, 이하 「어린 벗」)와 유사한 외양을 갖고 있다. 「회생」은 명백히 서간문 형식은 아니지만 화자가 '손녀'라고 부르는 인물을 상대로 이야기하는 형식을 빌리고 있다. 「어린 벗」이 화자가 병상에 있으면서 한 여인의 도움을 받아 다시 살아나게 되는 이야기라면, 「회생」은 화자가 한 환자를 도와 그를 병에서 회복케 하는 이야기이다. 「회생」의 유학생 화자는, 동료 또는 후배로 짐작되는 여학생(손녀)이 병상에 있을 때 그녀의 할머니의 역할을 스스로 떠맡으면서 그녀를 간병한다. 그리고 화자는 자신의 도움으로 그녀가 병에서 회복하게 되는 것을 기뻐한다. 「어린 벗」이 인습적 혼인을 타파하고 과감한 자유연애의 실행을 부르짖는 데 비하면, 「회생」은 특별한 주제나 의식도 없고 신변잡기에 머문다. 「회생」은 「어린 벗」에 비하면 짤막한 수상문 같은 글이나 다름없지만 또 다른 문제의식을 드러내놓는다.

소설이란 공식적 장르의 권위에 저항하며 소설적 담론은 계급 질서로부터 자유로운 상태를 지향한다. 종래의 소설 양식과는 이질적인 신변잡기와도 같은 「회생」은 이 시기 서구·일본을 흉내 낸 다른 남성 작가들의 소설에 비해 아주 색다른 문제의식을 내놓는다. 「어린 벗」에서는, 이 시기의 유행이었던 '자유연애'가 중심 주제가 된다. 그리고 그것은 파편화된 '개인'의 '내면'이니, '자의식'이니 하는 새로운 인간 행위의 원리들을 뒷받침하는 것으로 작용한다. 주인공은 연애라는 사건을 통해 현실에서 버림받은 절망적인 자신의 처지를 강조하고자 한다. 그리고 우정을 비롯한 다른 종류의 윤리적 관계들은 모두 연애의 주변의 것들로 떨어진다. 그러나 「회생」은 「어린 벗」과는 대조적이다. 「회생」은 이광수 소설과 같이 남녀 간의 연애가 주요 주제도 아니고, 비관과 절망의 분위기나 정서를 대신하여 여성들의 자매애 같은 연대를 통해 현실에 대한 낙관적 태도와 건강한 의지를 보여준다.

「회생」에서 환자인 소녀가 회복하게 되는 계기 역시 흥미롭다. '손녀'는 "ᄶᅡᆨ**둑이** ᄭᅩ초장을 먹고셔야 精神이 반짝 나며 甘口味를 붓치게" 된다. 이 부분에서 나혜석은 인간의 감각을 작품에 드라마틱하게 관여시키는데 이는 앞서 그녀의 활달한 구어적 표현과 관련되어 있다. 나혜석은 「회생」에서 음식이나 먹는 행위, 섭생과 관련된 상상력을 동원한다.[126] 작중의 환자인 '손녀'가 회복하게 되는 계기는 "ᄶᅡᆨ**둑이** ᄭᅩ초장" 때문인데, 화자는 이 음식을 "**구진** ᄉᆡ오젓에 **뮙드믜온** ᄭᅩ초가루를 버무려 손으로 **주물넉 주물넉 ᄒᆡ셔**" 담은 "**고린ᄂᆡ가 풀풀 나는** 보기만 해도 **눈이 쌔질 그러케 쌜간** ᄶᅡᆨ둑이" 또는 "어둠컹컴ᄒᆞᆫ 오지 항아리에 솜씨 업시 **울숙불숙 담은**" "**쌉질한** 말국"의 깍두기[127]로 묘사한다. 그러면서 화자는

126 깍두기 이야기는, 성인의 점잖은 공식문화가 억압하고 금기시하는 그리하여 마음이 잊어버리고 억압한 것을 몸에 기억하는 후각, 미각 같은 유년 경험의 근접감각을 작품 안에 끌어들인다. 나혜석은 앞서 지적했듯이 대부분의 글에서 이러한 원초적 감각들을 수사법에 활발하게 사용하고 있어 생각과 감정의 진솔성을 획득한다. 그리고 이러한 '깍두기' 등을 통해 형성되는 화자와 손녀의 관계는 단순히 추상적이고 관념적인 인간관계가 아닌 구체적이고 육체적인 인간관계이다. 「회생」은 화자나 청자가 일본으로 유학 와있는 그 연배의 동료들이다. 그들의 공동체적 결속관계의 매개물이 되는 것이, 추상적 거대 담론이 생각하기에는 사소하기 짝이 없는 깍두기 같은 음식이다. 따라서 「회생」에서는 이야기하는 사람과 듣는 사람의 공동체적 유대 — 특히 자매애적 연대, 그리고 공감의 확대와 관련된 공동의 예술체험을 갖게 된다. 진정한 인간성과의 관계는 단지 상상력 혹은 추상적 사고의 대상이 아니라, 생생한 물질적이고 감각적인 접촉 속에서 실제로 실현되고 체험된다. 따라서 화자는 깍두기 얘기를 통해서는 이야기를 전달하면서 책에서 읽은 지식에 억압당할 필요도 없고 무엇을 표현해야 한다는 강박관념에 시달릴 필요도 없는 자연스러움을 획득한다.(양문규, 「1910년대 나혜석 문학의 또 다른 근대성」, 문학과사상연구회 편, 『근대 계몽기 문학의 재인식』, 소명출판, 2007 참조)

이 "짜디짜고 밉디미운" 깍두기의 맛이 달콤하고 냄새도 좋은 "오무랫쓰(오므라이스)나 가기 후라이(굴튀김)"보다 그리고 "스뿌(수프)나 팡(빵)"보다 좋고, "라이스칼(라이스 카레)이나 미소시루"보다는 "깍두기를 먹어야 속이 든든해진다"고 말한다. 그리고 "깍두기 짭질한 말국"이 뱃속에 가득 차야 소화도 잘 되어, 손녀는 결국 "깍둑이로 영생하"게 되었다고 한다.

식욕과 성욕은 인간의 가장 기본적이며 일상적 욕망이다. 일상 속에서 그 욕망의 충족은 자동화되어 있기에 의식 속에서 중요한 무엇으로 부각되지 않고, 체계적 언어로 기술되지 않는다. 욕망의 분출은 구어에서 가능하지만 쉽게 문어화되지 않는 법이다. 즉 체계적 언어의 형식으로 기술되지 않는 것이다. 근대 이전 성리학을 국가 이데올로기로 하는 조선사회에서 식욕과 성욕의 노출, 곧 그것의 공식적인 담론의 유통에서는 언제나 금기시되어, 식욕과 성욕의 존재, 혹은 그것의 충족을 언어로 드러내는 것, 혹은 훨씬 정제된 언어인 문학으로 드러내는 것은 금기시되었다.[128] 그러나 조선 후기 평민소설에서 다음과 같은 표현들을 보라.

> 밥을 지으ᄃᆡ 즐도 되도 아니 ᄒᆞ고 고술고술ᄒᆞᆫ 즁에도 속의 쎠가 업셔 축축ᄒᆞ여도 것물 도지 아니ᄒᆞ여야 가위 잘 지은 밥이지[129]

성적 희열은 다음과 같이 표현되기도 한다.

127 나혜석, 「회생한 손녀에게」, 『여자계』, 1918.9, 62면.
128 강명관, 「판소리계 소설에 나타난 식욕과 판타지」, 『고전문학연구』 32, 2007, 321~322면.
129 『남원고ᄉᆞ』, 이윤석, 『남원고사 원전비평』, 보고사, 2009, 374면.

안고 썰고 즌져리치고 몸셔리치고 소름 돗칠 제 인간지낙이 이분인가 ᄒᆞ노미라.[130]

나혜석 소설에는 조선 후기 국문소설에 나타난 이러한 감각과 관련된 구어적 표현들이 다시 보이게 된다. 그리고 이러한 감각적 묘사는, 남성작가들이 보기에는 다소 수다스러울 정도로 이뤄지는데 이는 그만큼 작가가 대중독자와의 의사소통을 적극적으로 지향하고 있음을 보여준다. 이러한 말투로 청각을 자극하면서 화자와 독자 사이의 거리를 빈틈없이 달라붙게 한다. 이광수 단편은 사랑 또는 연애를 그리고 있음에도 그것은 추상적 금욕주의 안에 맴돌고 있다. 그리고 이는 경직된 국한문체를 통해 표현된다. 이광수 단편에서 반복되는 정신, 영혼 등의 언사의 추상성은, 나혜석의 감각의 개방성에 기초한 언어들과 대립 지점에 놓여 있다. 나혜석의 개방된 문체는, 그녀의 소설이 서구소설의 전범에 기대기보다는 내용의 진실에 조응하는 형식을 모색하고 이에 따른 유연한 장르의식을 드러내는 것이 가능하다는 사실을 보여준다. 여성 언어는 '어느 누구'에 의해서도 이야기되지 않는다. 루스 이리가레이는 '어떤 사람'이 되지 않는 것이 곧 여자의 본질이라 했다.[131] 다시 말해 여성의 언어는 '부재의 장소'로부터 나오기 때문에 여성언어는 논리적인 담론의 권위를 가정하지 않고, 그렇기 때문에 공식적인 언어의 계급을 탈피한다. 나혜석 문학이 소설이라는 장르와 언어에 유연하게 대응했던 이유이다.

---

130 위의 책, 388면.

131 다이앤 프라이스 헌들, 「여성주의 대화론」, 여홍상 편, 『바흐친과 문학이론』, 문학과지성사, 1997, 188,

제5장
근대소설과 구어적 표현의 모색

1. 1920년대 초기 소설의 국한문체

1910년대 유학생 작가들의 언어 행태는, 1910년대 말~1920년대 초 『창조』, 『폐허』 등의 동인지 작가로 이어진다. 김동인이 『창조』 창간호(1919.2)부터 연재를 시작한 「약한者의 슬픔」은 일본식 국한문체에 충실한 1910년대 유학생 작가의 문체를 그대로 이어받는다. 아래 인용문에서 보는 바와 같이 주격조사가 쓰일 자리에 속격조사 '~의'가 빈번하게 들어가는 일본식 어투를 비롯하여, 일본인이 만들어 쓴 생소한 한자어가 재래적인 한자어를 대치한다.[1] 그리고 주인공의 이름('엘니자벳트')을 차치하고서라도 서양, 일본에서 온 외래어를 분별없이 받아들인다.

1 유종호, 「시와 토착어 지향」, 『동시대의 시와 진실』, 민음사, 1995, 15면.

일본어를 통해 문학에 접했고 일본어로 문학을 실천하고 일본문단에의 진출을 고민했던 청년들은 '조선어 문학'이라는 미지의 가능성 앞에서 혼란을 겪어야 했다.[2] '구상은 일본어로 하고 쓸 때에는 조선어로 썼다'는 김동인의 회고에 비추어 보아도 그의 최대의 관심사는 일본어 어휘나 표현들을 어떻게 적절한 조선어로 바꿀 것인지에 있었다.[3]

- S로 **因하여**
- K男爵의 집에 **留하면셔**
- 戀愛라 하는 것를 **自覺하고** 一朔만에 그 靑年의 일홈을 **探知하엿다**.
- **厭世의 생각과 喜悅의 생각**이 함끠 마음속에서 **發하여**
- 無限한 **憎惡의 念**이 난다.
- 아모 **作用**도 아니 하는 눈을 公然히 멀거니 쓰고 (…중략…) 머리를 **動作시키고** 이섯다.
- 單調하고도 複雜한 엘리자벳트의 生活은 如前히 **련속하여 循環되고** 잇섯다.
- **肉으로 인하여** 사랑은 破滅되엿다. 사랑치 안튼 사람으로 인하여 **참 愛人**을 일혓다.
- **엇던 視線이** 자기를 ᄯᅡ라온다.[4]
- 엘니자벳트는 **無意識히** 고함을 치고 두어 발자귀 나섯다[5]

염상섭의 초기 소설의 문장도 김동인과 마찬가지로 국한문체의 문장이다. 개인의 우울한 내면을 그린 「표본실의 청개구리」의 국한문체

2 권보드래, 「1910년대의 이중어 상황과 문학 언어」, 『한국어문학연구』 54, 2010, 33면.
3 김철, 「소설과 표준어·방언」, 『방언 이야기』, 태학사, 2007, 407면.
4 김동인, 「약한者의 슬픔」, 『창조』 1, 1919.2, 53~69면
5 위의 글, 『창조』 2호, 1919.3, 4면.

는 김동인에 비해서도 필요 이상으로 어렵고 산만해서 내용의 연결이 당최 매끄럽지 못하다. 염상섭 소설의 문장 구조가 김동인과 비교해 더 일본을 따른 것은 아니지만, 난삽한 인상을 주는 것은 염상섭 특유의 만연체에다 한자 어휘의 빈도수가 높기 때문이다. 그의 초기작품에서는 한자어뿐만 아니라 서양의 외래어에서조차 김동인보다 사용 빈도수가 훨씬 높다.[6] 이 때문에 이 시기 염상섭 소설의 문장들은, "그 거픔의 堆積은 우슴 소리에 波動되는 空氣의 壓力으로, 痕迹도 업시 永遠히 슬어져 버리겟지요"[7] 따위의 자연스럽지 못하고 일부러 꾸민 것과도 같은 문장투성이로 이뤄진다.

그런데 염상섭은 소설 안에서 이러한 국한문체를 나름대로의 서술 전략으로 사용하기도 한다. 「萬歲前」에서 지식인 주인공의 심각한 내적 갈등을 보여줄 때 국한문체와 더불어 어색하게 비틀은 어법의 문장이 두드러지게 나타난다. 그것은 작가의 지적 과시 내지는 현학성과도 관련되지만, 지식인 주인공의 '복잡한 심경'을 보여주는 방식이기도 하다.

> 自己가 只今 머리를 싹그랴고 드러온 動機가 最初에 어데 잇섯든 아는 것은, 明瞭히 意識도 하고 否認치도 안엇다. (…중략…) 男性이란 男性을 咀呪하면서도, 그래도, 내버리고 斷念할 수 업는 人間답은 愛着이며 性的要求에서 니러나는 鬱陶한 內的苦鬪를, 그대로 象徵한 것이 이 계집애의 視線과 微笑이엇다.[8]

6 염상섭의 「標本室의 靑개고리」(『개벽』, 1921.8) 1회분에 나오는 서양 외래어들로는 다음과 같은 것들이 있다.
"알코-ㄹ", "니코지"(118면), "풀-ㄹ 스피-드"(120면), "휘스키", "히스테리크", "메쓰", "쏘뼈", "레인코-트", "테-불", "투렁크"(121면), "씸볼한"(126면), "레텔", "휘스키", "스리가라쓰"(127면)

7 염상섭, 「除夜」, 『개벽』, 1922.2, 36, 41면.

8 염상섭, 「萬歲前」(高麗公司, 1924.8.10), 『염상섭 전집』 1, 민음사, 1987, 15·17면.

단지 염상섭 소설은 이광수, 김동인과 달리 상대적으로 의성·의태어 등 구어의 쓰임이 초기에서부터 두드러지게 나타나는 특징이 있다. 그것들은 이후 세태 묘사를 장기로 삼아 변화될 자신의 소설에서 중요한 역할을 떠맡는다.

> 自己의 全身이 구지레한 계집 동냥아치의 可憐한 탈을 쓰고 눈압헤 **얼진얼진**하는 것 가타얏습니다. 나는 無心쿠 압흘 내다보다가 커-다케 한숨을 한번 쉬이고 웃득 섯습니다. 어느틈에 步兵隊압까지 왓습니다. **우중충하고 컴컴시그레한** 營門압헤 선 派守兵丁은 부연 電燈빗에 번쩍번쩍하는 槍을 銃끗에 박아 가로들고 **어정버정**하다가[9]

현진건의 초기 소설의 문장 역시 국한문 혼용체로 되어 있다. 그러나 그것이 김동인, 염상섭과는 다른 모습을 보여주는 게, 일본식 국한문체의 어법이 아닌 좀 더 전통소설의 문체를 따른다는 점이다. 그의 초기작 「犧牲花」(『개벽』, 1920.11)는 인습에 희생된 남녀학생의 자유연애 이야기이다. 그래서 1910년대 유행한 영탄조의 신파 문체의 영향도 나타나지만, 남녀의 사랑을 그리는 묘사법은 전통시대 염정소설의 관례(conventions)를 기조로 한다.

> 하로날 떠오르는 鮮明한 해ㅅ빗이 어렴풋이 조으는 듯한 아츰 안개에 煒煌한 金色을 허를 적에 누님은 가늘게 숨쉬는 春風에 머리카락을 날리며 어리인듯이 月桂花를 바라보고 섯다.
>
> (…중략…)

9 염상섭, 「除夜」, 『개벽』, 1922.4, 45면.

누님의 두 눈으로 눈물이 흘러나린다. 구슬가튼 눈물이 點點이 月桂花 에 떨어진다. 月桂花는 그 눈물을 먹음어 엷은 明細로 가린 듯한 달빗에 어렴풋이 우는 것갓다. (…중략…) 이슬에 저즌 꼿 香氣는 사랑의 노래와 가티 살근살근 가슴을 여의고 따뜻한 微風은 戀愛에 타는 피처럼 부들업게 뺨을 스쳐 지나간다. 이런 밤에 부들어운 창자에 늣김이 업스랴! 꼿다운 마음에 愁心이 업스랴![10]

현진건 소설의 문체는 김동인, 염상섭의 초기소설들에 비해 덜 관념적으로 보이는 게, 그것이 전통적 인벤토리와 관련되어 있기 때문이다. 거의가 '~듯한', '~같이', '~처럼' 등의 직유법으로 묘사되어 있어서, 사물의 구체적 객관적 모습의 재현이 아닌 그 사물과 다른 사물과의 유사성을 빌려 표현하는 비유로 가득 차있다.[11] 그리고 이러한 비유들은 전통적인 표현법을 빌려 사용하는 방식에서 이뤄진다. 외래어 또는 외래한자어를 분별없이 수용하는 것도 김동인이나 염상섭 등과 달리 조절하거나 제어한다. 단지 현진건 역시 초기소설에서는 신파적 글투가 지배적이다. 화자의 개입이 두드러질 뿐만 아니라 화자 자신의 직접적인 감정을 영탄적인 말투로 제시하여 독자의 공감을 끌어내고자 한다. 작품의 말미에 아래와 같은 화자의 논평은 감정 과잉의 신파적 글투를 보여준다.

이슬 저즌 蓮花가티 붉으스럼하던 얼골이 靑色窓鏡에 비치는 梨花처럼 해쓱하엿다. 익어가는 林檎가티 血色 조튼 살이 서리마즌 黃葉처럼 배배 말라간다. 기슴치레한 눈은 흰 눈물에 붉어젓다.

---

10 현진건, 「犧牲花」, 『개벽』, 1920.11, 126~127면.

11 현진건의 이러한 수사법은 이후 『무영탑』 등의 역사소설에서 재현된다. 「희생화」에 나타난 옛 식의 수사법은 습작기의 미숙함만으로 돌릴 수 없는 듯싶다.

그리다가 참아 볼 수 업시 바삭 말라버렷다. 마치 白骨을 엷은 白紙로 덥허두고 물을 흠신 품어 노흔 것과 가티 되고 말앗다. 마츰내 漢江 어름 얼고 南山에 눈 쌔일 제 누님은 그에게 한숨을 주고 눈물을 주던 이 世上을 써나버렷다.

아아 사랑아 사랑의 불아! 네가 부들업고 싸뜻한 듯함으로 철업는 靑春들은 그의 연하고 부들어운 心臟에 너를 보배만 여겨 강징난다. 殘忍한 너는 그만 그 心腸에다 불을 부틴다. 돌기둥 가튼 불길이 종작업시 오른다. 玉肌도 타버리고 紅顔도 타버리고 錦心 도 타버리고 繡腸도 타버린다! 房안에 켜던 燭불 忽然히 써지거늘 웬일인가 삷혀보니 초가 벌서 다 탓더라! 兩頰이 젓던 눈물 갑자기 마르거늘 무슨 緣由 뭇잿더니 숨이 벌서 끈쳣더라![12]

신파조와 흡사한 화자의 감정 토로는 반복되는 영탄의 수사와 유사한 어구의 변주를 통해 과잉된 감정을 북돋는다. 소설가로 입문코자 하는 지식인을 다룬 그의 출세작 「貧妻」(『개벽』, 1921.1)에서는, "貧困이 얼마나 그의 精神을 물어쓰덧는지"[13] 하는 식의 당시 지식인 작가들이 문장에 멋을 부리는 어투를 보여준다. 아울러 조선의 소박한 아내에게는 어울리지 않는, 서양으로부터 얻은 지식인의 상상력에서, '천사' 등의 언어로 미화하여 긴장감을 주여야 할 장면을 희극적으로 만든다.

쓸쓸한 비소리는 굵엇다 가늘엇다 依然히 寂寂한 밤空氣에 더욱 凄凉히 들리고 그림 안진 燈皮 속에서 비추는 불빗은 구름에 가린 달빗처럼 우는듯 조으는 듯 苟且히 어더 산 몃 卷 洋冊의 表題金字가 번쩍어린다.[14]

---

12 현진건, 「犧牲花」, 『개벽』, 1920.11, 142면.

13 현진건, 「貧妻」, 『개벽』, 1921.1, 164면.

14 위의 글, 164면.

> 웨 마음을 燥急하게 잡수셔요- 저는 꼭 당신의 이름이 셰상에 빗날 날이 잇슬 줄 미더요. 우리가 이러케 苦生을 하는 것이 將來에 잘 될 根本이야요.
>
> 그에게 따뜻한 맛과 純潔한 맛을 發見하엿다. 그의 사랑이야말로 利己的 사랑이 아니고 獻身的사랑이엇다. …… 아아 나에게 慰安을 주고 援助를 주는 天使여-[15]

> 왼 世上 사람이 다 나를 誹笑하고 侮辱하여도 相關이 업지마는 마누라까지 나를 아니 미더주면 어찌한단 말이요.
>
> 북바쳐 나오는 울음에 말이 막히고 불ㅅ덩이 가튼 두 뺨이 내 얼굴을 누르며 흙흑 늣기어 운다. 그의 두 눈물으로부터 **새암 솟듯** 하는 눈이 제 뺨과 내 뺨 사이를 쌋듯하게 저저펴진다.[16]

나도향 초기작은, 「젊은이의 시절」(『백조』, 1922.1) 등 역시 아래 인용문과 같이 국한문체의 흔적들을 드러내지만, 상대적으로 이 시기 국한문체로 기술된 소설의 추상적인 성격에서 가장 멀리 떨어져 있다.

> 哲夏는 이 소래를 듯고 **과도의 실망으로붓혀 나오는 沈着**으로 도리혀 기막힌 우슴을 씌우고 (…중략…) 哲夏의 가슴 속에 잇는 모든 **藝術의 뭉키인 意識**을 그의 누님의 그 마음과 音調는 모도다 녹여바렷다.[17]

나도향은 다른 작가들과 달리 상대적으로 순국문체를 좀 더 적극적으로 모색하고 있다. 나도향 문학 특유의 낭만주의적 충동이 자국어에

15 위의 글, 166면.

16 현진건, 「貧妻」, 『개벽』, 1921.1, 167면.

17 나도향, 「젊은이의 시절」, 『백조』, 1922.1, 27~28면.

대한 관심을 불러일으키고 있다. 나도향은 1910년대의 계몽주의 작가들과 달리 '추상적 개인'보다는 욕망과 쾌락에 몰두하는 '구체적 인간'에 대한 관심을 보여주기 때문에 적어도 그러한 개인의 경험적 삶의 요소를 표현할 수단을 찾고자 한다. 「젊은이의 시절」에는 꿈속이지만 이 시기 다른 소설들에서는 찾아보기 어려운 성적 욕망과 쾌락에 대한 주인공의 과감한 열망을 보여준다.

> 哲夏 뒤에는 눈셥을 프르게 단장하고 가슴의 乳房을 내어 보이며 입에는 말하기 어려운 情慾의 우슴을 띄우고 풀은 달빗을 通 하여 아즈랑이 갓흔 옷 속으로 타는 듯한 肉體의 말할 수 없는 부드러운 大理石갓흔 살의 輪廓을 비소치엿다. 그의 버슨 발 밋헤서는 金剛石갓흔 모래가 반짝이엿다.
>
> 哲夏의 가슴 속에 불근 心臟은 가장 놉흔 速度로 뛰엿다. 그가 魔王에 醉 한 가슴츠럼한 눈으로 사랑의 이슬이 스미는 듯한 그의 입살을 바라볼 때 그는 아지 못하게 그 녀자의 몽클하고 부드러운 乳房의 끼여안엇다. 그는 타는 듯한 입을 마초엇다.[18]

나도향 초기 소설의 비유적 표현은, 비록 '백조'파 시인들의 시구에서 보는 것과 같이 서구적 상상력과 수사에서 빌려오고 과잉된 것이지만 적어도 나도향 소설에 나타난 욕망과 이를 표현하는 방식 모두가 비교적 구체적이다. 그러나 1920년대 초기에는 김동인은 물론 나도향을 포함하여 어떠한 작가든 국한문체 또는 일본식의 국한문체로부터 자유롭지 못하다. 그럼에도 김동인은 자신의 문장을 내세워 언문일치체를 강조한다. 그러나 그것은 오히려 조선 후기 소설의 언어에서도

18 나도향, 「젊은이의 시절」, 『백조』, 1922.1, 46~47면.

후퇴한 국한문체로 그것에서 한국어, 특히 민중의 일상어를 발견하기는 어렵다. 이보다는 일본의 근대소설을 가능케 한 일본소설의 문장(문체)만이 있을 뿐이다. 일본에서도 언문일치운동의 결과로 나타난 구어체 문장은 역설적이나 말과 글이 일치하는 문장이 아니었고 일상 언어와는 다른 새로운 근대일본의 소설 문체였다.[19]

언문일치체는 그것이 음성언어와 문자언어를 물리적으로 일치시켰는지의 문제를 넘어 누구의 언어인가 하는 점에 주목할 필요가 있다. 김동인 등이 시도한 언문일치체는 근대 중국의 5·4백화문과 같이 구미-일본어의 번역체를 합성하여 만든 신식 문언이지 구두상의 속어를 주된 원천으로 한 대중언어는 아니었다.[20] 김동인과 염상섭의 초기 작품의 경우, 그들 소설의 창작동인은 현실이라기보다는 다른 외국 작가 작품에 대한 독서였고, 그들의 글쓰기 행위라는 것이 곧 일종의 독서 반응 행위였다는 점에서[21] 이 시기 작가들은 서구문학 또는 이를 모방한 일본문학의 문체의 영향권 안에 놓여 있다. 그러나 그들이 사용한 일본식 국한문체는 일시적인 것이었고 곧 이들은 사실주의 소설을 모색하면서 자신들 소설의 국한문체를 순국문체로 바꾸고자 한다. 언문일치의 가능성을 넘어 살아있는 구어적 표현을 찾고자 하는 노력은 여기서 발견된다.

19 안영희, 『한일 근대소설의 문체성립』, 소명출판, 2011, 142면.

20 백지운, 「근대 중국 언어운동의 스펙트럼」, 『역사비평』 70, 363면.
언문일치를 가능하게 한 것은 구어로서의 백화가 아니고 제국의 공통어인 관화였다. 다양한 방언 속어의 채용이야말로 문제가 될 수밖에 없었다. 그러나 5·4문화혁명은 그러한 속어적 언어표현을 배제한 자리에서 전개되었다. (…중략…) 구추백이 말하기를, 5·4문화혁명이 열어놓은 언문일치의 지평은 전적으로 사대부나 도시 부르주아를 이롭게 한 것이지 대중의 진실 된 속어를 반영한 것은 아니라 한다.(村田雄二郎, 류준필 역, 「'文言·白話'를 넘어서 : 근대 중국에서 '국어' 문제」, 『중국현대문학』 36, 2005, 179·197면)

21 천정환, 「한국 근대소설 독자와 소설 수용 양상에 대한 연구」, 서울대 박사논문, 2002, 173면.

2. 1920년대 사실주의 소설의 모색

1920년대의 조선 문학가들 특히 부르주아 리얼리스트는 자신들의 창작활동만은 온전한 조선어 순국문체로 이뤄져야한다고 믿었으며 이를 신념화하고 있다.[22] 이 시기 소설들이 이렇게 순국문체를 지향하는 것은 곧 사실주의 문학으로 가는 과정을 의미하기도 한다. 임화는 일찍이 이와 관련되어 1920년대 소설에서 모색된 국문체의 의미와 한계를 다음과 같이 밝히고 있다.

> 언문이 한문에 대신하여 문체에 나타난 것은 문체가 전체로 언어의 구체적 표현의 방향으로 접근했다는 것은 不拔의 사실이나, 이 접근이라는 것이 속어, 민중어로의 진실한 접근이라기보다는, 그렇게 귀족적, 관료적, 지주적 언어의 구체적 표현의 성질로 접근했다고 보는 것이 정당한 것이다. (…중략…) 1920년대에 볼 수 있는 문학상에 나타난 순 조선어는 어떤 것이냐 하면 그 대부분이 중류 소시민의, 또는 지주(地主)적인 언어의 한계를 넘지 못한 것이다. (…중략…) 언어상에 있어 민주적 개혁과는 꽤 거리가 먼 것이다.[23]

요약하자면 1920년대 소설의 국문체는 현실에 대한 사실적 표현을 위한 전진이었다는 점에서 의미가 있다. 그러나 그 국문체란 대부분 지주 또는 소부르주아 계급의 언어로 당대의 현실을 객관적으로 재현

22 천정환, 「한국 근대소설 독자와 소설 수용 양상에 대한 연구」, 서울대 박사논문, 2002, 53면. 이러한 신념의 물질적 토대 역할을 해준 것이 대표적으로 순국문의 소설을 지향하고 보장했던 『조선문단』 같은 잡지이다.

23 임화, 「언어와 문학 : 특히 민족어와의 관계에 대하여」(『문학창조』, 1934.6; 『예술』 1935.1), 임화문학예술전집편찬위원회 편, 앞의 책, 481면.

하는 데 한계가 있었다는 얘기이다. 그리고 이러한 한계는 프로문학에서 극복된다고 본다. 이는 머리말에서 밝힌 중국의 구추백 같은 마르크스주의 문학자들의 입장과 동일한 생각인데, 이러한 임화의 주장은 프로문학의 언어 성과를 과장하기 위하여 상대적으로 1920년대 부르주아 리얼리즘 소설의 국문체가 갖고 있던 나름의 진보성을 깎아 내리고 있는 측면도 있다. 저자가 보기에 부르주아 리얼리즘이나 프로문학이나 모두 국문체를 지향하고 있으나, 정작 그들 모두는 창조적인 구어의 표현을 모색해내는 데에는 각각 공통된 한계를 갖고 있다. 이 글은 이러한 문제들을 중심으로 논의를 전개하고자 한다.

1) 순국문의 모색과 한계

앞서 논의한바, 1920년대 김동인의 초기작은 1910년대 유학생 작가들의 국한문체를 이어받는다. 그러나 김동인은 한편으론 그들에게서는 발견되지 않는 새로운 언어의식을 보여준다. 그의 처녀작 「약한 자의 슬픔」은 이전 소설들에서는 찾기 힘든 인물인 욕망의 주체로서의 신여성의 모습을 그린다. 1910년대 신파 소설에도 신여성 인물이 등장하지만 대체로 그들은 추상적으로 그려진다. 그런데 김동인은 그들의 욕망을 노골적이며 대담한 표현 방식으로 그린다.[24]

「약한 자의 슬픔」의 여주인공은, 남작(男爵)에게 정조를 짓밟힌 상황에서 오히려 "自己가 男爵에 대하여서도 愛情을 가지게 된 거슬 깨다를

24 김동인은 「약한 자의 슬픔」 후기에서 "우리는 貴한 藝術의 장긔를 가지고저 언제던 얼굴을 찌푸리고 계신 道學先生의 代言者가 될 수는 업습니다"(『창조』 2, 1919.3, 81면)라고 인간의 욕망에 대한 관심을 강조한다.

때에, 차라리 놀낫다"[25]는 식의 반응을 보여준다. 그녀는 남작에게 일방적으로 정조를 빼앗겼다기보다는 「감자」의 복녀가 왕 서방에게 그러 하듯이, 남작에게 반(半)허락과 애정의 심리를 드러낸다. 심지어 그녀는 임신이 되었는지를 알아보기 위해 의사의 진단을 받으러 가서는 의사에게 '탕녀'와 같은 반응을 보이기까지 한다.

> 의사의 손에서 얼마의 溫味를 깨다랏다- 異性의 손이 살에 와닷-는 거슨, 엘니자벳트와 가튼 女性의게 대하여서는 한 快樂에 다람 업섯다. 엘니자벳트가 이 快味를 자미잇게 누리고 이슬 때에[26]

그런데 문체상으로 흥미로운 것이, 김동인이 여성의 성적 욕망 또는 이와 관련된 것들을 서술하는 지문의 글투에서는 난삽한 국한문체가 나타나지 않는다는 사실이다. 그 대신 비교적 쉽고 우리 어법에 가까운 순국문체를 사용한다. 다음은 여주인공이 정조를 잃고 난 이후 벌어지는 임신, 낙태와 관련되어 그녀의 육체에서 일어는 현상을 서술한 내용들이다.

> 그의게는 두 달 동안 몸이 안 난거시 생각이 낫다 (…중략…) 첫배는 그리 부르지 안는데. 게다가 달 반밧게는 안 되엿는데 하고 그는 다시 보앗다. 조금도 부르지를 아냣다.[27]

> 엘니자벳트는 요강을 타고 안젓다. 나올 듯 나올 듯 하면서도 나오지 안는 오

25 김동인, 「약한者의 슬픔」, 『창조』 1, 1919.2, 59면.
26 위의 책, 70면.
27 위의 책, 63면.

> 즘은 그의게 큰 아픔을 주엇다. 한 十분동안이나 낫츨 무한 찡글고 잇다가 내여노을 째에는 그 요강은 피 오즘으로 갓득찻다. (…중략…) "깨를 엇더케 먹으면 올나붓기는 한다더라만"
>
> (…중략…)
>
> 그는 몰-내 손을 더듬어서, 집적집적하고 흐늘거리는 그 피덩이를 만져 보앗다.[28]

1910년대 번안소설에서도 이미 임신, 낙태, 출산 등 여성의 몸에서 일어나는 사실들에 대한 과잉된 설명 또는 묘사가 있었다.[29] 앞에서 살펴보았듯이 번안소설은 여주인공의 쾌락과 방종의 말로를 여성의 혼외 임신 또는 낙태라는 고생스러운 체험으로 연결시켜 정숙하지 못한 여성에 대해 크게 꾸짖는 시선을 보낸다. 그와 동시에 독자들에게 임신, 출산과 관련된 여성의 몸에서 일어나는 내밀한 영역을 호기심거리로 내놓는다. 김동인 역시 성관계, 임신, 낙태에서 여주인공의 신체 변화를 묘사하는 경우 순국문체로 적극 서술하여 독자의 흥미를 자극한다. 현재 우리의 대중 드라마가 여인들의 임신, 출산 또는 낙태 등의 신체 현상을 즐겨 클로즈업하여 연출하는 것 역시 이러한 의도와 관련된 것은 아닐까?

그런데 김동인은 인물들의 관념의 세계를 서술해야 할 경우에는 이러한 살아 움직이는 느낌의 국문체를 거둔다. 「약한 자의 슬픔」에 이

28 김동인, 「약한者의 슬픔」, 『창조』 2, 1919.3, 19면.

29 "녀편네라 ᄒᆞᄂᆞᆫ 것은 만 십팔세가 되지 못ᄒᆞ면 ᄋᆞ희를 젓먹여 길을 만ᄒᆞ게 톄격이 발육되지 못ᄒᆞᄂᆞᆫ 것인ᄃᆡ 더구나 십칠세 미만ᄒᆞᆫ 녀편네가 젓 먹여셔 ᄌᆞ식 길은다ᄂᆞᆫ 것이 말이 될 말인가. 심히 톄익(體液)을 일어ᄇᆞ리면 그 씃헤ᄂᆞᆫ 무슨 병이나ᄂᆞ냐 ᄒᆞ면 (…중략…) 폐결ᄒᆡᆨ(肺結核)이라ᄂᆞᆫ 무셔운 병을 이르킬 터이니 (…중략…) 쟈- 젓이 이 모양으로 입ᄃᆡ지 붓지를 안히 힛스니 젓이 나올 수가 잇단 말이오."(조일재, 『쌍옥루』, 『매일신보』, 1912.8.21)

어 발표한 「마음이 여튼 자」(『창조』 3~4, 1919.12~1920.2)는 지식인의 고뇌를 그리는데 이 작품은 처음부터 끝까지 국한문체로 기술된다. 아래와 같이 남녀 간 애정을 묘사할 경우에서조차 국한문체 서술에서 자유롭지 못하다.

> 말하는 동안에 무릅의 戰爭은 여러 번 니러낫다. 내가 무릅을 가만이 그의 무릅에 댄다. (…중략…) 입으로는 쑹단지 니야기가 왓다 갓다 하는 두 사람의 무릅은 이와 갓튼 遠征, 退却이 생긴다. (…중략…) 무릅 우에서는 電流가 往復하는 것 갓다
>
> (…중략…)
>
> 그의 숨찬 呼吸. 그의 弱하게 썰니는 몸, 이를 나는 내 팔노써 感하엿다. …내 입술은 그의 붉은 입술 우에서 불붓는다.[30]

김동인 소설은 남성 지식인의 심리를 그리거나 또는 작가와 비슷한 지적 수준의 화자가 현실을 서술할 경우 기존의 한자어 지향을 드러낸다.[31] 때로는 예스러운 어휘를 사용하기조차 한다.[32] 이에 비해 지식인 남성의 대상화된 타자로서 신여성을 그릴 경우 상대적으로 순국문체의 표현이 살아난다. 이는 마치 지식인 작가들이, 사건과 오락 중심

30 김동인, 「마음이 여튼 자」, 『창조』 3, 1919.12, 40~43면.

31 『창조』의 대부분의 작가가 이러한 일본식 국한문체의 기조를 벗어나지 못한다. 白岳(김환), 「신비의 막」(『창조』 1, 1919.2)의 다음 문장과 같은 예를 보라.
"그는 自己의 良心이 한번 善이라는 判斷을 나리면 道德上 罪惡이 된다고 남들이 是非하는 일이라도 忌憚없이 行한다."(30면)
"世民은 果然 超越한 主義와 高尙한 理想이 잇다."(33면)
"나는 文明하엿다는 現代보다 오히려 世紀前 原始生活이 더욱 興味잇게 生각이 되니까."(34면)
"生活에는 퍽 苦難을 밧지만은 精神上에는 無限한 快樂을 엇는다 한다."(35면)

32 서정섭, 「김동인 소설 언어 연구」, 『텍스트 언어학』 8, 2000, 157면.

의 신소설이 순국문체를 쓰는 것과 구별하여, 본격문학 또는 순문학이라 간주한 자신들의 단편에서는 국한문체를 사용하는 것과 비슷한 이치이다.

이러한 문체의 분리 구사는 남성 지식인들의 번뇌, 고민은 고상하고 진지한 것이지만, 여성의 성적 욕망들은 욕망하는 주체로서 여성 개인의 정체성을 드러내는 것이라기보다는 차라리 '천한' 것에 불과하다는 경직된 젠더·계급적 인간 파악을 보여준다.[33] 염상섭의 초기 소설에서도 남성의 유혹의 대상이 되는 신여성의 자태를 그릴 경우는 살아 움직이는 느낌의 국문체로 서술된다.

> 호리호리한 키에 날신한 허리를 쏙 잘라매이고 상큼한 모가지 그 우에 간들거리며 쨔름하게 자리를 잡은 얼굴은 첫눈에 만히 보든 사람가튼 친숙하고 상냥한 表情을 쩨우고 잇다. 알에우ㅅ니가 압흐로 좀 뻐듯하고 그 우를 얇을쯧한 두 입술로 덥허서 쏙 담은 것도 귀엽지만 상큼하게 올러간 코ㅅ나루 그 우에 和順하고 左右로 갈라안즌 그러나 한 秒 동안도 쉬일 새 업시 대룩대룩하는 두 눈 넓도 좁도 안은 이마
>
> (…중략…)
>
> 포동포동한 두 쌤이며 潤光이 도는 눈씨라든지 도담스러운 억개통 눈에 쩨이게 불룩한 가슴쎄가 어대로 보든지[34]

김동인은 「약한 자의 슬픔」·「마음이 여튼 자」 같은 초기 소설 이후,

---

33 「약한 자의 슬픔」의 여주인공에서 나타나는 히스테리의 변덕스러움(발작, 기절, 흐느껴 울기 등)은 여성성이 더 두드러지게 비합리적이고 불안정한 본질을 지닌 것으로 보는 관점을 확인시켜준다.(리타 펠스키, 김영찬·심진경 역, 『근대성의 젠더』, 자음과모음, 2010, 324면 참조)

34 염상섭, 「金半指」, 『개벽』 44, 1924.2, 142·148면.

하층민을 그린 소설에서는 전반적으로 순국문체를 사용하기 시작한다. 그 첫 번째 예가 「배따락이」(『창조』 9, 1921.6)이다. 이 작품은 1910년대 단편소설들이 잃었던 소설의 이야기적 성격을 되찾는다.[35] 그래서 어떤 점에서는 옛날이야기 같기도 하다. 주인공들의 운명이 이야기의 중심에 놓이고 또 운명의 거대한 힘에 따른 미소한 인간들의 비극을 그리는 것은, 근대 이전의 서사 곧 설화의 세계에 가까운 것이다. 그리고 부분적으로 소설의 '나'는 이야기꾼으로서의 화자 역할을 되찾으며 일종의 구어체 서술의 상황을 만들어내기도 한다.

> 그의 안해는 촌에는 드물도록 연연ᄒᆞ고도 엡브게 생겻다. (**그는 나의게 이러케 말ᄒᆞ엿다**-)
>
> **그런 니야기를 다 ᄒᆞ려면 씃이 업스되,** (…중략…) **각셜**-[36]

「배따락이」는 이야기적 성격을 회복할 뿐만 아니라, 내화와 외화를 이루는 이야기 자체의 형식성이 초기작과는 달리 일정한 문학적 성취를 획득케 한다.[37] 그리고 다양한 부사와 비유, 감정과 느낌을 드러내는 어휘들을 사용하여 작품의 서정적인 분위기를 만들어낸다.[38] 특히 「배따락이」는 「감자」(『조선문단』 4, 1925.1)와 비슷하게 서도 지방의 민중들을 사실적으로 재현하기 위해 사투리와 비속어 등의 구어를 그대로

---

35 「배따라기」를 기점으로 습작가적 미숙성에서 벗어나 작가 나름의 성격을 보인다는 지적은 (김윤식, 「김동인 문학의 세 가지 특징」, 『한국 근대소설사연구』, 을유문화사, 1986 참조) 김동인 문학의 이야기 회복과도 관련되어 있다.

36 김동인, 「배따락이」, 『창조』 9, 1921.6, 7·9면.

37 박현수, 「김동인 초기소설 연구」, 『현대소설연구』 13, 2000, 83면.

38 황도경, 「위장된 객관주의 : 문체로 읽는 「감자」」, 『문체로 읽는 소설』 소명출판, 2002, 260면.

사용한다. 물론 그것은 조선 후기 국문소설에서 사용된 구어의 효과와는 다르다.

김동인 소설의 구어적 특징은 등장인물 간의 대화에서만 발견된다. 그리고 이는 대체로 작가(또는 지식인 화자)가 타자로 대상화하는 지역 하층민들 간의 사투리, 비속어를 통해 나타난다. 김동인 소설의 구어적 표현은 작가가 부정적으로 여기거나 또는 비하하는 하층민들의 모습을 그리고자 할 경우에만 적극적으로 나타난다. 「감자」에서 사투리와 비속어를 사용한 대화는, 대담해진 복녀의 매춘행위를 부각시키는 데 기여한다. 이런 점에서 한국 근대소설에서 "민족어 내지 토속어의 지향과 묘사는 하층민과 여성을 사고하고 언술하는 방식에서만 확립된다"[39]는 지적은 일면 타당하다.

김동인 소설의 화자는 겉으로만 보면 서구 근대소설의 화자가 그렇듯이 그 존재가 중성화되고 희박해진 것처럼 보인다. '~ㅆ다'의 종결어미와 '그'라는 인칭대명사, 그리고 기타 술어들은, 화자가 분명히 존재하는 데도 마치 없는 것처럼 느끼게 함으로써 현실감을 부여하는 근대적인 소설 언어들이다. 이러한 화자의 익명적인 역할은 「약한 자의 슬픔」에서와 같이 여주인공의 성적인 프라이버시를 독자가 열쇠 구멍 뒤에 자리 잡아 엿보는 것 같은 효과를 연출한다. 그 밖에도 시점서술을 사용하여 인물의 행위와 말을 전경화함으로써 화자의 중개적 성격을 은폐하고 사실성의 효과를 높이는 듯이 보이게 한다.[40] 화자가 전개하는 이야기가 독자에게 무매개적이고 직접적으로 나타나는 것처럼 보인다.

---

39 이혜령, 「조선어, 방언의 표상들 : 한국 근대소설, 그 언어의 인종주의에 대하여」, 『사이』 2, 2007 참조.

40 정연희, 「김동인의 시점론과 언문일치」, 『현대소설연구』 23, 2004, 224면.

그러나 작가 김동인은 지식인, 하층민 또는 성별에 따라 서술상에서 언어, 문체를 달리하여, 작가는 작품에 객관적인 관점을 유지하기보다는 대단히 의식적인 개입을 하고 있다는 사실을 알게 한다. 「감자」에서 복녀가 딴 사내와 관계하면서 변화하는 그녀의 의식의 과정을 서술할 때, '일본 말로 하자면' 또는 '긴장된 유쾌'가 있다든지 하는 지식인 투의 일본식 어법을 구사하는 것은 그것이 복녀 자신의 말이 아닌 화자의 말임을 보여준다. 여기서 우리가 확인하게 되는 것은 복녀 자신의 의식의 변모가 아니라 복녀의 행동을 바라보고 판단하는 서술자(화자)의 의식이다. 「감자」는 서술 세계에 대해 객관적인 거리를 취하고 있는 것처럼 보일 뿐, 이면에는 권위적이고 주관적인 통제자로서 그 세계에 간섭하고 판단하는 서술자의 존재가 자리하고 있다.[41]

> 싸홈, 姦通, 殺人, 도적, 求乞, 징역, 이 세상의 모든 비극과 활극의 出源地인 이 七星門밧 빈민굴로 오기 전까지는 복녀의 夫妻는(士農工商의 第二位에 드는) 農民이엇서다.
>
> 福女는 원래 가난은 하나마 정직한 農家에셔 규측잇게 자라난 처녀 — 엿섯다. 이전 선배의 엄한 규률은 農民으로 쪄러지자부터 업서젓다 하나 그러나 어듸인지는 모르지만 짠 農民보다는 좀 쏙쏙하고 엄한 家律이 그의 집에 그냥 남어 잇서다.[42]

위에서 인용한 「감자」의 서두를 보면 이 작품은 가난한 사람의 비참한 이야기를 쓰고자 하는 의도를 가진다. 그러나 화자는 이들의 생활

41 황도경, 「위장된 객관주의 : 문체로 읽는 「감자」」, 『문체로 읽는 소설』, 소명출판, 2002, 272·276면.

42 김동인, 「감자」, 『조선문단』, 1925.1, 18면.

과 마음과 말을 나타낼 수 없는 유식한 말을 사용하고 있다.[43] 이는 김동인이 설사 서술에서 국문체에 접근하고 인물의 대화에서 사투리를 빌리고 있더라도 그러한 속어 등의 구어적 표현이 조선 후기 판소리계 소설에서 보였던 것과 같은 긍정적인 성격의 것은 아님을 보여준다. 오히려 김동인 소설의 사실주의는 여성, 하층민 등의 묘사와 서술에서나 제한된 성과를 보여준다. 그리고 그것은 하층민 여성의 에로틱한 묘사를 바탕으로 한 일종의 '색정적 리얼리즘'의 성격을 띤다.

「김연실전」에는 12살 소녀가, 자신의 늙은 아버지가 어린 첩에게 어리광을 부리며 엎치락뒤치락 노는 장면을 목격한 것을 그린다.[44] 이는 일종의 엿듣기나 엿보기 리얼리즘의 하나로 사실주의 소설의 풍속화 경향을 의미하기도 한다. 김동인 소설의 서술 또는 대화문에 나타나는 구어적 표현의 특징들은, 이렇게 작가가 문란하다고 판단한 하층민 여성의 풍속세태와 욕망을 흥미 위주로 부각하고자 하는 데 그치고 있다. 이에 비해 나도향의 「뽕」(1925)은 「감자」와 비슷한 소재와 분위기를 갖고 있지만, 아래 인용문과 같이 소설에서 구어적 글투의 특징이 효과적으로 살아나는데 이는 뒤에서 다시 설명하려 한다.

강원도 철원(鐵原) 룡담(龍譚)이라는 곳에 김삼보(金三甫)라는 자가 잇스니

43 이오덕, 『우리 문장 쓰기』, 한길사, 1992, 169면.

44 "검동아, 악아, 무얼 주련?"
"나 보?"
"너의 본댁으로 가려무나?"
"늙은 건 싫어." (…중략…)
"언니, 남자란 여자를 보면 그렇게두 오금을 못 쓰우?"
"맛이 좋거든"
"맛이 좋단, 어떻게 좋수?" …… "애, 잠자리 맛이란 (…중략…) 아유 홍홍 아유 죽겠다"
"잠자리 맛이란 게 따루 있수?"

나희는 삼십오륙 세나 되엇고 키는 작달막하며 목은 닥어붓고 얼골빗은 노르쩌하며 언제든지 가죽창 바든 메투리에 대갈편자를 박어신고 거름을 걸을 적마다 웅뎅이를 내점으로 동리에서는 그를 '짱달보 김상보' '아편장이 김상보' '오리궁뎅이 김상보'라고 부르는데 한 달에 자긔 집에 부터 잇는 날이 이틀이라면 꽤 오래 잇는 셈이오 하로라면 례사라.[45]

2) 시정의 언어와 의성·의태어

염상섭은 「만세전」을 갈라지는 지점으로 하여 초기 소설의 국한문체를 벗어나면서 조선 후기 국문소설에서 발견되는 풍부한 구어적 표현력을 재창출한다. 구어로 실현되는 시정의 언어들은 시정 일상인의 인정기미(人情機微)와 바뀌는 세태를 다채롭게 포착할 수 있는 능력으로 나타나고[46] 이는 한국소설의 리얼리즘적 발전에 기여하게 된다. 그 첫째 예가 전통적 비유와 수사를 모두 묶는 속담 또는 그와 유사한 민중적 어법의 비유들을 두드러지게 사용하는 것이다.

▫ 뒤주 밋히 글키면 밥맛이 더 잇다는 **세음으로**[47]

▫ 미친 톄하고 떡목판에 업드러진다는 **格으로** 미친 톄하고 어리광비젓안 酬酌을 하거나 스라손이 行勢를 하야(78면)

▫ 나의 가슴에서는 목에 메이게 쑬썩 생키엇든 토란 가튼 것이 쑥 내려 안는

45 나도향, 「뽕」, 『개벽』, 1925.12, 35면.

46 이러한 점에서 염상섭을 서울 토박이 사람들의 말을 가장 능란하게 구사한 작가로 보기도 한다.(최원식, 「식민지 지식인의 발견여행」, 『한국 근대문학을 찾아서』, 인하대 출판부, 1999, 191면)

47 「만세전」(高麗公司, 1924.8.10), 『염상섭 전집』 1, 민음사, 1987, 52면. 이하 면수만 표기.

것 **가타얏다**.(81면)

- 섯달 금음날에 싀집온 새 아씨가 정월 初하로ㅅ날에 안저서 싀집온지 이ㅅ해가 되엇다는 **세음밧게** 안이된다.(97면)

둘째로, 염상섭 소설에서는 우리 소설의 국문체 전통 중의 하나였지만 신소설 이후에는 주변화되기 시작했던 다양한 몸짓 언어가 부활한다. 그것은 시늉, 동작의 생동성을 재현하는 것과 더불어 청각적 충실을 통해 구어적 리듬 속에서 이야기를 흥미롭게 전달하는 역할을 한다. 이태준은 우리말에서 의성, 의태어가 풍부하게 쓰인 대표적 예로 염상섭의 「전화」와 함께 잡가 「유산가(遊山歌)」를 든 적이 있다.[48] 잡가의 향유층은 근대 전환기 도시의 유흥공간에 위치한 대중이었다. 그리고 잡가를 잡가답게 하는 특성은 언어표현 곧 사설의 특성에 있었다.[49] 염상섭 소설은 잡가의 사설에 나타난 수사법과도 같이 도시 대중의 감성을 지향하면서 그의 소설언어들은 전통적 시정 예술에서 사용된 언어와 연결되어 얽혀있다.

- **각죽각죽** 하는 소리를 한 일이엇서다.
- **실쑥한** 저녁을 조금 쓰고 나서
- 모진 바람이 살살 부는대로 가다가다 **눈ㅅ발이 착은착은하게 얼굴에** ㅆ**치엇다**.(이상 71면)
- **응승그릿드리고** 드러오는(82면)

48 이태준은 「전화」와 「유산가(遊山歌)」의 일부를 제시하고, "우리처럼 聲音 생활에 의음, 의태를 정확하게, 또는 풍부하게 쓰는 사람들이 어데 있는가" 하며, 그 표현의 우수성을 얘기한다.(이태준, 『무서록』, 깊은샘, 1994, 146면)

49 김학성, 「잡가의 사설 특성에 나타난 구비성과 기록성」, 한국고전문학회, 『국문학의 구비성과 기록성』, 1999, 312면.

▫ 민줄을 대이면서도, 하로 바비 납시사고 祝願을 하고 祝願을 하면서도 민줄을 대이든 病人은 거예 숨이 끈치고 마랏다.(97면)

▫ 암상스런 계집이, 눈쌀을 잔뜩 찝흐린 것처럼 잿빗구름이 축처지고 하얏케 어러부튼 짱이 午後가 되어도 **대그럭어리엇다.**(99면)

▫ 손읏과 머리를 슷덕하며 빠르게 나의 눈치를 보는 것이(76면)

▫ **파랏케** 질리어서 두 발을 **써둥그릿듸리고** 배를 **발싹발싹** 처들어가며 房안을 **발싹** 뒤집놋는다.(88면)

▫ 만나면 어쎤지 묵은 부스럼 자국을 만지는 것 가타야서 근질근질하기도 하고(90면)

▫ **부덕부덕** 가치 가자는 것을

▫ 兄嫂는 一年前에 **두틈 박운이**에 찌어서 마음만 조리고 잇든 일을(이상 92면)

▫ 憂患이 잇는 집 갓지도 안케 **엉정벙정**하고 야단이다.(93면)

▫ 숨도 크게 쉬이지 못하고 **우중우중** 느러섯다.(97면)

▫ 잠에 취한 **거렁거렁**한 소리가 뒤에서 들린다.(98면)

▫ **어림쎙쎙한** 소리를 불숙하얏다.(101면)

▫ 붓대를 **만적만적**하얏다.

▫ 彼此에 **설면설면해진** 것은(이상 102면)

염상섭 소설의 화자는 김동인과는 달리 시정의 세계를 내려다보는 지적, 도덕적으로 우월한 자라기보다는 시정 세계의 바닥으로 내려와 있는 자의 태도를 보여준다. 김동인 소설이 작품 내적 사건과 인물을 객관적으로 전개하지 않고, 화자(작가)가 사건과 인물을 장악하는 것과 달리, 염상섭이나 현진건 소설은 현실이 화자에 대해 우위를 갖는다. 자아에 대한 현실의 우위는 생동하는 현실성을 제일차적인 목적으로 하는 까닭에 문체상에서 개념체가 아닌 구상적 또는 감각적 성격의 문

체를 갖는다.[50]

염상섭 소설의 구어적 성격의 어휘는 그의 소설에서 시정 세계의 해학적, 풍자적 상황을 연출해낸다. 그의 소설이 지식인의 상념의 세계가 아닌 시정의 세계로 완전히 진입한 「電話」(『조선문단』, 1925.2)에서 조선 후기 판소리문학이 보여주었던 해학의 세계도 되살아난다. 이러한 특성들은 소설에 대중적 장르로서의 탄력성을 부여한다.

> ▫ 네모반듯한 나무 갑 우에 나란히 언친 백동빗새 종 두 개는 **젊은 내외의 말다툼에 놀난 고양이 눈갓치** 커다케 반짝한다.
>
> ▫ 감숭한 우ㅅ수염 우에 뭉특한 큰 코를 언저 노코 또 그 우에는 검정대모테 안경을 씨어노코서
>
> ▫ 앗가 뎐화를 거른 기생이 업는 것은 알쏘다. (…중략…) 아싸 적삼ㅅ조각 장갑 나부렁이로 **어멀썽하고** 나간 것이
>
> ▫ 분홍적삼과 회색 장갑이 **쌰두라진 그 입에 반창고(絆瘡膏)만한 효험도 업는** 것을 생각하면[51]

염상섭 소설에서는 근대소설의 단정하고 아담한 어법과는 달리, 고소설 특히 판소리계 소설에서 등장인물의 성격과 심리를 보여 주기 위하여 사용하는 다소 어수선하고 연속적인 나열식 묘사 수법의 특징도 나타난다.

> 또 한마듸 톡 쏘고나서 어색한 빗을 **감추랴** 복바처 올으는 우슴을 **참으랴** 성을

50 박철희, 「문체와 인식의 방법 : 스타일에 대하여」, 『문학사상』, 1973.4, 346면.

51 염상섭, 「電話」, 『조선문단』, 1925.2, 4·10~11면.

> 내여 보이랴- 단순한 그러나 여러 갈피의 감정이 얼골에 발리엇슬까 보아서 남편의 시선을 피하며 외면을 살짝하얏스나 꼭 담은 입숣이 눈우슴과 함께 쫑긋쫑긋하는 게 주인의 눈에 스치엇다.[52]

염상섭 소설은 1910년대 신지식인 작가들이 잊어버렸던 그리고 이광수가 가볍게 또는 업신여겨 보았던 신소설 특히 이해조 소설의 시정의 속물의 세계와 이를 묘사하는 시정의 구어를 부활한다. 내면을 강조하며 속물의 세계를 배제했던 초기의 근대문학은 염상섭에 오면서 속물의 세계를 다시 두드러지게 드러낸다는 점에서 조선 후기 판소리 문학에서 나타난 특징을 이어받고 있다. 그런데 염상섭 소설의 이러한 구어적 쓰임은「전화」에서 유희적으로 때로는 장식적으로 나타나기도 한다. 즉 그 언어들이 세태풍속을 만화경처럼 그려내기는 하지만 시대모순의 예리한 면모를 찾아낸다든지 비판과 저항의 언어로 나가지는 못한다.

> 남편과 눈이 마조치다 외면을 하더니 빤드를한 머리 미테 빨간 자름당긔를 감아서 쏘얀 오른편 볼을 잘룩 눌러 입에 물고 겻눈으로 거울을 드러다보며 머리를 싸키 시작한다.[53]

염상섭 소설의 인물들한테 도시 사람들의 흥과 취미는 나타난다. 그러나 그러한 시정인의 삶이 갖고 있는 에너지 같은 것은 발견되지 않는다. 당연히 현실과의 대결의식을 찾기가 어렵다. 염상섭 문학에서

52 위의 책, 2면.
53 위의 책, 4면.

신소설 이후 주변화되었던 구어적 특성이 부활되기는 하지만 그것에서 판소리문학이 가지고 있는 민중성, 전복적인 성격 등을 찾아보기 어렵다. 그리고 앞서 지적한 것처럼 「만세전」 등에서 지식인의 마음에 떠오르는 여러 가지 생각들은 아직도 추상적이고 분명하지 않은 국한문체로 서술하고 있어 임화가 얘기한 염상섭 문학의 소시민적 한계를 보여준다.

3) 민중언어와 대화 말

현진건 소설의 전개과정에 보여주는 주제의식의 변모 과정과 발맞춰, 「운수 조흔 날」(『개벽』, 1924.6)에서 본격적인 국문체의 모색이 시작된다. 우선 이 작품의 표기법에서 일체의 한자 표기가 사라진다. 그런데 이러한 본격적인 국문체의 모색은 단지 표기상의 문제에서 그치지 않는다. 이러한 국문체와 함께 수사법에서 기층 민중이 사용하는 구어적 표현이 적극적으로 등장한다. 현진건은 "時間과 場所를 떠나서는 아모 것도 存在치 못하는 것이다. 달나라의 逍遙도 그만둘 일이다. 구름바다의 遊戲로 근칠 일이다. 朝鮮文學인 다음에야 朝鮮의 땅을 든든이 듸듸고서야 될 줄 안다. 現代文學인 다음에야 現代의 精神을 힘잇게 호흡해야 될 줄 안다"[54]는 한국적 리얼리티에 기초한 현실적 안목을 갖고 있다. 그래서인지 현진건은 유독 주어진 사실에 보다 충실하며 문학적 감수성과 체험을 보다 그것에 밀착시키려는 일련의 노력을 전개한다. 「운수 조흔 날」의 소설언어는 솔직하게 자기 내부에서 발효되

54 현진건, 「조선혼과 현대정신의 파악」, 『개벽』, 1926.1, 134면.

는 그대로 현실과 밀착된 구어적 어휘로 구성된다.[55]

- **재수가 옴부터서** 근 열흘 동안 돈 구경도 못한
- 병이란 놈에게 약을 주어 보내면 재미를 부터서 자꾸 온다는
- **이런 빌어먹을 제 할미를 부를 비**가 웨 남의 **상판**을 딱딱 따려!
- 김 첨지는 **어랍시요**하고 물러섯다.[56]

이러한 구어적 표현과 더불어 묘사에서 민중적 감수성을 반영하려는 문체가 세련된 사실주의 문체로 다듬어간다.

- 연약한 가슴에 언친 것은 마치 **장마지는 녀름날과 가티 눅눅하고 축축하고** 무더운데다가 千 근의 무게를 더한 것갓다.
- **풀칠이나 한듯이 조아붓는 눈**을 뜰 수가 업섯다. **흙물가티 텁텁한 잠**을 물리칠 수가 업섯다.
- **지튼 먹칠이나 한듯 하든 들창이 재빗으로 변하며** 가믈가믈한 가운데 **노랏노랏이** 삿자리의 눈이 들어난다.[57]

위의 인용문들은 섬세한 묘사라는 점에서 그의 초기 소설과 유사하다. 그러나 마지막 인용문에서 보듯이, 새벽녘 날이 밝아지며 밤에 남편에게 시달린 주인공 순이의 눈에 들어오는 방안의 정경이 일상어를 통해 형태와 감각체로 인지된다. 현진건 소설은, 이러한 구어적 특징의 어휘를 지향하고 있는 것과 더불어 이야기를 이끌어 가는 화자의

55 박철희, 「문체와 인식의 방법 : 스타일에 대하여」, 『문학사상』, 1973.4, 345면.
56 현진건, 「운수 조흔 날」, 『개벽』, 1924.6, 139 · 143~144면.
57 현진건, 「불」, 『개벽』, 1925.1, 55~56면.

태도 역시 이 시기 다른 작품들에 비해 비교적 여유가 있다. 「운수 조흔 날」의 화자는, 김 첨지의 사실적 모습을 재현하기 위해서 김 첨지의 말투로 직접 이동하기도 하고, 청자(독자)에게 사실을 확인하려는 것처럼 동의를 구하고 환기하는 구어적 말투를 드러낸다.

> **김 첨지의 말에 의지하면** 그 오라질 년이 천방지축으로 냄비에 대고 끌이엇다. (…중략…) 그 오라질년이 숟가락은 고만 두고 손으로 움켜서 두 뺨에 주먹덩이 가튼 혹이 불거지도록 누가 빼앗슬듯이 쳐박질드니만 (…중략…) 비는 오고 짐은 잇고 해서 어찌 할 줄 모르다가 마츰 김 첨지를 보고 **뛰어나왓슴이리라.** 그러치 안흐면 **웨** 구들 채 신지도 못해서 (…중략…) 김 첨지를 뒤조차 **나왓스랴.**[58]

「B舍監과 러브·레타」(『조선문단』, 1925.2)는 부분적으로 전통적 화자의 구어체적 서술태도를 드러내기도 한다. 그리고 화자가 쓰는 수식어 또는 용언의 어미 등을 보면, 이 작품의 화자가 근대소설의 화자가 쓰는 일관된 문어체적 말투이기보다는 구어체 서술을 지향하고 있음을 보여준다. '모르되', '~모르리라' 등과 같은 추측 어미를 자주 사용하여 화자가 구어체로 서술하고 있다는 인상을 준다.

> 녀학교 긔숙사라면 의례히 그런 편지가 만히 오는 것이지만 학교로도 유명하고 또 아름다운 녀학생이 만흔 탓인지 **모르되** 하루에도 몃 장씩 **죽느니 사는니** 하는 사랑타령이 날아들어 왓서다. 긔숙생에게 오는 사신을 일일이 검사하는 터이니까 그 짜위 편지도 물론 B녀사의 손에 떨어진다. **달착지근한** 사연을 보는 족족 그는 더할 수 없시 흥분되어서 얼굴이 **붉으락푸르락** 편지든 손이 **발발** **떨리도록**

58 현진건, 「운수 조흔 날」, 『개벽』, 1924.6, 40~141면.

성을 낸다.[59]

그리고 작가는 'B여사'를, 엄격한 삼인칭 소설에서와 같이 '그녀' 또는 '그'로 일관되게 불러 중립적 태도를 취하는 척하기보다는, 수시로 'B녀사'로 불러 화자가 인물에 대한 풍자를 하고 있다는 것을 의도적으로 보여준다. 이는 김동인의 경우, 화자가 중립적 태도와 입장을 취하는 것 같지만 실은 인물에 과도하게 개입하고 있는 것과는 다른 방식이다. 게다가 화자는 B여사의 모습을 아래와 같이 우스꽝스럽게 그려 인물에 대하여 노골적인 개입을 한다. 그것은 한 인물에 대한 순수한 객관 묘사라기 보다는 외모를 두드러지게 또는 왜곡하여 과장되게 그리는 것이다. 화자는 판소리 창자와 비슷한 방식으로 인물을 희화화한다.

> 四十에 갓가운 로처녀인 그는 죽음깨 투성이 얼굴이 **쳐녀다운 맛이란 약에 쓰랴도 차질 수 없슬** 쑨인가 시들고 써칠고 마르고 누러케 뜬 품이 **곰팡 슬은 굴비**를 생각나게 한다.
>
> 여러 겹 줄음이 잡힌 **훨렁** 벗거진 니마라든지 숫이 적어서 법대로 쪽지거나 틀어 올리지를 못하고 엉성하게 그냥 빗겨 넘긴 머리 쪼리가 뒤통수에 **염소**쫑만하게 부튼 것이라든지, 벌서 늙어가는 자최를 감출 길이 업섯다. 쌰족한 입을 **앙**다물고 돗보기 넘어로 쌀쌀한 눈이 노릴 째엔 긔숙생들이 오싹하고 몸서리를 치리만큼 그는 엄격하고 매삽앗다.[60]

그것은 뭇지 안하 사랑에 겨운 남녀의 허무러진 수작이다. (…중략…) 이 안에

---

59 위의 책, 19면.

60 현진건, 「B舍監과 러브·레타」, 『조선문단』, 1925.2, 19면.

잇는 여자 애인을 보랴고 학교 근처를 뒤돌고 곰돌든 산애 애인이 타는 듯한 가슴을 것잡다 못하야 밤이 이슥하기를 기다려 담을 뛰어넘은 지 모르리라. 모든 불이 다 꺼지고 오즉 밝은 **달빗이 은가루처럼 서리인 창문**이 소리 업시 열리며 여자 애인이 흰 수건을 흔들어 산애 애인을 부른 지도 모르리라. **활동사진에 보는 것처럼 기나긴 필육을 나리어서 우에서 달이고 하나는 미테 매달려 듸롱듸롱하면서 올라가는 정경**이 잇서는지 모르리라. (…중략…) 꿈결 가튼 감정이 안개 모양으로 흐릿하게 무지개 모양으로 부시게 세 처녀의 몸과 마음을 휩사 돌앗다.[61]

애인을 만나러 여학생 기숙사를 맴도는 남자들을 묘사하는 위의 장면에서는, 화자가 '달빗이 은가루처럼 서리인 창문'이라는 식으로 배경을 묘사하여 연애문학의 낭만적 분위기를 만들어낸다. 그러나 '은빛 가루', '꿈결', '안개' 같은 비유들과는 어울리지 않게 '듸롱듸롱'이라는 익살스러운 의태어를 통해 상황을 희화화한다. 「B舍監과 러브 · 레타」는 급기야 판소리 창자의 말투를 패러디하여 전통적인 구어체 서술을 근대소설에 활용한다.

학생은 한동안 어쩔 줄 모르다가 간신히 모긔만한 소리로 "저를 불르셧서요" 하고 **뭇것다**. "그래 불럿다. 웨!" **팍** 무는 듯이 한마듸 하고나서 매우 못 맛당한 것처럼 교의를 **우당 통탕** 당겨서 철석 주저 안젓다가 학생이 그저 서잇는 걸 보면 "장승이냐 웨 안지를 못해!" 하고 또 소리를 **빽 질느는 법이엇다**. (…중략…) 안즌 뒤에도 "**네 죄상을 네가 알지!**" **하는 것처럼** (…중략…) **문초를 시작한다**. (…중략…) "**너 한테 오는 것을 네가 모른단 말이냐**"고 불호령을 나린 뒤에 또 사연을 읽어 보라하야 무심한 학생이 나즉나즉하나마 꿀가튼 구절을 입술에 올리면 B

61 위의 책, 22~23면.

녀사의 역정은 더욱 심해저서 **어느 놈의 소위인 것을** 긔예 알랴 한다.[62]

나도향의 「물레방아」(『조선문단』, 1925.8)는 김동인의 소설이 서도민의 사투리 등을 재현했듯이 농촌 향토 인물들의 말을 재현하고 있다. 단지 김동인보다 더 앞으로 발전해나가는 점 중의 하나로, 나도향 소설에서 재현되는 대화 말은 인물 간의 상호관계를 강하게 보여주면서 살아 움직이는 느낌을 드러낸다는 점이다. 김동인의 소설에서는 대화가 등장하여도 이를 통한 등장인물 상호 간의 대립과 긴장을 보여주지 못한다. 「감자」의 주인공 복녀는 남편, 왕서방 등과 대화를 나누고 있지만 그 대화 말은 객관적으로 제시된 것이라기보다는 사건과 인물을 장악한 화자가 압축적으로 만들어낸 생동감이 없는 말들이다. 「감자」에 등장한 모든 인물들은 아래와 같이 '목소리 없는 사물'로[63] 그려진다.

복녀는 눈에 칼을 세워 가지고 남편을 채근하엿지만 그의 겨우른 버릇은 개를 줄 수는 업섯다.

"베ㅅ섬 좀 치워달나우요"

"남 조림 오는데. 님자 좀 치우시관"

"내가 치우나요?"

"二十 年 이나 밥먹구 그걸 못치워!"

"에이구 칵 죽구나 말디"

"이년 뭘"

이러한 싸홈이 끗치지 안타가 마츰내 그 집에서도 쏘쪄나왓다.[64]

---

62 위의 책, 20면.

63 미하일 바흐친, 김희숙·박종소 역, 『말의 미학』, 길, 2006, 446면.

64 김동인, 「감자」, 『조선문단』, 1925.1, 19면.

위의 「감자」의 대화와 비교하여, 아래의 「물레방아」에서 방원, 아내, 신치규 사이의 이뤄지는 대화는 분량에서도 훨씬 풍부할 뿐만 아니라 긴장과 대결의 상호성으로 가득 차 있다.

"그럼 님자가 나를 데리고 이곳까지 올 째에 무엇이라고 하얏소. 엇더케 해서든지 너 하나야 먹여 살리지 못하겟느냐고 하얏지요."

"그래"

"그래 얼마나 나를 잘 먹여 살리고 나를 호강식혓소 여태까지 이태나 되도록 쑬구 도라다닌다는 것이 남의 집행랑이엇지요?"

"얘 그것을 네가 몰으고 하는 말이냐? 내가 허랴고 하지 안어서 그러케 된 것이냐? 차차 사라가는 동안에 무슨 일이든지 생기겟지, 설마 요대로 늙어 죽기야 하겟니?"

방원이는 갓득이나 내여쫏기고 화가 나는데 계집까지 그리하닛 속에서 열화가 치밀려 올너왓다.

"이 륙실를 하고도 남을 년! 왜 남의 마음을 글컹거리니?"

"왜 사람에게 욕을 해"

"이년아 욕 좀 하면 엇더냐"

계집이 얼골이 노래지며 대든다.

"이 년이 발악인가?"

"누가 발악야 계집년 하나 건사 못하는 위인이 계집 보고 욕만 하고 한 게 무엇야? 그래 은가락지 은비녀나 한 벌 사주어 보앗서? 내가 임자하자고 하는 대로 하지 안은 것은 업지!"

"이 년아 은가락지 은비녀가 그러케 갓고 십흐냐 이 더러운 년아"

"무엇이 더러워 너는 얼마나 정한 놈이냐"

계집의 입속에서는 '놈'소리가 나오기 시작한다.

"이년 보게 누구더러 놈이래."

하고 손길이 계집의 낭자를 휘여잡더니 그대로 집어들고 두어 번 주먹으로 등줄기를 우리엿다.

"이 주리때를 앙길년!"[65]

나도향 소설에는 등장인물의 목소리가 작가의 목소리로 과장되게 꾸며지거나 미화되지 않는다. 등장인물의 목소리로 직접 들리고, 따라서 인물이 발화하는 목소리가 상대적인 자유와 독립성을 얻는다. 김동인은 자신의 의지대로 인물을 만들어낸다. 김동인이 만들어내려는 인물의 성격, 유형, 기질은 작가의 머릿속에 이미 정해져 있다. 나도향은 인물 각자가 자기 할 말을 하도록 허용한다.[66]

바흐친식으로 말하자면 나도향 소설에서야 비로소 언어, 문체에서 목소리들이 들리기 시작한다. 이제 우리 근대소설의 언어들은 표현의 잠재수단이기를 그치고 실제로 실현된 표현이 되기 시작한다.[67] 나도향 소설의 문체는, 범위가 대화 말에 제한되어서만이 아니라 구어적 수사법을 강하게 지향한다. 동인 소설의 구어적 표현은 비속어와 사투리라는 제한된 틀에서 구현되지만 나도향소설의 구어적 특징은 각각 등장인물의 성격과 그들의 상황 또는 그들의 생활경험을 그리는 지문에서도 나타난다. 그래서 개인의 일상들은 모두 기록할 가치가 있는

65 나도향, 「물레방아」, 『조선문단』, 1925.8, 6면.

66 김동인은 이러한 점에서 나도향보다 작품의 구조나 계획, 플롯은 더 잘 구상한다고 보겠다. 그러나 바흐친은 소설에서 플롯, 구조보다는 특별한 '목소리들' 즉 세계에 대한 고유한 이념과 감각을 가지고 있는 완전한 인격체들을 먼저 구상해야 한다고 본다. 인간의 목소리를 들으면서 우리는 인간 존재에 직면하게 되는 것이다.(게리 솔 모슨·캐릴 에머슨, 오문석·차승기·이진형 역, 『바흐친의 산문학』, 책세상, 2006, 426, 719면)

67 미하일 바흐친, 김희숙·박종소 역, 『말의 미학』, 길, 2006, 427면.

경험으로 바뀐다.

> 부대로 만든 행자치마로 눈물을 씨스며 코를 마셔가며 울면서도 자긔 남편을 마지막 다시 한 번 보갯다는듯이 훌적 고개를 돌리어볼 적에 그의 눈알은 익을 둥말둥한 꽈리가티 불게 피가 올러왓다.[68]

> 절믄 장정들은 초상집에 가서 상제 우는 바람에 부지럽시 나오는 우름을 참으랴는 것가티 코들만 듸리마시기도 하고 눈만 슴벅슴벅하고 있다.(…중략…) 자긔 안해 생각을 할 제 스물두 살 먹은 이 졂은 사람의 가슴은 터질 것 갓햇다.
> 그는 한 발자국에 도라스고 두 발자국에 도라섯다.[69]

그리고 나도향 작품에 나타난 구어적 표현을 통한 비유는 염상섭 소설의 그것보다 좀 더 기층민적 생활과 감각에 기초한 상상력에 의존한다. 주로 그들의 생활경험에서 우러나오거나 같은 일을 경험한 사람들 사이에서 서로 나눠가지는 생각이나 감정 같은 것들이다. 염상섭 소설이 형상화하는 대상이 시정인의 일상인이며, 나도향의 소설은 좀 더 민중적 계층의 생활을 대상으로 하기 때문이다. 염상섭 소설의 비유가 좀 더 유희적 요소가 있다면 나도향 소설의 비유는 상대적으로 좀 더 공감적인 성격을 갖는다. 비유와 수사에서 감각 특히 촉각 등에 기초한 구어적 어휘들의 빈도수가 높아진다.

> ▫ 터럭이라는 터럭은 전부 거구로 이러스는 듯하얏다.

68 나도향, 「池亭根」, 『조선문단』, 1926.3, 88면.
69 위의 글, 89면.

▫ 쌀 찌러지면 구어먹지 어느 천년에
▫ 두 니가 서로 마쳐서 달그럭달그럭하야젓다.[70]

▫ 털버슨 송충이 모양으로 군데군데 써칫써칫하게 난 수염은 숫검앵 무든 손구락으로 두어 번 쓰다듬엇다.[71]

이러한 특징은 1930년대 김유정한테는 거의 모든 부분에 걸쳐 나타난다. 그런데 나도향 소설들은 민중을 낭만적으로 대상화 하는 지식인의 시각이 숨어 있다. 작가는 기층민들의 심리, 성격 등을 능숙하게 그리면서도 대체로 그것을 그들의 욕망이나 분노 등의 범위 안에서만 충실히 그린다. 나도향 소설에서는 민중의 생기있고 활기에 찬 측면보다는 비극적 측면이 도드라져 보인다. 민중을 바라보는 작가의 어조는 비장하다. 때로는 작품 전체 분위기와 어울리지 않게 그들을 상대로 화자의 유식한 어법이 튀어나올 때도 자주 있다.

▫ 본시 사람이 조코 마음이 약하고 다정한 그는 **무식하게 자라난 싸닭에 무지한 짓**을 하기는 하나 그것은 결코 그의 성격을 말하는 무지함이 안이다.
▫ 그의 머릿속에는 앗가짜지의 상전이라는 관념이 남어 잇섯다. 번개불가티 **그 관념이** 그의 입과 팔을 얼거노앗다.
▫ 사람의 가슴속에는 본능적으로 숨어잇는 잔인성(殘忍性)이 조곰도 남지 안코 그대로 나타낫다. (…중략…) 그에게는 **超自然의 무서운 힘**이 그의 팔과 다리에 올려왓다.[72]

---

70 나도향, 「물레방아」, 『조선문단』, 1925.8, 5 · 6 · 8면.
71 나도향, 「뽕(桑葉)」, 『개벽』, 1925.12, 34면.
72 위의 글, 7 · 10~11면.

그(형근－인용자)는 녯날 일로부터 오늘 이 자리까지 이 리화라는 창녀의 신변을 들르고 싼 환경의 물결이 엇더케 엇더한 자극과 영향을 주고 또는 질질 쓰을어다가 여기까지 왓는지를 해부하고 관찰하고 판단할 능력이 업섯다. **그는 다만 단순한 직관(直觀)과 박약한 추측으로 경솔한 독단(獨斷)을 나리어 인간을 평정(評定)**하여버릴 쑨이엇다.[73]

「물레방아」의 마지막 부분인 방원이 아내에게 복수하여 살인하는 장면에서는 화자의 서술이나 인물의 발언에서 1910년대 유행한 신파적 말투가 튀어나온다.

"너의 입으로 정말 그런 말이 나오느냐? 너는 나를 우리 고향에 다시 도라가지고 못하게 만드러노코 나의 모든 것을 다 일혀버리게 한 후에는 또 나종에는 세상에서 지옥이라고 하는 감옥소에 까지 가게 하얏지! 그러고도 나의 맨 마즉막 원을 들어주지 안을터이냐?"

"나는 언제든지 당신 손에 죽을 것까지도 알고 잇소! 자! 오늘 죽으나 래일 죽으나 언제든지 죽기는 일반 이러케 된 이상 나를 죽이시요"

"정말이냐? 정말야?"

"정말요!"

계집은 결심한 뜻을 나타내엇다. 방원의 손은 썰리엇다. 그리고 그는 눈을! 꽉 감고

"에 여호가튼 년"

히고 칼끗을 게집이 엽구릐를 향하고 힘썻 내밀엇다. 계집은 니를 악물고

"사람 죽인다."

73 나도향, 「池亭根」, 『조선문단』, 1926.4, 5면.

소리 한 번 그 자리에 걱구러저서다. 칼자루를 들은 손이 피가 몰리는 바람에 우루루 떨리더니 피가 새여 나왓다. 방원은 그 칼을 빼여들더니 계집웅 걱구걸저서 가슴을 질으고 절명하야버리엇다.[74]

방원의 비장성은 돋보이지만 그동안 방원과 차이가 없게 형상화되어 오던 방원 아내의 목소리의 상대적 독립성은 사라지면서 그녀의 소설적 진실성이 줄어든다. 그러나 화자가 이렇게 하층민을 대상화하고 신파적으로 처리하는 방식조차도 「뽕」에는 사라지고 문체도 어색한 구석이 없이 미끈하게 가다듬은 국문체로 자리를 잡아 나간다. 화자는 등장인물과 거의 비슷한 처지에 놓여 이야기를 풀어나가니 지문의 서술도 구어적 표현의 특징을 지닌 어휘들로 이뤄진다.

주인 마누가가 치는 누에가 거의 오르게 되자 뽕이 써러젓다. 자긔집 울타리에 심은 뽕은 어림도 업시 다 짜다 먹이엇고 그 후에는 삼돌이란 놈을 식혀서 날마다 십리나 되는 건는말 일가 집 뽕을 어더다 먹이엇스나 그것도 이제는 빨가숭이가 되게 되엇다.[75]

놈이 신이 나서 저녁 먹고 마당 쓸고 소여물 주고 도야지 병아리 색기 다 모라느코 압뒤로 도라다니며 씨슨듯 부신듯 다 해노코 목물하고 발 씻고 등거리 잠뱅이까지 갈아입은 후 곰방대에 담배를 쑥쑥 눌러 듬뿍 한목음 빠러 휘- 내뿜으며 시간 오기만 기달인다.[76]

---

74 위의 글, 16면.
75 나도향, 「뽕(桑葉)」, 『개벽』, 1925.12, 38면.
76 위의 글, 41면.

단 아직도 대중들의 욕망이나 정서를 여과 없이 드러내기 보다는 어두운 것으로 바라다보는 작가의 시선은 계속 남아 있다. 나도향 소설에서 구어적 표현이 되살아남에도 조선 후기 판소리문학 또는 김유정 소설의 활기에 찬 다양한 몸짓언어들이 발견되지 않는 것은 이와 관련된 것이 아닐까? 이는 염상섭 소설에서조차 몸짓언어의 다채로운 구사가 이뤄지고 있다는 사실과 비교된다.

이상에서 살펴본 바와 같이 1920년대 소설은 1910년대 소설과 달리 다시 순국문체를 모색한다. 이는 구어적 수사법 혹은 표현을 구하려고 하는 노력과 나란히 함께 한다. 국문체를 모색하고 구어적 표현을 회복하려는 것은 작가들이 일상과 민중의 삶의 현실을 찾아나가는 과정에서 실제로 나타나 이뤄지고 있다. 그런데 김동인 소설의 민중은 환경과 운명에 종속된 하층 여성들의 비천함에서, 염상섭 소설은 시정인들의 활력에서 주로 찾아진다.[77] 현진건 소설에서는 도시빈민으로서의 민중이 인지 대상에 들어오며, 나도향 소설에서 민중은, 가난으로 자신들의 욕망을 억압받는 비극적 대상이다. 작가마다 각자 이들 민중을 어떻게 인식하고 서술하는가에 따라 국문체 또는 구어적 표현 방식의 모양이나 상태가 다양하게 나타난다.

---

77 임화는 이러한 염상섭의 언어를 소시민적 중류 인민의 가정적 협애성에 제약된 京城말, 그리고 그 경성말을 한번 표준어적 보편성에까지 높일 만한 조선어 고유의 일반성을 발견하여 그 기저에서 예술적 형상으로 창조하지 못하였다고 본다. 오히려 상섭의 소설에서는 상당히 심한 생경한 외래어적 영향과 그것에 의한 조선어 구사의 무질서적 혼란이 있어, 상섭의 문장이나 대화에서 상당히 많은 어휘의 존재를 봄에도 불구하고 語音의 미, 리듬의 미, 문장의 현란을 발견하기가 심히 곤란하나고 본다. 김동인, 현진건 역시 구소설류의 평면적인 말과 어휘의 빈약을 충당키 위한 死語의 부활 이상의 것을 찾기가 어려우며 당시 작가들은 대개 感傷的 美文學者이려는 데 불과하다고 비판한다.(임화, 「조선어와 위기하의 조선문학」(『조선중앙일보』, 1936.3.8~24), 임화문학예술전집편찬위원회 편, 『임화문학예술전집 4 : 평론 1』, 소명출판, 2009, 597면) 이러한 임화의 평가는 염상섭 언어의 한계(특히 그의 초기 소설의 언어)에 초점을 맞춘 나머지 그 진보성을 백안시하고 있다.

앞서 지적했듯이 임화는 1920년대 소설에 나타난 국문체의 성과에 주의하면서도 그 한계점을 강조하며 이를 부르주아 리얼리즘의 한계로 본다. 따라서 임화는 프로문학에 와서야 새로운 언어적 세계가 개척된다고 본다. 그 이유는 프로문학이 고유의 조선어를 이야기하는 근로 생산인민의 생활 심리 묘사와, 또 그들에게 읽힐 현실적인 문제 등이 이중적으로 필요하기 때문이라고 본다. 그리고 이는 염상섭을 최서해와 비교해보면 알고, 또 염상섭과 이기영의 『고향』을 비교해보면 금방 알 수 있다고 주장한다.[78] 그러나 다음 절에서 확인되듯이 부르주아 리얼리즘에 나타난 국문체의 한계는 경향소설에서도 여전히 반복된다.

3. 경향소설의 모색

1910년대 백대진은 사회의 부정적 모습을 가난한 하층민의 삶의 현실에서 찾고자 하는 현실비판 경향의 소설들을 썼다. 이들 소설은 하층민 현실을 그리면서 비교적 현실의 경험에 충실코자 한다. 표기상으로는 한자들이 사라지면서 순국문체가 등장한다. 김기진, 박영희의 초기 경향소설들 역시 1920년대 초기 사실주의 소설들과 같이 1910년대

78 임화는 "이기영의 『고향』이 『임꺽정』이나 『만세전』이나 그 외 춘원의 『그 여자의 일생』, 『흙』 등에 비하여 얼마나 많은 생생한 어휘와 조선어의 고유의 아름다움을 가졌는가?" 강조하며, "염상섭의 조선어를 석판화라고 하면, 홍명희 씨의 언어는 색채를 빼고 난 흑색만의 墨畵石印이고, 이기영의 언어는 라파엘, 다빈치의 그것"으로 비유한다.(임화, 「조선어와 위기하의 조선문학」(『조선중앙일보』, 1936.3.8~24), 임화문학예술전집편찬위원회 편, 『임화문학예술전집 4 : 평론 1』, 소명출판, 2009, 598면)

의 현실비판 경향의 소설들과 연결된다. 경향소설 작가들은 작품에서 부르주아 작가들 이상으로 국문표기를 의식적으로 강조하는데 이는 순국문체가 가진 민중주의적 함의 때문이다. 그러나 국문 표기를 한다 해서 작품의 사실성과 민중성이 보장되는 것은 아니다.

김기진의 「붉은 쥐」(『개벽』, 1924.11)는 지식인 주인공의 상념의 세계를 그리지만 염상섭 초기 소설같이 필요 이상으로 어수선하고 어려운 글투를 사용하지는 않는다. 또 1920년대 초기 소설에서 자주 보이던 일본식 국한문체의 영향도 덜 하다. 그럼에도 「붉은 쥐」의 국문체는 실감에 바탕을 둔 언어라고 보기는 어렵다. 「붉은 쥐」는 잘 알다시피 작중 인물 간의 대화도 없고 주요 줄거리도 주인공의 독백으로 이뤄진다. 사건이라고는 마지막에 주인공의 느닷없는 강도 행위만이 있을 뿐이다. 그래서 작품 내용의 대부분은 궁핍한 상황에서 자탄하고 현실에 비분강개해 하는 화자의 생각과 심정들로만 이뤄진다. 그러나 이를 표현하는 언어들은 지극히 상투적이고 상식적이다. 그 말들에서 실생활과 관련된 생기 있는 언어의 흔적을 찾기는 어렵다.

> 방안의 사람들은 지금 그들의 **슬픔의 깁흔 련못에서 빠저 나올 줄을 모르고** 빗지 굴뚝 속 가티 컴컴하게 연긔 씨인 이 방안에 안저서 엽헤 방의 말소리를 듯고 잇서다. (…중략…) 지금 형준이의 마음은 자긔의 입에서 흘러나온 담배의 연긔와 갓햇고 유릿조각으로 내어다 보히는 **흐린 한울과 갓햇다. 묵직한 납덩어리 갓흔** 식컴언 새의 날개가 마음의 위를 덥허 싸는 것이다. **갑갑하얏다. 답답하얏다.**[79]

박영희의 「地獄巡禮」(『조선지광』, 1926.11)는 도시빈민의 현실을 그린

79 김기진, 「붉은 쥐」, 『개벽』, 1924.11, 131~132면.

다. 그런데 가난한 자들의 현실을 객관적으로 제시하기보다는 화자의 주장 또는 발언이 이에 앞선다. 주인공인 빈민의 인물들의 발언과 행위는 지식인 화자에 좌우되고 그들은 마치 화자의 울분과 절규를 대변하기 위해 만든 인물들과 같다. 이를 뒷받침하듯이 「地獄巡禮」의 표기는 분명히 국문이지만, 실제 화자의 말투는 국한문체이다.

> 이러한 생각이 **그의 새로운 생명의 길을 인도하여 주는 듯이** 그에게 새로운 용긔를 주엇다.

> 전연히 **무의식덕으로** 굴뚝을 열사안엇스나 **큰 효과를 엇지 못하엿다.** 다만 쎠의 사못친 기갈에 못이기여서 그는 다시 **그의 목뎍을 다하기 위해서** 이집 저집을 엿보기 시작하엿다.

> 강한 바람과 한가지로 **사람의 비운을 고하는** 두려운 부르지짐은 점점 하날 놉히 써올나 가는데 (…중략…) 한편으로는 그들의 평화를 찬양하며 한편으로는 **로동자의 무지를 조소하는 듯이 평화로히 잠자는 이 동네는** 그들을 조소하는 듯이 고요하엿다. 침묵에 빠젓다.

> 날마다 해나려 오든 **횡폭한 가장의 잔인스러운 언사를 그의 수단으로 발견하엿다.**[80]

박영희 소설의 국한문체식의 어법은 송영의 「煽動者」(『개벽』, 1926.3) 같은 작품에서 극단적인 형태로 나타난다. 「煽動者」는 이 시기 신경향

80 박영희, 「地獄巡禮」, 『조선지광』, 1926.11, 46~47 · 50 · 54면.

파 소설이 왜 추상적인 성격을 띠는지를 문체의 측면에서 가장 분명하게 보여주는 작품이다. 「煽動者」의 신문기자 주인공은 사회주의 지식인이지만 이 인물은 봉건시대의 협객풍의 장사, 또는 의리를 앞세워 속되고 악한 현실과 대결을 벌이는 신파극 주인공의 모습과 비슷하다. 그들은 상황에 맞지 않게 거만하고 근엄하기 짝이 없다. 문체의 측면에서 살펴보면 이 작품은 신경향파 소설 중에서도 일본식 한자어의 빈도수가 유독 높게 나타난다. 표기는 국문으로 되어 있지만 그 어투는 철저하게 일본식 국한문체를 흉내 낸다. 국한문체 어법의 문제점은 그것이 일본에서 들어왔기 때문만이 아니라 전통의 쉬운 언어를 폭력적으로 단절시키면서 불필요하게 어렵고 현학적으로 만들기 때문이다.

- **과거에 대한 일절의 반항**과 미래를 향한 훌륭한 욕구(慾求)가 어리여 잇는 광채다.
- 이러한 **직각적 감응**은 그의 머리를 둘러쌋다.
- K선생이로구나 하는 **추상을 하엿다**. 그는 매우 가슴이 **울분하엿다**. (…중략…) 그대로 서서 **원경만** 바라보고 섯다.
- 그들의 왼 정신은 그들 자신들도 모르는 매우 **흥분된 발작에 지배되고 잇다**.
- **일좌**(一座)는 모다 올타고 찬성을 하엿다.
- 매우 **살기** 띄운 긔분을 씩우고 잇다.
- 모든 학생이 **자긔를 적개시**하는 것도 모든 학생 **자테의 자발**이 아니고 일부 ××**계급의 롱락에 마취된 것**이라는 것을 간파한 싸닭이다.[81]

이러한 일본식 국한문체와 1910년대 대중소설의 신파적 어투가 신경

81 송영, 「煽動者」, 『개벽』, 1926.3, 321~334면.

향파 소설의 문체로 결합된다.

- 여러 학생들에게 대한 일종 **숭엄한 감개**를 늣기엿다.
- 유전적으로 내려오는 반역의 피빨이다. 나는 남자다 사람이다. 죽엄과 싸움이다. — 하는 야수적 맹염(野獸的 猛炎)은 그를 불꼿으로 만들럿다.[82]

지식인을 주인공으로 하는 1920년대 초기의 부르주아 소설 또는 경향소설에서 일본식 국한문체가 두드러지게 나타나는 작품들은 예외 없이 인물의 형상화가 형편없을 정도로 미숙하게 이뤄진다. 지식인 주인공들은 민중을 위한다는 말을 앞세우지만 태도는 실제 경험에서 아주 동떨어져 있다. 비판적으로 자기를 인식하거나 진솔하게 자기를 성찰하는 과정이 그려지지 않는다. 그리고 일본식 국한문체의 불필요하게 어려운 말투는 이와 맞게 대응한다. 다음 항부터 소개되는 경향소설들은 문체의 측면에서 이러한 문제들이 어떻게 극복되는지를 보여준다.

1) 서해 소설과 방언

최서해 소설은 인물의 대화를 함경도 등의 지역 사투리 또는 중국인의 경우 그들 의 말로 재현한다. 방언은 현실인식과 모사의 유용한 방법이 되는 리얼리즘 문학의 주요한 자산이다. 서해 이전 김동인 소설 등에서 이미 사투리의 쓰임이 확인되었지만, 최서해 문학의 방언은 이산문학과 체험문학으로서 그의 문학의 본질적 특징을 규정한다. 서해 이후

82 위의 글, 336면.

에도 그와 비슷한 지역 출신인 한설야의 소설에서 방언이 자주 활용된다. 최서해는 「홍염」(1927)에서 중국인 지주와 조선인 소작농 사이에서 빚어지는 갈등의 장면을 사실적으로 재현하고자 지주의 말을 중국말로 그대로 재현한다. 그리고 괄호 안에 조선어로 풀이를 달고 있다.

> "부요우(실혀) …… 퉁퉁듸… 모모 모두 우리 가저가두 보미(옥수수) 쓰단(四石), 쌔옌(소금) 얼씨진(二十斤), 쑈미(조쌀) 듸 빠단(八石) 듸 유아(잇다) …… 늬듸 자리 알라잇소! 그거 안 줘?"
>
> 검붉은 인가의 뺨은 성안 둑겁의 배처럼 불썩불썩하엿다.
>
> "남아지는 내년에 갑지요!"
>
> 문 서방은 머리를 쑥 써러트렷다.
>
> "슬마(무엇)? 창우니 빠피야!"
>
> 인가의 억세인 손은 문 서방의 멱살을 잡엇다.
>
> (…중략…)
>
> "윈짜야 랠라마(문영감 오서소)!"
>
> '캉(구둘)'에서 짓거리든 중국인 중에서 누군지 첫인사를 부쳣다.
>
> "에헤 랠라 장구재(주인) 유(잇소)?"
>
> 문 서방은 어색한 웃음을 지엇다. 어렷든 몸은 차첨 녹고 흐리엇든 눈압도 점점 밝어젓다.
>
> "부쌍캉바(구들로 올라오시오)!"
>
> 구둘 우에서 나는 틱특한 소리는 인가이엇다.[83]

그 밖에도 간도나 농촌의 배경이 되는 작품에서 노동자나 농민, 머

83 최서해, 「紅焰」, 『조선문단』, 1927.1, 79·83면.

슴, 소작인 등 하층민의 사투리가 그대로 재현되는데, 작가는 이 역시 그들의 사투리를 표준어로 풀이한다.

> "왜 그러시우?"
>
> **경기ㅅ말ㅅ세가 그저 남어있는** 문 서방은 한발로 마당을 밟ㅈ고 한바로 흙마루를 밟은채 한관청을 보앗다. (…중략…) "글세 이 늙은거 말을 듯소! 그늠이 제 가새비(장인)를 잘 사겟소! 훙 ……"
>
> 한관청은 **함경도 사투리로 뇌이면서** 다시 머리를 내밀엇다.
>
> (…중략…)
>
> "엑 ᄯᅩ 바름이 나는게로군! 날쌔두 폐릅(괴상)다."
>
> 한관청은 이러케 외이면서 등ᄭᅩ지에 등ㅅ대를 ᄭᅩᆺ고 몸부림하는 문 서방 내외와 젊은 사람을 피하여 안젓다.[84]

최서해가 등장인물의 대화를 재현하는 데 얼마나 주의를 기울였는가 하는 점은, 위의 인용문에서 보듯이 간도로 온 이주민 중 '문 서방'은 경기 지역에서, '한관청'은 함경도에서 온 사람임을 구별하여, 그들이 사용하는 사투리를 구분해서 표현하고 있는 데서도 확인된다. 삶의 현장성 — 실제와 아주 흡사한 삶의 현실 묘사를 특기로 했던 최서해다운 구어의 재현방식이다. 아울러 최서해 소설은 식민지 지배로부터 벗어나고자 민중 영웅의 출현을 염원하는 변방 함경도 지역민들의 정서를 함경도 민중의 방언과 생활을 통해 그린다. 이 점에서 최서해 소설의 방언은 김동인 소설의 방언이 (여성) 하층민을 대상화하는 데 수단으로 사용한 것과는 대조적인 쓰임새를 보여준다.

84 위의 책, 75·79면.

"오늘 쇠치네(적은 물고기) 잡으라 가니까 저웃소(沼)에 물이 싹 말나서 괴기 더리 퉁 죽엇습데……"

썸어케 탄 감자를 집어내노코 손과 입에 검앵이 칠을 하면서 발라먹든 윤길이는 어른들 말에 한목 끼엇다.

"하여간 이제 싱구럽지(상서롭지) 못한 일이야…… 김도감두 아지마는 (어린애 안은 늙은이를 보면서) 웃소물이 좀 만흔물이오"

"일은 거저 일이 안이야! 이래서 달달 복가 쥑이자는 게지!"

"세상이 이러쿠서야 바르 되갯소. 두만강에 멱이 듯구 당목이 쏭쓱깨 되믄 세생이 망한다더니 그 말이 맛재임데!"

(…중략…)

"야 쳉내[處女]! 거기 보리감지[甘酒]를 좀 애 오나라"

(…중략…)

"야 윤길아 네 가서 쇠[牛]를 쌀을 줘라"

김서방은 감자를 구어 먹다가 맨짱에 팔을 베구 누은 윤길이를 보앗다. 윤길이는 우ㅅ방 압, 두주ㅅ간 여페 세어노핫든 쌀짠을 집어들고 어득한 외양ㅅ간으로 드러갓다. 윤길이가 들어간 부엌문(북도는 외양이 부엌에 이어잇다. 소여물을 주려면 부엌으로 들어가야 된다)으로 머리 터부룩한 큰 처녀가 조그마한 감주(甘酒) 항아리를 들고 맨발로 나왓다.[85]

최서해는 인물과 그들의 체험을 사실적으로 재현하기 위해 방언 등의 구어를 활용하는 것 말고도, 서술에서도 신경향파소설 작가들과는 다른 인어적 특징을 보여준다. 최서해의 출세작인 「탈출기」(『조선문단』, 1925.3)는 다 알다시피 서간체 형식의 소설이다. 화자는 가난으로 가출

85 최서해, 「低流」, 『신민』, 1926.10, 187~190면.

을 했지만 이를 탓하며 따져 묻는 친구에게 자신이 가출해야만 했던 이유를 고백하는 답신을 보낸다. 상대방을 향한 등장인물의 의식적 지향은 대화에서 가장 첨예하게 드러난다. 그러나 인물들의 의식에 나타난 타자지향성은 대화뿐만 아니라 편지 등 독백적인 말들에서도 이뤄진다.[86] 편지는 인간의 내면을 성찰하는 행위이지만 자신의 생활과 내면적 성찰의 내용을 타인에게 발신함으로써 타인과 공감대를 가지려는 적극적인 행위이다.[87] 따라서 서간체나 자전적 형식으로 된 최서해 소설 언어는 문어적 성격을 띤 간곡한 문체이면서도 구어체가 갖는 설득력과 실감을 드러낸다.

> 안해가 나간 뒤에 나는 안해가 먹다가 던진 거슬 차지려고 아궁지를 뒤지엇다. 싸늘하게 식은 재를 막대이로 뒤저내니 벍언 것이 눈이 띄엿다. 나는 그것을 집엇다. 그것을 귤껍질[橘皮]이다. 거긔는 메먹은 이ㅅ자국이 낫다. 귤껍질을 쥔 나의 손은 쩔리고 잇자국을 보는 내 눈에는 눈물이 고엿다.
>
> **김 군! 이 쌔 나의 감정을 엇더케 표현하면 덕당할가?**
>
> — 오죽 먹구 십헛스면 오죽 배곱헛스면 길바닥에 내던진 귤껍질을 주어먹을가! 더욱 몸비쟌은 그가 아아 나는 사람이 아니다. 그러한 안해를 나는 의심하엿구나! **이놈이** 엇지하야 그러한 안해에게 불평을 품엇는가?[88]

그리고 「탈출기」를 비롯한 최서해의 소설은 작품의 배경(무대)을 묘사하는 경우, 일반의 경향소설들과는 다른 서술의 방식을 취한다. 「홍

---

86 김종욱, 「관념의 예술적 묘사 가능성과 다성성의 원리 : 염상섭의 『삼대』론」, 『민족문학사연구』 5, 1994, 128면.

87 노지승, 「1920년대 초반, 편지 형식 소설의 의미」, 『민족문학사연구』 20, 2002, 352면.

88 최서해, 「脫出記」, 『조선문단』, 1925.3, 28면.

염」 서두의 풍경을 묘사할 때, 화자는 비(非)극적인 화자임에도 자신의 느낌과 판단을 삼가서 스토리 내부 속에 잠적해 있다는 느낌을 준다.

> 오늘도 눈보래가 친다.
>
> 북극의 어름세기니 거쳐 오는듯한 차듸찬 바람이 우— 하고 몰려 오는 때면 산ㅅ봉오리와 엉성한 가지 끗테 싸혓든 눈들이 한꺼번에 휘날려서 이 조븐 산ㅅ골은 쑤연 눈안개ㅅ속에 들게 된다. 어썬 때는 이 감ㅅ골ㅅ 바람에 빙판에 더펏든 눈이 산ㅅ봉오리로 불리게 된다.[89]

사건 또는 상황 등을 서술하는 경우에도 화자는 텍스트 안에 잠적해 있다. 이러한 부분에서 화자는 자신의 판단, 논평을 삼갈 뿐 아니라, 이를 서술하는 언어에서도 한자어를 절제하고 결코 관념적 언사를 드러내지 않아 상황의 극화(劇化)가 효과적으로 이뤄진다.

> 이를 꼭 악문 병인의 이마에는 진땀이 조쌀가티 빠직빠직 도덧다. 사들사들한 두 입술은 시우쇠빗가티 파-랏다. 코ㅅ등에도 땀방울이 쌘직쌘직 흐른다. 그의 호흡은 몹시 급하다. 여러날 경험에 병세를 짐작하는 경수의 모자는 포댁이를 들고 병인의 팔과 대리를 보앗다. 열발가락, 열손가락은 쏘꼭 곱아 들엇고 팔다리의 관절 관절은 말씀 주려부터서 소듸손 나무통에다가 집어 너흔 사람가티 되엇다.[90]

그러나 최서해 문학이 늘 밀도 높은 현실감으로 상황을 극화하여 보

89 최서해, 「紅焰」, 『조선문단』, 1927.1, 73면.
90 최서해, 「飢餓와 殺戮」, 『조선문단』, 1925.6, 32면.

여주는 것은 아니다. 최서해 소설 다수는 인물과 극한의 환경이 맞서는 대결의 형태가 도식적으로 반복되는 일이 잦다. 게다가 인물의 절박한 발언과 절규 등에서는 자주 비분강개한 화자의 독백의 어조가 그대로 노출된다. '독백적' 소설[91]은 흔히 작가의 사상이 인물의 심리의 표시로서 간주된다. 인물의 심리에는 화자의 감상적 태도가 빈번히 투영된다. 그의 소설에 '~듯하다', '~같다'등의 비유종지사들이 유난히 많이 등장하는데,[92] 이러한 방식으로 작가 또는 화자는 자신의 감정을 자연계 현상, 인물의 심리 등에 자주 투영한다. 화자의 격렬한 감정은 외부 세계에 거짓된 인상을 독자에게 강제로 요구하기도 한다. 러스킨은 이를 감상적 허위(오류)라 불렀는데,[93] 최서해 소설은 사태를 그리는 데 화자가 자신의 생각과 느낌에 빠져들어 그 진실성을 감소시키는 경우가 잦다.

> 때가 마침 음력으로 칠월 보름이라 달이 퍽 좋았다. 원래 법성포의 동령(東嶺) 달은 법성12경 속에 드는 하나로서 아름다운 것이다. 나는 미리 약속하였던 친구들과 함께 달 돋을 때에 갯가로 나아갔다. 스러져가는 연기같이 푸르고 엷은 안개는 산을 가리고 바다를 덮고 마을을 살근히 싸고돈다. 밀물이 소리 없이 들이밀어서 소드랑 섬과 한 시랑 앞까지 느긋한 바다에는 하늘빛과 마을의 불빛이 어우러 떨어져서 한 폭 그림 속 같았다. (…중략…) 저편 재덕산 높은 봉우

91 독백적 소설에서는 전일적으로 하나의 이념적 입장이 관철된다. 이에 반해 대화적 소설에서는 작가 역시 예술적 형상화 체계에서 일정하게 제한된 기능과 역할을 수행하면서 작품에 수용되는 다양한 세계들이 자신의 목소리를 충분하고도 완전히 낼 수 있게 하는 구조를 창조해 낸다.(이강은, 「소설의 역사철학적 전망 : 루카치와 바흐찐의 소설이론을 함께 읽기」, 『문예미학』 4, 1999, 41면)

92 김성옥, 「최서해 소설의 서술방식 연구」, 서울대 박사논문, 2005, 90면.

93 이상섭, 『영미비평사』 2, 민음사, 1996, 321면.

리를 넘어 노는 두어 조각 흰 구름은 퍽 서늘한 것이 나그네 마음을 천리 밖으로 끌어가는 듯하였다. (…중략…) 숨이 지는듯이 흙흙하는 늑김 속에 구슯흐게 흐르는 울음소리는 푸른 달 아래 구슯히 떠서 잠든 산천을 구슯히 울리는 듯하엿다.[94]

앞서의 「低流」는 함경도 방언과 지역 풍습을 통해 인물의 민중성을 드러내기도 하지만, 화자의 멋을 부린 위엄 있는 말들 때문에 그 객관적 감동을 이어가지 못한다.

미래를 보는 듯이 힘 있게 말하고 달을 쳐다보는 김서방의 눈은 빛났다. 다른 늙은이들도 신비로운 꿈에 싸인듯이 멀거니 앉아서 달을 쳐다보았다. 그 눈은 — 달빛 받은 그 늙은 눈은 다 같이 달 속에서 와 하늘 위에서 무엇을 찾고 그윽히 믿는듯이 빛나고 위엄 있게 보였다.

푸르고 높고 넓은 하늘은 의연히 대지를 덮었다. 그 서쪽에 걸린 달도 의연히 신비롭게 비치었다. 뒷산과 앞 벌에 살근히 흘르는 안개는 철철철 소리치는 강 위로 몰렸다. 높은 하늘 푸른 달 아래 엉긴 안개 속에는 무슨 거령(巨靈)이 그윽히 숨은듯이 보였다.

뜰 앞밭을 우수수 스쳐오는 바람결에 산새소리가 두어 마디 들렸다.

늙은이들은 여전히 돌아갈 것을 잊고 말없이 앉아서 강 안개와 푸른 달을 본다. 그 모양은 달과 하늘에 말없는 기도를 드리는 것같이 침묵한 속에 그윽한 위엄이 흘렀다.[95]

---

94 최서해, 「누가 망하나?」, 『신민』, 1926.7, 158면.

95 최서해, 「低流」, 『신민』, 1926.10, 200면.

최서해 소설에 나타난 독백적 언어는 자신의 대상에 대하여 단일한 의미를 부여한다. 자신의 세계관을 독백적으로 끝까지 밀고 나가면서 자신을 유일하게 가능한 세계관으로 느끼게 된다. 이 때문에 독백적 세계관은 현실에 대한 다른 가능한 접근 방식들을 차단한다. 최서해 소설에 반복되는 '유형화'된 인물은 작가의 몹시 급하고 거센 감정과 심리를 강조하고 전달하기 위한 수단이다. 이 때문에 그의 작품에서 화자 또는 인물의 발언에는 감탄사와 의문사가 빈번하게 등장한다. 이와 연결되어 화자는 1910년대 신파적 성격의 대중소설에서 발견되는 지나치게 슬퍼하거나 감동하는 식의 말투도 자주 드러내다.

> 아니다. 그네도 사람이다. 산사람이다. 내가. 내 삶을 악긴다 하면 그네도 그네의 삶을 악길 것이다. 왜 죽으라고 해! 그네들을 이 짱에 무더? 내가 대리고 이 북만주에 와서 그네들을 여기다 무더노코 내 혼자 잘 살아가? 아아 만일 그러타 해보자! 무덤을 등지고 나가는 내 자곡자곡에 붉은 피가! 저주의 피가 콜작콜작 괴일테니 낸들 무엇이 바로 되랴? 응! 내가 웨 죽으라고 햇슬가? 살자! 뼈가 부서저도 가티 살자! 죽으면 가티 죽고![96]

아래 인용문에는 객관적으로 장면 묘사를 하면서도, 중간 중간에 화자가 모든 것을 다 아는 것과 같은 서술을 개입시켜 묘사의 객관적 효과를 떨어뜨린다.[97]

> 모다 커단 나무를 찍어다가 우물 정ㅅ자[井]로 틀을 짜 지흔 집인데 여기ㅅ사

96 최서해, 「飢餓와 殺戮」, 『조선문단』, 1925.6, 31면.

97 김정자, 「'서술의 유형'으로 본 소설의 문체적 분석 : 채만식과 최서해를 중심으로」, 『국어국문학』 23, 1986, 20면.

람들은 이 것을 '귀틀집'이라 한다. 지붕은 대개 좃집이요 혹은 나무썹질로도 예엇다. 그 꼴은 우리 내지(간도서는 조선을 내지라 한다)의 거름ㅅ집[堆肥舍]과 가트다. **심하게 말하는 이는 도야지 굴과 갓다고 한다.**

이것이 남부녀대로 서간도 산ㅅ골을 차저드러서 사는 조션ㅅ사람의 집들이다. 빼허의 집들은 **그러한 조흔 표본이다.**

험악한 강산 세찬 바람과 쑤연 눈보래ㅅ속 겟닥지처럼 부터서 위태위태구 침묵을 지키고 잇는 그 모든 집에도 언제든지 — **도가 위대한 공도(公道)가 어그러지지 안으면** 언제든지 꼭 한쌔는 싸뜻한 봄ㅅ벼치 지내리라.[98]

더욱이 「홍염」에서 간도로 이주한 농투성이 '문 서방'의 목소리는, 자신의 목소리가 아닌 화자의 감상주의 말투로 입혀 있다. 경향소설의 대부분의 저자들은 전제 군주처럼 그들의 주인공이 저자 자신의 전체적 구도를 명료화하기 위해 필요한 규칙에 복종하기를 고집한다. 이러한 작품이 바로 앞서 지적한 소위 '독백적'인 것이다. 그러나 텍스트가 민주적인 것으로 간주되면 어떤 주요 주인공들뿐만 아니라 모든 인물들이 자기 할 말을 하도록 허락하여 받아들인다. 이 경우 인물은 자신의 성격 이외에 어떤 추상적인 이데올로기적 입장도 있을 수 없다.[99] 「홍염」의 문 서방은 무산계급으로서의 농민의 유형적 '성격'으로 묘사될지언정, 살아있는 '인격'으로 창조되지는 않는다.[100] 경향 소설의 대

98 최서해, 「紅焰」, 『조선문단』, 1927.1, 74면.

99 프라바카라 자, 「루카치, 바흐친, 그리고 소설사회학」, 여홍상 편, 『바흐친과 문학이론』, 문학과지성사, 1997, 292면.

100 독백적 작가는 주인공을 '성격'으로 재현한다. 하지만 도스토엡스키는 주인공을 진정한 '인격'으로 재현한다. 바흐친의 용법에 따르면 성격이란 일련의 심리적·사회적 특징들을 가리킨다. (…중략…) 주인공을 인격으로 재현한다는 것을 그를 참으로 종결 불가능하게 묘사한다는 것이다. (…중략…) 인격으로 재현한다는 것은 저자가 자기 마음대로 침범할 수 없는 성격의 인물을 재현한다는 것을 가리킨다.(게리 솔 모슨·캐릴 에머슨, 오문석·차승기·이

부분의 인물 형상화에 나타나는 약점은 이와 관련되어 있다.

문 서방은 딸을 품에 안으니 이 때까지 악만 찻든 가슴이 스르르 풀리면서 독살이 올랏든 눈에서 쓰거운 눈물이 써러젓다. 이러케 슬픈 중에도 그의 마음은 깃브고 시언하엿다. 하늘과 짱을 주어도 그 깃븜을 밧꿀 것갓지 안엇다.

그 깃븜! 그 깃븜은 딸을 안은 깃븜만이 아니엇다. 적다고 미덧든 **자기의 힘이 철통가튼 성벽을 문허트리고 자기의 요구를 채울 때 사람은 무한한 깃븜과 충동을 밧는다.**

불ㅅ길은—글 붉은 불ㅅ길은 의연히 모든 것을 태여릴것처럼 하늘하늘 올럿다.[101]

쭈러진 문구멍으로 경수를 내다보면서 문을 탁탁 치는 것은 금년에 세 살 나는 학실이엇다. 숢가튼 피곤에 쌔엿든 경수는 문구멍으로 내다보는 그 딸의 방긋 웃는 머루 알 가튼 눈을 보고 연한 소리를 들을 제 **극히 정결하고 순화하고 부드럽고 싸뜻한—무어라 형용키 어려운 감정**이 그 가삼에 넘첫다.[102]

전신의 피가 막 끌어 올너서 소리를 지르고 뛰여 나가면서 지구ㅅ등어리까지라도 부서노코 십허다. (…중략…) 그는 어듸서든지 처지가 절박한 사람을 보면 가삼이 찌르르하며넛도, 그 무리를 짓밟는 흉악한 그림자가 눈압헤 뵈느듯해서 퍽 불쾌하엿다.[103]

진형 역, 『바흐친의 산문학』, 책세상, 2006, 446~448면 참조) 저가가 마음대로 침범할 수 없는 성격의 인물은 미적으로 곧 자신의 목소리를 갖는다.

101 최서해, 「紅焰」, 『조선문단』, 1927.1, 92면.

102 최서해, 「飢餓와 殺戮」, 『조선문단』, 1925.6, 28면.

103 위의 책, 30면.

최서해 소설은 김동인과 같이 인물의 대화를 방언 등 구어의 형태로 표현해내지만, 김동인과 달리 인물의 사실성과 민중성을 얻어낸다. 그리고 이주지 간도의 풍경 또는 가난 등의 절박한 상황을 그리는 부분에서 화자는 가능한 한자어 등을 포함한 관념적 언사를 자제하며 텍스트에서 자취를 감추고 있는 효과를 보여줘 초기 경향소설들과는 달리 사실성을 획득한다. 그러나 최서해 소설 역시 인물의 심리나 생각을 서술할 경우, 화자가 자신의 생각과 발언을 개입시키는 등 신경향파소설이 가지고 있는 약점을 그대로 보여준다. 특히 화자가 적극 개입하는 부분에는 의미가 함축된 한자어를 많이 써서 작중인물보다 화자가 지적이고 신빙성 있게 보이게 한다.[104]

그러나 소설의 화자는 무지의 범주에서 불확실한 추측에 머무르기도 해야지, 그렇지 않고 유식한 말로 예언을 하게 될 때 현실에 대한 깊이 있는 인식에 이르지 못한다. '독백적'이 아닌 '대화적' 예술은 제3의 상태에 접근할 수 있는데 이는 진리와 허위, 선과 악의 너머에 존재한다. 거기서 각각의 사상은 어떤 사람에게 속하게 된다. 그래서 이러한 예술에서 우리는 절대적인 것 대신에 다중적인 관점들을 발견하며, 중심은 존재하지 않으며, 모든 것이 일반화된 상대성 속에 존재하게 된다.[105]

끝으로 최서해 소설은 난삽한 일본식 국한문체가 아닌 쉬운 국문체를 다루고 대화문에서는 구어적 표현을 적절히 활용하지만, 역시 궁극적으로는 살아 움직이는 느낌의 구어적 표현을 보여주지는 못한다. 한 예로 최서해 소설에서 매우 잦게 등장하는 의성·의태어들 대부분이, "철철철", "우수수", "팽팽", "찍찍", "꽐꽐", "철썩", "출렁", "쿵쿵", "앵앵",

104 김성옥, 『최서해 소설의 서술방식 연구』, 서울대 박사논문, 2005, 70면.

105 츠베탕 토도로프, 「바흐친의 문학론 : 인간과 상호인간」, 여홍상 편, 『바흐친과 문학이론』, 문학과지성사, 1997, 116면.

"윙윙", "우르렁" 등과 같이 소리를 물리적으로 모사하는 수준의 규범적인 의성어라는 점은 최서해 문학의 구어적 표현에 대한 관심과 능력이 어떠했는지를 보여준다. 최서해가 경향적인 소설을 지향했을지라도 그의 등단 배경에 『학지광』 또는 『청춘』, 그리고 『조선문단』이 놓여 있다는 사실은 그의 문체가 이광수, 최남선 등이 생각한 언문일체의 방식에서 크게 벗어나지는 못하리라는 짐작을 하게 한다.[106]

2) 농민대중의 구어

이기영 문학의 리얼리즘 또는 농민문학의 성과를 얘기할 때 지적하는 것 중의 하나가 그의 소설에 나타난 언어의 민중적 성격이다. 그것은 속담, 방언 을 포함하여 농민의 일상생활에서 나왔을 법한 구어로 이뤄진 민중적 비유 등을 통해 실현된다. 그런데 1920년대 소설사에서 이기영 소설은 어휘 차원에서의 민중적 구어뿐만 아니라 서술 측면에서 그동안 위축되었던 전통적인 구술방식을 근대소설에 재현해보려 한다. 이런 점에서 이기영은 1920년대 부르주아 사실주의 작가인 현진건, 나도향 등이 조금씩 이뤄낸 소설의 이야기성과 구어적 표현의 성과에서 또 한 발 더 나간다. 이 글은 이러한 이기영 소설의 구어체적 특징과 방식이 경향문학으로서의 이기영 소설에서 실제로 해 나가는 역할과 한계를 밝혀보고자 한다.[107]

---

106 최서해는 이광수의 소개로 『학지광』에 처음 작품을 싣고, (최서해, 「그리운 어린 때」(『조선문단』, 1925.3) 최남선이 주재하는 『청춘』의 현상문예에 응모하여 문단에 나왔다.

107 이 글과 비슷한 입장에서 이기영 소설의 구술 특징을 논한 글로는 장문석의 「이야기판·이야기꾼·근대소설가 : 이기영을 통해서 본 구술문화에서 문자문화로의 이행 一考, 1924~1933」(『어문론총』 53, 2010) 가 있다. 단 저자의 글과 달리 이 글은 이기영 초기 소설의 양식적인

이기영이 문단에서 주목을 받게 된 첫 작품은 「가난한 사람들」(『개벽』, 1925.5)이다. 그의 자전적인 소설로 보이는 듯싶은 이 작품은 보잘 것 없는 무산자의 처지로 떨어진 지식인 계급의 이야기이다. 그러나 지식인 주인공이 등장하는 이 시기 다른 소설과는 여러 가지 점에서 차이가 난다. 이 작품의 주인공은 추상적인 괴로움과 답답함 속에 자기를 고립시켜 갇혀 놓는 것이 아니고, 구체적으로 가난한 현실 안에서 자신이 겪는 이야기를 진술하게 풀어나간다.

주인공 '성호'는 '학문'을 꿈꾸며 고학으로 일본 유학생활을 하지만 결국은 가난 때문에 다시 고향으로 돌아온다. 귀향 후 그는 눈앞의 가난에 쫓기며 취직자리를 찾지만 끊임없이 실패로 돌아가 딱한 처지에 놓인다. 설사 관청에 일자리를 구한 친구들이 있다 치더라도, 그들은 '제 입 벌이'나 간신히 하는 월급을 받으면서 상관에게 굴욕을 당하는 등 버둥거리며 살아간다. 그는 이러한 모습을 보고 어떠한 가능성과 탈출구도 없는 현실에 절망한다. 이러한 내용은 부르주아 리얼리즘 소설에서도 자주 나타나는 소재다. 그런데 성호는 이러한 현실에 사치스러운 절망을 하는 룸펜 지식인이 아니다. 그는 당장 오늘은 '조죽'을 끓여 먹고 연명했지만 내일 당장은 어디 가서 "누에 쳐서 갚을 터이니 외상 쌀 한말"을 졸라야 할 만큼 일촌의 여유도 없이 가난한 현실에 옭아매있는 지식인이다.

그런데 이 작품은 이러한 현실에 얽매인 지식인의 내면이 이 시기 다른 소설에 비해 훨씬 실제로 체험하는 느낌이 들게 한다. 이 작품은 삼인칭 화자가 이야기를 전개하나, 화자는 문체상 변화의 뚜렷한 표식 없이 수시로 자신과 비슷한 생각을 가진 등장인물의 관점을 걸러 쓰기

특징을 이야기꾼의 전통에서 온 것임을 확인만 할 뿐, 그러한 전통이 근대소설에서 생산적으로 적용되었는지의 여부에 대한 설명은 하지 않고 있다.

위하여 그의 내면 발화 속으로 미끄러져 들어간다. 실제 말들은 화자에 의해 삼인칭으로 발화되고 있지만, 관점은 철저하게 등장인물의 관점이다. 마치 화자가 자신의 목소리(삼인칭)로 이야기하면서 등장인물의 관점을 채용하기 위해 잠시 자신의 관점을 유보하고 있는 것처럼 보인다.[108] 이러한 방식 때문에 아래 인용문의 강조 부분의 '확인어'나 '감정어' 등과 같은 구화(口話)를 옮겨 놓은 구어체적 말투가 나타난다.

> **참 말이 난 김에 말이다마는** 그 부인은 결코 美人은 아니엿다. 죽은깨가 약간 **잇던가 업던가?** 그때 잠깐 본 까닭에 지금은 그의 얼골 전양도 희미하다마는 **엇더턴지** 스물을 갓으로 넘은 여자의 의례히 잇는 症 인 처녀의 羞態를 씌고 두 뺨이 붉으레한게 그저 平凡한 얼골이엿다.
>
> (…중략…)
>
> 주인은 위선 자긔의 구차한 사정을 일장설화하엿다. ― **월급이래야** 三十圓밧게는 아니 되는데 그것 가지고는 도저히 **살 수 업다는 둥** 그래도 자긔는 엇더케던지 야종에야 하다 못해 일본집에 가서 고쓰까이 노릇을 하여 먹더래도 제 입

108 등장인물의 정신 상태를 철저히 화자의 관점에서 묘사하는 심리묘사와는 달리, 또한 등장인물의 목소리를 직접 채용하는 인용된 독백과는 달리, 이러한 자유간접화법은 서술하는 목소리와 등장인물의 내면 독백의 경계를 무너뜨린다. 이러한 서사체는 화자가 보는 것(전지적 관점)과 등장인물이 말하고 생각하는 것을 융통성 없이 보고 하는 것으로부터 소설적 담론을 자유롭게 해주며 등장인물의 사유 속으로의 자유로운 접속을 가능케 한다. 자유간접화법은 종종 "그는 생각했다" 혹은 "그는 믿었다" 따위의 문체 전환을 표시하는 언어적 표지를 생략한다. 시제·인칭 및 여타 관련 어법 표지가 없기 때문에, 인도유럽어에서는 필수적인 어법적 전환에 기대지 않고서도 서사 양식을 쉽게 전환하는 것이 가능하다. 결과적으로 한국어에서 자유간접화법은 다른 언어에서보다 전지적 심리묘사 및 인용된 독백과의 관계에서 더 많은 모호성을 띠게 된다. 그 문체적 효과는 어딘가 자유직접담화(free direct discourse)와도 닮은, 투명한 정신이라는 완벽한 환영으로 이어지는 방해받지 않은 서사의 흐름이다. 이러한 자유간접화법은, 바흐친 이론에서 핵심적인 것으로 사실 타자(他者 / 현실)의 말이 화자의 말의 맥락 안으로 들어와 있는 대화적 관계, 담화 장르와 다를 바 없다.(이득재, 「바흐찐과 가타리의 언어이론 비교연구」, 『러시아어문학연구논집』 9, 2001, 186면)

버리는 하겟지마는 원- 우리 兄님들은 엇지할 세음인지[109]

화자가 등장인물의 관점을 섞어 인물의 내면을 진솔하게 서술하는 스타일은 초기 이기영의 자기 고백적 소설에서도 이미 나타난다.

> 구테어 경애가 보고 십다면 그것은 참으로 경애가 보고 싶은 것이 아니라 오히려 그 여자에 대한 미련이 있기 때문이 아닐가. 그것은 모성애(母性愛)에 대한 시위운동이 아닐가? 그것은 그의 실련(失戀)에 대한 복수요 시긔요 질투 행동이 아닐가? 그런데 그는 지금도 그런 것은 아니라 하얏다. 그러치는 안치마는 어쩐지 경애만은 보고 싶다 하엿다. 그것은 그러케 질문하는 사람이 잇스면 그는 구지 변명할 것은 업다 하얏다. 그러나 그 여자에게 애증(愛憎)을 갓지 안흔지는 벌서 오래전이다. 하지만 그저 어쩐지 경애만은 보고 십혀다…… 그것은 날이 갈스록 더하얏다 — 하는 것이 늘 그의 고백이다. 그래 김송을 잘 아는 사람은 모다 그를 이상한 사람이라 하얏다. 아니 그것은 그들 뿐 아니라 김종이 자신도 자긔를 이상한 사람으로 생각하지 안흘 수 업섯다. 그는 과연 자긔가 그러케도 인정에 여린가? 의심하얏다.[110]

간혹 화자의 울분 속에서 추상적인 말투가 튀어 나오기는 하지만 한 사람의 내면을 서술하면서도 이야기를 이끌어나가는 솜씨가 부르주아 리얼리즘 작가들에 비교해서 능숙하다. 이는 화자가 구술적인 서술의 방식을 채택해 유연한 서술태도를 유지하기 때문이다.

109 이기영, 「가난한 사람들」, 『개벽』, 1925.5, 62~63면.
110 이기영, 「苦難을 뚤코」, 『동아일보』, 1928.1.15.

◦ 그래도 자긔는 훌늉한 호주(戶主)의 책임이 잇는 줄은 이저버리지 **안엇다마는**. (…중략…) 사람이 그걸 먹고 **살다니?**[111]

◦ 이것이 그의 전 재산! 아니 자긔 집의 전 재산이다 **그러타니 말이지.**[112]

◦ 내일 아츰에는 드러 **가렷다**. (…중략…) **아니** 그 안에 올는지도 모르지 하며 만일 그 때에.[113]

◦ 아모 도리도 없시 펀둥펀둥 놀기만 **하것다.**[114]

그리고 「가난한 사람들」에는 비록 가난한 지식인 이야기를 다루고 있지만, 이 시기 부르주아 리얼리스트에게서 발견하기 어려운 민중의 튼튼한 정신세계와 활기를 보여준다. 이기영은 그것을 그들 계급이 쓰는 언어를 구어적으로 재현해낸다. 「가난한 사람들」에서 주인공 '성호'가 겪게 되는 중요한 갈등 중의 하나가 가난 외에도, 1920년대 소설들에서 흔히 발견되는, 인습에 따라 강제로 결혼한 아내와의 갈등이다. 주인공은 1920년대 부르주아 연애소설의 주인공들과 같이 구식여자인 자기 아내에게는 함부로 하며 신식여자와의 연애를 동경한다. 그러나 작가는 주인공 남자를 자유연애에 들뜬 철부지로 그리지만은 않는다. 대개 1920년대의 연애소설에서 전체 이야기는 인습적 혼인에 희생된 남자, 즉 새로운 교육을 받은 지식인의 관점에서 풀어나간다. 그러나 「가난한 사람들」은 또 하나의 희생자인 구식여자에게도 동일한 관심을 기울여 사태를 균형 있게 바라본다. 이기영 소설은 이 점에서 부르주아 사실주의의 작품에서 한 발 더 나아간다.

---

111 이기영, 「가난한 사람들」, 『개벽』, 1925.5, 59면.
112 위의 책, 60면.
113 위의 책, 61면.
114 위의 책, 63면.

「가난한 사람들」의 아내는 성호에게 시집올 16살의 나이 때만 해도 마치 '소담한 과실'과 같은 여자였다. 그러나 자식 넷을 낳고 이후 "營養不足, 產苦, 勞役, 貧苦"에 찌들어 "아편장이 얼골가티 누-러케 들뜬데다가 이마는 버서지고 머리는 빠져서 가름마가 新作路가티 타지고 (…중략…) 게다가 정배기가 비인 것은 마치 山말낭이에 잇는 共同墓地 막다른 길목에 쎄장 써간 잔디밧"[115] 같은 볼품없는 여인으로 변해 버렸다. 주인공이 이러한 볼품없는 아내를 대하는 시선과 행동은 1920년대 부르주아 연애소설의 지식인 주인공의 그것과 동일하다. 성호는 따라서 아내에게 이혼과 개가를 권유해본다. 그러나 아내는 이를 완강히 거부한다.

> "고만 두어요. 내가 왜 환냥년인가? 기생갈보년인가. 부모가 한번 정해준 남편의 눈이 멀둥멀둥하게 살앗는데 밋첫다고 시집을 쏘 가? 아이구! 망칙한 소리두 (…중략…) 내외 싸홈은 칼로 물치기라고 녜전 사람이 여북 잘 알고 말햇겟소. 평생을 가티 살자면 가끔 싸홈도 하는게지. 아! 싸홈하는 쪽쪽 離婚을 하다가는 밤낫 離婚만 하다말게. (…중략…) 아주! 자식까지 나노코 인제 와서 무슨 싼 소리요. 나를 그 전 處女를 도로 만드러주오! 그러면 내 얼씨구나 하고 시집을 갈게. 당신이 나를 헌 계집을 만드러 느앗스니."
>
> "나도 당신 때문에 헌 산애가 되지 안엇소?"
>
> "호호! 그럼 피장파장이지. 헌 산애와 헌 께집이 잘 살게 되지 안엇소? 헌 산애가 새 게집을 바라는 것도 죄요. 헌 게집이 새 산애를 바라는 것도 죄니까 그대로 사는 것이 조치인소. 그리고 쏘 얼마나 가티 살엇기에 툭하면 가티 살기 실타노! 반잣 도라만 다니면서…… 그런 **미친 소리는 말고 어서 잠이나 잡세다**. 아이

115 위의 책, 71면.

졸려!"[116]

아내는 당당히 자신의 의견을 얘기하며 남편의 말을 '미친 소리'로 치부하고 "어서 잠이나 잡세다." 하는 억척스러운 말과 몸짓으로 대응한다. 이 시기 어느 소설에서도 성호의 아내와 같이 구식여인의 모습이 이렇게 자발적이고 적극적으로 그려진 예가 없다. 이는 우리 소설사에서 지식인 주인공 중심에서 벗어나 사태의 전반을 객관적으로 볼 수 있는 능력 즉 그 이전의 부르주아 리얼리즘이 축적한 지식인 주인공의 객관적 자기인식의 능력이 일정 수준에 도달했음을 보여준다.

이전의 부르주아 리얼리스트가 인식한 봉건적 인습의 문제는 단지 지식인 중심의 추상적 번민 안에 맴도는 수준이었다. 그러나 이기영은 이러한 봉건적 인습의 또 하나의 진정한 희생자가 바로 구식 아내로 환기가 되는 민중임을 알아차린다. 이러한 인식은 지식인의 자폐적 내면 또는 영혼을 통해서가 아니라, 그의 타자인 민중의 말, 몸짓, 행동을 형상화하면서 이뤄진다. 위의 인용문에서 작중인물인 아내의 반응을 표현하는 과정에서 언어는 마치 살아있는 육체를 가진 것처럼 느껴지게 된다. 그리고 아내의 신체적 반응이나 행동, 표정 등에 대한 묘사는 삶의 현장에서 느끼는 경험적 감각을 불러일으킨다.

작가는 작품에서 자기 자신으로부터 독립되어 있는 살아 있는 존재들(타자), 다시 말해 완전한 권리를 지닌 살아 있는 타자를 만들어낸다. 타자의 목소리를 짓눌러 벙어리로 만들지 않으며, 그것을 '자신의 입장에서', 즉 타자적인 자신의 의식에서 끝내지 않는다. 작가는 하나의 의식의 관점에서 많은 사람들을 분석하는 것이 아니라, 동등한 권리와

116 위의 책, 74~75면.

완전한 가치를 지닌 많은 의식들 간의 상호작용을 분석한다.[117]

1920년대 지식인이 화자가 주인공이 된 대부분의 작품들은 하나의 의식의 관점에서 타자(민중)를 분석하는 독백의 구조에 가깝다. 지식인을 제외한 그의 주위 현실은 사물화가 되어버린다. 그러나 「가난한 사람들」은 아내의 '거침없는 말'과 몸짓을 통해 살아 있는 인물을 만들어 구식 아내의 일정한 형상을 얻는다. 그 밖에도 화자는 작품을 서술하면서 주인공이 가진 생각과 말투를 빌려 가난한 자의 설움과 분노를 설득력 있게 전달한다. 이러한 내용들을 구술의 형태를 띠고 이야기하듯이 전달된다.

> 窮한 도적은 쏫지 안는다는 말이 **잇지 안은가?** 死에 쏘기는 生命은 웬수라도 容恕한다는 말이다. 꿩고기가 맛나지마는 집안에 든 꿩은 잡아먹지 안는다 한다. **웨? 그게 人情이거던.** 겨울에 눈이 듬북 싸힐 때에는 꿩이 먹을 것이 업서서 人家로 내려온다. 먹을 것이 업서서 굴머 죽겟스니 살녀달나고 — **당신네** 마당에 널닌 곡식알을 먹여달나고 — 저를 잡어 먹는 사람에게 무서운 줄도 모르고 달녀든다. 餓鬼는 그러케 무서운 것이다. (…중략…) 그런데 **함을며 사람이랴.** 떡을 달나는데 돌을 주는 것도 분수가 **잇슬게다.** (…중략…) 쌀한말! 一圓五十錢! 그(6촌형 — 인용자)는 하찬은 것이다마는 그 하찬은 것이 자긔의 눈에서 피눈물을 내게 하엿다면 자긔는 一平生 그 記憶을 이즐 수 업슬 것이다.[118]

「가난한 사람들」은 이러한 성과를 보여주면서도 경향소설에서 자주 그렇듯이 작가가 계급의식을 조급하게 주입하고자 할 때는 영락없

117 미하일 바흐친, 김희숙·박종소 역, 『말의 미학』, 길, 2006, 444면.
118 이기영, 「가난한 사람들」, 『개벽』, 1925.5, 79면.

이 한자가 섞인 관념적인 서술이 자주 등장한다. 송영의 「선동자」 정도는 아니더라도 초기 경향소설과 비슷한 식의 말투를 만들어낸다. 게다가 독자를 가르치려는 화자의 노골적 의도가 등장할 때도 자주 있다. '총명한 독자' 운운하면서 독자보다 높은 자리에 선 화자의 직접노출이 보이기도 한다.[119]

> 그는 그들에게서 **征服者와 被征服者의 心理를 다시 엿보앗다. 아!** 强者와 弱子의 生活의 縮圖를 그는 이 母子에게서도 보앗다. 그래 人間의 無知를 새삼스레 놀내엿다. (…중략…) 아! 인제는 고만이다. 나의 배우고저 하든 학문은 영영 絶望이다! 絶望! 自殺! 苟且偸生! 家族! 放浪! 絶望 自殺!?!?[120]

> 그의 가슴은 별안간 휑-하니 마치 동혈(洞穴) 속갓치 텅- 비인 것을 늣기엿다! 그는 회상(回想)의 구름을 타고 멀니 하늘 위로 소요(逍遙)하엿다.[121]

초기의 「가난한 사람들」 이후 이기영 문학의 언어적 성과는 말할 필요도 없이 「鼠火」, 『고향』 같은 본격적인 농민소설에서 가장 잘 드러난다. 이들 농민소설에서 농촌의 정경, 농민의 외양, 행동을 그리는 데서 나타나는 언어의 민중성은 눈길을 끌 만하다.

> 숨이 콱! 콱! 막힌다. 논꼬에 고인 물이 부글부글 끓어오른다. 텀벙! 뛰여드는 개구리는 두 다리를 쭉- 뻗고 뻐드러진다. 그 놈은 비시감치 자빠지면서 입을 딱- 딱- 벌리었다.[122]

---

119 김성수, 「이기영 소설연구」., 성균관대 박사논문, 1991, 21면.
120 위의 글, 82~83면.
121 이기영, 「邂逅」, 『조선지광』, 1927.1, 128면.

주인은 고이적삼 바람인 맨발벗은 다리로 책상 다리를 하고 앉는다. 짤막한 다리가 **장단지는 개구리를 잡어 먹은 뱀같이 볼속 내밀고** 발목까지 거이 한 치씩 되는 털이 새까맣게 내리덮였다.[123]

안마당에는 모깃불을 피워서 뽀얀 연기가 밤하늘로 가늘게 떠올는다. 모기소리가 왱! 하고 난다. 보리풀을 해다 쌓은 거름 덤이에서는 퀴퀴한 냄새가 바람결에 코를 찌른다. 그 밑에서 송아지는 꼴을 삭이고 누었는데 거기는 갈따귀가 진을 치고 있다.[124]

그리고 여기서 민중성이란 억압하고 희생당하는 비극적 대상이 아니라, 인간해방의 주체로서의 민중의 모습을 가리킨다. 언어의 민중성은 그들 안에 있는 수동적, 비관적이 아닌 낙관적 성격을 드러내며 잠재된 풍부한 생명력을 발견한다. 이는 나도향, 현진건 소설에서는 찾기 쉽지 않은 민중의 모습이다. 농민들의 거칠지만 진솔한 모습, 예컨대 『고향』에서 인동과 방개가 나누는 사랑의 표현 방식이 그러한 예들이다.

"뭐시 엇재…… 예이 경칠년 갓트니"

김 첨지는 별안간 물고 잇든 담배ㅅ대를 들어서 대ᄭᅩ바리로 마누라의 등ㅅ줄기를 후려 갈겻다.

"아이구머니- 아이 개개개……"

마누라는 그 자리에 자지러지는 소리를 하며 삭은 등걸 갓티 씨러진다.

"늙은 년이 제 밋구녕으로 내질넛다고 자식 역성우 드럽게 하지. 이년아! 안

122 이기영, 『고향』 상, 한성도서주식회사, 1936, 2면.
123 위의 책, 6면.
124 위의 책, 12면.

되면 조상 탓 한다고 가난한 탓을 왜 나보고 하는 게냐! 네 년이 얼마나 팔자가 조앗스면 나갓튼 놈에게로 서방을 해왓느냐 말이야. 이 주리를 틀넌 갓트니"

김 첨지는 열이 벌컥 나서 갈범의 소리를 지르며 담배ㅅ대를 거구로 들고 다시 마누라에게로 달녀든다.[125]

인동이는 별안간 얼굴이 울구락불구락 해지며 입술에 경련을 이르켰다. 그는 무서운 눈을 지루 뜨고 한참동안 방개를 노려보다가 한번 진저리를 치고는 낫자루에 침을 탁 뱉어서 힘것 쥐고 잔다미를 북북 뜯기 시작하며

"고만 가라구! 임자 볼 일 보러"

하고 불먹은 소리를 내질렀다. 뜻밖에 덜미를 짚여서 내쪼기는 것 같은 모욕을 느낀 방개는 얼굴이 다홍빛이 되며

"저이가 미쳤나 웨 빨끈 성을 내고 그래! 가라면 누가 겁날까바서……"

하고 보구니를 들고 이러선다.

"늬가 옆에 있으면 깨무러먹고 싶게 이가 갈린다. 다시는 내 눈앞에 뵈지 말라구"

인동이는 여전히 흥분되여서 부르짖는다. 방개는 인동이의 심중을 엿보았다. 그는 도루 그 자리에 털석 주저앉이며 정열에 떤 목소리로

"안 보면 보고 싶고 보면 이가 갈린단 말이지? 나두 그런데 뭐……"

"그런 허튼 수작을 말라구!"

"임자야 말로 너무 그라지말라구!"

"그런 소리말고 임자는 인순이와 잘 지내라구- 그것이 당신에게는……"

"그건 나두 잘 알어. 고만두라구! 고만두라구!"

방개는 발딱 이러서서 암상스런 눈으로 인동이를 할겨보다가 별안간 불이나

125 이기영, 「鼠火」, 『조선일보』, 1933.6.11.

케 다러난다.[126]

민중의 언어는 "하나의 총체적인 유기적 문화의 표현"[127]이다. 현대 세계에서 셰익스피어와 같은 위대한 문학이 나올 수 없는 까닭은 그러한 문학의 토대가 되는 살아있는 토착적 언어를 보증하는 유기적 공동체가 더 이상 존재하지 않기 때문이다.[128] 서구 현대문학이나 서구적 영향을 강하게 받아온 제삼세계에서 현대문학과 예술의 전개는 대체로 다수 민중으로부터의 소외와 고립의 심화라는 현상으로 특징지어질 수도 있다. 이것은 마치 예술 상황의 당연한 조건인 것처럼 생각되기에 이르렀고, 그러는 동안 예술 본연의 사회적 존재 방식은 어디까지나 민중생활 공동체와의 유기적이고 생동적인 교류 속에서 존재한다는 사실도 망각되기가 쉬운 것이다. 오늘의 제삼세계의 예술의 위기는 제국주의의 강한 작용의 결과로 제삼세계 민중의 전통적인 생활공동체와 그것을 근거로 하였던 민중문화가 붕괴되고 있다는 데 있다.[129] 이기영문학은 한국 근대소설사에서 이러한 민중생활 공동체와의 유기적 교류를 하고자 했던 거의 최후의 작품이다. 이기영은 소재 측면에서도 『고향』 같은 작품에서 전근대 시대의 민중적 공동체인 두레에 남다른 관심을 가지고 일제하뿐만 아니라 해방 후 북한에서도 이를 집중적으로 그리고 있다는 점에서 카프계 다른 작가들과는 구분된다.[130]

---

126 이기영, 『고향』 하, 한성도서주식회사, 1937, 282면.

127 김종철, 「리비스와 공동체의 이념」, 『안과밖』 8, 2000, 210면.

128 그런데 임화는 이기영 문학이 조선 문학의 최고, 최량의 수준을 달성했음에도 불구하고 그의 문학에 나타나는 방언의 상당히 비(非)질서적인 구사를 비판하며 이를 조선 문학과 언어의 역사적인 미숙으로 보고 있어(임화, 「조선어와 위기하의 조선문학」, 임화문학예술전집 편찬위원회 편, 앞의 책, 598면) 이기영 문학에 나타난 언어의 민중성의 핵심을 간과한다.

129 김종철, 「디킨즈의 민중성 : 「어려운 시절」을 중심으로」, 『인문연구』 2, 1982, 178면.

130 김재용, 「근대극복으로서의 공동체 발견과 그 명암」, 『실천문학』 50, 1998, 187면.

그러나 이렇게 이기영의 농민소설이 속담, 방언, 구어적 표현으로 이뤄진 민중적 비유, 수사 체계와 농민 스스로의 목소리를 드러내고 있음에도 수시로 지식인 화자의 말투가 상관없이 끼어들어 문체상 충돌을 일으킨다. 실제 지식인 화자의 개입의 정도와 양상에 따라 농민소설로서의 이기영 문학의 문학적 성과가 달라진다. 작품에서 농민을 주인공으로 삼기 시작했던 초기작 「農夫 鄭道龍」(『개벽』, 1926.1~2, 이하 「정도룡」)은, 지식인 성격의 화자가 직접 나서고 있는 정도가 오히려 지식인을 주인공으로 한 「가난한 사람들」보다 더 심하다. 물론 「정도룡」은 서두에서 농민과 지주의 대조적인 모습을 두 개의 풍경화로 서투른 데 없이 익숙하게 그려내 농민소설 작가로서의 면모를 보여주기는 한다.

> 불볏은 내리 쪼인다. 뜨거운 태양열은 불피를 퍼붓는 것이다. (…중략…) 길바닥에 모래알은 익을익을 익는다. 나무닙은 시들고 풀폭이 발가케 타드러간다. (…중략…) 웅덩이에 담긴 물은 열창가티 끄러서 털석! 하고 뛰여드느느 개고리는 두 다리를 쭉뻣 발낭 잣바진다. (…중략…) 희꾸무레한 잠방이를 걸치고 아래위로 드러내노은 살빗은 오동빗가티 더욱 검게 뵈이는데 엇저다 옷 속에 드러잇는 살이 나오면 그는 도저히 한 사람의 살빗이라고 할 수 업슬만치 딴 색이 돗는다. 이 햇빗에 탄 검붉은 등얼리를 일자로 꾸부리고 느러서서 그들은 지금 한참 밧부게 모를 심는다. 한폭이 두폭이 꼬져 놋는대로 논빗은 청청이 새로워지고 그들의 입에서는 悠長한 상사듸 소리가 흘너 나온다. 그러나 그것은 그들의 고통을 낫고저 하는 애닯은 늣김을 준다. 그리는대로 등어리에서는 진땀이 송송 솟고 태양은 한결가티 그의 광선을 내리쏜다. 그들의 땀빗도 검은 것갓다.[131]

131 이기영, 「農夫 鄭道龍 (1)」, 『개벽』, 1926.1, 59~60면.

논임자는 나무 그늘 두터운 북창에 의지하여 뭉게뭉게 피여오르는 흰구름을 바라보며 귀로는 이- 悠長한 농부가의 베폭이 사이로 흘너 나오는 곡조를 듯고 잇다. 그래도 그는 더웁다고 부채질을 연실하면서 까부러지랴는 거뻥불 가티 두 눈이 사르르 감겻다 다시 빠꼼히 떠보앗다 한다.[132]

그런데 「정도룡」에서, 정작 농민들의 목소리에는 그들의 언어가 아닌 지식인 화자의 말투가 수시로 끼어든다. 「정도룡」은 물론 쉬운 국문으로 쓰여 있다. 그러나 「정도룡」에 등장하는 농민들의 말은 농민들의 자신의 말이 아닌 경우가 많다. 농민들의 말은 작가의 의도에 따라 문어체로 다시 꾸며진다. 농투성이 '정도룡'은 자신의 아들과 이웃 농민들을 향해 다음과 같은 투로 말한다.

지금 부자들이 모다 그 사람 가튼 줄을 너는 모르늬? 애- 베ㅅ섬을 지기는 고사하고 빗자루 한번을 안 드는 사람이 만탄다. 게으를수록 부자가 되거던. 왜 그러냐 하면 그들이 게으르면 게으를수록 **우리가튼 로동자**의 수고는 더해지는 까닭이다. 우리 가튼 가난한 사람은 게으를내야 게으를 수가 업지 안으냐? (…중략…) 그럼으로 우리 집도 게으를 공부를 해야겟다.[133]

그들은 우리네 농민의 고통을 모른다. 그것은 마치 부자가 가난한 자의 사정을 모르드시 (…중략…) 놈들은 건망증에 걸녀서 앗가 한 일도 금시에 이저버리고 지금 눈압헤 일만 생각하겟다. 그럼으로 그들에게 배운 지식을 실행하게 하라면 위선 고통을 맛뵈여야 할 것이다.[134]

---

132 위의 책, 61면.
133 이기영, 「農夫 鄭道龍 (2)」, 『개벽』, 1926.2, 161면.
134 위의 책, 165면.

물론 농부 정도룡이 하는 말은 어려운 말은 아니다. 그러나 그렇다고 그것을 농민의 구어적 목소리로 보기는 어렵다. 그리고 화자는 농민들의 행동과 생각을 서술하는 경우에도 지식인 화자의 어법에 맞춰 사용한다. "이 동리의 크나 즉은 일은 그(정도룡)의 **계획과 지휘**로 해결"[135]되었다든지, 마을 사람들이 지주 김주사의 "**포악한 행위**"를 욕했다는 식으로 서술한다. 작가가 화자 또는 농민의 입을 빌려 현실에 대한 분노를 드러낼 경우에는 이기영 특유의 감상벽으로 된 신파적 말투를 보여주기도 한다. 작중인물인 농민들로 하여금 스스로 말하게 하지 않고 작자나 화자 또는 작가의 대리인인 듯싶은 무개성한 작중인물이 독자를 설득하려는 것은 문제이다.[136] 농촌 이야기를 쓰는 문장으로서 맞지 않는 꾸밈말, 또는 늘 하는 투로 너무 쉽고 단순한 말재주를 쓴다. 아래의 예들에서 농민들을 기술하는 서술의 살아 움직이는 느낌은 사라지며 문어체적 경직성을 보여준다.

> 그 위에 서늘한 **달빗이 그의 안식을 축복하는드시 키-쓰를 주엇다.** 그리하야 춘이 할머이는 돈 업는 나라 세금 업는 나라 부자와 가난이 업는 나라 밥 안 먹어도 사는 나라로 — **영원히 영원히 안식을 으더갓다.**[137]

> 금순(정도룡의 딸 – 인용자)의 앗가까지 놀나운 표정으로 빗나든 눈은 어느듯 엇던 **강렬한 감격한 정서**를 감춘 우슴으로 자차 **빗나기 시작하엿다.**[138]

---

135 위의 책, 166면.
136 김성수, 「이기영 소설연구」, 성균관대 박사논문, 1991, 31면.
137 이기영, 「農夫 鄭道龍 (2)」, 『개벽』, 1926.2, 170면.
138 위의 책, 178면.

「민촌」에서 지식인 창순(서울댁)이 원두막에서 점순 등의 농촌 남녀와 나누는 열정적 언사에서 그와 같은 말투가 절정을 이룬다.

> 보아라! (…중략…) 저! 안타까운 별들을, 저- 밝은 달빛! 저-그윽한 물소리. 저- 은근한 수풀 속 나무나무 가지가지에 녹음이 우거진 이때에 우리들은 경치 좋은 이 산속에다 정결하게 집을 짓고 옷밥 걱정이 없이 사라본다고 생각해보자. (…중략…) 얼마나 우리의 사는 것이 아름답겠니? (…중략…) 그런데 지금은 어떠하냐? (…중략…) 처녀의 고은 손은 방아 쟁기에 악마디가 지고 청춘 남녀는 맘대로 사랑할 수 도 없지 않으냐? 못 먹고 헐벗으며 게딱지만한 오막사리 속에서 모기 빈대 벼룩에게 뜯겨가며 이렇게 하루 살기가 지겹도록 고생고생하게 된 것은 모두 몇 놈의 악한 놈들이 돈을 모두 독차지 해가지고 착하게 부지런히 일하는 많은 사람들을 가난의 구렁으로 잡아채는 까닭이다. 아- 지금 저 달일 밝지마는 우리에게 좋은 것이 무엇이며 지금 이 바람이 서늘하다마는 우리의 가슴은 더욱 답답하지 않으냐? 낮에는 해뻥빛 밑에서 일을 하고 밤에는 달 아래서 하루의 피곤한 몸을 쉬는 천만 사람들이 다 같이 일해서 먹고 사는 세상이 참으로 사람답게 사는 세상이 될 것이다.[139]

「鼠火」 같은 일정한 성과를 이룬 농민소설에서도 작품 속에서 한 농민으로 인격화되어 활동하던 화자는, 사건의 정황 또는 인물의 생각 등을 서술할 때는 농민들에게 어울리지 않는 작가의 말투로 끼어든다.

> 그들은 널을 뛰고 짜대기 벳기기 윷을노럿다. (…중략…) 열나흘 아츰부터 아해들은 수숫갱이로 보리믈 만드러서 재ㅅ덤이에 꼬저 노앗다. 그것을 저녁 째

---

139 이기영, 「민촌」, 건설출판사, 1946, 51~53면.

타적을 한다고 쑤드려서 (…중략…) 이날은 누구나 밤 아홉 그릇을 먹고 마튼 일을 아홉 번식 한다는 것이다.[140]

그들은 장날이면 청인송방이나 큰 장사치가 아니면 은행이나 부자에게서만 볼 수 있는 그것이 자긔네의 처지가 갓튼 돌쇠에게도 차례 온 것은 마치 자긔네에게도 그런 행운이 쌔처올 것 갓튼 **희망의 한가닥 광선이 비최는 것 갓텃다. 그들의 이러한 공상과 선망과 초조와 아울러 그림자 갓티 따러단이는 아귀의 위협은 다시 절망(絶望)과 비판(悲歎)의 녯 보곰자리로 도라갓다.**[141]

「서화」에는 '그들'이라는 지시 대명사가 자주 나타난다. 여기서 '그들'은 바로 돌쇠가 사는 마을의 농민 또는 식민지 조선 농민들 전체를 가리킨다. 작가는 농민을 수시로 '그들'이라고 대상화하여 소설 속의 농민을 사물화 하는 경향이 있다. 작가가 농민을 특히 중립적인 말투로 '그들'로서 부를 때 농민들은 스스로의 말이 아닌 지식인 화자의 언어로 서술한다. 농민의 외면적 모습을 그릴 때는 농민들 자신의 언어로 '**묘사**'하지만 — 그러나 그러한 묘사도 자주 익살스러워 일면 장식적 수사라는 느낌마저 든다[142] — 농민의 사고, 그들이 처한 상황 등을 그릴 때는 지식인 화자의 언어로 '설명'한다. 그리고 화자의 인물에 대한 좋음과 싫음 또는 선악에 대한 구분, 평가도 아주 명확한데, 이는 화자

140 이기영, 「鼠火」, 『조선일보』, 1933.6.17.

141 위의 글, 『조선일보』, 1933.6.13.

142 "하-얀 비듬이 석해실덧 짤닌 것을 손톱으로 죽이는 대로 직끈직끈하는 소리가 낫다." (…중략…) "진물진물한 눈에 눈곱이 씨고 두볼이 오무러진 로파는 아래턱을 우물우물하며 체머리를 흔든다."(10회)
"구장은 별안간 이가 물든지 **배꼽에 글진 핍마리를 싸고 득득 극는다. 때비늘이 허-야케 글킨 다**"(22회)

의 인물평가적 수식어에서 직설적으로 드러난다.[143]

"자! 응삼이!"

완득이가 술을 먹고 다시 짜러서 응삼이를 권하는데

"난 실여!"

"이 사람아 한잔만 하게나? 돈 좀 일엇다고 술도 안 먹으랴나!"

"자네들은 남의 속도 모르고- 래일 경칠 생각을 하면…… 참- 남은 하기 실타는데 공연히 끌고와서……"

응삼이는 여전히 머리를 극즉극즉하며 무슨 소리인지 모르는 반도막을 **등신가티** 웅얼댄다.[144]

이 동네는 모다 그러치만은 남녀간에 내외를 하지 안는 까닭으로 그는 안에도 무상출입을 하엿다. 돌쇠는 자긔 시어머니를 보고 아주머니라 불넛다. 그럴 때마다 입쁜이는 돌쇠에게 추파를 보내고 남모르는 가슴을 태우며 잇서다.

돌쇠의 **산애답게 생긴 풍채와 언변** 조흔데 고만 반하고 마럿다.[145]

인용문을 보면 화자는 등장인물 각각에 대해 특정한 시각이나 편견을 갖는다. 또 인물들에 대한 작가의 입장도 뚜렷하게 이원화되어 긍정적 인물과 부정적 인물을 분명하게 나눈다. 이러한 대조 방식은 작

---

143 (경향소설과 같은) '독백적' 소설은 (…중략…) 그 사상이 그 내용에 따라 고려되어서 진위가 되든가, 혹은 인물의 심리의 표시로서 간주된다. 그러나 독백적 소설과 대조되는 '대화적' 예술은 (…중략…) 진리와 허위, 선과 악의 너머에 존재한다.(츠베탕 토도로프, 「바흐친의 문학론 : 인간과 상호인간」, 여홍상 편, 『바흐친과 문학이론』, 문학과지성사, 1997, 116면)

144 이기영, 「鼠火」, 『조선일보』, 1933.6.5.

145 위의 글, 『조선일보』, 1933.6.14.

가가 인간의 천성·환경결정론을 옹호한다는 생각을 갖게 한다. 이러한 점은 뒤에 다시 설명하겠지만 채만식 소설에서도 잘 드러난다.[146] 박태원 소설 역시 화자가 인물에 대한 호오를 뚜렷이 드러내는 경우가 자주 있는데, 이 경우 화자는 인물의 우위에 서있는 관찰자가 아니라 인물과 마찬가지로 인격화되어 있으며 인물과 유대감을 갖는다.

이기영 소설은 전통 국문소설에서 나타나던 구어체적 서술방식을 현대에 활용하여 인물의 내면을 설득력 있게 전달하는 등 인물의 사실성을 얻어낸다. 그리고 우리 소설사에서 주요 인물로 등장하게 된 농민들의 구어를 적극 활용하여 민중문학의 위상을 정립한다. 그러나 앞서 살펴본 바 경향소설의 인물들은 대체로 프롤레타리아 작가의 담론의 대화 대상이 아닌 객체로 작용하는 경우가 많다. 경향소설에는 화자의 서술에서 지식인적 말투와 민중적 말투가 뒤섞이는 경우가 자주 나타나는데, 이기영 농민소설 역시 그러하며 이 경우 어떤 말투 또는 어떤 언어가 지배적인지에 따라 구어적 표현의 정도가 달라지며 그의 작품은 민중 지향의 사실주의 소설과 프로 이념을 기계적으로 선전하는 경향소설 사이를 오간다.

3) 신변소설과 부녀자의 구어세계

한설야는 그의 대표작 「과도기」, 또는 『황혼』 등의 문학적 성과 때문에 식민지 시대의 대표적인 노동소설 작가 중의 하나로 평가된다. 그의 작품의 주요 대상은 식민지 시대 노동자 계급의 삶의 현실이며,

146 김홍수, 「소설의 방언에 대하여」, 『국어문학』 25, 1985, 601면.

그의 문학적 성과 역시 이러한 측면에서 설명된다. 이러한 자리매김이 틀린 것은 아니지만, 이 연구는 한설야가 이기영과 함께 프로작가들 중에서 유독 문학의 언어에 관심이 많았던 대표적인 작가의 하나였다는 사실에 초점을 맞추고자 한다.[147]

한설야가 소설사에서 주목을 받기 시작한 작품으로 평가되는 「과도기」(1929)는 '창선'이라는 간도 이주 농민의 귀향 사건을 통해, 당대 현실의 전체적 발전과정 즉 식민지 자본주의화를 그려내고 있다. 이 작품이 이 시기 어느 작품보다도 현실성을 확보하는 데 성공한 것은, 이주 농민의 귀향 장면을 그 중심적인 단면으로 삼아 과거의 마을의 모습과 몰라보게 바뀐 현실의 모습을 대조하면서 식민지 자본주의화와 그 속에서의 농민의 노동자화를 비교적 긴 설명 없이도 인상적으로 그려냈기 때문이다.[148]

이러한 인상적인 형상화가 가능했던 것은 그 무엇보다도 「과도기」라는 작품이 철저하게 작가 자신의 고향인 관북의 농촌 지역을 무대로 딛고 서있기 때문이다. 「과도기」에 형상화된 농촌은 어느 작가나 그리는 농촌 일반이 아닌 구체화된 관북 즉 한설야의 고향인 동해안에 인접한 함경도 농어촌의 세계라는 점에서 그 시기의 다른 소설들과 구별된다. 이러한 구체화된 농촌 세계의 모습은, ―이후 한설야 작품에서 일관되게 이뤄지는 바이지만―등장인물들의 대화 및 그들이 구사하는 함경도 지역의 방언을 통해 이뤄진다. 카프시기에 창작된 한설야 소설은 대화를 통한 장면제시를 빈번하게 사용한다. 대화의 장면은 농

147 이오덕은 한설야의 대표작 「과도기」의 문장에서 일본글이나 영어의 해독을 입은 흔적을 전혀 볼 수 없으며, 이만큼 깨끗한 우리말로 쓰인 소설은 처음 읽었다고 얘기하고 있다.(이오덕, 『우리 글 바로쓰기』 2, 한길사, 1992, 308면)

148 김재용 외, 『한국 근대민족문학사』, 한길사, 1993, 470면.

촌이나 공장과 같은 생산현장을 배경으로 하는 작품에서 주로 사용된다. 이러한 묘사 제시 방식은 생산 현장의 모습을 생생하게 드러내는 효과를 창출한다.[149]

> "저 간나색기 사(私)를 쓴다 내가 만저다"
>
> "올타 저애가 만저다 그담에 낸데 …… 늬 무슨 …… 순남이네 각시냐"
>
> "내 순남이에미와 일느지 안는가바라"
>
> (…중략…)
>
> "야 이 종간나 색기 각시란기 무시기냐 …… 야 이 간나야 너는 울어마니과 무스거 일으겟늬 니느 엇재 쌍돌이 짜-리를 가젓늬"
>
> "이 간나 내 언제 가젓늬"
>
> (…중략…)
>
> "한 드럼에 얼마요?"
>
> 고기바지꾼이 이러케 물으면
>
> "석 냥(륙십전)어치면 목대가 부러지오"
>
> "알(卵)이 잘들엇소?"
>
> "알이라니…… 고지 애만 먹어도 큰 장사조"
>
> "석드럼만 세여 놋소" …… "세여주오"
>
> 이러케 안악네와 수레ㅅ군이 나두나두 때도루며 사들 간다.
>
> "하나이요 둘이에 …… 열이요 …… 이런나니 한드럼 …… 자아 세 마리 넘어가오"[150]

149 이경재, 「한설야 소설의 서사시학 연구」, 서울대 박사논문, 2008, 82면.
150 한설야, 「과도기」, 『조선지광』, 1929.4, 175~177면.

「과도기」가 등장하기 이전 우리 소설사에서 농(어)촌 현장에서 인물들의 대화를 이렇게 구체적으로 한 특정 지역의 방언을 사용하여 그려낸 예는 별로 없다. 앞에서 살펴본바, 김동인 소설 등에서 평안도방언이 나타나기는 하지만 한설야 소설에서와 같이 지역민의 민중적 생명력을 환기하는 것으로 사용되지는 않는다. 최서해 소설의 방언도 이 점에서는 한설야에 미치지 못한다. 방언의 사용이 한설야 소설 내에서 반드시 인간 삶의 현실에 대한 풍부한 이해를 돕는 것은 아니다. 그러나 「과도기」에 나타난 함경도 사투리는 근대 자본주의 삶 이전에 존재했던 고향 공동체에 대한 그리움을 불러일으키며, 이후 그의 작품들에서 늘 기층계급의 삶의 현장성을 살려내는 역할을 하고 있다. 이러한 방언을 사용하는 것을 포함하여 「과도기」에는 소먹이며 부르던 아리랑 타령 등의 가요가 줄거리 사이에 끼어져 식민지 공업화에 정면으로 맞닥뜨려 무너지게 된 과거 공동체의 삶의 현실을 인상적으로 보여준다.

「과도기」가 식민지 공업화되어 가는 당대의 현실을 효과적으로 그리는 게 가능했던 것은 관념이 아닌, 한설야 자신의 몸 스스로 딛고 서 있던 고향 농촌의 구체적 현실을 매개로 하고 있기 때문이고, 이러한 구체성은 작중 인물들이 사용한 방언과 같은 구어의 사용을 통해 이뤄진다. 그리고 인물들의 대화뿐만 아니라 화자는, 지식인 화자의 말투가 간혹 간섭을 하는 경우는 있지만,[151] 가능한 인물과 공감대를 같이 하여 그들의 어법과 비유 방식으로 사태를 묘사해나간다.

151 "이리하야 망설이는 **과도기의 공포와 설움**이 그의 가슴을 쑤시엿다."(「과도기」, 184면) 같은 화자의 논평은 인물과 어법과 어울리지 않는 표현이다. 「과도기」의 속편인 「씨름」에서는 이러한 부분이 더 자주 나오는데 "그는 씨름이 한 의미 잇는 '**모멘트**'가 된 것을 무엇보다 깃부게 생각지 안을 수 업섯다."(한설야, 「씨름」, 『조선지광』, 1929.8, 156면) 등의 화자의 논평이 그렇다.

▫ 마을어구를 파수 보던 솔나무들이 늙은니 압니 가티 뭉청 빠져버렷다.[152]

▫ 랭수에 니 부러질 노릇이지[153]

이러한 점들이 바로 「과도기」가, 농촌, 또는 공장의 현실을 관념적으로 그린 이 시기 대부분의 소설들과 구별되게 하며, 식민지 공업화에 직면한 당대 농촌 공동체의 해체를 실감나게 그려내게 한다. 한설야 문학의 향토적 지역성은 후일 『탑』(1940~1941)에서도 유감없이 드러난다. 『탑』은 변방 함경도를 무대로 하는 짙은 향토성의 세계를 통해, 자본주의 진행 과정에서 몰락하는 봉건계급의 모습을 인간 삶에 대한 여유로운 이해를 통해 그려낸다. 한설야 문학에서 고향, 농촌의 세계는 인간 삶의 살아 있는 육체성의 표징을 드러내게 하는 중요한 매개 역할을 한다. 그런데 이러한 '육체성'은 『탑』의 '잔치' 장(章)에서 벌어지는 흥겨운 혼인잔치의 묘사, 또는 '색시들의 風俗' 장에서는 정월에 '마슬(마실)'을 다니며 벌이는 부녀자들의 거리낌 없고 '상스러운' 언사들을 통해 특별하게 드러난다.

홍섭이 안해가 이 집 신부 들으라는듯키 딴은 며누리 천신 하는 법을 이야기 한다는 것이 그 이야기보다 시어머니에게 때한 토심이 훨신 더 만히 튀어 나왔다.

"그러게 **욕하는 걸 무슨 회심곡 부르는 소리로 들어야지 살지**, 그렇지 않으면 **속이 발바닥이라도 못 견듸어**, 천하 없는 소진장의라도 시어머니는 못 당하니까. 그리게 애당초 **귀야 너는 남의 것이니라** 하고 못들은 척 해야지. 허구헌 날 살어갈 수 없지"

152 한설야, 「과도기」, 『조선지광』, 1929.4 177면.
153 위의 글, 『조선지광』, 1929.4, 182면.

(…중략…)

"정말이지 시어머니 치구 말쑤 좋지 않으니 없읍듸까. 반벙어리도 시어머니만 되면 싹송사꾼 짐쩌먹게 된다니까."

(…중략…)

"우리 집 시어머니는 갑자기 노망이 들어서…… 참 사람이 노망들라면 잠깐입디다. 글쎄 죽을라구 아이 아버질 한 방에 못 들게 하는 구려. 이 숭년에 염체가 좀 있거라 얼골에 붙은 것도 살일테지. 어째 남 부끄러운 줄을 모르느냐 모래밭 무 뽑듯 자꾸 아이 색기만 뽑아 놓면 무얼 멕여 살린단 말이냐– 글세 이러구 노망을 부린단 말이요."[154]

『탑』에 나타난 부녀자들의 구어의 세계가 도시 시정에서 또 다른 방식으로 달리 펼쳐지는데, 바로 1930년대 말 이른바 한설야의 '신변소설'에서이다. 미리 말하자면 한설야 문학의 리얼리티와 부녀자들의 구어세계는 그렇게 될 수밖에 없는 밀접한 관계가 있다. 『탑』에서 소년 주인공 '우길'이 체험하고 성장하는 고향 세계의 중심에는 계집종 '게섬'이 있다. 『탑』은 우리 근대소설사에서는 보기 드물게 봉건시대 하층계급 여성 또는 가부장주의에 예속된 여성의 운명에 특별한 관심을 보여준다. 일제시기 한국문학에서는 대체로 부권이 부재하거나 상실한 가족의 모습이 줄기차게 등장하며 식민지 민족주의 담론에서 식민화의 일차적 희생의 주체는 남성으로 가정된다.[155]

그런데 『탑』에서는 특이하게도 여성의 삶과 그들의 희생을 그린 것이 이야기 전개의 중요한 축이 된다. 앞서 지적했듯이, '색시들의 風俗'

154 한설야, 『탑』, 매일신보사 출판국, 1942년, 175~178면.
155 최정무, 「민족과 여성 : 혁명의 주변」, 『실천문학』 69, 2003, 40면.

에서는 아낙네들의 활달한 모습뿐만 아니라, 배뱅이굿 놀이를 하며 제 설움에 눈물짓는 여인네들의 모습이 나타나기도 한다. 『탑』은 결코 그러한 여성들의 웃음과 울음 등 그들이 드러내는 소란스러움을 변덕스럽고 저열한 것으로 치부하지만은 않는다. 화자는 그들이 수다스럽고 주책없는 처신들을 하지만 그들의 거리낌 없는 태도를 오히려 즐긴다. 바흐친은 민중적 전통이 여성에 대해 적대적이거나 부정적이지 않았음을 얘기한다. 여성을 죄의 화신, 육욕을 일으키는 화신으로 보는 중세 기독교의 금욕적 경향과는 달리 민중적 카니발의 전통은 여성의 이미지가 그와는 대조적인 남자들의 그릇된 영웅주의, 추상적인 관념주의를 쇄신, 극복할 수 있는 것으로 본다.[156]

『탑』에서 주인공 소년 우길은 특이하게도 여종 게섬, 누이들과 함께 한편에 선다. 그리고 우길 등이 맞서는 저 쪽에는 권위주의적 엄숙함에 젖은 아버지와 형이 있고 여성이지만 가부장적 척도를 가진 남성보다 더 남성적인 할머니가 있다. 할머니는 남자 아이, 장손에 집착하는 가부장주의의 화신이며 어떻게 보면 가장 강경한 '반(反)여성주의자'로 그려진다. 우길은 이들이 만들어내는 집안의 분위기에 반발한다. 우길은 열세 살밖에 안 된 손위누이가 시집가던 날, 혼인 잔치가 남자형제 때 비하면 너무도 보잘 것 없이 치러지는 것에 쓸쓸해한다. 그리고 누이를 시집에 두고 올 때는 "울뜻 울뜻하던 누나"의 모습에 서글퍼진다. 그러나 이러한 우길의 생각과 달리 집안의 분위기는 이런 모든 것에 무연해 한다. 우길이 이러한 자신의 "서늘한 집"[157]의 분위기로부터 벗어날 수 있는 것은 계집 종 게섬과 집밖에서 동무들과의 장난이다.

156 미하일 바흐친, 이덕형 외역, 『프랑수아 라블레의 작품과 중세 및 르네상스의 민중문화』, 아카넷, 2001, 373면 참조.

157 한설야, 『탑』, 매일신보사 출판국, 1942, 322면.

주종의 관계를 떠나 우길이 게섬과 허물없이 지냈던 유쾌하고 자유분방한 어린 시절은 단순히 유년시절의 행복한 추억만을 불러일으키는 것이 아니다. 그것은 억압과 차별이 없는 인간 본연의 세상에 대한 바람이다. 우길이는 어린 마음에도 "집안사람들이 툭 하면 게섬이를 욕하고 발바닥에 불이 나게스리 일을 시키는 (…중략…) 집안사람들을 밉성으로 여기고 그 대신 게섬이를 두던하려고"[158] 한다. 우길과 게섬 사이에서 벌어지는 힘이 넘치고 생기가 가득한 유희들과 풍속은 생명력 있는 인간 삶의 살아 있는 육체성의 특징을 드러낸다.

그러나 나름대로 행복했던 노비 게섬이 양반 출신의 한 남자를 사랑하고 그의 애를 임신하게 되었을 때, 상대 남자는 고아 출신이지만 양반이라는 한 가지 이유로 게섬을 천대하며 짓밟고 집안 식구들은 이에 동조한다. 봉건적 인습은 게섬을 노비이면서 또 여자라는 사실 때문에 더욱더 억압을 가한다. 이러한 억압으로 게섬이라는 한 활달한 처녀의 발랄한 생명성이 어떻게 소진되는가가 극적으로 드러난다. 완고한 미신 덩어리이자 몽매함으로 가득 찬 할머니와, 상전으로서의 냉담함만을 갖춘 어머니는, 게섬을 일시 쓰다 치어버릴 다만 하찮은 존재로 간주한다. 동시에 음울한 봉건의 세계를 상징하는 할머니는, 사신의 직계들 또는 일신의 안일에 대해서는 강한 집착을 보이면서도, 같이 데리고 살았던 게섬의 운명은 하잘 것 없는 것으로 치부한다. 할머니는 귀신도 '양반 귀신'과 '상놈 귀신'이 있는데, "이름 없는 상놈 귀신이 매양 폐단을 내는 법이니 (…중략…) 사람으로 치더라도 제일 성가시고 무서운 것은 이름 성명없는 백성"[159]이라고 생각한다. 할머니의 이러

158 위의 책, 456면.

159 위의 책, 403면.

한 생각들 역시 지배계급이 민중에 대해 갖는 공포심과 적대의식을 보여준다.

> 이들은(백성―인용자) 무슨 일을 하던지 미쩌야 본전으로 제게 손될 것이 없는 것이다. 그래서 때로는 평지풍파로 엄청난 일을 대수롭지 않게스리 해저치는 것이다.
>
> 다른 말은 다 그만두고라도 지난 김관찰 등내에 민요를 일룬 것만해도 이들 무무한 산골백성이 아니었든가. 그래서 그들때믄에 그렇게 성세 놀랍던 김관찰은 결국 파직을 당하고 박진사(우길의 아버지―인용자)는 집과 보물을 모조리 치었것만 저들 백성은 아무 앙가픔도 받은 일이 없었든 것이다. 또 최문환이 란리 때에도 서리관찰사의 목을 잘른 것이 역시 그들 이름 없는 백성이 아니었는가 그들은 관찰사의 목을 성문에 높게 효수하고도 제목들은 고시라니 그대로 가지고 제집으로 돌아갔던 것이다.[160]

아버지와 형 역시 계집종의 인생은 "신경을 쓰는 것 자체가 체면이 깎이는 하찮은" 것이다. 그리하여 게섬은 양반 남자에게 버림받을 뿐만 아니라, 그녀가 낳은 애는 남에게 보내지고 급기야 정신에 이상이 생기게 되며 모든 이들의 무관심 속에서 죽어간다. 우길은 게섬이 죽던 날 그녀의 방을 엿보던 중 시체는 이미 치워지고 게섬이 누웠던 자리에 긴 식도가 꽂힌 가마뚜껑만이 놓인 것을 발견하고 평생에 지울 수 없는 기억을 갖게 된다. 우길에게 그 광경은 결코 "슬프다니 보다 차라리 무섭고 분하고 절통하다고 할까 도모지 형언할 수 없는 마음"[161]

---

160 위의 책, 403~404면.

161 위의 책, 480면.

을 갖게 한다. 그리하여 『탑』의 풍속의 세계는 게섬이 죽는 시점에서 끝난다. 작품 말미에서 성인이 된 우길 — 상도는 어린 시절의 게섬이 자신에게 어떠한 의미인가를 밝힌다.

> 상도는 이때부터 더욱 호강하는 사람을 경멸하고 근로하는 사람이 신성하다는 막연하나마 한개의 신념을 가지게 되었다. 그것은 그가 일즉 게섬이와 그의 주검을 가장 불쌍히 생각하든 그 생각과 또는 권세 없는 백성들을 혹민해서 세도하든 아버지에게 대한 막연한 반감 속에서 상도 자신도 모르게 자라난 생각이다.[162]

『탑』의 우길이 성인이 되어 소수의 입장에 처한 민중의 편에 서게 된 데에는 어린 시절 자신과 다를 바 없이 건강하고 활달한 인간이었던 게섬이 계집종이라는 성의 장벽, 또 신분, 계급적 장벽 때문에 참혹한 운명에 처하게 되는 것을 목격했기 때문이다. 『탑』에서 소년 우길의 그러한 체험들이 설득력 있게 다가오는 것은 작가가 하층민 여성, 부녀자들의 삶과 목소리에 진지한 관심을 기울이고 이를 생생한 구어로 표현해내려는 노력을 보여주기 때문이다. 한설야의 여성, 하층민에 대한 연대와 이해는 1930년대 후반의 이른바 '신변소설'에서 보다 중요한 성과를 드러낸다.

그 밖에 한설야의 농민소설들 역시 함경도 개간지의 소작 빈농 계층을 그들의 언어로 형상화해낸다. 함경도 토호였던 그 아버지가 개간사업에 손을 잘못대어 몰락의 길을 걸었다는 전기적 사실에 비춰보건대, 한설야는 고향 개간지의 현실을 잘 알며 자신에게 익숙한 사실을

162 한설야, 『탑』(155회), 『매일신보』, 1941.2.11, 박헌호, 「30년대 후반 '가족사연대기' 소설의 의미와 구조」, 『민족문학사연구』 4, 1993에서 재인용.

문학적 소재로 사용하고 있다. 식민지 통치하의 개간이란 당연히 일제의 산미증산계획과 관련되며, 곧 일제의 강권적 농민수탈과 어떠한 형태로든 관계를 맺게 마련이다.

> "밥먹고…… 갑진 벼농사 짓고……"
>
> 수×(리－인용자)가 될 때에 그 발기자들은 이러케 말하엿다. 뿐만 아니라 한달에 백 원 이백 원 먹는 점잔은 관×(청－인용자) 나으리들도 이러케 말하엿다.
>
> 그러나 개답비며 수세가 만타는 바람에 지주들은 대개 처음은 반대를 하엿다.
>
> 그래서 이 이밥 먹는다는 일은 그다지 순편히는 되지 못하엿다.
>
> "밧이 업서지면 바재(수수로 절어 만든다)는 무엇으로 하겟소. 쇠는 무엇을 멕이겟소"
>
> (…중략…)
>
> "논이 되면 이 고장은 소출이 못해지오"[163]

한설야의 농민소설에선 이러한 소재를 바탕으로, 이 시기 어느 농민소설보다는 등장인물들이 그들 자신의 언어로 스스로 말하며 화자 역시 농민의 언어로 사태를 기술한다.

> 젊은 사람들이 흙과 떼짱을 지게로 나르는 동안 노토리들은 허리틈에 꼿앗든 곰방대를 내어가지고 뽕잎 가루가 절반 이상이 섞인 담배를 담어 가지고는 뿌지직 뿌지직 대짠 끓는 소리를 내여가며 담배를 빽빽 피기도 하고악매디진 주먹으로 잔허리를 톡톡 두드릴 마한 여유는 있었다. 그리고 범역마의 날파람 있

163 한설야, 「추수후」, 『신계단』, 1933.6, 91~92면.

는 젊은 시절 얘기도 청하군 하였다.

> 그는 오늘 밤으로라도 솜뭉치에 끓은 구두마 기름을 묻처 가지고 소발의 까치벌레를 지저주리라고 생각하였다. 소가 시연해 하는 것이 완연히 보이는 것 갈앴다. 아무리 갈 힘이 세 둥굴황소라도 챗즉 끝으로 뒷다리 샅을 살근살근 글거주면 그 큰 몸을 내마끼고 차츰 꼬리를 처드는 것처럼 자기 집 소도 앞은 곳을 시연히 지저주면 얼마나 좋아할가? 그는 고비 낀 검둥그런 눈으로 자기를 먼니 바라보는 소를 생각하엿다.[164]

그런데 한설야의 농민소설은 대부분의 경향소설들이 그러하듯이 김유정 등의 농민소설에서 등장하는 것과 같은 창조적 인물들을 만들어내지는 못한다. 아낙네들의 목소리가 생생한 구어로 재현되는 『탑』과 달리 한설야 소설의 농민들의 말소리는 대체로 화자의 말을 통해 구성되고 재현된다. 한설야의 농민소설은 인물의 성격 발전을 통해 사건을 전개해가기보다는 작가가 이미 계획한 구도 — 이는 작가가 보여 주고 싶은 당대 현실의 핵심적 모순 또는 사회적 생산관계로 이미 정해져 있는데 — 안에 인물들을 배치하고자 한다. 작가의 '계획의 통일성'은 발견되지만 '사건의 통일성'은 제시되지 않는다.[165] 작가는 식민지 조선의 농촌 현실을 '보고'하기 위해 인물을 연장으로 쓴다. 그러한 구도를 갖고 있는 한 화자가 자신의 등장인물과 대등한 관계를 갖기는 어렵다.

한설야 농민소설에서 화자와 인물의 관계가 '나-너'가 아닌, '나-그것'의 유형이 된다. 존재한다는 것은 소통한다는 것을 의미한다. 작가

164 한설야, 「부역」, 『조선문학 속간』 11, 1937.6, 7 · 11면.

165 게리 솔 모슨 · 캐릴 에머슨, 오문석 · 차승기 · 이진형 역, 『바흐친의 산문학』, 책세상, 2006, 448면.

는 동등한 권리와 완전한 가치를 지닌 많은 의식들 간의 상호작용을 분석해야 하는데, 하나의 의식의 관점에서 많은 사람들을 분석한다.[166] 한설야 소설에서 농민들 상호 간의 충돌, 갈등하는 대화들은 없다. 농민들의 인격과 목소리가 살아나지는 않는다. 작가가 늘 인물을 설명한다. 작가는 미지의 인물을 찾아내어 발견하고자 하는 것이 아니라 자신의 계획에 따른 발명을 한다.[167] 등장인물의 존재감이 크게 다가오지 않는다.

단 한설야의 농민소설 중 「탁류」 삼부작 중의 하나인 「산촌」은 식민지 농촌의 조선인 농민들만이 아니라 그와는 대립적 위치에 놓인 일본인 교장 '사사끼'를 비교적 존재감 있게 그린다. 사사끼는 조선인 지주의 농장을 총독부 권력을 활용하여 인수해서 기존 조선인 소작인들의 소작권을 박탈한다. 사사끼의 소작권 박탈은, 전통적으로 내려오던 소작권 보장의 관습을 무시하는 일제 지주들의 모습을 인상적으로 보여준다. 특히 「산촌」의 청년농민 '기술'이 교장의 소작권 박탈에 어떠한 대책도 세워 행동하지 못하는 것은, 그가 보통학교 졸업 이후 교장이 경영하는 양잠소에 다니던 시절 "조합반"에 관계하여 해고당한 전력이 있기 때문이다. 따라서 소작을 떼이지 않기 위해 사사끼 교장에게 호소하러 갔던 기술은 "'忍苦鍛鍊(인고단련)"이라는 현판이 걸린 교무실에서 사사끼로부터 일장 훈화를 받는다.

> "다른 농장과는 달르다. 국난타개 생업보국(國難打開 生業報國)의 제일선에 설 모범청년을 양성하는 것이다."

166 미하일 바흐친, 김희숙·박종소 역, 『말의 미학』, 길, 2006, 434~444면.

167 최건영, 「미하일 바흐찐의 초기 저작과 폴리포니 소설론의 기원 : 바흐찐 소설론의 성격규명을 위한 서설」, 『슬라브학보』 11(1), 101면 참조.

> 교장선생은 이런 힘든 말을 거듭 외이는 것이엇다.
>
> "…… 가장 잘 하늘을 고이는(支) 것은 땅이다. 땅은 백성이다. 즉 농민이다. 그러기 때문에 한 사람의 농부라도 나는 신(神)의 허락 없이는 쓸 수 없다. …… 가령 여게 한 사람의 극히 진실한 농부가 있다고 하자. 그러나 일만 부지런히 한다고 해서 참말 진정한 인간인 것은 아니다. 그 사람의 머리를 — 즉, 정신을 보아야 하는 것이다. 사람이 신(神)에게 통하는 길은 오직 이 정신이 있을 뿐이다. 그러므로 나는 내 앞에서 진실을 맹서하는 어떤 사람이던지 위선 그가 신에게로 갈 수 있는 정신을 가지고 있는가 그것부터 보는 것이다.…… 제 죄와 악 때문에 악착한 경우에 빠진 그 사람이 아무게는 들리지 않는 것이다. 신이 버린 사람을 구할 수는 도저히 없는 것이다."
>
> 교장선생은 첨부터 기술의 말 같은 것은 오로지 들리지도 않는 모양이었다. 기술이도 교장선생이 하는 힘든 말을 열에 하나도 그대로 이해할 수는 없으나 어쨌던 그 말하는 속심은 일호반점 의심할 나위가 없었다. 빤한 것이었다.[168]

천황으로 추측되는 "신"을 들먹이며, 한 인간을 판단할 때 "그 사람의 머리를 즉 정신을 보아야 한다"는 사사끼의 강변은, 주인공 '기술'을 비롯한 농민들이 '조합'을 통해 식민지 당국에 저항했던 행위들을 어떠한 방식으로 훈계하는지를 보여준다. 사사끼의 발언은 구어로서 재현된 것이 아닌 문어의 말투이긴 하지만 — 작가는 이를 의도했을 것이다. — 오히려 그것이 권위적인 사사끼의 생각을 잘 전달해준다. 인용문에는 표면상의 대화문은 없고 — 사사끼 교장의 일방적 훈화만 있다. 그리니 기술의 부탁을 묵살하고 오히려 이를 대신해서 이뤄지는 교장의 일방적인 훈화, 그 훈화가 요령부득의 내용이나 이로부터 교장

---

168 한설야, 「山村」, 『조광』 37, 1938.11, 197면.

의 속심은 확실히 알아차린 기술, 이를 바라보는 화자 등에서 작품의 통일성을 감지하게 된다. 작품의 통일성이란 작가의 단일한 의식이 아니라, 일치하지 않는 몇 개의 의식들의 대화 과정에서 실현된다. 삶은 본성상 대화적이며, 산다는 것은 대화에 참여한다는 것을 의미하기 때문이다.[169]

경향소설 작가 대부분은 자신의 메시지를 강조코자 작품의 구조나 계획 혹은 전체에 관심을 우선시 한다. 그러나 소설은 무엇보다도 인물의 특별한 '목소리들'—세계에 대한 고유한 이념과 감각을 가지고 있는 완전한 인격체들에 초점을 맞춰야 한다. 그리하여 작가의 계획과 플롯은 인물들이 추종해야 하는 순서가 아니고 그들의 말이나 행동의 결과로 이뤄져야 한다.[170] 그들의 말이나 행동을 작가가 보여주기 위해서는 화자와 인물은 부단한 대화의 관계 안에 놓여 있어야 하고 이를 뒷받침할 수 있는 다양한 기법들이 제시되어야 한다. 이를 위해 작가는 근본적으로 인물들 스스로가 발언하는 구어적 성격의 말 체계에 대한 진지한 관심이 필요하다.

한설야의 이러한 모색은 '전향소설'이라 부르는 그의 1930년대 후반 소설들에서 적극적으로 이뤄진다. 한설야 문학은 앞서 말했듯이 프로문학 운동과의 관련성 속에서 주로 이해되고 그 특성은 경향소설과 노동소설이라는 개념적 범주를 통해 탐구된다. 그런데 한설야는 전주 사건으로 수감생활을 하다 집행유예로 석방되어 1935년 12월 이후부터 해방될 때까지 소위 전향문학이라 부르는 범주의 소설을 창작하게 된

169 미하일 바흐친, 김희숙·박종소 역, 『말의 미학』, 길, 2006, 454면.

170 게리 솔 모슨·캐릴 에머슨, 오문석·차승기·이진형 역, 『바흐친의 산문학』, 책세상, 2006, 431면. 인물의 말이나 행동보다 작가의 계획과 플롯이 앞서고 있다는 점은 한설야의 경향소설이 현재의 현실보다는 과거의 지나온 사건을 기술하면서 오늘의 사정을 그리는 방식을 취하는 데에서도 발견된다.

다. 한설야의 이들 소설은 노동자, 농민 계급의 이야기가 아니다. 과거에 사회주의 운동을 하여 한때 감옥생활을 했지만 출옥한 이후 생활과 일상으로 돌아와 겪게 되는 지식인 운동가의 고민과 갈등을 그린다. 그리고 그것을 지식인(운동가)의 무기력함과는 대조적으로 아내의 강인한 생활력 사이에서 빚어지는 갈등 등의 여러 사건들을 통해 보여준다. 여기서는 이러한 한설야의 이러한 작품들을 전향소설이라고 부르기보다는 신변소설 또는 생활소설로 부르려 한다.[171]

한설야의 신변소설에서는 이전 그의 소설에서 이미 보아 왔던 것이지만, 강력한 구어체의 문장이 실현된다. 실제 이시기 한설야 소설에선 표현기교가 증대하고, 어휘가 확대되며, 고유어에 집착하고, 정밀한 묘사경향을 드러낸다.[172] 그가 마치 이데올로그를 포기하고 스타일리스트로 변한 것은 아닌가 하는 인상마저 준다. 「泥濘」(『문장』 4, 1939.5) 같은 작품이 그 대표적이다. 그러나 한설야의 이러한 작품에서 주제성이 약화되고 스타일의 변화가 이뤄진 것은 아니다. 오히려 이 시기 작품들에서 중요한 사실은 주제의 측면에서 한설야의 자기 성찰이 나타난다는 점이다. 작가의 신변과 일상생활은 이러한 자기 성찰에서 매우 효과적인 매개로 기능한다.

이 시기 한설야는 이전 자신이 견지하던 이념의 무력함에 대한 쓰디쓴 확인을 하게 되는데 그는 단지 이러한 확인에 머물지 않고 생활과

171 이 시기의 한설야 문학을 전향문학으로 일률적으로 규정하는 것은 문제가 많다. 전향이란 사회주의의 포기를 의미하는데, 1930년대 후반 한설야 문학의 곳곳에서 사회주의를 견지하려는 흔적을 어렵지 않게 발견할 수 있기 때문이다. 그보다는 오히려 신변소설 혹은 생활소설이라는 명명이 좀 더 진실에 가까운 듯싶다. 이 시기의 한설야는 자신의 신변이나 생활문제를 소설화하고 있기 때문이다.(하정일, 「1930년대 후반 한설야 문학과 자기 성찰의 깊이」, 문학과사상연구회, 『한설야문학의 재인식』, 소명출판, 2000, 82면)

172 조남현, 「사상의 하강과 언어표현력의 상승」, 『한국현대문학사상탐구』, 문학동네, 2001.

의 만남을 통해 현실의 복잡성을 조금씩 깨달아 가는 소중한 기회를 갖는다. 말하자면 현실의 구체성에 접근해가는 것인데, 그것은 현실에의 복잡성에 대한 깨달음으로 결코 이념의 포기를 뜻하는 것은 아니다. 오히려 생활을 매개로 한 자기 성찰을 통해 사회주의의 갱신, 다시 말해 목적론을 극복한 새로운 사회주의로 나간다는 점이 높이 평가된다.[173] 이러한 자기 성찰은 어떻게 해서 가능할까?

「泥濘」의 주인공 인물은 화자 또는 작가와 동일인물처럼 보인다. 작가가 주인공 또는 화자와 동일시되면 자기 기술적인 작품이 될 가능성이 크고 작가의 외재성이 약화 혹은 상실될 가능성이 크다. 따라서 한설야의 신변소설들은 바흐친이 말한 '독백적' 성격의 소설이 될 가능성이 다분히 있다. 독백적 소설에서 저자들은 전제 군주처럼 그들의 주인공이 저자 자신의 전체적 구도를 명료화하기 위해 필요한 규칙에 복종하기를 고집한다.[174] 이미 한설야는 앞의 작품에서 자신과는 다른 노동자, 농민들의 세계를 그리는 경우에도 자신의 주장을 인물에게 투사시키는 독백적인 성격을 띠는 경우가 자주 있었다. 그런데 '독백적'일 것 같은 「泥濘」은 오히려 그렇지 않다. 이를 위해 여러 기법의 장치들이 쓰인다. 「泥濘」은, 주인공 민우가 아랫목 잠자리에서 장짓문을

173 하정일, 「1930년대 후반 한설야 문학과 자기 성찰의 깊이」, 문학과사상연구회, 『한설야문학의 재인식』, 소명출판, 2000 참조. 그런데 한설야 스스로도 「泥濘」을 자신의 대표작으로 생각하고 있는 듯싶다. 소화 16년(1941) 박문서관에서 출간한 『韓雪野短篇選』의 첫 작품이 「泥濘」이며, 해방 후인 1946년 건설출판사에서 출간한 그의 소설집 제명이 '泥濘'이다. 프로문학 진영 안에서도 「泥濘」이 경향소설의 성격을 지니고 있지 않음에도 다음과 같이 높이 평가된다. "「이녕」은 안심하고 읽어나갈 수 있는 작품이었으며 읽고 나서 예술을 대했다는 것의 즐거움을 느낀 작품이다. 말하자면 조정이라든가 계음(階音)이라든가, 쾌적이라든가 하는 그러한 말로써 표현을 가질 수 있는 여운이 있는 작품이었다."(안함광, 『동아일보』, 1939.10.7~15, 김재용·이현식 편 『안함광 평론 선집』 1, 박이정, 1998, 313면에서 인용)

174 프라바카라 자, 「루카치, 바흐친, 그리고 소설사회학」, 여홍상 편, 『바흐친과 문학이론』, 문학과지성사, 1997, 292면.

사이에 두고 아랫간 '정주'에 모인 '안악네 마실꾼들'의 수다를 듣는 데서부터 이야기가 전개된다. 화자는 이를 위해 수시로 부녀자들의 말투로 서술 방식을 바꾼다.

> 정주에 모여온 아낙네들이란 거이 다 민우의 안해와 처지가 어슷비슷한 사람들이다. 한때는 그 남편들이 역씨 민우와 같이 나랏밥술이나 조이 얻어먹은 일들이 있으나 지금은 대개 직업을 가지고 있다. 옛날에는 어깨를 살리고 모여들 다니고 고작 형이니 아우니 하다가도 금시 핏줄을 세우고 말쌈질을 하고 직업 잡고 돈버릴 하라면 무슨 파문(破門)이나 당하듯이 꺼리던 사람들이지만 지금은 어찌된 바람인지 하다못해 단 돈 이삼십 원 버리라도 잡고 들었다. **그래서 안악네들은 사람이란 나이 먹으면 지각이 드는 것이라는 옛 사람 말을 여기서 또 한 번 참답게 되씹어 본다.**[175]

화자는 주인공 같은 부류의 인물들(감옥생활을 하다 나온 사회주의 운동가들)에 대한 논평을 한다. 그 논평 속에서 대부분 아낙네들의 조롱기 있는 말과 운동가들의 자조적인 말 등 여러 가지 말들을 섞고 있다. '나랏밥술'은 감옥살이를, '말쌈질'이란 운동가들 간의 논쟁을 우스꽝스럽게 빗댄 것이다. '破門'은 약간 유식한 말로 운동가 자신들 사이에서 전향한 것을 빗대어 쓴 것으로 짐작된다. 마지막 문장에 가서 화자는 이들 운동가들에 대하여 결론적인 논평을 하는데 그것은 화자 자신의 말이라기보다는 아낙네들의 말임을 불러일으킨다. 화자가 자신과 인물을 일치 시키지 않고 거리를 두려는 시도의 하나이다. 화자는 운동가, 아내 등의 의견을 두루 들으면서 한편으론 그들 모두와 거리를 두는 입장

175 한설야, 「泥濘」, 『韓雪野短篇選』, 박문서관, 1941, 14면.

을 취한다. 작가는 자신의 주장을 내세우지 않고 등장인물들 사이에서 이뤄지는 말들을 조직하는 '참가자'의 입장을 취할 뿐이다. 따라서 화자는 자신의 얼굴을 내보이기보다는 수시로 남편의 또는 아내의 탈(페르소나)을 쓰든지, 그들의 입을 때에 따라 빌려 이야기를 끌어나간다.

① 안해는 또 안해대로 남편이 아주 하치않게 보이는 것을 어찌할 수 없다. 재주도 없는 주제에, 아니 그보다 사람 모인데 가선 변변히 말 한마디 못하는 **화상이** 이불속에서나 활개를 치면 **무슨 소용이람, 똥 찌른 꼬쟁이 따위가 하고** 속으로 욕거리를 하지만 겉으로는 아직 그까지 바닥을 들지는 못한다.[176]

② 남편이 아침밥만 좀 덜려도 흥 두 집에 신 벗고 두 벌 밥 먹을 사람 식사부터 달르군 하고, 오늘밤 쯤 남편의 발이 우선 제 이불 속의 다리를 건드리려니 "아이규 추운데 다녔더니 발이 꽁꽁 얼었어" 이런 헛소리를 하려니 하고 있는데 점두룩 소식이 없으면 **이 조죽놈이 일을 치구 왔구나** 하고, 감기가 들어서 구미를 잃으면 **어떤 년헌테** 잘 먹엇구나 하지 않으면 **아주 곤냐꾸 다 됐구나 다 됐어** 하고 바지고춤을 잡아 흔들어 준다.[177]

③ 남편 자랑에 **아가리를 닫지 못해도** 정작 알고 보면 그 남편이란 중학도 변변히 마치지 못한 뜨내기 골생원이요, 그 반대로 나믈하는 남편을 알고 보면 의외로 싹싹하고 늠늠하고 물리 탁 티운 사나히가 많다. 그러니 도대체 자랑하는 것들도 얌치없는 계집이지만, 그렇다고 나믈하고만 다니는 계집도 **고얀 년들**이라 생각한다.[178]

---

176 위의 책, 9면.
177 위의 책, 21면.
178 위의 책, 24면.

화자는, 인용문 ①과 ②에서는 강짜를 부리는 아낙네들의 입을 빌려, ③은 아녀자들을 경멸하는 남편의 입을 빌려 다양한 언어들을 공존시키며 (인물들의 말은 상호 간의 반응이 전제되고 대답하는 성격을 갖고 있다) 상호 간에 끝없는 경쟁을 통해 서로의 권위를 상대화 한다. 화자는 어느 편도 들지 않기 때문에 「泥濘」의 인물들은 서로들 권위를 갖고 경쟁한다. 화자는, 남편과 같은 지식인과 무식한 아내 — 이들 양자에 대하여 애착과 혐오의 사이에서 동요하는 시선을 갖고 있다. 그리고 화자는 자신의 말을 내세우지는 않지만 그들 상대방의 여러 목소리를 대신해가면서 등장인물들을 희화화하고 풍자하는 기능을 수행한다. 화자는 뒤에서 아녀자들과 남편 사이에 말싸움을 시키면서 이를 즐기고 있다고나 할까? 루카치한테 예술적 질의 문제가 현실에 대한 올바른 반영에 있다면, 바흐친은 이미 현실을 구성하고 있는 '말들의 대화화와 맥락화'가 예술적 질을 가늠하는 잣대가 된다.[179]

한설야가 「이녕」 등에서 그동안 우리 소설사에서 발언권을 거의 가져본 적이 없던 부녀자의 언어를 전경화하는 것은 이들의 것이 지식인의 말과 대비되는 열등 언어임에 틀림없지만, 사회주의 지식인의 허구성, 사회주의 지식인을 회유하는 식민지 권력에 대한 야유로 읽을 수 있기 때문이다. 과거 카프의 공식적 이데올로기가 주장하는 엄숙한 것, 추상적인 것에 묶여 있던 한설야 소설의 인물은 「泥濘」에서 유형화된 '성격'이 아닌 살아있는 '인격'으로 태어난다. 안함광이 「泥濘」을 높이 평가하는 이유 중의 하나로 「泥濘」의 인물이 "제3자적인 방관의 ○○로서가 아니라 작자 자신이 직접 이녕 가운데루 들어가 육체적으로 뭉개고 있기 때문"이라며, 그는 "그 가운데에서 직접 작자의 체취와 육

179 변현태, 「바흐찐의 소설이론 : 루카치와의 비교의 관점에서」, 『러시아소비에트문학』 7, 한국러시아문학회, 1996, 116면.

성을 느끼게 된다"고 평가한다. 그리고 그는 이 작품에서 "한 사람의 작가를 만났다고 생각했는데 뜻밖에 하나의 인간을 보게 된 환희(파스칼)를 느낀다"[180]고 평가한다.

한설야의 신변소설에서 인간의 심리란 인간 주체의 내면 또는 영혼 속에 위치한 신비하고 형이상학적인 것으로가 아니라, 외부의 것 즉 그의 말이나 몸짓, 또는 행동 속에서 표현된다. 소설 속 인물의 내적 심리는 결국 그의 다른 신체의 움직임 반응과 연결된 말 등의 외부적인 것으로서 이해되고 해석될 수 있을 뿐이다. 이러한 점에서 1930년대 후반 한설야 소설의 지식인의 자기성찰이 형상화를 얻게 되는 것은 그것이 심리적 맥락에 매몰되지 않고, 주관적인 경험이 되는 것을 멈추고 사회적 상호관계로 이입이 되기 때문이다.[181]

그 이입은 화자가 등장인물과 대등한 대화를 갖는 데서 실현된다. 한설야는 이러한 대화를 어떤 카프 소설가도 시도하지 않은 풍요로운 구어의 세계를 통해 실현하고 있다. 한설야는 이미 그 이전부터 언어의 민중성에 주목하여 자기 고향의 사투리, 민중적 비유 등을 작품에서 활용해왔다. 그러나 신변소설 이전까지 그러한 언어 형식들은 작가가 대상화하고 있는 민중들의 모습을 수식적으로 꾸미는 데 기능했다. 그런데 그러한 꾸밈거리의 연장으로서의 구어 체계가 1930년대 후반 신변소설에 와서는 작가(또는 화자)와 등장인물들이 모두 동등한 권리를 갖고 대등하게 대화를 나누는 데 미학적인 매개물로 사용된다.[182]

180 안함광, 『동아일보』, 1939.10.7~15, 김재용·이현식 편 『안함광 평론 선집』 1, 박이정, 1998, 313면에서 인용.

181 비슷한 시기에 발표된 「유전」(『문장』, 1941.4)은 이러한 신변소설과는 정반대로 모든 인물들이 주인공 '명준'의 시선에 의해 대상화된다. "(혜선의) 아기자기한 표정이 아롱거리고 또 웃지 않고 말하는 때라도 그 심한 덧니가 무슨 결함미(缺陷美)라고 할가 었쨌든 남다른 무엇을 그 입가와 빰에까지도 그리여 주는 것이나 **명준은 그저 그렇거니 하고 볼 뿐이었다.**"(72면)

작가와 비슷한 위치에 놓인 화자는 화자보다 열등한 위치에 놓여 있다고 보는 아내의 말을 놓치지 않고 성실하게 듣고 전한다.

> 민우가 돌아온 후 온 집이 다만 반가운 빛과 소실로 찾던 한 동안이 지나간 그 뒤에 온 안해의 당부는 제발 이제부터 되지두 않을 딴 생각**말구** 살아갈 연구 — 안해는 늘 이렇게 말한다 — 를 하라는 **것이다.**[183]

> 실례로 **웨** 내짓신문을 보면 **무슨** 국민가요 한 수에 몇 백 원 현상이 붙어 있고 **무슨** 시국 영화소설이니 논문이니 하는 글 한 편에 몇 천원 현상이 붙었으니 재주가 없어 **그렇지** 재주만 있으면 **그게 다** 제 주머니 돈이 **아니겠느냐는 거다.**[184]

> 민우의 밥상을 차리는 안해의 손은 발써 약간 떨리기까지 한다.
> "생계란 가져 올까요"
> 안해는 감기가 들었는지 코를 약간 디려그며 얕은 코소리로 묻는다. 마땅히 애교가 없어선 **안 될 마당이리라.** (…중략…) **그리는 판에 저어편에서** 밥을 먹고 있던 아이년놈들이 얼려서 **짝자그르** 야단이다.[185]

> **이놈의 새끼들이란** 안질로 몸까지 약하고 보니까 어느 학교가 **두드리라 열어주리**

182 한설야는 이 시기 소설의 언어에 대한 지대한 관심을 드러낸다. "나는 요사이 갑자기 前에 없이 말의 魅力이랄가 그런 것을 느낀다. 또 그만치 말에 對햇서 留意하기 시작한 것을 나 스스로 意識한다. (…중략…) 事實 나는 요지막 巷間의 平凡한 사람들의 말을 그 어느 때보다도 탐탁히 받아듣는다. (…중략…) '서울말'이니 '표준어'니 하는 것만 고집하려고 드는 (…중략…) 方言이라 하더라도 그것이 점차 널리 씨여지고 또 文學語로 쓰일 수 있는 때에는 얼마든지 作品에 실어서 가난한 우리말을 좀더 豊饒하게 해야 할 것이다.(한설야, 「말의 매력」, 『청색지』, 1939.12, 13~16면)

183 한설야, 「泥濘」, 『韓雪野短篇選』, 박문서관, 1941, 6면.

184 위의 글, 8면.

185 위의 글, 40~41면.

라 하고 받아 줄 **것인가**. (…중략…) 이 산 눈 빼 세상을 어떻게 **걸어가랴** (…중략…) 그 놈들 눈물이 오줌같이 흔한들 누가 불상히 생각해서 도아줄 **것이랴**.[186]

물론 한설야의 신변소설들이 주로 부녀자의 입에 치우쳐 기댈 경우, 지나친 요설과 입담에 의지하는 세태소설로 빠져버릴 가능성이 있다. 그럼에도 한설야 소설의 부녀자들의 구어의 세계는 우스꽝스러운 것을 넘어, 언어와 이미지의 유익하고도 유쾌한 성찬을 즐길 수 있게 한다. 이러한 구어체적 서술은 작품 안으로 민중문화의 고유한 입담과 해학을 적극 도입하게 된다. 웃음은 살아있는 실재의 무한히 풍부한 삶과의 접촉을 가능케 한다. 그리고 웃음은 공식문화가 주장하는 일체의 엄숙한 것, 물질적 몸의 원리에 위배되는 일체의 추상적인 것, 정신적인 것의 지위를 격하시킨다. 저항과 변혁을 비폭력적으로 할 수 있게 하는 원동력이 바로 웃음이다.[187]

민우가 석후에 식곤이 나서 **시들푸러** 한잠 자고나니 정주에서는 지금 바루 안악네들의 이야기가 한창이다.[188]

밥도 수둑히 담고 국도 **남상남상이다**.[189]

186 위의 글, 45면.

187 태혜숙, 「몸, 바흐친, 페미니즘」, 『영어영문학』 48(1), 2002, 84면.
세계의 어떤 본질적인 측면들은 오직 웃음(유쾌한 민속장르)에 의해서만 접근 가능한 것이다. '유쾌한 진리'가 가치가 있는 것은 그것이 구체적인 관념을 전달해주기 때문이 아니라, 그것이 결코 숭배하지도 않고 명령하지도 않고 구걸하지도 않기 때문이다. 이런 이유에서 그것은 두려움, 신비스러운 공포, 죄책감을 추방할 수 있다. (…중략…) 물론 웃음은 현실의 물질적 조건을 거의 바꿔놓지는 못한다.(게리 솔 모슨·캐릴 에머슨, 오문석·차승기·이진형 역, 『바흐친의 산문학』, 책세상, 2006, 759~760면)

188 한설야, 「泥濘」, 『韓雪野短篇選』, 박문서관, 1941, 5면.

189 위의 글, 13면.

어린애들은 벌써 한잠이 들었는지 아무 소리도 없다. 여늬 날과 마찬가지로 아마 방 윗목에 덧놓인 **윷가락처럼** 널려서 혼곤히 자고 있으리라. (…중략…) 끼니마다 **막 잠을 자고 난 누에처럼 밥을 쳐족이는 아이들을** 보며[190]

만만한 형섭이 뺨이 얻어 패어서 눈이 지지 벌겋고 때 **묻은 손등이 눈물에 씻겨서 군데군데 때가 벗어진 걸로 보아** 몹시 울었던 것을 짐작할 수 있으나[191]

한설야의 신변소설에 나타나는 부부의 모습은 이 시기 김유정 소설에 해학적으로 묘사된 부부의 모습을 연상시키기도 한다. 단 「種痘」 등의 소설에 오면 이러한 부부의 대화를 맥락화하는 장면들이 매너리즘에 빠지며 희화화되기도 한다.

그래도 **딴은** 명색이 점잖아야 하는 계집인데 이건 남의 집과는 반대로 계집이 먼저 갈급해서 선손을 써 장군을 불를 지경이니 또 그렇**거들랑** 사내답게 응수가 있어야 할 것인데 도리어 **궤장수 부등키듯** 바지 고춤부터 웅켜쥐고 멍군하고 물러서니 싱싱한 안해가 거악해질 밖에[192]

한설야의 「林檎」(『신동아』, 1936.3), 「딸」(『조광』, 1936.4)과 같은 신변소설에서는 아내와 남편이 대화적 맥락에서 대등한 주체로 대화하는 것이 아니라, 아내는 남편의 말의 객체로 대상화된다. 아내의 목소리는 사라지거나 남편의 말로 해석된다. 「이녕」에서는 아내와 이웃 여인들의 대화, 부부의 대화가 전개되면서 남편이 처한 상황이 극적으로 제시되

190 위의 글, 5~6면.
191 한설야, 「種痘」, 『문장』 7, 1939.8, 11면.
192 위의 글, 4면.

는 데 비해, 「임금」은 남편의 억지와 이에 대한 아내의 반발이 단선적으로 전개되면서 「이녕」과 같은 극적 효과를 얻어내지는 못한다. 한설야 소설의 아내는 아래와 같이 지식인 주인공의 생각으로 다시 전유된다.

> 사람은 분노와 불만과 불평을 갖일 줄 알어야 하며 (…중략…) 반항할 줄을 알어야 한다는 그의 '철학'이 이윽고 움지겨 났든 것이다. (…중략…) 남편의 맹목적인 사랑을 바라든 안해가 아니냐. 남편은 안해가 지은 밥이라야 배불리 먹는다라고 생각하든 안해가 아니냐[193]

끝내 「林檎」에서 지식인 주인공은 아내와 함께 속된 세상일을 겪지만 별 필연적 과정 없이 세파를 이겨나갈 자신의 결의를 주관적으로 손쉽게 얻어낸다.

> 그는 옳은 길이면 부끄러움을 무릅쓰고 가볼 만한 신념과 양심이 새로 솟았다.
>
> 그는 이 날에 비로소 제가 갈 길을 찾은 듯하였다. 맨 밑바닥을 걸어가자! 거기서 부터 다시 떠나기로 하자! (…중략…) 어둠 속에서 아니 어둠 속에 있느니 만치 분명히 자기 동리가 한 덩어리로 더위잽혀서 지금 그의 눈에 빛어온다.[194]

193 한설야, 「딸」, 『조광』 6, 1936.4,

194 한설야, 「임금」, 『한설야단편선』, 박문서관, 1942, 96~97면.

제6장
구어전통과 서구의 상호작용을 통한 문체의 형성

1. 구어체 서술과 모더니즘의 소통 : 박태원 소설

1) 유사구술의 방식 등을 통한 모더니즘 문학의 지양

박태원 문학은 근대가 함유하고 있는 새로운 것에 대한 강렬한 욕망에서 이뤄지지만 동시에 전근대적인 가치관도 손에서 놓지 않고 있다.[1] 예컨대 그의 대표작 『천변풍경』은 묘사에서 현대의 영화적 수법을 보이면서도 전통적인 이야기 방식과 구어체 서술 들을 채택하고 있다. 지식인의 자의식의 세계에 갇혀, 서구의 모더니즘 소설을 흉내 낸

1 이정옥, 「박태원 소설 연구 : 기법을 중심으로」, 연세대 박사논문, 1999, 4면.

「소설가 구보씨의 일일」(이하 「구보씨」)에서조차 전통적 구술의 방식이 감지된다. 박태원 소설은 모더니즘이라는 한정된 틀로는 온전히 설명될 수 없을 만큼 다채롭고 이질적인 장면들을 펼쳐, 같은 시대에 공존하는 다른 소설들과는 다른 양식적 개방성을 보여준다.

박태원 소설의 이러한 양식적 개방성을 논의하기 위해서는, 서구 모더니즘 소설의 이론이나 시각을 통해 그것이 얼마나 모더니즘적이고 근대적인가라는 점을 해명하기보다는, 문학 전통과의 관련성 안에서 근대소설 장르의 성립 과정에서 점차 배제되어 온 구술성 등의 요소들을 활용해야 한다.[2] 결론부터 얘기하자면 그의 소설에 나타나는 새로운 기법들은 일방적인 서구의 영향으로 이뤄진 실험적이고 모던한 것이라기보다는, 오히려 그의 소설에서 활발하게 나타나는 전통적 구어체의 유연한 서술적 특성과 관련된다.

애초 서구 모더니즘을 흉내 낸 「구보씨」 등으로 출발한 박태원 문학은, 서구를 그냥 모방했다기보다는 서구와 교섭하는 '혼성성'의 과정을 드러낸다. 여기서 교섭이란 서구 문명이 이질적인 장소에서 다시 쓰이면서 상호 텍스트적으로 혼성화되는 과정을 말한다.[3] 「구보씨」는 모더니즘이라는 서구적 이질성에 참여하면서도, 20세기 이후 서구의 소설이 리얼리즘에서 떨어져 나가 모더니즘으로 이행하면서 어떤 면에서는 작품 성과에서 하강 국면을 그리는 것에 대해 대한 나름의 극복 방식을 보여준다.

「구보씨」는 이상의 「날개」와 더불어 서구의 모더니즘 소설과 같이 내면의 형상화를 본격화한다. 그러나 「구보씨」를 지식인의 내면에 함

2 김미지, 「박태원 소설의 담론 구성 방식과 수사학 연구」, 서울대 박사논문, 2008, 5면.
3 호미 바바, 나병철 역, 『문화의 위치』, 소명출판, 2002, 17면.

몰된 모더니즘 소설이라고만 말하기에는 뭔가 미심쩍은 면이 많다. 물론 그렇다고 그것을 민중의 일상사를 재현한 리얼리즘이라고도 말하기도 더욱 어렵듯이 「구보씨」는 나름의 특유의 세계를 새롭게 만들어낸다. 모더니즘 소설은 자본주의 사회현실에 대한 날카로운 인식과, 소외와 비속화에 대한 현상학적 진단을 실감나게 드러낸다. 그리고 이는 전통적 관점과 기법만으로는 성취하기 어려웠을 개인의 내면적 진실을 통해 이뤄진다. 「구보씨」는 일단 이 같은 서구 모더니즘 문학에 자극받은 작품이다. 그런데 「구보씨」는 그러한 내면을 그리기 위한 문체적 장치로 종래의 국한문체 스타일과는 또 다른 방식의 글투를 활용한다. 그것은 의도적으로 어려운 한자 어휘를 섞기도 한 것인데, 단 그러한 말투에 화자가 매몰된다기보다는 이를 다소 유휘적인 멋을 부리는 데 사용한다.

▫ 仇甫는 그의 고요한 마음 속에 陰鬱을 갖는다.

▫ 그 思想에는 黃昏의 哀愁와 또 孤獨이 混和되어 있었는지도 모른다.[4]

「구보씨」의 현학적 글투는 자신의 사변의 세계를 특권화하기보다는 이를 대상화 하거나 때로는 희화화는 수단으로 사용된다. 뒤에서 다시 밝히겠지만 『천변풍경』에서 화자가 대상 인물을 풍자하거나 희화화해야 하는 서술을 할 경우 상황에 맞지 않게 느닷없이 엄숙하고 현학적인 그러나 부자연스러운 번역 투의 국한문체를 의식적으로 사용한다.

仇甫는 자기의 왼편 귀 機能에 스스로 疑惑을 갖는다. 病院의 젊은 助手는 決코

4 박태원, 『小說家仇甫氏의一日』, 문장사, 1938, 243 · 267면.

익숙하지 못한 솜씨로 그의 귓속을 살피고 그리고 大膽하게도 그 안이 몹시 不潔한 까닭 外에 아모 異狀이 없다고 宣言하였었다. 한 덩어리의 '귀지'를 갖기보다는 차라리 四日週間 治療를 要하는 中耳炎을 앓고 싶다. 생각하는 仇甫는 그의 宣言에 無限한 屈辱을 느끼며 그래도 每日 神經質하게 귀안을 掃除하였었다.

그러나 仇甫는 多幸하게도 中耳疾患을 가진듯 싶었다. 어느 기회에 그는 醫學辭典을 뒤적거려 보고 그리고 별 까닭도 없이 자기는 中耳加答兒에 걸렸다고 혼자 생각하였다. 辭典에 依하면 中耳加答兒에는 急性及慢性이 있고 慢性中耳加答兒는 또다시 이를 慢性乾性 及 慢性濕性의 二者로 나눈다 하였는데, 자기의 耳疾 은 그 慢性濕性의 中耳加答兒에 틀림없다고 仇甫는 작정하고 있었다.[5]

위의 인용문은 주인공이 난삽한 의학적 용어들을 사용하여 자신의 질병을 심각하게 사유하는 듯싶지만 오히려 그러한 심각한 말투가 주인공 자신을 희화화하고 있다. 조수가 '선언'을 했다든지, 그러한 '선언에 '무한한 굴욕'을 느낀다든지, '신경질하게 귀안을 소제했다'든지 하는 말투들은 자연스러운 우리 식의 어법도 아니고 일부러 유식함을 내세운 말투이지만 오히려 그러한 어법은 '귀지'라는 하찮은 것을 대상으로 하고 있기에 희극적인 내용이 된다.

내면을 그리기 위해 앞서의 작가들이 심각한 어법으로 사용했던 국한문체들이 박태원 소설에서는 유희적이기도 하며 희화적으로 사용되고 있다. 박태원 소설에서 사용되는 국한문체는 화자의 지식을 뽐내는 것이 아니라 화자가 의도적으로 우스꽝스럽게 사용하는 경우가 잦다. 이 때문에 구보의 내면은 자못 심각하면서도 한편으론 현학적 글투를 빌려 희화화된다.

---

5 위의 책, 229면.

따라서 「구보씨」에 그려진 내면의 세계는 서구 모더니즘 소설의 그것과 분명 다르다.[6] 그것은 애초 주제를 드러내는 문제의식에서부터 구별된다. 서구 모더니즘 문학에서 인물이 겪는 내면적 고투는 사회적 억압이라는 보이는 적이 아니라, 존재를 위협하는 형이상학적 적과 싸우는 실존적 싸움의 경향으로 흐르는 확률이 높다. 사회적인 것을 거절하고 개인의 실존을 배타적으로 고수하는 것이 서구 모더니즘의 주류적인 경향이다. 그러나 「구보씨」는 인물의 내면적 갈등 또는 고독의 원인이 무엇인가를 구체적으로 따져 묻는다. 그러한 물음을 통해 모더니즘 소설과 같이 고독에 빠져들어 헤어나지 못하거나 고독을 물신화하지 않는다.

> 일찌기 그는 孤獨을 사랑한 일이 있었다. 그러나 孤獨을 사랑한다는 것은 그의 心境의 바른 表現이 못될께다. 그는 決코 孤獨을 사랑하지 않았는지도 모른다. 아니 도리어 그는 그것을 그지없이 무서워하였는지도 모른다. 그러나 그는 孤獨과 힘을 겨누어, 決코 스스로 그것을 이겨내지 못하였다. 그런 때, 仇甫는 차라리 孤獨에게 몸을 떠맡기어 버리고, 그리고, 스스로 **自己는 孤獨을 사랑하고 있는 것이라고 꾸며왔는지도 모를 일이다.**[7]

「구보씨」의 주인공은 고독하다. 그러나 구보의 고독은 밑도 끝도 없이 펼쳐지지 않는다. 그리고 마치 그러한 고독을 겉으로 드러내, 외부

6 박태원은 『仇甫氏』에서 서구 모더니즘 소설을 그대로 따르는 것에 대한 거부감을 보여준다. "仇甫는 그저 '유리시-즈'를 論하고있는 벗을 깨닫고, 불숙, 그야 '제임스, 조이'의 새로운 試驗에는 敬意를 表하여야 마땅할께지. 그러나 그것이 새롭다는, 오직 그 點만 가지고 過重評價를 할 까닭이야 없지. 그리고 벗이 그 말에 對하여, 抗議를 하려하였을 때, 仇甫는 椅子에서 몸을 일으키어, 벗의 등을 치고, 자- 그만 나갑시다."(위의 책, 263면)

7 위의 책, 233면.

세계에 대하여 주체로서 존재하여 내면을 특권화 하고 이를 마치 근대성을 담지하고 있는 것처럼[8] 생각하는 근대소설의 주인공과 같은 모습을 보여주지 않는다. 「구보씨」는 서구 모더니즘 소설과 같이 인간 고독의 원인을 선험적으로 고립된 개인의 외로운 실존에서 찾거나, 또는 이를 도저히 인간 자신의 힘으로는 변경을 못하는 항구적이고 절대적인 위기로 보지 않는다. 구보 스스로도 그러한 점을 고백한다. "自己는 孤獨을 사랑하고 있는 것이라고 **꾸며왔는지도** 모를 일이다"고.

오히려 구보는 그러한 고독의 원인을, 근대인들을 하나의 고독한 원자로 떨어져 나가게 한 바로 '공동체의 해체'와 그로부터 빚어진 의사소통의 단절에서 찾는다. 「구보씨」는 깨어진 공동체의 상처를 끊임없이 불러일으킨다. 구보가 바라본 도시 경성의 공간에서 배태된 고독은 삶에 대한 자각현상이 아니라, 인간관계에 있어서 유지되어야 할 온정과 믿음이 불식된 데서 생성된 것이다.[9] 구보는 그래서 진정한 의사소통이 가능한 근대사회의 유일한 영역으로 가족에 애착을 가진다. 「방란장주인」에서는 비정한 현실에 맞서 예술가 공동체를, 『천변풍경』에서는 '천변'이라는 인간적인 삶의 공동체를 꿈꾸는 것으로 실현한다.[10] 문학과 예술이 자기도 모르게 겨냥해 온 것은 언제나 인간 생존의 기초로서의 공동체적 연관을 환기하는 일이다. 어떠한 역사의 단계에서든지 사람의 생존은 공동체적 바탕을 떠날 수는 없으며 예술이 무엇을 어떻게 다루든지 간에 그것이 진실 되게 감동을 줄 수 있는 작품이라

8 박헌호, 「한국 근대소설과 내면의 서사」, 『식민지 근대성과 소설의 양식』, 소명출판, 2004, 138·151면.

9 이화진, 「박태원의 「소설가 구보씨의 일일」론 : 구보소설의 창작원리와 그 의미」, 『어문학』 74, 2001, 368면.

10 하정일, 「'천변'의 유토피아와 근대비판」, 구중서·최원식 편, 『한국 근대문학사연구』, 태학사, 1997 참조.

면 근원적인 인간 조건으로서의 공동체적 연관을 직접적으로 또는 간접적으로 비추지 않을 수 없다.[11]

근대의 데카르트는 사람이라는 전일적 존재에서 생각을 고립시킴으로써 사람을 자연으로부터 고립시키고 자기 자신을 단절시켰다. 자연으로부터 단절된 사람은 기계적 조작의 대상이 된다는 생각이 데카르트의 기본 전제를 뒤따랐고 또 그 생각은 결국 사람을 수단으로 이용할 수 있다는 오늘날의 비인간적 세속주의를 낳는다. 세속주의는 수단으로서의 사람 이외에는 달리 사람을 볼 줄 모른다. 그러나 근대의 문인 예술가는 바로 그러한 세속주의에 참여하기를 거부했고, 그 거부를 자신에 대한 내적 성찰, 세속주의의 매력에 대한 개인적 저항의 형식으로 표현하여 왔다. 즉 세속주의자들에게 큰 소리로 경고하는 것보다는 스스로에게 경계하는 내면의 말을 발전시켰던 것이다. 그리고 이러한 자기 자신의 정신적 상황을 보고하는 것이 현대의 문학이었다.[12] 그러나 「구보씨」는 고독의 정체를, 고립된 지식인의 정신세계를 통해서가 아니라, 소외된 비천하고 가난한 사람들의 생활 이야기와 관계를 맺어 밝혀나간다.

> 그러나 오히려 孤獨은 그곳에 있었다. 仇甫가 한옆에 끼여 앉을 수도 **없게스리** 사람들은 그곳에 빽빽하게 모여 있어도, 그들의 누구에게서도 人間本來의 溫情을 찾을 수는 없었다. 그네들은 거의 옆에 사람에게 한마디 말을 건네는 일도 없

11 김종철, 『시적인간과 생태적 인간』, 삼인, 1999, 229면. 이 시기의 백석의 시문학 역시 근대세계에 들어서 공동체가 해체되고 그 속에서 개인들이 하나의 원자로 떨어지면서, 전근대적 삶의 조건 특히 그 시기에 민중들이 공동체 속에서 하나로 어우러져 살고 있는 상태에 대한 깊은 그리움을 보여준다.(김재용, 「근대인의 고향상실과 유토피아의 염원」, 『백석 전집』, 실천문학사, 1997, 472면 참조)

12 이상섭, 『영미비평사』 3, 민음사, 1987, 123면.

이, 오직 자기네들 事務에 바빴고, 그리고 間或말을 건네도, 그것은 자기네가 타고 갈 列車의 時刻이나 그러한 것에 지나지 않았다. 그네들의 同僚가 아닌 사람에게 그네들은 便所에 다녀올 동안의 그네들 짐을 付託하는 일조차 없었다. (…중략…) 仇甫는 한구석에 가 서서, 그의 앞에 앉아 있는 老婆를 본다. 그는 뉘집에 드난을 살다가 이제 늙고 또 衰殘한 몸을 이끌어, 決코 넉넉하지 못한 어느 시골, 딸네집이라도 찾아**가는지 모른다**. (…중략…) 老婆옆에 앉은 中年의 시골紳士는 그의 시골서 조그만 百貨店을 經營하고 **있을께다**. 그의 店鋪에는 마땅히 綢緞布木도 있고, 日用雜貨 도 있고, 또 흔히 씨우는 藥品도 가추어 **있을께다**. 그는 이제 그의 옆에 놓인 物品을 들고 자랑스러이 車에 **오를께다**. 仇甫는 그 시골 紳士가 老婆와 사이에 되도록 間隔을 가지려고 努力하는 것을 發見하고, 그리고 그를 없신녀겼다.[13]

지식인 중심의 내면 독백은 대중과는 따로 떨어진 특정 지식인 계층 내부에서 통용되는 언어로 표현되기 쉽다. 즉 지식인 그들 특유의 분파성과 폐쇄성으로 살아있는 구어를 배제하고 그들만의 '사회적 방언'을 강화한다. 그리하여 그러한 유형의 문학은 지식인의 자의식 같은 곳으로 문제를 좁힌다. 당연히 소설화법에서도 전대 소설같이 텍스트 외부의 실제의 청중을 지향하려는 노력이 약화되면서 독백적 글투의 경향을 강화시키며 문어체적 성격이 강해진다. 고독과 격리 속에서의 인물의 깊은 명상이 종종 심원한 사상의 모태인 것은 분명하지만, 그것은 독선과 고루를 낳는다. 그러나 고독은 대화에 의해서 해소되고, 독단으로부터 벗어나는 것이 가능하다. 항상 자기 자신이 과오를 범할 수 있다는 것을 자각하여, 자신을 부정하는 타자를 상정하고, 이러한 타자와

13 박태원, 『小說家仇甫氏의一日』, 문장사, 1938, 250면.

의 대립을 매개로 하여 자신을 한층 고차원의 입장으로 발전시킨다.

「구보씨」에서 지식인 구보의 내면의 고독은 지식인 내부로 따로 떨어져 있지 않고 인용문에서 볼 수 있듯이 궁극적으로는 외부의 사람들의 생활에 대한 관심을 보이고 그들에 대해 공감하는 쪽으로 열려 있다. 타자를 자존적 개체로 인식하는 것은 서열적인 사용가치와 교환가치의 기초보다는, 쌍방이종 지배의 기초 위에서 상호관계성과 상생의 지속적 인식을 가능하게 한다.[14] 지식인 주체는 외부의 타자를 항상 전제하여, 내면적 어조에 갇혀 사회적 현실과 담쌓고 자기상실에 빠지는 것을 가능한 피하려 한다. 위의 인용문의 어미에서도 그 흔적이 발견되는바, 계속 반복되는 "~스리", "~께다", "~지 모른다" 등의 구어체적 느낌의 추측성 발언들은 독선과 단정을 거부하는 화자 주체의 인격성을 드러낸다.

이러한 거부는 구보한테 주체의 권위적 위치를 빼앗으며 타자를 향한 그의 지속적인 태도와 관심을 보여준다. 주체의 절대성 또는 진실의 절대성을 의심하고 부정하는 자세는 주체와 타자 간의 대치된 거리와 이질감을 넘어서게 한다. 타자의 처지를 끊임없이 짐작하고 상상하는 것은 자신을 타자의 위치에다 갖다 놓는 것이다. 주관에 매몰되는 것을 막으며 추측성 발언으로 진행되는 화자의 시선(응시)의 내용은 텍스트의 이데올로기적 · 서술적 닫힘을 끊임없이 유보하고 작가 자신의 해석학적 놀이를 지속하는 가운데 서구 모더니즘 소설이 흔히 갖는 미학적 긴장을 해소한다.

그러나는 단지 '안'으로 향한다고 해서 그것이 자동적으로 내면성을 확보하는 것은 아니다. 모더니즘 소설에서 자주 보게 되는 '자폐'에 가

14 패트릭 D. 머피, 「바흐친, 생태론, 여성주의」, 여홍상 편, 『바흐친과 문학이론』, 문학과지성사, 1997, 385면.

까운 심리적 퇴행과 박태원 소설에 나타나는 '내면성'은 구분된다. 박태원 소설에서 '자기'에 대한 물음은, 동시에 '타자'에 대한 물음에 의해 뒷받침된다. 몸과 마찬가지로 주인공의 "내면 역시 본질적으로 형식화된 어떤 것"이다. 이를 위해서는 스스로 자신의 내면을 바라보는 것이 아니라(즉 자의식이라는 세계 속에서가 아니라), 타자의 외재적 위치로부터 바라보아야 하고 그럴 때에만 내적 삶의 총체를 파악하게 된다.[15]

「구보씨」에는 내적 독백의 세계가 지배적이면서도 그 독백은 여러 일화들을 통해 부단히 외부 세계의 사건, 특히 시정의 풍속 또는 생활의 세계와 만난다. 박태원은 자학의 포즈가 엿보일망정 ―일종의 그것도 놀이다― 스스로를 세계와 격리시켜 실험과 도박의 대상으로 삼기보다는 '타인' 및 '세계'와 이어진 끈을 끈질기게 붙잡고 늘어진다.[16] 그리고 그 방법은 타인에게 끊임없이 말을 걸고, 소외된 하층민에게 '이야기'의 무대를 제공해주는 것이다.

여기서 「구보씨」 특유의 도시의 독서대중, 혹은 민중의 실감을 바탕으로 한 '도시의 산문' 스타일이 등장한다. '구보'가 말했듯이 "都會의 小說家는 모름지기 이 都會의 港口와 親하여야한다."[17] 도시적 산문은 새로이 전개되는 자본주의적 도시의 번잡하고 부산한 삶을 반영한다. 「구보씨」에서는 이를 통해 내면과 사건의 교섭과 전이가 이뤄진다. 그리고 내면은 일상의 세계와 만나기 위하여 화자로 하여금 자신의 시선

15 이문영, 「바흐찐의 모순의 역동성에 관한 소고」, 『러시아연구』 10(2), 2000, 152면.

16 박태원 소설은 이상의 문학과는 다르게 예술가와 생활자의 극한적 분리를 지양하고, 예술과 생활세계의 관계맺음 방식에 대해 끊임없이 고민한다. 그의 소설은 자기의 내밀한 고백이나 추악성의 폭로가 아니라, 이 두 관계항의 대화와 소통의 방식을 질문하고 있다. 박태원의 초기 소설은 불안, 초조, 피로, 우울 등의 감각적 표지 속에서 존재론적 우월감을 느끼는 인물을 그려내지만, 이후의 작품에서는 생활 세계 속의 인물들을 그려낸다.(진영복, 『자기지시적 글쓰기의 분석과 해석』, 한국학술정보, 2005, 93면)

17 박태원, 『小說家仇甫氏의一日』, 문장사, 1938, 259면.

을 자기중심주의에서 탈출시킨다. 자기의 주관성에 매몰되는 것을 피하고 자기를 객관화, 대상화한다. 이를 위해 공간분화에 따른 서술방식의 다층화, 병렬 구성의 확장에 따른 서술태도의 다양화를 꾀한다.[18] 이는 종래의 소설 문체, 구성과는 다르게 자의적인 무형식성, 무절제성을 드러내게 한다. 그리고 이것은 모더니즘의 실험적 형식이라기보다는 일종의 '놀이(game)로서의 글쓰기' 형태인데,[19] 화자가 진행하는 현대적 서술과 전통적 구술의 방식을 자유롭게 교섭하여 이러한 놀이를 돕는다.

박태원 소설의 화자는 현대소설과 같이 자신을 숨기는 것이 아니라, 인물에 자신의 역할을 기꺼이 내준다. 그리고 화자가 숨는다 하더라도 그것은 소설을 완전히 지배, 조종하려는 의도에서가 아니다. 오히려 화자는 작품 안에서 여러 인물을 통해 관찰하고 판단하고 혹은 망설이면서 사물을 보는 화자의 윤리적 잣대를 상대화 시킨다.[20] 따라서 「구보씨」의 화자는 작중인물의 처지에 서서 그들의 시선과 같이 하기도 하고 여러 인물의 다양한 시선을 활용한다. 대체로 구보와 입장을 같이 하는 화자는, 구보와는 다르게 생각할 수 있는 사람들의 정신적 위치에 자기 자신을 갖다 놓는다. 아래의 인용문 같은 경우 어머니의 마

18 이정옥, 「박태원 소설 연구 : 기법을 중심으로」, 연세대 박사논문, 1999, 183 · 190면.

19 이화진, 「박태원의 「소설가 구보씨의 일일」론 : 구보소설의 창작원리와 그 의미」, 『어문학』 74, 2001, 356면.

20 박태원 소설에서 작가 혹은 화자는 소설을 완전히 컨트롤하고 지배하는 방식이 아니라, 작가 혹은 화자도 주관성의 세계에서 객관에 작용하고 반응하는 거리가 분명히 드러남으로써 상대성의 세계를 구축해 나간다. 이 거리 감각에 의해 대상에 대한 유모가 가능해지고, 관찰과 반성의 공간이 확보된다고 말할 수 있다.(진영복, 「한국 근대소설과 사소설양식」, 『한국 근대문학과 일본문학』, 85~87면) 그런데 오히려 화자의 이러한 거리 감각, 상대화의 능력을 화자의 인격성이 소멸되고, 따라서 소설의 서술방식이 차츰 비인격화되어 가는 식으로 해석하기도 한다.(나병철, 「구어체 소설과 또 다른 근대의 기원」, 『모더니즘과 포스트모더니즘을 넘어서』, 소명출판, 1999, 404면)

음을 얘기할 때 '복화술'의 방식으로 화자가 자신의 말투를 뒤로 물리고 이를 어머니의 말투로 옮긴다.

> 어머니는 다시 바누질을 하며, **대체, 그 애는, 매일, 어딜, 그렇게, 가는, 겐가,** 하고 그런 것을 생각하여본다.
>
> (…중략…)
>
> **그 애면, 저두 싫다고는 않겠지. 이제 이놈이 들어오거든 단단히 다져보리라**…… 그리고 어머니는 어느 틈엔가 손주 자식을 눈앞에 그려보기조차 한다.[21]

화자는 인용문에서 보듯이 아들을 바라보는 어머니의 마음이 되고자 한다. 인용문에서 자연스럽게 이어지지 못하고 짧은 쉼표로 끊어지면서 나타나고 있는 어머니의 말은 그 자체로 어머니의 머뭇거림, 아들과의 관계의 소원함을 반영한다.[22] 등장인물의 말을 현재시제, 말줄임표 등의 잉여적 표현으로 전달코자 하는 것도 화자의 특정 담론에 의존하지 않고 이들의 의견을 그대로 인용하고자 하는 작가의 의도에서다. 「구보씨」 서두의 소제목은 "어머니는"으로 시작되지 않는가?

> 나이찬 아들의, **기름과 분 냄새 없는** 방이, 늙은 어머니에게는 애닯헛다. 어머니는 초저녁에 깔아놓은 채 그대로 있는, **아들의 이부자리와 벼개를 바로 고쳐놓고,**

---

21 박태원, 『小說家仇甫氏의 一日』, 문장사, 1938, 222 · 224면.

22 황도경, 「관조와 사유의 문체」, 『박태원 소설 연구』, 깊은샘, 1995, 179면.
이오덕은 박태원이 쉼표를 많이 찍어 놓은 것을 일본글을 본뜬 것으로 보기도 한다. 일본글은 낱말을 띄어서 쓰지 않기에 쉼표를 우리보다 많이 쓰지 않으면 안 되는데, 우리글에는 쉼표를 많이 쓸 필요가 없고, 쉼표가 많은 문장은 보기에 아주 거슬린다고 비판적으로 본다. (이오덕, 『우리 글 바로쓰기』 2, 한길사, 1992, 425면) 아주 근거가 없는 얘기는 아니지만 박태원 소설의 미적 의도는 전혀 고려하지 않는 주장이다.

그리고 그 옆에 가 앉아본다. (…중략…) 어머니는 어디 월급자리라도 구할 생각은 없이, 밤낮으로, 책이나 읽고, 글이나 쓰고, 혹은 공연스리 밤중까지 쏘다니고 하는 아들이, 보기에 딱하고, 또 답답하였다.[23]

일갓집 대청에 가 주인 아낙네와 마주 앉아, 갓난애 같이 어머니는 치마 자랑할 기회를 엿본다. 주인 마누라가, 섯불리, 참, 치마 조흔 거 해입으셨구면, 이라고나 한다면, 어머니는 서슴지 않고,

"이거 내 둘째 아이가 해준것죠. 제 아주멈해하구, 이거하구……"

이렇게 묻지도 않은 말을 하엿다.[24]

화자는 각각의 인물들의 처지에 서거나, 또는 인물이 자신의 얘기를 할 수 있도록 배려하기 위해 그와 인물 사이의 존재론적 경계선을 지운다. 등장인물의 대화가 대화표지어의 매개 없이 전개되어 대화는 짧게 분절되며 이어진다. 이 때문에 간접화법식의 부가 절이 완전히 사라지는 것은 아니지만 중간에 삽입된 화자의 보고나 주석 없이 계속되는 말들로써 대화가 이뤄져 등장인물이 구사하는 말들을 그들 자신의 구어로 꾸미게 된다. 『천변풍경』에서 어수룩한 시골 소년 창수가 가게 주인에게 잘못 받아간 거스름돈을 돌려받으려 하자, 이에 대한 가게 주인의 매정한 언행을 묘사하는 장면이 있다.

"애, 어림두 없는 소린 허질 마라."

눈을 부라리며 한마듸 하였을 뿐으로 다유유, 마침 양초나 그러한 것을 살어

23 박태원, 『小說家仇甫氏의 一日』, 문장사, 1938, 223면.

24 위의 책, 226면.

온 칠성아범을 보고, 자기가 이 장사를 열네 해를 하였어도, 이제까지, 단 일전 한 푼 셈 틀려본 일 없었노라고 그것을 역설하야 단순한 민주사 집 하인의 찬동을 어려웁지 않게 엇었다.[25]

박태원은 이러한 장면의 극화를 위해 가게 주인의 발언과 행동을 몇 개의 문장으로 끊지 않고 계속 이어지게 함으로써 창수의 말을 입막음하는 주인의 매정함을 두드러지게 한다. 이렇게 이어지는 문장은 화자가 등장인물에 개입하기보다는 등장인물 스스로가 생각하고 말하게 하는 능력을 부여한다. 연속되는 문장으로 독자들은 화자의 끼어듦 때문에 발생하는 단절을 피하고 인물에 몰입하는 효과를 갖는다.

대체 무얼 사줄테냐. 무어든 어머니 마음대루. **먹는게 아니래두 좋으냐**. 네-. 그래 어머니는 외누리 없이 욕망을 말해본다.[26]

안짬재기는 貰冊집에는 어떤 冊이든 있다는 것과, 一錢이면 能히 한 卷을 貰내을 수 있음을 말하고, **그러나 꾸중들우**-. 그리고 다음에, **재밋긴 춘향전이 제일이지**, 그렇게 그는 혼잣말을 하였었다.[27]

그의 短杖과 노오트 든 손은 아이들의 조고만 손에 붓잡혓다. 어디를 갔다오니. 仇甫는 웃는 얼골을 짓기에 바뿌다. 어느 벗의 조카아이들이다. 아이들은 仇甫가 안경을 썼대서 언제든 눈깔아저씨라 불렀다. **야시 갔다 오는 길이라우. 그런데 왜 요새 토옹 집이 안 오우, 눈깔아저씨**. 응, 좀 바빠서…… 그러나 그것은 거

25 박태원, 『천변풍경』(2회), 『조광』, 1936.9, 285면.
26 박태원, 『小說家仇甫氏의一日』, 문장사, 1938, 225면.
27 위의 책, 246면.

즛이었다.[28]

仇甫는 두 아이에게 수박을 한 개式 사서 들려주고, 어머니 갖다드리구 놓아 줍쇼, 그래라. 그리고 덧붙이어 쌈말구 똑같이들 놓아야 한다. 생각난듯이 큰 아이가 報告하였다. **지난번에 필운이 아저씨가 빠나나를 사왔는데, 누나는 배탈이 나서 먹지를 못했죠, 그래 막 까시를 올렸더드니만** …… 仇甫는 그 말괄량이 少女의, 거의 울가망이 된 얼굴을 눈앞에 그려보고 빙그레 웃었다.[29]

홍, 하고 벗은 코로 웃고 그리고 小說家와 벗할 것이 아님을 깨달았노라 말하고, 그러나 부대 **別의 別것을 다 쓰드라도 나의 飮酒不堪症만은 얘기말우—**. 그리고 그들은 愉快하게웃었다.[30]

화자는 자신과 다른 이들의 입장의 차이를 그럴듯한 말을 가지고 덮어버리는 것이 아니라 입장의 차이가 존재하는 사실을 인정한다. 그렇다고 화자는 인물의 말을 그대로 무관심하게 늘어놓는 것만은 아니다. 「구보씨」에서 이어지는 수많은 혼성구문은 화자가 그들과 놀이하듯이 대화하고 있음을 환기시킨다.[31]

仇甫가 일곱 살 먹은 사내아이를 怜悧하다고 稱讚하였을 때, 젊은 어머니는, 그러나 그 애가 이 골목 안에서는 그중 나이 어림을 말하고, 그리고 나이 먹은 아이들이란, 저이보다 적은 아이에게 對하여 얼마든지 狡猾할 수 있음을 한탄

28 위의 책, 277면.
29 위의 책, 278면.
30 위의 책, 291면.
31 백지혜, 「박태원 소설의 사유방식과 글쓰기의 형식」, 『관악어문연구』 30, 2005, 240면.

하였다. 언제든 딱지를 가지고 나가서는, 最後의 한 장까지 빼앗기고 들어오는 아들이 민망하여, 하루는 그 뒤에 鉛筆로 하나하나 標를 하여 주고 그것을 또다시 잃고 돌아왔을 때, 그는 골목 안의 아이들을 모아, 그들이 가지고 있는 딱지에서 元來의 내 아이 物件을 가리어내어, 거의 모조리 회수할 수 있었다는 이야기를, 젊은 어머니는 一種의 자랑조차 가지고 仇甫에게 들려주었었다.[32]

집에 돌아가, 어머니에게 오늘 電車에서 '그 색씨'를 만났죠 하면, 어머니는 응당 반색을 하고, 그리고 '그래서 그래서' 뒤를 캐어 물을 께다. 그가 만약, 오직 그뿐이라고 라고 말한다면, 어머니는 실망하고, 그리고 그를 주변머리 없다고 責할지도 모른다. 그러나 누가 그 일을 알고, 그리고 아들을 拙하다고라도 말한다면, 어머니는 내 아들은 원체 얌전해서…… 그렇게 辯護할께다.[33]

때로 「구보씨」에서 모든 사물을 관찰하는 구보의 내면은 오히려 관찰의 대상이 된다. 연애에 몰입한 주인공의 내면이 절실하게 그려지다가 갑자기 정색을 하고 그러한 주인공의 연애를 통속소설에 묘사된 연애 사건과 비교를 하면서 독자가 주인공의 내면에 몰입하는 것을 막는다. 이를 위해 주인공 구보는 말하면서 그것이 옳은가 다시 되돌아보고 자신의 사유를 반추하는 구어적 음성을 드러낸다.

이런 점에서 '쉼표'와 '부사'의 과다한 노출 등은 소설 내부에 다른 이야기들에 귀를 기울일 여지를 마련한다. 서사의 선조 형식의 진행을 방해하는 이러한 끊어 주기 효과는 줄거리를 전복하며, 주인공의 서사와 역동적으로 합일됨으로써, 이야기를 끊임없이 재창조하는 모습을

32 박태원, 『小說家仇甫氏의 一日』, 문장사, 1938, 240면.
33 위의 책, 234면.

보여준다. 소설의 선조적인 진행방식을 방해하는 일탈 행위는 오히려 다양한 담론이 틈입할 수 있는 여지를 마련함으로써, 박태원 소설 특유의 에세이식의 진행방식을 도와주는 역동적인 기제로 파악된다.[34] 믿을 수 없는 화자 때문에 화자의 서술은 끊임없이 이탈하고 중단되고 틈이 벌어지면서 작품 안에 나오는 여러 가지 담화와 경쟁하게 된다.[35]

그리고 「구보씨」는 쉼표를 활발히 사용함으로써 부가절의 문법적 형식에도 얽매이지 않고 우리의 초기 근대소설에서 나타났던 화법의 경직된 틀을 자유롭게 넘어선다. 1910년대 이후 근대소설의 공간은 판소리계 소설 등의 고소설이나 신소설의 엉성하고 흐트러진 공간을 넘어서 형식적 완결성과 정제미를 지향하지만 반면 그것은 정적(靜寂)이 되어버린다. 이는 근대미술에서 하나의 고정된 위치, 관점 등 즉 원근법의 도입 등이 '정말 같은 것을 추구하는 회화 제작'과 깊이 관련된 것으로 보이지만 실은 이러한 방식으로 나타난 화면은 정적이긴 하되 비활성적인 균질성을 보여주는 것과 마찬가지 이치이다.[36]

두서없이 이야기를 늘어놓는 다변(多辯)의 담화형식은 사실 우리 고유의 전통담론과 구조적으로 유사하다. 그리고 이는 문자문화에 익숙한 현대 독자의 취향에 어긋나는 측면이 있다. 수다스럽고 장황하고 겹겹이 중복되는 특징을 지닌 문장 또는 화자의 감정과 주관적 판단이 정제되지 않은 채 그대로 드러나는 형식, 생각나는 대로 이것저것 말해주는 나열식 구성이 그러하다.[37]

이야기가 단락 지어지지 못한 채 두서없이 가지를 뻗어나가 장광설

34 백지혜, 「박태원 소설의 사유방식과 글쓰기의 형식」, 『관악어문연구』 30, 2005, 238·245면.

35 안정숙, 「『율리시즈』 연구 : 바흐찐의 다성성과 여성의 목소리」, 『영미문학페미니즘』 3, 1996.

36 마샬 맥루한, 임상원 역, 『구텐베르크 은하계』, 커뮤니케이션북스, 2001, 252·255면.

37 이기문·이상규 외, 『문학과 방언』, 역락, 2001, 421·423면.

적인 담화 탈선 현상으로 점철된다는 것은 구술성과 기술성이 결합되어 있음을 보여준다.[38] 장문성(長文性)은 국어문장 표현의 고유한 특성들 중 하나이며, 기술물에 투영된 구술적 문화의 흔적이기도 하다. 기술물의 산출자는 당해 텍스트 내용을 좀 더 효과적으로 전달하기 위해서 구어적인 발화 행위 때와 비슷하게 문장 구조나 형식, 표현 등을 변화시키거나 변개하는 등의 방식을 이용하는데, 이런 기술물에 내재된 구술적인 특성을 '유사구술성'이라는 용어로 지칭한다.[39]

박태원의 이러한 장문의 유사구술적 서술 방식들은 국문소설의 전통에서 그렇게 낯선 것만은 아니다. 판소리에서도 시점의 혼합(자유간접화법, 이중시점)은 흔하게 나타나는 현상이며 이로써 서술자의 시점에서 인물의 시점으로의 순조로운 이동이 이뤄지고 양자의 말소리가 뒤섞이게 되면서 장문화되는 현상은 판소리 고유의 연행 기술의 산물이라고 할 수 있다.[40] 「구보씨」에서 소설가 주인공은 자신이 소설가가 될 수밖에 없었던 숙명적인 배경으로 어린 시절 자신을 매혹케 했던 '세책(貰冊)집'의 '춘향전' 등의 이야기책들을 상기한다. 그는 "아홉 살 때 (…중략…) 春香傳, 심청전, 蘇大成傳, (…중략…) 『얘기冊』을 山과 같이 싸놓고서 (…중략…) 그 해 가을 한 철을 完全히 얘기冊으로 보냈다"[41]고 자신의 문학적 원천을 회상한다. 굳이 박태원과 전통문학의 관련성을 생각하지 않는다 하여도, 「구보씨」는 소설 안에서 전통적 구어 또는 구술의 유연성이 갖는 힘을 강하게 인지하고 있다. 이는 「성탄제」 등에서 구어적 독백체를 능숙하게 구사하게도 하며, 『천변풍경』에서 첩

38 김미지, 「박태원 소설의 담론 구성 방식과 수사학 연구」, 서울대 박사논문, 2008, 32면.
39 정은균, 「중세국어의 장문성에 대한 문체론적 고찰」, 『텍스트언어학』 25, 2008, 257~258면.
40 김현주, 「판소리의 다성성, 그 문체적 성격과 예술, 사회학적 배경」, 『판소리연구』 13, 2002, 131·142면.
41 박태원, 「純情을 짓밟은 春子」, 『조광』, 1937.10, 128면.

의 변심을 알고 나서 민주사라는 인물의 심리를 장광설같이 늘어놓는 서술은 오히려 화자가 쉽사리 단정 짓기 어려운 민주사의 복잡한 감정을 그대로 제시하는 효과도 있다.

> 그것은 계집에게 대하여 '선고'를 나리기에 편하니보다도 아직도 실상은 약간의 '찌꺽이 감정'을 가지고 있는 자기 마음에 어떻게 그러한 것을 빌어서라도 용이하게 '결단(決斷)'을 한번 가져보랴는 민주사의 역시 민주사다운 생각에서이엿다. (…중략…) 그 말을 가지고 론지하면, 만약에 계집에게 죄가 있는 것이라면 민주사가 행여나 저에게 의혹을 갖지나 않을까 하여서 이쪽에서 묻지 않은 것도 제가 끄내여 가지고 가장 발명을 한답시고 긴 말 짜른 말이 다 있을 듯도 싶은 것을, 이렇게도 말이 없이 언제나 한가지로 태연한 것은 역시 아모 별 까닭도 없었든 것이라고 그는 가뜩이나 끄내 놓기 오려웠든 '선고'를 정작 입 밖에 낼 것은 이내 단렴하고 오래간만에 대하는 계집에게서 도리혀 좀 더 새로운 매력을 느끼러 들며[42]

박태원의 소설들은 서구의 근대소설 또는 모더니즘을 모방했으면서도 서구의 경험을 그대로 밟지 않고 서구 모더니즘 소설의 미학적 긴장을 해체하면서 인간관계의 소원함을 넘어선 공동체적 삶을 바라고 구한다. 모더니즘의 등장으로 인한 리얼리즘의 쇠퇴는 문화적 측면에서 볼 때 사람들 사이의 공동경험의 축소, 공동체적 유대의 파괴와 연관되어 있다. 모더니즘 소설의 난해한 문체는 독자들과 대화를 나누고 의사를 전달하기 위한 것이라고 보기 어려운, 알아듣기 힘든 모놀로그에 가까운 것으로 되어 있다. 즉 이들은 자신이 속한 공동체와 이

42 박태원, 『속 천변풍경』(2회), 『조광』, 1937.2, 404·407면.

야기를 나누고자 하는 정열이 아니라 자기 고유의 스타일을 창조하려는 욕망을 보여준다.[43]

이에 반해 「구보씨」는 일단 모더니즘 소설 고유의 특징인 인간의 고독에 함몰되지 않고 이를 대상화하여 관찰했다. 자기반영의 유희로 함몰하지 않기 위해 주인공의 내면 안에 타자의 서사적 공간의 가능성을 열어 놓고 이를 아주 평범한 일상과 관계를 맺어 구체화한다. 인물들의 평범한 일상은 구어로 된 그들의 짤막한 말투를 통해 나타나고, 구보의 독백 역시 사변적인 발화의 인상도 있지만(한자 표기가 일조를 한다) 일상사를 풀어놓는 듯싶은 구술의 요소도 발견된다. 따라서 「구보씨」의 주인공은 타자와 단절된 채 노이로제 경향을 가지고 자신에 함몰된 모더니즘 소설의 주인공으로 그려지지 않는다.

오히려 박태원 소설은 약자 특히 어린애, 여인(어머니, 형수, 여급 등), 노인 등에 대한 넘치는 사랑과 이해를 보여준다.[44] 그리고 그것은, 화자가 그들의 처지를 대변하고 그들의 비참한 상태를 고발하려는 방식을 통해서 이뤄지는 것이 아니라, 화자 스스로 '**그들이 되는**' 방식을 통해서이다. '딴 사람-되기'는 타자와의 유비나 타자의 모방 혹은 재현의 문제가 아니다. 타자를 새롭게 만나는 것인데 그렇다고 그것이 타자와의 합일을 지향하는 것이 아니라 자기의 낡은 자아를 허물고 자기와 타자의 '사이' 존재가 되는 것을 뜻한다.[45]

---

43 김종철, 『시적인간과 생태적 인간』, 삼인, 1999, 243면.

44 비밀스런 지각에는 언제나 어린이, 여성, 동물이 함께 한다. 왜냐하면 성인 남성의 물적인 지각 능력으로는 비밀을 볼 수 없기 때문이다 (…중략…) 남성들은 여성들을 때로는 입이 싸고 수다스럽다고, 때로는 연대감이 없고 배신을 잘한다고 비난한다. 하지만 이상하게도 여성은 아무것도 숨기지 않은 채로도 투명함, 순수함과 속도에 힘입어 비밀스러울 수 있다. (이진경, 『노마디즘』 2, 휴머니스트, 2002, 125, 133면)

45 이진경, 『노마디즘』 2, 휴머니스트, 2002, 125면. 바흐친은 "차라리 그를 나의 외부에 그대로 내버려 두"고, 감정이입보다는 오히려 다른 사람에게 '들어가 살기' 또는 '다른 사람으로 살

박태원 소설에서 '여급' 등의 주인공들을 드러내는 방법적 특징으로 그들이 동정이나 유희의 대상으로서가 아닌 그들(여급)의 날 것 그대로의 목소리를 드러내는 방식을 보여준다.[46] 화자는 해당 인물의 처지에서서 이해하고 공감하고자 한다. 그리고 화자는 해당 인물의 언어와 말투를 빌린다. 같은 인물 '구보'일지라도 어느 장에서는 "아들은"이라고 하여 화자는 어머니를 대하는 아들의 입장이 되어보고, 또 다른 장에서는 "仇甫는"이라고 시작하여 '지식인 구보'의 입장으로 전환하여 서술한다.

칼라일은 공감이란 사물을 파악하되 사물을 둘러싼 외면을 제쳐놓고 그 본질을 파악하는 능력이라고 했다. 사물에 대한 진정한 인식이란 사물에 대한 공감이 없이는 불가능하다는 생각이다. 과학에서처럼 사물을 단지 이해하는 것은 그 껍데기를 본 것에 지나지 않고 사물의 진수에 내면적으로 통한 것은 아니다.[47] 그런데 화자가 '그들이 되는 방식'은 바로 그들이 실제 말하려는 구어의 말투를 통해 실현되는데, 이는 앞서 얘기한 자유직접체와 관련된다. 구어체란 궁극적으로 실제 말과 문자를 일치시키는 것이기보다는, 타인과 체험을 공유하며 실제 말하는 것과 같은 상황 안에서 꾸밈없이 재현한 문체이다. 박태원은 「구보씨」 이후 「성탄제」 같은 작품에서는 아예 자매 주인공의 입을 빌려 이야기의 직접성, 활기, 수다스러움을 최대한 활용한다.

① 영이와 순이 — 이 두 형제는 사이가 좋지 못했다. 그야 나이가 네 살이나

기'를 청했다.(게리 솔 모슨 · 캐릴 에머슨, 오문석 · 차승기 · 이진형 역, 『바흐친의 산문학』, 책세상, 2006, 114면)

46 김미지, 「박태원 소설의 담론 구성 방식과 수사학 연구」, 서울대 박사논문, 2008, 47면.

47 이상섭, 『영미비평사』 2, 민음사, 1996, 239면.

그 밖에 틀리지 않는 게집애 형제란, 흔히 사이가 좋을 수는 없다. 그러나 영이 형제는 그저 그만한 정도로 사이가 나쁜 것이 아니다.

순이는, 우선, 제 형 영이의 직업이 불쾌하여 견딜 수 없었다.

여점원이라든, 여자 사무원이라든, 그러한 것이야, **사실, 자기 말 맞다나** 워낙이 배운 것이 없으니까 될 수 없다고도 **하여두자. 누가 꼭 그런 것이래야 된다고 주장하는 것은 아니다.**

하지만, 그러면 또 그런 대로, 건넌집 정옥이 같이 제사공장에를 다닌다는 수도 있다. 이웃집 점례 모양으로 방적회사 여직공으로 다닌다는 수도 있다. 그렇지 않으면, 솜틀집 작은딸과 함께 전매국 공장에를 다닌대도 좋다. **참말**, 다닐 데가 **좀 많으냐**? 이 밖에도 할아만 들면, 영이로서 할 수 있는 일거리란 얼마든지 있을 것이다. 그리고 그것들은 가난한 집안에 태어난 딸들이 종사하드라도 결코 흉 될 것은 없는 직업들이다…….

허건만, 어째 하필 골르디 골라 카페의 여급이 됐더란 말이냐?[48]

② 홍! 그래 아무리 어린애기루서니, **고런 년의 법이 어딨단 말이냐**? 그래 내가 그렇게두 더러운 화냥년이라 **하자**. 그럼, 너 웨 더러운 화냥년이 더러운 짓을 해서 벌어온 둔으루, 날마다 밥은 먹는 게구, 옷은 입는 게구, 학괴 가는 게냐? 응? 그 더러운 둔으로 웨 그러는 게냐? 홍! 어디 네 대답 좀 **들어 보잤구나**[49]

③ **아아니에요. 어머닌 글세 가만이 기세요.** 그저 어린아이라구 가만 내버려두니까, 바루 젠 듯싶어서 못할 말없이…… 글세, 어머닌 잠자코 있으래두……무어, 내 입때 참아온 걸 오늘 새삼스리 탄하자는 것두 아녜요. 하지만 요런 깍쟁이 년

48 박태원, 『小說家仇甫氏의 一日』, 문장사, 1938, 14면.

49 위의 책, 18면.

의 기집애두 그래 세상에 있우? 그래 남의 은공은 모르구 밤낮 욕을 하면 욕을 해두 그건 괜찮아요. 요건 고러다가두 지가 아쉬면 '언니 언니' 하고 살살거리니깐 고게 보기 싫단 말예요.[50]

위의 인용된 ①과 ②는 화자가 전혀 개입하지 않고 등장인물인 자매의 구어적 독백을 능숙하게 보여준다. 카페 여급으로 집안을 부양하는 큰딸 영이, 언니 덕에 여학교에 다니면서도 언니를 경멸하는 순이 — 이들 여성의 말들은, 진리를 전달코자 하는 작가(화자), 남성들의 의식적인 말과 달리 생활과 밀착된 개인의 감정, 욕망과 관련된 사적인 이야기들이다. 오히려 그 때문에 그들의 담화는 말하는 이의 자발적인 에너지로 가득 차 있다.[51]

이러한 자매의 구어적 독백은 각각 상대를 향한 말싸움의 성격을 지니고 있고, 이를 듣고는 있지만 끼어들지는 못하는 독자에게 기를 쓰고 상대를 비난하며 자기를 변명하고 있다. ③에서 어머니가 느닷없이 끼어들게 설정하는 것도 등장인물이 자신의 말을 듣고 있는 청자를 강하게 의식하고 있는 장치이다. 그래서 수신자인 화자와 독자는 이들의 비방과 변명에 제삼자의 '싸움 구경'이 재미있듯이, 관심과 흥미를 갖는다. 겉으로는 인물의 독백 성격을 띠고 있지만 실제로는 인물 간, 청자와 인물 간의 부단한 대화가 진행되고 있다.

화자는 누구의 손도 쉽사리 들어주지 않으면서 자매의 독백을 듣는다. 그런데 '화냥' 일을 한다는 언니를 비난하던 동생도 여배우가 된다

50 위의 책, 19면.

51 박태원의 「성탄제」는 식민지 근대화가 진행되는 상황에서 구체적 생산과는 인연이 없는(농민, 노동자 계급이 아닌) 여급과 그녀가 부양해야 되는 가정의 소외를 그린다. 박태원은 오히려 이들을 통해 농민, 노동자 외에 자본주의적 삶을 첨예하게 가늠하게 한다.

고 학교를 자퇴했지만 결국 언니의 길을 따르게 되며 크리스마스 날 밤, 늘 언니를 부끄러워하던 순이가 언니처럼 남자를 끌어들여, 자기들 방은 내주고 영이 방에서 곤히 자는 부모의 얼굴을 들여다보며 영이는 "이것이 인생이란 것이냐?" 반문하며 눈물을 흘리는 장면의 극화가 이뤄진다. 이를 통해 그들의 싸움이 자매 개인의 문제들이 아니라 사회의 문제가 아닌지를 그녀들의 말싸움을 들었던 청자들에게 묻는다.

식민지 시대 카페 여급이 되는 동기는 일차적으로 많은 돈을 가장 손쉽게 벌기 위해서였다. 열악한 식민지 경제 구조 속에서 그나마 일자리를 얻은 여성들은 많은 경우 가족의 생계를 책임져야 했다. 그러나 그녀들을 바라보는 근대의 금욕적 윤리 또는 식민지 조선의 가부장적 민족주의 담론은 그들을 허영 많고 사치스러운 소비문화의 부정적 지표로 집단화시키고 규정하며 강력한 도덕적 비난을 한다.[52]

이에 반해 박태원은 이들을 당대의 또 하나의 사회적·존재론적으로 주변화된 자들로 본다. 자매는 서로들 악다구니를 쓰지만 이 모든 것이 큰 구조로부터 빚어진 희생일 뿐이다. 여자들은 사회 속에서 상대적으로 더욱 더 약자의 위치에 있었기에 타인의 고통을 함께 아파하고 함께 슬퍼하는 능력이 더 크다.[53] 생태학과 여성주의 논의는 '타자'의 인식에 대해 모두 깊은 관심을 가지고 있다. 비록 구심적 구조와 문화의 힘이 타자가 말하는 주체가 되는 실천을 방해하고 있지만, 자아가 언어와 발화의 속으로 들어오는 것처럼 타자도 언어 속으로 들어오며, 그리고 모든 개체가 그렇듯이 '말하는 주체'가 될 수 있는 잠재력을 지니게 된다.[54]

---

52 서지영, 「여성의 몸과 근대적 욕망의 지형도: 식민지 시대 기생과 까페 여급을 중심으로」, 한국여성연구소, 『여성의 몸』, 창비, 2005, 319~321면.

53 한정숙, 『여성은 이렇게 말했다』, 길, 2008, 141면.

54 패트릭 D. 머피, 「바흐친, 생태론, 여성주의」, 여홍상 편, 『바흐친과 문학이론』, 문학과지성사, 1997, 391면.

또한 화자의 그러한 시선은 여자들의 수다, 말싸움은 전능한 관점에서 사회를 통째로 파악해보려는 이념적 시선과 달리 그 사회를 내부로부터 파악하는 생활 성찰적이며 치밀한 유물론적 시선의 성격을 띤다. 박태원은 남성 중심의 '탐색 플롯' 또는 남성의 이야기 속에서 이뤄지는 여성의 '결혼의 플롯'을[55] 벗어나 남성문화의 바깥을 상상할 수 있는 여성의 말들에 주목한다. 여성들은 남성과는 다른 방식으로 자신들의 경험을 표현하며 그들이 갖는 상상의 세계도 남성들의 것과는 전혀 다를 터인데 박태원은 남성들이 보기에 '치졸한' 여성들의 수다스러운 구어를 문학의 정전 안에 끌어들인다. '공식적'인 언어에 저항하는데 여자의 언어는 '비개인적'이며 단일한 중심이 아닌 복수로 변하고, 중심에서 이탈하며 바흐친 식으로 '다성적', 또는 대화주의적'이 된다. 여성 언어는 '어느 누구'에 의해서도 이야기되지 않기 때문에, 그것은 논리적인 담론의 권위를 가정하지 않고, 그렇기 때문에 공식적인 언어의 계급을 탈피한다.[56]

박태원은 여급 외에도 노인과 같은 등장인물의 발언을 실감나게 재현하다. 그것은 한 작가의 우연한 개인적 재능에서 비롯된 것이 아니다. 박태원 소설에서 화자는 결정적으로 인격화되면서 자신의 서술태도를 유연하게 한다. 「낙조」(1933)에서 작가는 주인공 노인 '최주사'의 말을 실감나게 재현하는데, 그 까닭은 화자가 작품 속의 하나의 등장인물이 '되기' 때문이다. 화자는 최주사와 실제 현장에서 마주하여 대화하는 입장을 갖기도 하고 또 독자(청자)들을 강하게 의식하면서 최노

55 캐롤린 하일브런, 김희정 역, 『셰익스피어에게 누이가 있다면 : 여자들에 대한 글쓰기』, 여성신문사, 2002, 231면.

56 다이앤 프라이스 헌들, 「여성주의 대화론」, 여홍상 편, 『바흐친과 문학이론』, 문학과지성사, 1997, 188면.

인을 설명하고 이에 대한 끊임없는 동의를 구하는 구술의 방식을 취하기 때문이다.

이 노인에게 흥미를 느끼고 있는 나는 — 그러나 이 '나는' 하고 말하는 것을 최주사 앞에서는 삼가야 한다. 누구든 그의 앞에서 '나는'이라든지 '내가'라든지 하고 말한다면 이 노인은 장난꾼 같은 웃음을 띠는 일도 없이 "나는 수야(誰也)오?" 하고 타박을 준다. 까닭에 나도 독자들이 최 주사의 버릇을 본뜨기 전에 '이 이야기의 작가(作者)인 나는' 하고 주석을 붙이기로 한다. — 내일 이 노인을 따라서 동막으로 해서 양화도로 해서 염창을 들르려면 들러서 영등포로 돌아 들어올 작정이다.[57]

이 추측은 최주사의 성벽으로 미루어보아 우리가 어느 정도까지 수긍할 수 있을 것일 게다. 그러난 이러한 자지레한 문제를 가지고 우리가 객쩍게 시간을 소비하는 것을 알면 이날 아침의 최주사는 응당 우리들을 경멸할 것이다.[58]

"약 많이 파십니까?" 주객(主客)이 모두 약장수라(양약국 주인과 매약행상 최주사) 이렇게만 써놓으면 누가 한 말인지 모를 것이나 이것은 최주사의 인사다.[59]

박태원 문학은 서구의 모더니즘 소설과 같이 현실로부터 소외된 내면을 형상화하고자 했지만 결코 모더니즘 소설처럼 고독을 물신화하는 방향으로 나가지 않는다. 오히려 그러한 고독의 원인을, 근대인들

---

57 박태원, 「낙조」, 『매일신보』, 1933.12.8~29, 『소설가 구보씨의 일일』, 깊은샘, 1989, 261면에서 인용.

58 위의 책, 265면.

59 위의 책, 273면.

을 하나의 고독한 원자로 떨어져 나가게 한 공동체의 해체에서 찾고, 외부의 타자를 항상 전제함으로써 작가가 스스로 자신의 내면적 어조에 갇히는 것을 막는다. 여기서 박태원 문학의 구술의 글투가 가진 유연하며 유희적 성격이 활용된다. 그리고 작가 또는 화자는 타자 그중에서도 약자라고 생각하는 이들의 위치에 서서 복화술과 같은 방식을 사용하여 그와 인물 사이의 존재론적 경계선을 지우면서 그들의 생각과 말을 구어에 가깝게 실현한다.

2) 구어체 서술과 장면묘사의 결합

『천변풍경』은 「구보씨」와 마찬가지로 기존의 소설과는 기법이나 형식에서 새로운 특징을 보여준다. 예컨대 그것은 기존의 소설과 달리, 일관된 스토리나 특정한 주인공 없이 천변을 무대로 삼고 살아가는 모든 이들이 주인공이 된다. 30인의 이야기와 50개의 장면이 등장하면서 여러 가지 에피소드를 50절로 나열한다. 특히 영화와의 친근성을 보여줘 작품이 작가의 의도에 따르기보다는 마치 카메라가 움직이는 것에 따라 영화의 장면처럼 연속적으로 전개되는 카메라 촬영 식의 관점이 나타난다. 마치 영화를 볼 때 카메라의 존재가 의식되지 않듯이 작가가 부재하고 있다고 느낀다. 따라서 종래의 소설과 달리 말하기(telling)가 아닌 보여주기(showing)의 수법이 두드러지고 '들음'에의 지각이 강조가 된다. 이 때문에 『천변풍경』에서 빨래터, 이발소가 주요 무대로 등장한다. 그리고 문체상에서도 특이한 양상을 보여주는데 짧게 병렬적으로 연결되는 화법과 문체를 지향한다. 이러한 기법과 특징들은 새로운 서구의 영화예술, 모더니즘 소설에 영향 받은 것으로 지적된다.

『천변풍경』은 기존의 지적들과 같이 얼핏 보면 영화처럼 작가가 부재하는 인상을 준다. 그리고 이는 서구의 근대소설이 지향했던 것을 최종적으로 실현하는 과정처럼 보이기도 한다. 문학의 근대를 둘러싼 커다란 구조변화에는 구비문학에서 사본(寫本)의 시대를 거쳐 활판인쇄의 보급이라는 작품이 전달되는 형식의 발달에 따른 작가와 독자의 거리의 증대, 양자 간에 있었던 "예전의 필연적 연대는 보장되지 않는"것이 포함된다. 이 '필연적 연대'는 예를 들면 이야기를 둘러싼 문맥이나 그 수용에 있어서의 코드의 공통성과 같은 것으로서 예전에 작가와 독자 사이에 놓여 있었던 것이다. 그러나 그러한 문맥이나 공통 코드에 의존할 수 없게 된 텍스트는 묘사되는 대상을 중심으로 그 주변상황의 세부에까지 이르는 치밀하고 구체적인 묘사에 의하여 그 스스로 완결되어 전달될 수 있는 높은 현전(現前)성을 가지지 않으면 안 된다. 더 이상 화자는 눈앞에서 맞장구치는 동일한 세계관의 청자와 이야기하지 않는다.

19세기 일본에서 서양소설을 읽는 독자를 경악케 한 것은 이와 같은 작가의 독자와의 절단으로 초래된 텍스트의 특성이었다. 이러한 변화의 결과, 근대의 소설에 일어난 것은 텍스트 세계에서의 내레이터의 추방, 혹은 서술하는 주체의 은폐라는 사태이다. 근대의 소설은 누가 서술하고 있는가를 숨긴 텍스트로서 전개되기 시작한다. 현전성을 과시하는 텍스트는 묘사가 흡사 주관을 배제한 진실을 서술하고 있는 듯이 위장함과 동시에 내레이터의 소거는 표현의 주체를 은폐한다.[60]

그렇다면 『천변풍경』의 화자는 그러한가? 이미 많은 연구자들이 그렇지 않음을 얘기해왔다. 예컨대 『천변풍경』의 서사 기법은 주석적 서술과 즉물적 관찰자적 태도를 이중적으로 드러낸다고 본다.[61] 또는 도

60 하라타 유미, 임경화 역, 『여성표현의 일본 근대사』, 소명출판, 2008, 203 · 209면.

덕적 가치관에 입각한 논평인 '판단'이나 '해석'이 배제되면서도, 작가·전지적 서술자의 존재가 뚜렷이 부각된다든지,[62] 전지적 서술자 시점이 수시로 인물시점으로 이동함으로써 '말하기'와 '보여주기'가 탄력 있게 반복되고 있다[63]고 한다. 『천변풍경』의 화자는 궁극적으로 냉정한 관찰자라기보다는 이야기 서술자로서의 역할이 훨씬 지배적이다. 덧붙여 화자는 단순히 이야기를 서술하는 역할을 넘어 천변의 인물들과 비슷한 처지에서 자신이 체험한 것을 이야기하는 하나의 인격체로서 눈길을 끌만큼 활동한다.

『천변풍경』에서 화자는 부재하거나, 또는 작품 바깥의 가상적인 시공의 지점에 위치한 것이 아니라, 인물들과 더불어 소설 속 사건의 현장에서 엄연한 한 인물로 참여한다. 『천변풍경』의 작품 여기저기에 편재하게 되는 화자의 목소리는 전지적 작가처럼 서사의 완고한, 단일한 중심이 아니라 작품 전체를 관통하면서 다른 목소리들과 교호작용 하는, 바흐친 식으로 말하자면 대화하는 형식적인 중심으로 영향을 미친다. 소설에서는 어떤 말도 직접적인 작가의 말이 아니다. 따라서 소설에서는 통일적인 언어나 문체가 없다. 동시에 소설의 언어적(말적-이데올로기적) 중심이 존재한다. 작가는 조직된 중심에 위치한다.[64] 화자는 어떤 때는 듣기만 하고 어떤 때는 말참견도 하고 등장인물들과 지속적으로 대화를 벌이는 상황을 연출한다. 장면 제시를 할 때조차 나타나는 화자의 목소리란 '전달자-서술'이며 '구어체 서술'에 다름 아니다.[65]

앞서 지적했듯이 화자는 사건을 서술할 때 일반의 삼인칭 소설과 달

61 천정환, 「박태원 소설의 서사기법에 관한 연구」, 서울대 석사논문, 1992.
62 오경복, 「박태원 소설의 서술기법 연구」, 이화여대 박사논문, 1993.
63 이정옥, 「박태원 소설 연구 : 기법을 중심으로」, 연세대 박사논문, 1999.
64 변현태, 「바흐찐의 소설이론과 그 현재적 의미」, 『창작과비평』 159, 2013, 392면.
65 이정옥, 「박태원 소설연구 : 기법을 중심으로」, 연세대 박사논문, 1999, 94면.

리, '~하게시리', '~것이다', '~것일 게다'와 같은 어미 등 다양한 종지법의 양상을 드러낸다.[66] 그리고 화자는 구어체 말투를 구사하면서 자신의 솔직한 모습을 드러내고 청자와, 때로는 등장인물들과의 대화를 즐긴다. 『천변풍경』의 화자는 따라서 삼인칭 전지적 시점을 유지할 때조차 개별화된 일인칭 화자의 지위를 공유한다. 바로 이 내적 균열과 변화의 순간에 인물들과 작가의 균등한 지위가 투사되고, 이를 통해 작가가 지닌 판관(判官)의 지위가 '내재적으로' 상실된다. 작가는 화자에게 미적 권력을 분할함으로써 스스로를 소외(혹은 육화)시킨다.[67]

① '누나'가 카페 여급 노릇을 하여 그래 지내오든 터이라 **이를테면 '환경'**이라는 것이 좋지 못하였다.[68]

② 시아버지만은 그들 중에서는 비교적 이 어린 며누리에게 대하여 호의를 가지고 있는듯 싶었으나 (…중략…) **대체** 그 '어른'은 얼마만한 일을 이 가엾은 며누리를 위하여 하여줄 수가 **있었을까**[69]

③ **그러면 어떻게** 용이하게 금순이 쪽에서라도 그들을 먼저 **알어낼 수 있다면?** —그러나 금순이는 조선 농가에서 얌전하게 자라난 어린 여인이였고 (…중략…) 그러나 사실 또 만나려 들면 웃으운 것이었다. 외로운 아버지와 가엾은 오래비의 생각을 오직 멀리 남쪽 하늘 우에만 달리고 있든 금순이가 **참말** 뜻밖에도 백화점 문간에서 순동이와 마주쳤드라도 그것은 **무어 그렇게 있기 어려운**

66 "사람의 일이란 참말 알 수 없는 것이였다." 박태원, 『속 천변풍경』, 『조광』, 1937.4, 386면.
67 이장욱, 「고골미학의 대화주의와 카니발리즘」, 『러시아어문학연구논집』 24, 2007, 180면.
68 박태원, 『속 천변풍경』(7회), 『조광』, 1937.7, 95면.
69 위의 글, 110면.

일로 돌릴 것이 못된다.[70]

④ 그러나 정작 시즈꼬라는 계집은 그 편을 한번 흘낏 그것도 모멸 가득한 눈으로 보고 역시 바루 한 이웃인 '우미관'에서 활동사진으로라도 보아 배웠든게지 양녀들이 흔히 하듯이 그러한 경우에 흔히 하듯이 어깨를 한번 읏쓱하는 것이 아닌가?[71]

①에서 '이를테면'이라는 부사어와 일부러 '환경'이라는 단어를 강조하는 것은 '환경'이라는 다소 품위 있는 단어를 언급하며 '카페 여급 노릇'을 부정적으로 보는 세인들의 일반적인 공론과는 다른 생각을 가진 화자의 태도를 보여준다. 이런 점에서 언어는 세계를 재현할 뿐만 아니라 자신을 재현의 대상으로 상상한다. 언어가 동일한 화제를 두고 다른 언어의 가능한 말과 자신의 말을 비교하는 청자들을 곁눈질할 때, 양식화나 겹 목소리 내기의 몇몇 요소들이 나타날 수 있다. 장르로서의 소설의 기본적인 충동은 이질 언어의 성격을 가능한 한 강렬하게 대화화한다.[72]

②에서 화자는, 시어머니에게 구박 받는 며느리를 시어머니 눈치나 살펴야 하는 시아버지가 얼마나 도울 수 있을까라는 자탄을 함으로써 독자들도 화자의 이러한 걱정에 함께 참가시킨다. ③에서는 선량한 인물들이 고난을 겪다가 서로들 우연히 다시 만나게 되는 멜로드라마와 같은 사건의 통속적인 설정을 화자가 직접 나서 변명하며 독자를 설득

70 박태원, 『속 천변풍경』(6회), 『조광』, 1937.6, 138면.

71 박태원, 『속 천변풍경』(9회), 『조광』, 1937.9, 207면.

72 게리 솔 모슨·캐릴 에머슨, 오문석·차승기·이진형 역, 『바흐친의 산문학』, 책세상, 2006, 532~535면.

한다. 이러한 서술은 작품에 나타난 사건의 우연성이, 사실성 또는 개연성 등이 결여된 이야기의 '미숙함'으로 오인될 가능성이 많기 때문에 화자는 일종의 '예변법(prolepse)'을 구사하는 것이다.[73] ④에서는 서양 여배우들의 동작을 흉내 낸 것이라고 청자들도 짐작할 만한 식당 여급의 몸짓을 보여주어 코믹한 분위기를 자아낸다.

박태원 소설에서는 자주 화자가 본 이야기에서 이탈하여 청자와 더불어 이야기를 나누는 경우가 나타난다. 화자가 작품의 장에서 빠져나오는 극적 이탈 현상은 궁극적으로는 청자가 작품에 적극 참여하도록 유인하는 장치이다. 왜냐하면 심리적 동화(同化) 상태가 오랫동안 지속되면 청자가 긴장감도 풀어지고 지루해지기도 한다. 이때 화자는 작품 세계로부터 이탈하여 작중 인물에 대한 스탠스를 환기한 다음, 다시 작품 세계로 함께 들어가 새롭게 작품 세계를 체험할 수 있도록 유도하기 때문이다. 그것은 청자의 친화력을 제고시키기 위한 나름의 전략이다. 화자가 청자와 작품이라는 공적인 세계에서만 연루되는 게 아니라 사사로운 세계에서도 인연을 맺을 수 있다는 공감대의 형성은 결국 이전 판소리 연행 현장에서 이러한 방식을 통해 청·관중을 연행에로의 적극적인 동참으로 이어지게 한다.[74]

이렇게 작가 또는 화자가 서술에서 유연한 입장과 태도를 갖게 되는 방식을 이른바 '메타렙스(métalepse)' 놀이라고 하는데, 이러한 놀이를 통해 화자는 하나의 등장인물같이 독자에게 다가온다.[75] 메타렙스는 화자가 이야기 속의 사건에 영향을 받거나 액자 구조에서 겉 이야기의 화

---

73 예변법이란 수사학 문체 가운데 "자기가 받을 법한 반론(비평)을 미리 예견하거나 미리 되풀이하는 문체, 혹은 이미 내세운 이유에 새로운 이유들을 덧붙일 수 있게 해주는 문체"를 말한다.(란다 스브리, 이충민 역, 『담화의 놀이들』, 새물결, 2003, 162면)

74 김현주, 「판소리 연행에서의 공간 침범과 전위의 문제」, 『판소리연구』 23, 2007 참조.

75 이하 란다 스브리, 이충민 역, 『담화의 놀이들』, 새물결, 2003 참조.

자가 속이야기의 사건에 영향을 받는 식으로 언표행위와 언표 사이의 경계가 허물어지는 현상을 이른다. 소설의 작자가 갑자기 스토리 안에 뛰어든다든지, 서술 시간과 이야기 시간을 일치시킨다든지, 독자를 서사 시간 안에 끌어들이는 등 작가—텍스트-독자의 경계가 파괴되는 형태로 나타난다. 이는 현실과 소설적 픽션을 혼합하고 양자의 경계를 철폐하는 놀이로서 작품 안과 밖, 현실과 허구를 교란시키는 장면을 연출한다. 메타렙스 놀이는 현대적 기법처럼 보이지만 앞서 지적했듯이 서구의 경우에도 중세에서 근대로 넘어오는 시기의 소설 예컨대, 『데카메론』, 『캔터베리 이야기』, 『돈키호테』 등에서 구어(민중)문학과 상층(문자)문학이 활발하게 교섭하던 시기에는 흔히 등장했던 서술 방식이다.

메타렙스 놀이를 통해 '저자의 창작활동의 재현(자기가 글을 쓰고 있는 모습을 글로 쓴다거나 발화자가 자기 담화 속에 들어가 있는 것)', '텍스트의 여기에 있음', '독자가 벌써 여기에 있는 듯 꾸미는 시뮬라크르'가 서로 뒤섞인다. 저자·텍스트·독자의 현존을 꾸며내는 이 재현 방식은 마치 한 '순간'에서 비롯된 작품, 현재의 긴박한 구술을 받아 적은 단장처럼 보인다. 텍스트 생산은 구두 발화이면서 글로 쓴 텍스트라는 자신의 이중적 성격을 보여준다. 텍스트 생산은 '말하기'의 다양한 문법적 양태들을 취하고 구두 의사소통의 조건들을 흉내 냄으로써 자신이 구두 발화라고 암시한다. 이러한 작가들은 특히 수다쟁이의 모습으로 기억되는데, 걸핏하면 회화(會話)적 모델을 참조하고 잉여적 경계지표("이야기를 여기부터 시작하겠다", "역시서 말을 끝내도록 하자", "~을 계속 이야기하도록 하자")를 되풀이해 말하며 또 줄곧 즉흥적 이야기꾼 특유의 문구들("내가 어디까지 얘기했더라?", "우리가 무슨 얘기를 하고 있었지?") 등 말을 더듬는 시늉도 사용한다. 글쓰기에 대한 메타담화 역시 구두 언어로 된 척한다.[76]

이런 식으로 나타나는 화자의 '구어적 포즈'는, 화자를 인격화하여,

화자도 작품 속의 또 하나의 등장인물이 되어 인물들과 또는 청자와 더불어 적극적인 의사소통을 가능케 한다. 『천변풍경』은 작가로부터 독립하여 인격화된 화자와 인물들이 스스로 이야기를 해나가도록 한다. 다시 말하자면 화자라는 인물을 비롯한 모든 인물들 스스로가 듣고, 보고, 발견한 것을 중심으로 사건을 전개해나간다. 화자는 인물과 동등하게 소설에서 이뤄지는 사태, 사건을 함께 보고, 듣고, 발견한다. 그리하여 화자는 그것을 단순히 체험하는 것이 아니라 인물들과 '함께 체험'한다. 이러한 함께 체험은 화자의 서술을 극적 장면 묘사와 절묘하게 결합하게끔 해준다.

① 그러다가 마츰 개천 건너 카뻬 — 문 앞에 우산을 받고 나와 섰는 한 여급의 모양이 마주 바라보고 앉었는 **거울 속에 보이자** 그는 생각난듯이,

"참 그래. 그 여자는 그 뒤에 으떻데 됐누?"[77]

포목전 주인은 잠깐 말을 끊고 거울만 바라보고 있다가 **거울 속에 한 여인을 발견하자,**[78]

② 금순이에 관한 **조고만 이야기가** (…중략…) **그 지식은 역시 재봉이의 것**이 확실한 것이었다. (…중략…) 이 **사건의 전말(顚末)**은 또 즉시 재봉이의 **선전**으로 몇일 동안 리발소 안에서의 주요한 **화제**가 되었다.[79]

76 란다 스브리, 이충민 역, 『담화의 놀이들』, 새물결, 2003, 480~549면.
77 박태원, 『속 천변풍경』(4회), 『조광』, 1937.4, 383면.
78 박태원, 『속 천변풍경』(3회), 『조광』, 1937.3, 143면.
79 박태원, 『속 천변풍경』(4회), 『조광』, 1937.4, 390면.

③ 손님들은 대개 점을게야 차차 찾아드는 것이였으므로 아침에 점 안을 치여 놓고 불 들어오기까지 **오후 시간은 참말 한가하기가 짝이 없었다.**

잠간 그 한가한 시간을 리용하여 이 아이들을 소개하자면-

이 아이들 중에서는 그중 나이가 많은 삼봉이라는 녀석[80]

④ 시골서 갓 올라와 근화 식당을 찾어가는 사십 전후의 시골 사람을 **우리는 잠시 뒤를 밟기로 한다.**

그 사람은 분명히 이번 길이 초행인 모양이다. 위선 종로 보신각 앞에서 현판을 치어다보고 한다음에 건너편 화신 상회를 멀거니 바라보다가 생각난듯이

(동쪽으루 가라든데 동쪽이 어딘구?……)[81]

①에서 화자는 사건을 발견하는 인물과 함께 하고 ②에서는 인물이 들어서 얻은 사건의 정보를 다른 이에게 전달하는 데 더불어 같이 하고, ③과 ④는 화자가 직접 나서서 자신이 알고 있는 바를 청자에게 전해주는 방식을 택하기도 한다. ③과 ④의 경우 화자가 직접 나서는 이야기꾼의 방식을 택하는데, ③은 화자가 인물에 대하여 갑자기 독자들과 애기를 나누고자 하는 구술의 태도를 취하여 독서체험의 시간적 본질을 다소 과격한 형태로 공간화 한다.[82] 이 부분에서 독자들은 화자와 함께 인물들이 있는 식당의 공간으로 들어서는 경험을 하면서 말하기와 보여주기의 결합을 시도한다.

④에서 '뒤를 밟아보자'는 식으로 청자에게 제의를 함으로써 그다음은 '보여주기'식 장면의 효과를 갖게 한다. 이러한 방식은 전대의 판소

80 박태원, 『속 천변풍경』(7회), 『조광』, 1937.7, 95면.

81 박태원, 『속 천변풍경』(9회), 『조광』, 1937.9, 202면.

82 데이비드 로지, 김경수·권은 역, 『소설의 기교』, 역락, 139면.

리에서도 비슷하게 나타난 것이다. 판소리에서 '거동보소'하는 경우, 그것은 가공적인 서사세계와 자연적인 현실세계의 접점에 일치하는 바, 내부 서술자 시점과 외부 관찰자 시점의 경계에 놓인다. 이를 통해 청중과 창자의 심리적 거리가 축소되는 반면 이들과 작품 세계 속의 서술 대상 또는 등장인물과의 심리적 거리는 멀어지게 된다. 창자와 청중 사이에 시선의 은밀한 결합이 이루어지는 것이다. 이는 창자와 청중 사이의 교감을 확장하기 위한 친화력의 언술이다.[83] ④에서 독자는 화자와 동참하여 함께 밀착되어서 인물의 뒤를 밟으며 일어날 사태를 흥미롭게 구경한다.

『천변풍경』은 화자가 소멸되는 것이 아니라 화자가 하나의 인격으로 작품 속에 위치하여 다른 인물들과 더불어 생활하고, 대화하는 방식으로 이야기를 하면서 현대소설의 특성이기도 한 작품의 극적 묘사와 오히려 유연하게 소통하게 한다. 박태원 소설에서 능숙한 이야기꾼 화자는 서구소설에서 보여준 다양한 극적 장면을 자연스럽게 연출하는 데로 이끈다. 아래의 예는 화자가 인물들 사이로 적극 끼어들어 카메라 수법의 묘사를 효과적으로 진행해나간다.

> **(가)** 손주사의 모양이 광교 우에서 살어젔을 때, 재봉이는 (…중략…) 몇 마디 이야기를 나누고 있는 중년 신사와 젊은 기생을 발견하고 (…중략…) **(나)** 그는 그들의 말소리를 알어 듣도록 가까운 곳에서 그들이 맞나지 않은 것을 불만하게 여기는 것이였으나 **(다)** 설혹 들을 수 있었다드라도 별 흥미를 느끼지는 못했을 께다.
>
> 그 별로 신기할 것 없는 대화는 대략 아래와 같다.

83 김현주, 「'거동보소'의 담화론적 해석」, 『판소리연구』 6, 1995, 145~150면.

"오늘 아무데두 안갔구나"

"아 영감께서나 불러주시기 전에야, 제가 갈 데가 어디세요?"

"았다 고것……"[84]

(가)는 '순주사'가 사라진 광교 다리서 민주사와 기생이 만나는 것을 재봉이가 발견하는 장면을, 카메라가 원경으로 잡듯이 그리고 있다. 그곳이 재봉과 멀리 떨어진 거리에 있다는 것은 (나)에서 이들을 바라보는 재봉이 그들의 말소리를 알아들을 수 없다는 언급에서 알 수 있다. 그런데 (다)에서 화자가 이야기꾼같이 개입하면서 민주사와 기생이 나누는 대화를 전해주겠다고 한다. 그리곤 원경을 찍던 카메라가 돌연 그들에게로 클로즈업 되는 효과를 보여준다.

내일은 자기가 안내하여 '진고개'라나 하는 곳도 구경시켜주고 그러마고 그리고 다음은 묻지도 않은 것을, (…중략…) 중언부언하며 (…중략…) 아름다웁지 않은 생각을 품고 그러한 잔소리를 늘어놓고 있는지도 모를 **그의 마음속을 시골서 갓 올러온 여인보다는 옆방의 학생이 먼저 알아차렸든 것인지** 일부러 소리를 내여 헤ㅅ기침을 하고, 무슨 휘파람을 불고 그러는 통에[85]

시골서 올라온 금순을 유혹하는 주인집의 언행 장면과 옆방 학생이 이를 엿듣고 주인집에게 훼방을 놓는 영화 기법상 동시 보여주기의 장면이 화자를 매개로 연출된다. 작가는 장면 제시를 위하여 작품 안에서 또 하나의 인물이 된 이야기꾼 화자를 수시로 다양한 방식으로 출

84 박태원, 『속 천변풍경』(6회), 『조광』, 1937.6, 148면.
85 박태원, 『속 천변풍경』(2회), 『조광』, 1937.2, 420면.

연케 한다. 현대소설의 극적인 장면 묘사와 전통적 이야기꾼 화자의 서술은 유연하고도 적극적인 소통을 한다.

3) 공동체적 유대로서의 구어

『천변풍경』의 무대 '천변'은 도시화에 의해 재편, 근대화되는 경성의 주변부로서, 급속히 자본주의화되어가는 도시문명의 한 부분기도 하지만 동시에 공동체적 삶의 전통이 여전히 생활의 이름으로 살아있는 전근대와 근대가 공존하는 곳이다.[86] 그곳은 도시에 새롭게 탄생된 유흥 시설인 카페와 구락부 등에서 일하는 '여급', '다마 깽도리', '요릿집 뽀이', 백화점 여점원, '빠스 걸'이 거주하는 공간이기도 하지만 동시에 예전과 같이 동네 아낙들이 모여드는 빨래터가 있고, 이웃집 속내를 자신의 것처럼 잘 아는 전통적 공동체의 삶이 살아 있는 곳이기도 하다. 박태원은 인물의 형상화나 플롯의 구성에서 자주 이들 빨래터, 이발소에서의 소문을 활용하곤 한다. 『천변풍경』이 소설적 배경으로 삼은 '천변'은 근대적 미디어의 변화에도 불구하고 여전히 전근대적인 구술성의 문화가 살아남아 있는 공간이다. 이들은 구술문화의 전통 속에서 자기를 표현하는 방식이란 '말'을 통해 이뤄지는 대화적 상황을 전제로 한다.[87] 천변은 근대자본주의 사회로의 진행 과정 안에서 공동의 터전을 상실한 민중 사회 속에서 민중들이 섞이고 잡담을 나누며 유희

86 하정일, 「'천변'의 유토피아와 근대비판」, 구중서·최원식 편, 『한국 근대문학사연구』, 태학사, 1997 참조.

87 이런 점은 이기영의 『고향』의 무대 '원터'의 상황과 비슷하다.(김종욱, 「구술문화와 저항담론으로서의 소문 : 이기영의 『고향』론」, 『한국현대문학연구』 16, 2004 참조)

하고 즐기는 장소이다.

이곳은 「구보씨」의 주인공 구보가 도시의 삶에 대해 가장 강한 고독과 환멸을 경험하는 공간인 '경성 역'과는 전혀 다른 대척의 자리에 놓이는 공간이다.[88] 『천변풍경』의 이러한 무대 성격 자체가 앞에서 밝힌 바, 박태원 문학이 보여주는 소위 '혼성성'의 배경이 된다. 『천변풍경』은 이러한 무대를 통해 이 시기 소설들과는 또 다른 주제 의식으로 식민지 현실에 대응한다. 『천변풍경』은 천변의 비천한 하층민들을 계급적 시각에서 그리고자 하지 않는다. 이보다는 하층민들만이 가진 익살스럽고 아름다운 인정미의 세계에 초점을 맞춰 그들이 꿈꾸는 인간적 삶의 공동체를 그림으로써 식민지 근대에 맞서고자 한다.

『천변풍경』의 화자는 앞서 지적했지만 냉정한 관찰자라기보다는 천변의 인물들과 비슷한 처지에서 하층민들의 경험, 그들의 실감과 의식에 끊임없이 충실하고자 한다. 화자의 서술은 그들과의 소통을 위해 소박하거나 구체성을 띤 언어로 이뤄진다.

> ① 남편이 드듸여 딴 계집을 엇어갖이고 그대로 **차고 따리며 나가라 구박이 자심할 때** 한때는 죽어버릴까 하고 그렇게 모진 마음조차 먹어 보았든 것이나[89]

> ② 깍정이들은 또 깍정이대로 저이들 분수에 알맞은 **잡담을 하고 작난을 하고** 그리다가 얼마 안 있어 한 조각 거적 우에들 고단하게 **쓸어저서는 코를 골고 이를 갈고** 하였다.[90]

88 한수영, 「『천변풍경』의 희극적 양식과 근대성」, 『문학과 현실의 변증법』, 새미, 1997, 160면.
89 박태원, 『천변풍경』(2회), 『조광』, 1936.9, 287면.
90 박태원, 『속 천변풍경』(4회), 『조광』, 1937.4, 376면.

③ 귀돌어멈의 손에 큰 상이 헐리자 집안은 갑작이 복작대였다. 마루에서는 그가 **손님상을 차리느라** 부엌에서는 칠성어멈이 **국수를 마느라** 아모 일이고 손에 잡히지 않는 채, 그대로 그 사이를 이뿐이 어머니는 또 **종종 거름 치느라**, 그리고 모든 안악네들은 이제 곳 장국 한 그릇이나마 먹게 되는 것에 **질거운 기대를 갖으며** 이 집의 경사를 얼마 동안은 정신이 소란하게 왼 집안이 부산하였다.[91]

④ 발은손에 들었든 방망이를 왼손에 갈어들고는 세차게 한바탕을 두들이는 것을, **언제 왔는지** 그들의 머리 위 천변 길에가 **위선** 얼골이 감때 사나웁게 생긴 점룡이 어머니가 주춤하니 서서[92]

⑤ **무어니 무어니** 그대로 한테들 뒤범벅이 되어 **야단야단치는 통에** 그 이곳에서 날설은 젊은 여인은 **겨우 한두 마듸**[93]

인물들의 행위를 묘사하는 장면에서는 판소리에서처럼 수다스럽게 나열하는 식의 묘사가 빈번히 나타난다. 그리고 그러한 행위 묘사는 추상적 개념으로서가 아니라 실제의 생활현실의 욕구에 익숙한 사람들의 언어로 나타난다. ①에서 남편이 아내를 구박하는 행위가 '차고', '때리고', '나가라'는 식의 군말이 필요 없는 자명한 단어들로 묘사된다. 그것은 일련의 꾸밈없는 행위 묘사이다.[94] ②는 천변의 '깍정이'의 군상을 보여준다. 이 모두는 민중생활에서 실제로 체험한 느낌과 결합하

91 박태원, 『천변풍경』(2회), 『조광』, 1936.9, 293면.

92 박태원, 『천변풍경』(1회), 『조광』, 1936.8, 263면.

93 위의 글, 267면.

94 『남원고사』의 다음과 같은 장면들과 비교해보자. "뭇 수령이 달녀드러 등 밀거니 비 밀거니, 팔도 잡도 다리도 잡고, 빰도 치고 멱살 쓸끌며"(『남원고사』, 이윤석, 『남원고사 원전비평』, 보고사, 2009, 441면)

면서 얻어진다. 그리고 이에 바탕을 둔 자연스럽고 소박한 언어는 어떠한 특권도 반대하고 독자 또는 민중과의 친밀한 유대를 지향한다. 이러한 언어들은 근대 모더니즘 문학의 내면화, 자기집중화, 엘리트주의에 대해서 비판적이 된다. ③에서 하층민들의 잔치가 활기를 띠며 활력을 갖는 것은 작가가 '삶의 풍부함'에 밀착되어 있기 때문이다. 이를 문장에서는 '~느라'의 중간 운을 반복하며 나열, 중첩시켜 활기를 더욱 조성한다. 『천변풍경』을 비롯한 박태원 소설이, 구어체 소설의 리듬감을 갖게 되는 것은 이러한 나열 형태와 아울러 ④와 ⑤에서와 같이 그 문장이 마침표의 종지부를 두지 않고 연속되는 문장이기 때문이다. 판소리는 종적인 서술보다는 횡적인 묘사를 즐겨하는데 세태묘사는 이러한 횡적 묘사와 관련된다.[95] 이는 엄격한 서구의 근대소설의 구성에서 나오게 되는 특유의 말하기 관습과 어긋난다.[96] 외로운 독서 행위가 아니라 소리를 내어 읽는다는 것은 최소한 여러 사람으로 된 청중을 전제로 하는 것이고, 거기에는 따라서 당연히 설명의 반복, 장황한 묘사, 과장된 어투, 극적 제스처가 포함될 수밖에 없다.[97]

그리고 특정한 성격의 인물로 인격화가 된 『천변풍경』의 화자는, '천변'의 다수의 인물들과 대체로 비슷한 생각과 감정을 가진 자이다. 화자는 소설의 특정 인물들과 또는 독자와의 유대감을 드러내기 위해 '우리'라는 대명사를 빈번히 사용한다. 그것은 화자가 등장인물들과의

95 판소리의 통시적이 아닌 공시적인 사고 패턴에서는 횡적 연계성이 중시된다. (…중략…) 지식들의 횡계적 연계성을 확인하기 위해 실물적이고 개별적인 주변 사물들이 나열되기도 하고 (…중략…) 관계의 통시적인 논리성을 따지는 것에서 벗어나 옆으로 미끄러져 퍼져나가는 방식으로 사고가 이루어지기 때문에 본질적이기보다는 주변적이고 우연적인 것을 자유분방하게 연상한다.(김현주, 「「춘향가」 문체의 환유적 성격」, 『판소리연구』 19, 2005, 23~24면)

96 이기문·이상규 외, 『문학과 방언』, 역락, 2001, 421면.

97 김종철, 「디킨즈의 민중성 : 「어려운 시절」을 중심으로」, 『인문연구』 2, 1982, 180면.

인간관계 속의 진실을 모색하고 있는 것과 관련된다. 화자는 등장인물의 입장과 진실을 이해하기 위해서 상대를 향해 눈과 귀만 열어 놓는 것이 아니라 그들과의 체험을 공유하고자 하는 태도를 갖는다. 그의 작품을 싸고도는 순진성과 밝음은 그와 같은 화자와 인물의 유대감 때문이다.

① 이러한 명숙**이가** 영선이나 그러한 소년과 같이 한 그릇의 국수를 먹으러 청요리집으로 갔든 것은 단순한 어린이들의 호기심에서 나온 일로 그곳에 무슨 야비한 동기를 찾아보려는 것은 **그러는 사람**의 마음이 천한 것이거니와 그렇길래 일종 야비한 생각을 가지고 덩치가 큰 삼봉이가 그다음날 그를 '탕수육'을 가저 유인하러 들었을 때 그는(**우리 명숙이는**)[98] 명랑하게도 그 '초대'를 거절해버렸든 것이다.[99]

② 입을 딱 벌린 **우리의 조고만 파락호**(破落戶)**는** 위선 제일전(第一戰)에 있어 일개 '아녀자'에게 지고 만 것이다. 그의 작전계획(作戰計劃)은 근본적으로 실패의 것이였다.[100]

③ 젊은 기생에게 홍미를 갖게 되여, 객쩍게 돈을 또 좀 소비하지 않으면 안되는 것이나, 그것도 역시 민주사의 취미에 맞는 것이라면, **우리가** 이러니저러니 논란할 필요가 없는 것이다.[101]

---

98 실제 '우리 명숙이는'라는 구절은 『조광』 연재 당시에는 '그는'으로 되어 있다.
99 박태원, 『속 천변풍경』(7회), 『조광』, 1937.7, 98면.
100 박태원, 『속 천변풍경』(4회), 『조광』, 1937.4, 389면.
101 박태원, 『속 천변풍경』(5회), 『조광』, 1937.5, 335면.

④ 그러나 이 어린 내외 사이를 그처럼이나 극도로 불화하게 해놓은 것에는, 그 얼마의 책임을 우리는 그 시어머니 되는 이에게 묻지 않으면 안 될 것이다.[102]

①에서 화자는 등장인물 명숙을 긍정적으로 여기며, 독자에게도 그러한 자신의 생각에 적극적으로 동조하기를 바란다. 화자는 '명숙'을 '명숙은~'이 아니라, '명숙이가~'로 하여, 그녀를 친한 사람 부르듯이 하고 어떤 경우는 '우리 명숙이'라고 불러 독자와 함께 그녀와의 유대감을 강조한다.[103] 명숙이가 '**명랑하게도**'[104] 초대를 거절했다고 평하는 데서 화자는 명숙의 그러한 행동에 공감하며 응원하고 있음을 알게 한다. ②의 경우는 반대로 화자가 '파락호'로 보는 부정적 인물을 '우리의 파락호'라고 불러 그에 대한 부정적인 견해를 독자와 함께 나누고자 하면서도, 그 적대의식을 누그러뜨리며 따뜻한 유머를 잃지 않는다.

화자는 이 '파락호'말고도 『천변풍경』 안에서 부정적 인물에 대한 비판적 시선을 직접적이고 극단화된 형태로 드러내는 예가 거의 없다. 이것은 천변 주민들의 윤리적 감각이 소극적인 성격을 지니는 것이 아니라 상호 인정의 차원 위에 놓여 있다는 사실을 보여준다. 『천변풍

---

102 박태원, 『속 천변풍경』(1회), 『조광』, 1937.1, 156면.

103 '~는'과 같은 주제조사가 인물의 개체성, 인물의 내적 연속성을 중시하게 된다면, '~가' 같은 주격조사는 화자와 인물의 공동성과 유대가 중시된다.(김홍수, 「소설의 시점과 관련 문법현상」, 『어문학논총』 25, 국민대 어문학연구소, 2006 참조) 더 나아가 '~가'의 주어는 화자와 내포청중의 밀접한 대면을 의미하기도 한다.(나병철, 「구어체소설과 또 다른 근대의 기원」, 『모더니즘과 포스트모더니즘을 넘어서』, 소명출판, 1999, 403면)

104 '명랑'은 1930년대 강압적 통제를 정당화하려는 총독부의 통치 이데올로기에 기원을 두고 있는 말(소준섭, 「김기림의 시론에 나타난 '명랑'의 의미」, 『어문론총』 51, 2009, 470면)이기는 하지만, 박태원은 이러한 시국과 관련된 말을 인물들의 묘사에 해학적으로 활용하고 있는 셈이다. 그리고 '명랑'은 사람의 성격이나 감정을 드러내는 말인데, '거절하다'라는 행위를 수식하는 부사어로 쓰고 있어 위의 문맥에서 다소 어울리지 않는 단어이나, 명숙, 기미꼬 등의 소녀, 젊은 여자의 당찬 행위들을 그릴 때 주로 나타난다.

경』에서 천변주민들을 통해 제시되는 타자 인식은 절대적 타자의 외재성과 비대칭성을 기반으로 한 타자 인식이 아니라 타자를 수용할 수 있는 주체에 대한 관심 쪽에 정향되어 있다.[105] ③과 ④는 아예 등장인물에 대한 화자 자신의 생각을 피력하며 독자들이 이에 맞장구를 치기를 바란다. 그런데 화자는 가끔씩 천변의 그들과 비슷한 생각을 가지면서도 지적으로 다소 우월한 어조를 보여줄 때가 있다. 이러한 부분에서는 의도적으로 문어체적인 말투를 구사한다.

> 그 붉고 풀은 채색한 유리창은 **더구나 속악하였고** 창밖 좁은 터전에다 명색만으로 옹색하게 심어 놓은 두어 그루 침엽송(針葉松)은 **게을으게 몬지와 티끌을 그우에 갖었다.**[106]

화자는 위와 같이 다소 문어적 방식으로 멋을 부려 카페의 모습을 그리기도 하며 대중들과는 어느 정도 거리를 두려는 것과 같은 의도를 드러낸다. 그러나 화자의 그러한 어법은 천변의 인물들에 대하여 우월한 위치에 서려는 의도에서보다는 이들을 해학적으로 그리기 위해서인 경우가 대부분이다.

> ① 카페 같은 데 드나드는 사람들이 결코 좋아할턱 없는 **왼갖 요소만을 가추고 있는** '기미꼬'가 남보다도 특별나게 **손님들의 총애**를 받고 있다는 것은 일을테면 적지아니 **괴이한 일**이나 혹은 말하자면 그러한 것에 객들은 도리혀 **일종의 변태적인 매력**을 느끼는 것일지도 모른다.[107]

---

105 이은선, 「『천변풍경』에 나타난 주체-타자 연구」, 『한국 근대문학연구』 21, 2010, 344면.
106 박태원, 『천변풍경』(1회), 『조광』, 1936.8, 279면.
107 위의 글, 280면.

② 흔히 '신식 여자'라는 것에 대하여 공연히 빈정거려보고 싶어 하는 동리의 완고 마누라쟁이루서도, 이제는 **방침을 고쳐**, 도리어 그들 젊은 내외를 썩 무던들 하다고, 그렇게 뒷공론이 들게 된 것은 **퍽이나 다행한 일**이라 아니할 수 없다.[108]

③ 안악네들은 그곳에 빨래보다도 오히려 서로 자기들의 그 '**독특한 지식**'—?—**을 교환**하기 위하야 모혀드는 것이나 같이 언제고 그들 사이에는 **화제**(話題)**의 결핍**(缺乏)을 보는 일 없이 그렇게들 입을 놀리고 있는 동안 그들은 그들의 화제가 설혹 '생활란'에 있는 경우라도 역시 인생을 어느 의미에서 축복하여 마지 않는듯싶게만 생각된다.[109]

④ **불행한 녀성은** 어떻게 **무정한 사내**에게 좀 더 **반항하여** 본다든 하는 수 없이 그대로 **운명에 맹종**(盲從)**하기로** 마음을 먹고 (…중략…) 행랑에서 크고 적고 간에 이제 수히 무슨 **분란**이든 있으리라고 그러한 것에 **은근히 기대**를 갖었든 듯싶으나, 얼마 동안 **유지되여 가는 평화에, 그 옳은 편쪽으로 갸웃등한 고개를 그는 좀 더 기우려 보곤하는 것 같앳다.**[110]

①에서 화자는 인물이 없는 카페 여급 '기미꼬'를 그리면서, 그녀가 손님들이 좋아할 어떤 '요소'도 갖지 않았음에도 그들에게 총애를 받는 것이 '괴이한 일'이라는 식의 시치미를 뗀 말투를 구사하여 독자와 함께 자신의 익살스러운 생각을 나눠 갖는다.[111] ③에서는 신식여인을

108 위의 글, 285면.

109 박태원, 『천변풍경』(3회), 『조광』, 1936.10, 267면.

110 박태원, 『천변풍경』(2회), 『조광』, 1936.9, 289면.

111 1947년 박문서관 간행 『천변풍경』에는 이 부분을 "기미꼬가, 남보다도 특별나게 손님들의 총애를 받고 있다는 것은, 이를테면 적지 아니 괴이한 일이나, **현대에 있어서는, 혹은 그러한 것도 소홀히 볼 수 없는 매력일지도 모른다**"(『천변풍경』, 박문서관, 1947, 37면)로 변개하여 상황에 걸맞

마땅치 않게 보는 완고쟁이 마누라들이 '생각을 바꾸게 된' 것을 그녀들의 어법 수준과 부합되지 않는 '방침을 고치'게 되었다는 식의 용어로 바꿔 표현하고, 이를 '다행스러운 일'이라면서 역시 익살을 부린다. ③은 아낙네들의 수다를 '지식의 교환'이라니 하는 결코 부녀자들의 어법 수준에 맞지 않는 화자의 유식한 용어로 바꿔, 다시 말해 부녀자들의 사소하고 일상적인 상황에 어울리지 않는 거창한 한자어 등의 개념어를 사용함으로써 해학적인 분위기를 조성한다. ④는 남편에게 매 맞고 살아가는 '만돌 어멈'의 상황을 마치 신파의 남녀 주인공에게나 쓰는 용어로 빗대기도 하고, 그들 부부의 싸움을 엿보는 귀돌어멈의 형상을 코믹하게 그려 심각한 상황조차 해학적으로 그린다. 바빠서 빨리 집에 돌아가야만 한다는 만돌 어멈의 말에 "바쁘다면 서방한테 얻어맞느라 틈이 없는 것일지도 모른다"[112]는 식의 토를 달기도 한다. 그리고 한편으로 화자는 유식한 용어와 문어체적 말투를, 작가가 부정적으로 보는 인물들을 해학적으로 풍자하기 위해 사용하기도 한다.

> ① 그래 '늙은이'의 노여움이 뜻밖에 컸을지도 모를 것을 생각하면 이 '영감쟁이'가 그것만으로 어떠한 **혁명적 사상**을 가질는지 그것은 아무도 모를 일이였다. 그러나 대체 전례에 없는 일루 그 망할 놈의 영감이 낮에는 웨 들른겐구?[113]
>
> ② 민주사로서는 결코 **웃을 수 없는 희극**이였으나 그의 참말 우울은 물론 **그러한 천박한 것에 근원하는 것이 아니다.**[114]

지 않은 화자의 유식한 말투를 좀 더 적극적으로 구사하여 해학적 분위기를 연출한다.

112 박태원, 『속 천변풍경』(5회), 『조광』, 1937.5, 330면.

113 박태원, 『속 천변풍경』(2회), 『조광』, 1937.2, 405면.

114 박태원, 『천변풍경』(2회), 『조광』, 1936.9, 297면.

쉽사리 단렴하여 버리기에는 그 문제가 계집(안성댁)에게 **있어서는 분명히** 지나치게 리해관계가 있는 것이였다.[115]

이 최진국이란 젊은이가 자주 강옥주 집에를 드나들고 그것도 마작 노름에 미처서라는 것보다는 취옥이와 **만나기 위함이라는 것**을 꿈에도 알 턱이 없었던 것이다.[116]

③ 자기의 사상이 결코 완고하지 않다는 것을 말끝마다 표시하기에 애쓰는 김주부이기는 하였다. 그러나 역시 그와는 적지 않이 인연이 멀은 종각(鐘閣)뒤 어느 **'카페'**에서 그가 **취안**(醉顔)**이 몽롱하여 갖이고** 나와 보는 이의 마음을 놀랜 일이 요 몇일 전에 있었는데 그것은 어쩌면 리발소 안에 공론 맞다나 전혀 민주사가 꾸며놓은 일이였을지도 몰은다.[117]

④ 이 밤의 점룡이의 분로는 단순한 **질투로 하야** 일어난 것이 아니다. 그것은 **정의**(正義)**를 사랑하는 젊은 사나이의 의분**(義憤)이기도 하다. (…중략…) **여기에 일으러** 점룡이는 **사의 기사**(騎士)로서 **천사**(天使)**에게 슬픔을 준 가증한 자를 증계할어** 나서지 않으면 안 되였다. (…중략…) 이 아이의 **가증한 소행에 대하야 공분**(公憤)은 또한 컸든 것이 아니냐? (…중략…) 그러는 이 젊은 아이의 **성행**(性行)이 **젊은 점룡이**게는 견딜 수 없게 **불쾌하였다.**[118]

①에서 화자는 '늙은이', '망할 놈의 영감'이니 하여 민주사의 첩살이

115 박태원, 『속 천변풍경』(7회), 『조광』, 1937.7, 107면.
116 박태원, 『속 천변풍경』(9회), 『조광』, 1937.9, 200면.
117 박태원, 『천변풍경』(3회), 『조광』, 1936.10, 260면.
118 박태원, 『속 천변풍경』(9회), 『조광』, 1937.9, 207~209면.

를 하는 '안성집'의 육성을 들려주다가 그녀에게 어울리지 않는 '혁명적 사상'이라는 용어와 같은 화자의 유식한 말투로 언어사용을 문맥에서 벗어나게 함으로서 민주사의 첩 놀음을 희화화한다.[119] ②는 민주사와 안성집 간에 빚어지는 애정 갈등을 격에 맞지 않게 유식한 어조 또는 번역 투의 문어체적 방식으로 그린다. '천박한 것에 근원하는 것', '만나기 위함이라는 것' 따위의 문어체에서 흔히 보이는 '명사화'의 내포절차는 사태 자체에 대한 충실한 기술과 화자나 청자의 사태에 대한 직접적·현상적 인식을 피하고 추상적 명제로 남게 하는 경향이 있다. 일반적으로 어떤 행동이나 사건을 하나의 개념으로 추상화시켜 명사형으로 표현하는 것은, 그 사건이나 행동의 내용을 이해하기 어렵게 만들기 때문에,[120] 화자는 일부러 유식한 말투를 활용하여 민주사의 유치한 애정행각을 자못 진지한 것으로 만들어 희화화한다.

부자연스러운 번역 투 문장의 의식적인 사용은 단지 서양 문체를 흉내 내는 차원의 문제에 그치지 않고, '언문일치'라는 전 시대의 문학적 과제를 뛰어넘는 '새로운 문어의 가능성'을 열어 보인다.[121] 박태원은 종래의 언문일치체가 가진 허구성을 희화화한다. 번역 투의 서양 문체를 쓰거나 아니면 일상어 대신 유식한 말투, 전문적인 언어들을 소설에서 사용하는 것은 박태원의 동료 작가 이상에게도 자주 발견된다.[122]

---

119 박태원이 북한에서 창작한 장편 역사소설 『갑오농민전쟁』 후반부에는 화자만이 아니라 등장인물조차 봉건 지배계급을 북한사회의 어법으로 "잔인무도한 원수 놈" 또는 서양 선교사를 "'선교사 놈"이라고 불러 박태원 문학이 갖는 사실적인 성격을 잃는다.

120 김홍수, 「명사화의 담화 기능과 문체 양상」, 『어문학논총』 14, 국민대 어문학연구소, 1995, 150면; 이기문·이상규 외, 『문학과 방언』, 역락, 2001, 423면.
사태의 추상화는 구어적 의사소통에서보다는 문어적 의사소통에서 자주 이루어지는 개념화 방식으로 명사적 표현을 사용한 문장의 문체는 좀 더 전문적이고 공적인 것으로 느껴지게 한다.(신선경, 「사태의 추상화와 분류 : 문어적 텍스트의 명사적 표현을 중심으로」, 『한국어 의미학』 16, 2005, 297~298면)

121 김미지, 「박태원 소설의 담론 구성 방식과 수사학 연구」, 서울대 박사논문, 2008, 170면.

박태원 소설의 이와 같은 언어들은, 바흐친이 얘기한 것처럼 라블레의 소설이 규범성이나 체계성보다 단일한 근대 프랑스 문학어 / 표준어 형성과정에 저항하며 등장했듯이,[123] 우리의 문학어 / 표준어가 형성하는 과정에 각인된 언어들(우리말, 일본말, 한자말, 국한문 투의 말, 영어)의 상호갈등의 흔적을 만들고 있으며 그런 맥락에서 문학어 / 표준어에 대한 자의식 내지 자기비판을 보여준다.

③은 화자가 어휘를 상황에 따라 세심하게 사용하여 대상인물을 풍자하고 있음을 확인하게 된다. '완고한' 한약국 집 영감 '김주부'가 민주사의 선거운동 술을 얻어먹노라고 '신식 카페'를 찾게 된 상황을 풍자하기 위해, 술 취해 나오는 그를 서양적인 '카페'의 정조(情調)와는 맞지 않게 '취안(醉顔)이 몽롱(朦朧)'하다는 식의 한자 용어를 대비적으로 사용한다. ④는 앞의 인용 예문들과는 달리 권선징악의 극적해결을 꾀하는 활극 성격의 통속문학에서 사용할 법한 어조를 유머러스하게 모방하여 화자와 같은 편인 '점룡'의 '정의로운' 행동을 통해 억압적 현실에 대한 통쾌한 저항을 독자들이 향유케끔 한다.

바흐친은 이런 종류의 문장을 '이중 지향의 담론'이라 부른다. 이것은 행위를 묘사하는 동시에 특정한 스타일의 발화와 문장을 모방한다. 이 경우에 패러디의 효과가 나타난다. 스타일이 주제와 부합하지 않기 때문에 어딘가 불합리하고 인위적인 느낌이 들기 때문이다.[124] 바흐친은 소설적 말의 가장 본질적인 요소 중의 하나가 '웃음'인데, 패러디나

122 작가 이상의 경우 그것은 서술 내용에서 드러나는 주인공의 백치성에 대해 의문을 제기하게 만들어 존재와 언어의 어긋남, 상황과 표현의 어긋남을 보여주며 의식과 행동, 실제와 이념 사이에서 분열된 주인공의 비극성을 환기하는 데 쓰인다.(황도경, 「존재의 이중성과 문체의 이중성 : 이상 소설의 문체」, 『문체로 읽는 소설』 소명출판, 2002, 281면)

123 변현태, 「바흐찐의 소설이론과 그 현재적 의미」, 『창작과비평』 159, 2013, 395면.

124 데이비드 로지, 김경수·권은 역, 『소설의 기교』, 역락, 211면.

'익살시' 같은 장르들은 대상 자체를 조롱하는 것이 아니라 대상에 대한 진지한 태도를 그 자체의 문체를 빌려서 형상화의 대상으로 만든다고 한다. 이러한 맥락에서 바흐친은 웃음을 언어 내부적인 이질발화와 연관시킨다.[125]

『천변풍경』의 화자는 모든 계층이 쓰는 말투를 두루 빌리거나 또는 지식인 계급의 말투를 패러디하여 해학적이거나 풍자적인 경향을 드러낸다. 말장난이란 지배적인 언어구조를 위반하고 드러낸다. 또한 그것은 웃음을 자아낸다.[126] 박태원 소설에서 이러한 익살스러운 웃음은 판소리의 것과도 비슷하다. 웃음은 현실을 객관적으로 파악하게 하는 기제일 뿐만 아니라, 정서적 균형을 유지하기 위한 예술적 장치이며, 현실적 고통을 초극하는 방법이기도 하다.[127] 웃음은 대상을 공격하기보다는 위기 상황을 여유 있게 극복하는 분위기를 만들기도 한다. 절박한 상황에서도 익살스러운 웃음으로써 불안과 긴장을 해소하고 비관을 낙관으로 전환시켜 삶의 활력을 되찾는다. 『천변풍경』에서 모든 세상은 익살스러운 관점에서 비추어지고 즐거움 속에서 파악된다. 공식적이고 형식주의적이고 권위주의, 위선이 팽배한 공포의 파시즘 시대에 맞선 민중의 익살스러운 저항은 삶의 유일한 원동력이 된다.

그런데 화자는 궁극적으로 자기가 편을 들고 사랑하는 이들에 대해서는 정색을 하고 지지하며 애착을 보여줘 화자의 인격이 어떠한 것인지 독자는 쉽게 파악하게 된다. 독자들은 『천변풍경』에서 등장인물에 대한 화자의 애정과 관심을 뚜렷하게 파악한다. 화자가 여러 등장인물

125 변현태, 「바흐찐의 소설이론과 그 현재적 의미」, 『창작과비평』 159, 2013, 394면.

126 피터 스탤리브래스·앨런 화이트, 「바흐친과 문화사회사: 위반의 정치학」, 여홍상 편, 『바흐친과 문화이론』, 문학과지성사, 1995, 125면.

127 전신재, 「판소리의 생소화 효과」, 한국공연문화학회, 『공연문화연구』 3, 2001, 157면.

을 향해 갖는 좋음과 싫음의 기준은 이해관계만을 좇는 자본주의 사회에서 사랑과 친절, 동정 등의 진정한 인간의 가치를 실현하는지의 여부이다.

박태원의 소설에서 진정으로 문제되어 있는 것은 이러저러한 자본주의 문명의 구체적인 해악을 열거하는 것이라기보다 새로운 자본주의 체제 하의 붕괴되어 가는 인간의 가치이다. 화자는 이러한 인간적 가치와 미덕은 대체로 작고 낮고 약한 이들에 대한 동정과 연대를 통해서 실현된다고 보며, 이러한 인물들을 향하여 노골적인 편들기를 한다. 박태원 소설 대개가 그러하듯이 이러한 인물들은 대개 불쌍한 여성, 어린아이들이다. 박태원이 어린 아이들에게 애정과 관심이 많다는 것은 그들을 자상하고 섬세하게 그리는 데서 찾아볼 수 있다.

> 만돌이는 웃입술에까지 흘러나린 시퍼런 코ㅅ물을 드리마실 것도 잊고 (…중략…) 코ㅅ 물을 혀끝으로 연해 할트며[128]

> 그만 또래의 아이들은 대개 누구나 다 그러한 것을 가령 아침에 세수를 하드라도 변변히 얼굴에 물칠도 하지 않어 그 까닭에 **목덜미에는 언제고 때가 더깨더깨 앉은** 것을 보고도 쉽사리 마음은 감동되어[129]

그러나 『천변풍경』에서 화자의 애정과 관심의 주요한 대상은 역시 불쌍한 여인들이다. 『천변풍경』의 이쁜이 모녀, 금순이, 기미꼬 또는 하나꼬 같은 여급이 그들이다. 박태원 소설에 나오는 인물들 중에 하

128 박태원, 『천변풍경』(3회), 『조광』, 1936.10, 264면.
129 박태원, 『속 천변풍경』(6회), 『조광』, 1937.6, 136면.

층민을 대변하는 것은 주로 도시의 영세소시민층과 빈민들과 여급 등이다. 그들 하층민 인물들은 디킨즈 소설에 나오는 런던의 빈민들과 같이 본질적으로 생산과 노동의 세계에 놓인 계층이 아닌 소비의 세계에 놓인 도시의 영세 소시민층 또는 빈민, 그중에서도 특히 여급들이 중심이 된다.[130] 그것은 박태원 문학 역시 디킨즈와 같은 소시민적 한계를 가지고 있다는 점을 가리키는 것이기도 하다. 그러나 『천변풍경』의 중요한 문제의식은 근대자본주의 문명의 구체적 해악을 열거하는 것이 아니라 이로부터 초래한 인간 삶의 공동체적 현실의 붕괴이며 인간성의 위기이다.

이쁜이 모녀가 등장할 때 화자는 인물평가적 수식어를 통해 "**가엾은** 어머니", "**어리고 또 약한** 내 딸"[131]이라면서, 그들에 대해 불쌍해하고 안타까워하는 모습을 노골적 언사를 통해 드러낸다. 단 그러한 직접적인 언사들이 감상으로 떨어지지 않는 것은, 그것이 객관적으로 그려진 이쁜이 모녀의 슬픈 정황과 결합되면서 독자로 하여금 인물의 처지에 좀 더 감정이입을 할 수 있게 하기 때문이다. 서구의 소설 이론에 의하면 작가가 작중인물에 대해 동정의 거리보다는 비정의 거리를 유지할 때 객관적일 수가 있다. 그러한 적절한 거리의 유지가 감상이나 감상화로의 경도를 방지한다고 본다.[132] 그러나 『천변풍경』을 보면 꼭 그런 것만은 아니다. 화자는 불쌍한 이들과 거리를 두어 그들을 객관적으로 그리는 태도를 갖기보다는, 화자 스스로가 하나의 인물로 인격화되어 그들을 표 나게 동정하고 있다. 화자는 가난하나 선량하고 자기

---

130 김종철, 「디킨즈의 민중성 : 「어려운 시절」을 중심으로」, 『인문연구』 2, 1982, 190면.

131 박태원, 『속 천변풍경』(8회), 『조광』, 1937.8, 326면.

132 류종호, 「서구소설과 한국소설의 기법」, 이선영 편, 『문학비평의 방법과 실제』, 삼지원, 1983, 154면.

희생적인 과부 어머니가 고생하며 애써 키운 딸 이쁜이를 시집보내면서 치르는 초라한 혼례이기는 하지만 전근대적인 구소설의 말투를 빌려 이를 자못 감격에 차고 엄숙한 어조로 논평한다.

이미 부귀(富貴)라는 것이 우리에게 있어 한 조각 뜬 구름일진댄 혼인의 장하고 또 장하지 못함을 어찌 그러한 것에서 상고하여 마땅하랴. 신부의 그 얌전한 품과 어여쁜 인물이 매일같이 보아 온 이들에도 새로운 한 개의 경이(驚異)일 때 사람은 그 이상의 아무 것도 더 바랄 수 없다.[133]

동시에 화자는 이쁜이 모녀를 안타깝게 바라보는 이웃의 인정 많은 아녀자가 되기도 하여, 못미더운 사위에게 딸을 맡겨야 하는 어머니의 간곡한 심정을 지속되는 설의법 문장으로 서술한다.

사위는 이 가난한 장모가 얼마나 애를 태워 이쁜이를 이만큼이나 길러 줬는지 그것을 **알고나 있는 것인가**.

이 외로운 장모가 세상에 다시없는 보배로 이쁜이를 사랑하고 있다는 것을 **짐작이나 하고 있는 것인가**. 이 어리석은 장모는 행혀나 사위가 제 딸을 사랑하지 않는 일이 있을까 ―것을 얼마나 걱정하고 있는지 마음에 **생각이나 하고 있는 것인가**.

(…중략…)

참말이지 그는 사위에게 얼마든지 할 말이 있었다. 그러나 그중의 단 한마디를 하기 위하여 잠시 입을 열드라도 터져 나올 것은 울음에 틀림없을 것이다.[134]

---

133 박태원, 『천변풍경』(2회), 『조광』, 1936.9, 290면.
134 위의 글, 294면.

결국 이쁜이는 남편과 시집 식구들에게 버림을 받고 천변의 자기 집으로 다시 돌아오게 되는데 화자는 동네 아낙들과 함께 이를 얼마나 다행한 일인지 모르게 생각하며 즐거워한다. 이 부분에 오면 화자는 가난한 사람들과의 흥겨운 상호교감 속에서 순진한 즐거움을 향유하는 풍성한 잔치의 분위기를 갖고자 한다. 박태원은 그러한 점에서 민중예술의 흔한 방법을 따른다. 멜로드라마의 성격, 줄거리에서 보이는 우연의 일치, 권선징악적 인생관에 의한 극적해결의 모색 등 억압적 현실에 대한 저항과 동시에 이상적 삶에 대한 유토피아적 비전 등의 민중문화의 상상력을 드러낸다.

> 동네 안악네들은 이쁜이의 시집살이가 그렇게도 맵든 것을 잘 알고 있었으므로 공연히 그 집에서 고생만 더 하느니 오히려 시원하게 잘 되였다고 **모다들 같은 의견**이였다. (…중략…) 이제는 **동네 여편네들이 함께 모여도** (…중략…) 이쁜이의 가엾은 신세며 (…중략…) 어머니의 딱한 처지며 (…중략…) 강가집 식구를 입이 아프게 욕하고 꾸짖고 **하지 않어도 좋은 것은 얼마나 다행한 일일지 몰은다.**[135]

그리고 화자가 이쁜이 모녀 이상으로 관심과 애정을 갖는 여인들은 바로 기미꼬와 하나꼬 같은 카페 여급, 시골 여인 금순이다. 금순은 도시로 와서 하마터면 인신매매로 불행의 수렁에 빠지려는 찰나 기미꼬의 도움을 받아 구출된다. 기미꼬는 동료 하나꼬와 같이 청순가련한 운명의 미인은 아니며 못생긴 인물에 남자 비슷한 성격의 여자, 일종의 양성적 성격의 인물이다. 화자는 그녀를 늘 익살을 갖고 짓궂게 대한다.

그러나 독자는 사건이 진행되어 나가면서 그녀가 나름대로 씩씩한

135 박태원, 『속 천변풍경』(9회), 『조광』, 1937.9, 216면.

기상과 굳은 절개도 있고 남에게 쉽게 속박되지 않으면서 한편으론 인정미 넘치는 매력적인 여자임을 알게 된다. 앞날의 불행이 뻔히 예견되는 기미꼬의 결혼을 줄곧 반대하던 하나꼬이지만 막상 혼인이 결정되자 빚을 내서 혼수로 '경대'를 장만해주는 그녀로부터 뛰어난 인정미를 발견하게 된다. 기미꼬는, 카페 여급에서 이제는 결혼을 하여 여염집의 아낙이 되어야 하는 하나꼬에게 진심 어린 조언을 한다. 화자는 여기서는 이전에 기미꼬를 대하던 짓궂은 태도에서 돌변하여 그녀에게 경의를 드러내는 노골적인 언사와 서술을 펼친다.

> 그것은 이를테면 엄숙한 순간이였다. 사람은 이러한 경우에 부디처 저 몰으게 옷깃을 염의지 않으면 안 된다.[136]

그런가 하면 금순을 인신매매하려던 '파락호'는, "상대자가 여자라고 — 그러니까 즉 어리석은 동물이라고 그렇게 단순하게 생각하였던 바로 그 '여자'[137] 기미꼬에게 혼쭐이 난다. 기미꼬의 과거를 보자면 그녀는 "부모를 여인 뒤 더욱이 얼굴이 못생긴 가난한 계집"으로, "주위에 한 사람의 **사랑**하는 이도 가저보지 못한 채 사람의 '**정**'이니, '**은혜**'니 그러한 것을 도모지 몰으고 (…중략…) 오즉 혼자서 **외롭게**" 인생길을 걸어왔다. 그러나 기미꼬는 인제는 금순과 같은 "불행한 동무들과 함께, **서로 믿고, 의지하고, 깊은 사랑과 따뜻한 정을**" 나누고자 하며 여기서 "참말 '삶'의 기쁨"을 찾을 수 있으리라 믿는다.

기미꼬는 헤어졌다 다시 만나 살게 된 금순이 남매를, "오랫동안 그

136 박태원, 『속 천변풍경』(6회), 『조광』, 1937.6, 142면.
137 박태원, 『속 천변풍경』(4회), 『조광』, 1937.4, 389면.

리고 찾었든 부모 형제를 끝끝내 마지하여, 이제 그 정 깊은 품 안에 몸을 맡기게나 된 사람"[138]들이라는 생각에 젖어든다. 기미꼬를 "감동"시키는 것은 사랑하는 사람들끼리 한데 모여 살면서 혼자 외로워하거나 슬퍼하지 않을 수 있다는 사실이다. 사랑과 친절, 동정심, 연대감, 균형 있는 육체와 마음의 관계, 어린애다운 순진성 등 인간다움을 천변의 비천한 하층민들의 구체적 삶의 경험을 통해 보여줌으로써 독자는 비인간적 체제에 대한 분노를 스스로 느끼게 된다. 『천변풍경』은 사회비판의 날카로움도, 근대화 이후의 음울함을 보여주는 것도 아니다. 그것의 '건강한' 면이라면 인간의 선한 본성에 대한 믿음, 날카로운 사회비판을 하는 경우에도 유머를 잃지 않는 풍성한 잔치 분위기나, 모든 것이 잘못 되어가고 병들어 있는 상황에서도 착하고 곧게 살아가는 주인공들에게는 어떻게 해서든 행복한 삶을 안겨주고야 말겠다는 의지에 찬 결말 등이다.

> 이 경우에, 금순이에게 있어서 가장 필요한 것은, 금전이나 그러한 것보다도 오이려 그를 위하여 길을 **인도하여 주고, 보호하여 주고 그러는 사람의 힘과 정**이었다. (…중략…) 서로 의지하고 살아가자는 그것만으로 **이미 마음은 감동하고 또 만족**하였다.[139]

> 사람과 사람이 서로 주고받을 수 있는 '**정이라는 것**'이라는 것, '**사랑**'이라는 것, 그것들이 암만이든지 서로서로의 마음을 아름다웁게 고마웁게 하여 줄 수 있는 것임을 깨닫고 스스로 **감동**한 나머지에 잠깐 목넘어로 소리 없이 느꼈다.[140]

138 박태원, 『속 천변풍경』(3회), 『조광』, 1937.3, 147면.
139 박태원, 『천변풍경』, 박문서관, 1947, 231면.
140 박태원, 『속 천변풍경』(6회), 『조광』, 1937.6, 145면.

이리하여 바루 그날 밤부터 금순이 남매와 기미꼬와 세 사람의 살림사리가 또 새로히 시자되였다.

그것은 누구에게보다도 위선 금순이에게 **그지없는 기쁨**을 가저 왔다. (…중략…) 그만만 하여도 **정**이 들 만큼은 들었든 **동무** 하나꼬를 잃어버린 그 뒤의 그 서운하고도 또 섭섭한 감정은 (…중략…) 그러나 이제 새로히 사랑하는 오래비를 한집에 마저 들여, 셋이서 같이 대하는 **아침 식탁은 참말 질거웠고** (…중략…) 금순이는 참말 자기가 지금 **행복**인 듯싶었다.[141]

화자는 기미꼬 등에게 존경의 뜻을 보여주며 심지어 감동의 어조를 강하게 드러낸다. 그 감동은 따뜻한 마음의 물결을 일으키는 '과잉된' 감정의 언어들로 이뤄진다. 화자는 기미꼬와 금순네를 서술할 경우에는, 문학의 목적이 현실을 있는 그대로 보여주는 것이 아니라 그렇게 되어야만 하는 것을 보여주고자 하는 것으로 변한다. 그러나 그것은 멜로물과 같은 감상적이거나 퇴행적인 주정주의로 떨어지지 않는다. 이는 화자가 작품 내내 인물을 굽어다 보는 우월한 위치에 서있던 것이 아니라, 인물과 또는 청자(독자)와 줄곧 연대의식을 쌓아온 인연 때문이다.

민중적 감수성에 뿌리를 두고 구어체로 이뤄진 화자의 능변과 기지는 이러한 유대를 책임지고 증명한다. 다양한 구어적 방식으로 이뤄지는 박태원 소설의 언어는 하나의 언어가 아니라 다양한 문체와 목소리가 만들어내는 메들리가 된다. 이 특징이 박태원 소설을 민주적이며 반(反)전체주의적인 문학형식으로 만든다. 이 때문에 박태원은 노동계급의 실상을 그린 당대의 프로 작가들보다도 본질적으로 더욱 민중적이라는 생각을 갖게 한다.

141 박태원, 『속 천변풍경』(7회), 『조광』, 1937.7, 102면.

박태원 소설의 구어적 문체는 단순히 문체의 문제로 그치는 것이 아니라 화자가 인물과 청자와의 친화력과 자연스러움을 확보할 수 있는 길이기도 하다. 이로써 화자의 권선징악에 대한 강력한 요구를 청자는 큰 저항감 없이 수용할 수 있게 된다. 화자와 독자의 연대의식은 단순히 이야기 전달이 아닌 공동체 인식에 근거한 소망 전달이다. 화자가 인물과 청자와 알기 쉬운 구어로 대화 수 있다는 것 그 자체가 이기적인 탐욕과 그것을 제도화하는 사회체제에 대한 근본적 대항이며 잃어버린 공동체적 윤리를 회복하는 길이 된다.

2. 구어세계의 재창출과 이야기꾼의 현대적 변용
: 홍명희의 『임꺽정』

한국 근대소설에서 구어체의 문학적 성과는 홍명희의 『임꺽정』에서 한 정점을 이룬다. 『임꺽정』은 역사소설이라는 장르적 특징을 가지기는 하지만 근대소설의 문체가 어떻게 발전되어 나갈 수 있는지를 보여주는 적절한 예의 작품이다.[142] 구어체 근대소설은 민중적인 집단적

142 이러한 점들은 이미 누누이 지적되어 온바, 벽초의 『임꺽정』은 전통적인 우리의 언어생활과 20세기의 언어 사이를 연결하는 중요한 매개 고리의 역할을 한다든지(반성완) 민중적 언어를 살려냄으로써 민중적 미의식을 확보해낼 수 있었으며(임형택) 민중언어에 대한 관심도 컸지만 양반언어 가운데 좋은 말들을 끌어내어 통합시켜냄으로써 민족 언어의 전형을 보여주었다고 평가한다.(최원식)
「『임꺽정』 연재 60주년 기념좌담」, 임형택 · 강영주 편, 『벽초 홍명희와 『임꺽정』의 연구자료』, 사계절, 1996, 344~3467면 참조.

유대를 바탕으로, 시민문학과는 다른 의사소통 방식으로 리얼리즘을 성취한다. 그것은 개인의 내면이 아닌 집단적 유대의 방식으로 근대적 현실성을 얻어내는데, 『임꺽정』은 그 대표적인 예이다.[143] 이러한 점에서 『임꺽정』은 동양 고전문학의 전통과 서양 근대문학의 성과를 훌륭하게 통합한 작품이며,[144] 우리 소설이 세계문학에 진출하기 위해 새롭게 지향해야 할 동아시아 서사의 가능성의 맹아를 보여준다.[145] 이 글은 이러한 점들을 역시 홍명희 문학이 보여주는 구어적 표현과 구어체 서술의 성과를 통해 설명해보려 한다.

1) 인물의 행위 · 몸 · 감각

『임꺽정』의 구어체와 관련되어 나타나는 흥미로운 특징의 하나가 『천변풍경』에서도 눈에 띄는 것이기는 하지만 인물의 주격조사를 거의 '~은(는)'이 아니고 '~이(가)'를 쓴다는 점이다. 이는 이야기하는 화자와 민중적 인물, 독자들 간의 인간적 유대를 지향한다.

- 꺽정의 아비**가** 더위에 병화가 도치어[146]
- 유복**이** 대답할 말을[147]

143 나병철, 「구어체 소설과 또 다른 근대의 기원」, 『모더니즘과 포스트모더니즘을 넘어서』, 소명출판, 1999, 372~375면.

144 강영주, 『벽초 홍명희연구』, 창작과비평사, 1999, 612~613면

145 최원식, 「창조적 장편의 시대를 대망한다」, 『창작과비평』 136, 2007, 179면.

146 홍명희, 『임꺽정』 1, 조선일보사 출판부, 1939, 1면. 이하 인용되는 조선일보사 출판부판의 『임꺽정』(1~4권, 1939)은 권수와 면수만을 표기.

147 위의 책, 21면.

소설에서 인물군의 개체성보다는 인물군의 공동성과 유대가 중시되고 서술자의 전국적(全局的) 시점이 더 주축이 되면 '이(가)'가 우세해진다.[149] 『임꺽정』에서 '이(가)'의 주격은 임꺽정 패들이 결속관계를 이루는 부분에서 현저하게 나타난다. 더 나아가 '이(가)'는 화자와 내포청중의 밀접한 대면을 의미한다. 화자가 '은(는)'의 주격을 통해 독립된 인물과 심리적인 상호주관적 관계(감정이입 등)에 있으면, 화자와 독자(감상자) 간의 인격적 관계는 대부분 상실되기 때문이다.[150] 단 『임꺽정』에서 박태원 소설과 같이 화자와 독자의 연대의식을 강조하는 '우리'라는 말은 나타나지 않는다. 『임꺽정』의 화자는 우리 시대의 인물이 아니라 소설 속 특정 시기의 인물로 역할을 하기 때문이다. 그런데 이렇게 화자가 인물군의 공동성만을 강조하여, '은(는)' 이 아닌 '이(가)'만을 쓰면서 개개 인물 자체의 내적 연속성을 드러내는 것은 가능할까?

『임꺽정』은 인물의 내면 또는 심리를, 인물의 외면 — 말, 행위 또는 몸짓 등을 최선 또는 최대한으로 서술하면서 보여준다. 『임꺽정』은 우선 인물의 성격, 내면들의 많은 부분을 대화 장면을 통해 보여준다. 앞서 이기영의 「가난한 사람들」에서 아내가 남편에게 펼치는 일방적인 지청구의 소리를 들어보았지만 아래 인용문에서 임꺽정 부부 사이에서 오고가는 말싸움은 두 사람의 성격을 실감나게 보여준다.

148 『임꺽정』 4, 328면.

149 인물의 내적 연속성이 강한 맥락에서는 이입 시점 해석의 개연성이 높아지고 더 투명하게 이입 시점이 상정된다. 그러나 인물 관계의 변화와 장면의 변화에 따라 이입 시점이 약화되면서 복수 시점이 상정되고 서술자 시점에 가까워진다.(김흥수, 「소설의 시점과 관련 문법 현상」, 『어문학논총』 25, 국민대 어문학연구소, 2006, 64면)

150 위의 글, 403면.

"무엇이 싸단 말이야 이년아"

꺽정이가 대뜸 년ㅅ자를 내부쳣다.

"무얼 잘햇다구 큰 소리야."

"이년아 내가 네게 큰 소리 못할께 무어냐"

"코구멍 둘 마련 잘했다. 사람이 긔가 막혀 죽겟네"

"되지 못한 말 짓거리지 말구 가만이 잇거라"

"되지 못하게 긔광부릴 생각 말어"

"이년을 곳"

"곳 어째"

"내가 창피한 생각이 업섯스면 너의들을 벌서 추죽엄 햇다"

"꼴에 창피를 다 알어"

"지금 한 말 다시 한 번 더 해봐라 가만 두니까 괜듯시퍼서"

"다시 한 번만 백빈이라도 더 할 테야."

꺽정이가 뻘떡 일어나서 한 거름에 뛰어오며 곳 백손어머니의 머리채를 움켜 잡앗다.

꺽정이가 해거를 부리러 들자마자 백손 어머니 입에서 발악이 막혓던 물 터진 것 가치 쏘다져 나왓다.

"오냐 어듸 해보자 네가 나를 죽이기박게 더 하겟느냐 내가 네 손에서 죽지 안흐며 내 손으로 자결해서라도 죽지 뒷방에서 천덕구레기 노릇하고 살지 안는다 첩도 안 엇겟다던 놈이 본 기집이란게 자그마치 셋씩이야 본 기집 명색이 한꺼번에 셋씩 넷씩이야 되는 법이 어듸 잇드냐 이놈아 지금은 부모 거상을 삼년 입는 세상인데 너 혼자 옛날 법이라고 스무날헤 입고 시지부지 고만 두더니 상제복색 입고 기집질하기 거북해서 미리 고만 두엇느냐 내 머리에 힌 당기는 너 아버지 거상이다. 힌 당기 드린 머리를 끄들르는 것이 죽은 부모 대접이냐"[151]

부부싸움하며 이뤄지는 대화의 장면에 이어, 화자는 이러한 꺽정의 아내 '백손 어미'에 반응하는 임꺽정 자신과 그 주위 인물들 모습 또는 행위를 각각 그린다. 그 행위 묘사를 단순히 나열하는 게 아니라 상호 대비적 방식으로 하여 인물들의 성격을 흥미롭게 구별한다.

> 모자간에 말이 왓다 갓다 하는 동안 꺽정이는 **백손 어머니를 노려보며 주먹까지 몃 번 부르쥐고** 리봉학이는 **꺽정이를 돌아보며 연해 고개를 흔들고** 박유복이는 **지수굿하고 안저서 쓴 입맛을 쩍쩍 다시는데**[152]

『임꺽정』은 일이 벌어지고 진행되는 것을, 인물들 일상 언어의 특징적인 어조를 포착한 대화 또는 그들의 행위를 통해서이지, 인물의 사념을 통해 드러내는 예는 없다. 그래서 이원조는, 『임꺽정』은 "性格 中心이 아니고 (…중략…) 事件을 통해 性格이 엿보이게 된다"고 지적했다.[153] 『임꺽정』은 화자가 인물을 개념적 또는 추상적으로 설명하기보다는 가능한 그들의 대화, 행위, 표정 등의 묘사를 통하여 인물의 생각과 감정의 미묘한 움직임을 보여준다. 이 때문에 『임꺽정』은 전통적인 이야기체의 방식에 의존하면서도 극적인 요소를 가지며 전통과 서구 근대문학의 성과를 통합한다.

강영주는 홍명희가 설정식과의 대담에서[154] 발언한 내용을 근거로, 형식면에서 『임꺽정』은 러시아의 비판적 리얼리스트 쿠프린(Aleksandr Ivanovich Kuprin)의 『決鬪』의 영향을 받았다고 추론한다. 이는 다름 아

151 『임꺽정』 3, 346~347면.

152 위의 책, 359면.

153 이원조, 「『임꺽정』에 관한 소고찰」, 『조광』, 1938.8, 262면.

154 「홍명희·설정식 대담기」, 『신세대』, 1948.5.

닌 소설 창작에 드라마적 요소를 적극 도입했다는 점 때문이다. 『임꺽정』은 사건을 몇 개의 중요한 장면들로 집약하고, 장면마다 등장인물 개개인의 행동과 대화를 생생하게 묘사함으로써, 인물을 실감나게 형상화하고 사태의 진전을 직접적인 서술 대신 대화 부분을 통해 전달한다. 이와 같은 표현 방식은 『수호지』와 같은 중국소설이나 한국의 고전소설에서는 보기 힘든 것으로, 서양 근대소설에 이르러 본격적으로 발달한 기법이며, 쿠프린의 『決鬪』는 바로 이러한 기법의 극치를 보여주는 예이다. 『임꺽정』은 『決鬪』로부터 그와 같은 면에서 깊은 영향을 받은 것으로 판단한다.[155]

사람의 경험에 근거하는 문학은 사람의 구체적 행동을 다룰 수밖에 없다. 사람다운 뜻은 행동(변화, 옮겨감, 고침, 진화 등등)에서 나타난다. 아무리 본질에 관한 고고한 직관이라 할지라도 세상의 구체성과의 유추적 관계로부터 빚어지는 행동을 설정하지 않고서는 사람에게 쓰일 만한 문학이 못 된다.[156] 바흐친에 따르면 몸과 마찬가지로 주인공의 '내면 역시 본질적으로 형식화된 어떤 것'이다. 이를 위해서는 주인공 스스로 자신의 내면을 바라보는 것이 아니라(즉 자의식이라는 세계 속에서가 아니라), 타자의 외재적 위치로부터 바라보아야 하는데 그럴 때에만 내적 삶의 총체가 파악된다.[157] 대체로 행위의 시각화가 이뤄지면 독자는 이를 통해 그 인물의 생각과 감정을 실감으로 대하게 된다. 행위의 기초가 되는 신체는 선(先)지향성의 존재로서 지적인 인식체계가 작동하기에 앞서 소리나 색깔이나 언어에 대해 즉각적으로 반응한다.

155 강영주, 「『임꺽정』과 꾸쁘린의 『決鬪』」, 『진단학보』 92, 2001, 233면.
156 이상섭, 『영미비평사』 3, 민음사, 1987, 118면.
157 이문영, 「바흐찐의 모순의 역동성에 관한 소고」, 『러시아연구』 10(2), 2000, 152면.

(가) 처음에는 꿀어안진 채 울다가 나종에는 두 다리를 뻣고 울고 어머니 아버지를 차저가며 울엇다.[158]

(나) 몸을 도사리고 안젓는데 적은 바람소리만 나도 몸을 오무러트리고 괴상한 새소리만 들려도 몸을 소슬트리엇다.[159]

(가)는 처음에는 꿇어 앉아 울다가, 다음에는 두 다리를 뻐고, 다음에는 어머니, 아버지를 찾아가며 우는 인물의 행위의 변화 과정을, 후자는 공포의 변화의 순간을 신체의 변화를 통해 그려 인물의 심리가 시간의 흐름에 따라 변해 나가는 모습을 실지로 체험하듯이 느끼게 한다. 인물의 생각을 주로 행위, 동작으로 표현하다 보니 '보여주기'의 효과가 강화되며 구체적 형상화에서 보는 실감과 묘미를 즐기게 된다. 인물의 감정을 그대로 서술하지 않고 그들이 하는 행위나 말을 통해 자연스럽게 감정이 이월하도록 표현하여 독자는 인물에 실감을 갖고 대하는 것이다.

세계는 선험적 자아라는 순수의식에 의해서가 아니라 이 세계 속에서 살아가고 있는 몸을 주체로 하여 이해되고 기술될 필요가 있다. 본질적인 환원 후에 남는 것은 순수의식이 아니라 육화된 의식으로서의 몸뿐이다. 근원적 지각은 일체의 신체적 행위이며, 지각의 과정은 몸의 운동적 과정과 본질적으로 결합되어 있다. 그러한 몸의 행위를 통해 인간은 세계와 불가분의 관계를 맺는다. 몸은 육체의 표면이지만 내부 활동을 나타내는 바로미터가 된다. 무엇을 느끼고 무엇을 생각하

158 『임꺽정』 1, 145면.
159 위의 책, 9면.

고 무엇을 지향하는지가 몸을 통해 드러난다.[160]

현재성의 시적 수용은 시인과 실재하는 세계와의 '접촉'을 통해서만 가능하다. 이 '접촉'은 바흐친의 '라블레론'에서 자주 등장하는 '친숙화'와 밀접히 관련된다. 이러한 '친숙화'에 의해서만이 '내부의 리얼리티, 잠재성, 진실의 복합성'에 근접할 수 있다. 이 '접촉'은 바흐친 개념으로서의 '몸'과 밀접하게 관련된다. 바흐친의 몸은 삶의 유일성에 토대를 이루는 것이어서, 이 몸을 통해서 인간의 존재는 사건으로 현존한다.[161]

- 그 사람은 고개를 **바루 끄덕이지도 안코 가로 흔들지도 안코 한여프로 비틀어 꼬잣다**[162]
- 꺽정이가 서림이 말을 들을 때 **눈썹이 치어 들리고** 입이 벌어지더니 몸을 움직여서 서림이게로 가까이 나안즈며[163]
- 리방은 머리를 **송충이 대가리 가티 내흔들었다.**[164]

다음의 장면은 도둑 소굴로 들어가자는 의형제들의 제의에 대하여 꺽정이가 주저하며 심각하게 고민하는 내면의 모습을, 화자는 설명적 서술을 가급적 삼가고 그의 몇 가지 안 되는 대수롭지 않는 행위와 태도를 통해 보여준다. 좋은 문학이란 사람의 경험의 사실을 말하는 것이지 어떤 경험을 해야 한다고 가르치는 것이 아니라는 것을 보여준다.

도적놈을 그르게 알거나 미워하거나 하지는 아니하되 자긔가 늣깍기로 도적

160 김현주, 「판소리에서 감각패턴의 연행적 기능과 의미」, 『판소리연구』 24, 2007, 91면.
161 이장욱, 「바흐찐과 '서정적 수치'」, 『러시아연구』 13(1), 2003, 48면.
162 『임꺽정』 3, 139면.
163 위의 책, 251면.
164 『임꺽정』 2, 624면.

놈 되는 것도 맘에 신실치 안커니와 외아들 백손이를 도적놈 만드는 것이 맘에 실혓다. 서림이가 중언부언 이해를 말하고 천왕동이가 조급하게 결정을 재촉하야도 꺽정이는 **이러타 저러타 대답 한마듸가 업서서** 사람이 좀 늘씬한 유복이까지 답답하게 생각하야

"당초에 말이 업스니 사람이 답답하지 안소. 대체 형님가치 과단성 만흔 이가 오늘은 웬일이요."

하고 말하얏다. 얼마 두이에 꺽정이가 **꿈꾸다가 깬 때와 가튼 태도로**

"서장사 말대루 할 테니 식구 빼내올 계책을 서장사가 담당하우."[165]

심리는 어딘가의 내면(의사소통을 행하는 주체의 영혼 속)에 위치하는 것이 아니라 완전히 외부에, 즉 말이나 몸짓 또는 행동 속에 위치하고 있다.[166] 내적 심리의 현실은 기호의 현실과 같다. 기호라는 실체 밖에서는 심리가 존재하지 않는다. 내적 심리는 물체로서 분석되지 않고, 기호로서 이해되고 해석될 뿐이다. 경험은 기호의 작용을 통해 외부적으로 표현될 뿐만 아니라 경험은 또한 기호라는 실체 내에서만 경험하는 본인 자신에게도 존재한다. 모든 경험은 (기호에 의해) 표현 가능한 것, 즉 잠재적인 표현이다.

심리의 기호적 매체는 특히 말—내적발화이다. 내적 발화도 기호의 가치를 지니는 다른 많은 신체의 움직임·반응에 연결되어 있다. 그런데 내적 기호 없이는 외적 기호도 존재하지 않는다. 내적 기호의 맥락 속에 들어가지 않는 외적 기호, 즉 이해되지도, 경험되지도 않는 외적 기호는 기호로 되지 못하고 물리적 대상의 지위로 되돌아가 버린

165 『임꺽정』 2, 392면.

166 이하 M. 바흐찐·V.N. 볼로쉬노프, 송기한 역, 『마르크스주의와 언어철학』, 한겨레, 1988, 29~57면 참조.

다. 몸짓, 내적인 말, 외침 등에 의해 객관화되지 않거나 구상화되지 않는 의식이란 허구이다. 표현이 우리의 내적 세계에 수용된다기보다는 오히려 우리의 내적 세계(내적 경험)가 우리들이 지닌 표현 가능성과 그 가능한 표현의 방법 과 방향에 수용된다.[167] 『임꺽정』의 말, 행위 묘사의 구체성과 적확함은 내부 심리를 보여주는 근거이다.

- **문칫문칫하고** 떠나지 아니하야[168]
- 입에 음식을 **꺼귀꺼귀 씹으며** 나왔다.[169]
- 절뚝바리 병신일망정 **키는 엄부렁하게 큰 것**이 어린 아이가치 엉엉 울며 끌여들어왔다.[170]
- 눈감고 누운 병인은 **목에서 나는 가르랑 소리가 죽지 않은 표이엇는데** (…중략…) **그 가르랑 소리가 업서저서** 맘이 섬뜩한 것을 간신히 참고 (…중략…) 얼골에 손을 대어보니 차기가 곳 어름가텻다.[171]
- 늘근 할미는 겁이 되우 나서 혀가 구덧든지 소리는 못 질르고 **턱만 들까불럿**다.[172]
- 그 녀편네가 **손바닥으로 마루짱을 치면서 드리대는** 서슬에[173]
- 꺽정이가 **체증끼 잇는** 말소리로[174]
- 한온이는 **부러진 갓량태가 근덩근덩 하도록 고개를 끄덕거리엇다.**[175]

---

167 위의 책, 125면.
168 『임꺽정』 2, 193면.
169 위의 책, 311면.
170 위의 책 353면.
171 위의 책, 358면.
172 『임꺽정』 3, 227면.
173 위의 책, 254면.
174 위의 책, 338면.
175 위의 책, 360면.

ㅁ 나이에 눌리고 또 추위에 눌려서 허리가 착 꼬부라저서 손에 지픈 짤은 지팽이가 버티지 안흐면 곳 고개ㅅ길에 이마바지를 할 것 가텃다.[176]

『임꺽정』의 행위 묘사는 위와 같이 구체적인데 이는 물질적이고 구체적인 감각 형태의 비유, 또는 신선한 몸짓 언어의 비유들을 빌려 이뤄지기 때문이다. 그 감각은 삶 자체의 형식으로 경험되고 실행되어 온 것에 기초한다. 엘런 테이트(Allen Tate)는, 사람의 말은 모두 자연과의 체험에서 생겨난 것이며 말에 의존할 수밖에 없는 생각도 마찬가지라고 본다. 사람의 의지도 감정도 모두 자연과의 관계에서 생긴 것이다. 감수성은 감각적 체험에 의존하는데 감각적 체험은 자연과의 구체적 관계에서만 가능하다. 사람의 지성 작용은 감각적 지각의 계속적 활동을 중심으로 할 때에만 신선하게 살아있다. 말의 창조성을 믿는 것은 훌륭한 일이다. 그러나 말의 창조성을 신의 그것처럼 절대적으로 격상시킨 나머지 사람의 자연적, 체험적, 몸과 같은 감정을 도외시할 때 그것은 '천사주의의 오류'를 낳는다. 상상력의 절대적 창조성을 주장하다보면 상상력의 본바탕이던 사물에 대한 구체적 감각을 멸시, 무시하게 된다.[177]

『임꺽정』은 당대인들의 일상적인 삶에 작용하고 있는 작은 질서와 형식들에도 주의를 기울인다.[178] 극히 일상적인 '밥'을 지칭하는 말조차, 때와 상황에 따라 '기승밥(모나 김을 맬 때 논둑에서 먹는 밥)', '사잇밥(농부들이 끼니 외에 참참이 먹는 음식)', '첫국밥(아이를 낳은 후 산모가 처음으로 먹는 미역국과 쌀밥)' 등으로 표현된다. 또는 "이야기에 깨가 쏘다저서 자지

176 『임꺽정』 4, 434면.

177 이상섭, 『영미비평사』 3, 민음사, 1987, 114~115면.

178 김재영, 「임꺽정의 현실성 연구」, 연세대 박사논문, 1997, 95면.

들 안코 달글 울리엇다"[179] 등과 같은 경우, 근대적 시간관념이 형성되기 이전 전통 시대의 정황에 맞춰 생활의 시간을 통해 사건의 서술이 이뤄진다.

그리고 인간의 풍부한 감각을 회복시켜 인간과 인간 사이의 관계를, 사물과 세계와의 관계를 친밀하게 하고 때로는 그러한 감각의 표현을 가지고 청자에게 언어와 이미지의 유익하고도 유쾌한 성찬을 즐기게 한다. 아래는 시각적 비유를 바탕으로 하면서 이를 촉각적, 근육 감각적 이미지와 결합하여 좀 더 입체적인 느낌의 감각 이미지를 가져온다.

① 백손 어머니는 살마진 뱀가치 내빼어 부엌으로 들어가고[180]

② 그 기집애 온몸에 구렁이를 감아 노코도 부족하야[181]

③ 꺽정이 눈에 불이 철철 흘럿다.[182]

①의 경우 '뱀'이라는 시각적 이미지에 더하여 도망치는 뱀의 역동적 이미지가 상상된다. ②는 채찍으로 맞은 여자의 몸에 난 상처 자국을 묘사한 것인데 청자에게 그 상처의 촉각적인 상상력까지 불러일으킨다. ③은 '불'이라는 시각적 이미지에 '철철'과 같은 유동적 이미지의 의태어가 결합하여 강렬한 인상을 부여한다. 물론 이 표현은 "눈에서 불이 나다" 같은 관용 표현에서 유래한 것이지만 구성 어휘를 달리 하여 신선한 표현으로 살아난다. 시늉말의 이미지를 활용해 시각 중심의 묘사가 갖는 한계를 넘어선다. 따라서 『임꺽정』은 시각 등의 감각이 중

179 『임꺽정』 4, 77면.
180 『임꺽정』 1, 12면.
181 위의 책, 135면.
182 『임꺽정』 2, 369면.

심이 아니라 또 다른 근접 감각인 미각, 촉각 등으로 대상과 사태를 비유하는 경우가 자주 나타난다.

> ① 혼인 갓 해서 녀편네는 달기가 꿀이지. 그러치만 차차 살림 자미가 나기 시작하면 녀편네가 **장앗지 무쪽가치 짭잘해지네.** 그 대신 단맛은 가시지. 이 짭잘한 맛이 조금만 쇠면 녀편네는 **시금털털 개살구루 변하느니** 맛이 시어질 고부부터 각금 매운 맛이 나는데 **고추 당추 맵다 하난 녀편네 매운 맛**을 당하겟나. 그러나 이 매운 맛이 업서지게 되면 **쓰기만** 하니[183]

> ② 총각의 **뜨거운 입김이 귀 뒤에 끼칠 때마다 스물스물 벌레가 긔어가는 것 가터서** 군지러운 것을 억지로 참고[184]

> ③ 이 흉악한 도둑놈을 **뱀 설죽이듯** 하구 가잔 말인가[185]

> ④ 호랑이가 낫잠을 자다가 깨엇든지 부스스 일어나서 **압뒤다리를 펼 수 잇는 대로 펴서 허리를 잘룩하게 하고 주홍가튼 아가리**를 벌릴 때로 벌리엇다.[186]

①은 결혼 생활이 지남에 따라 변화해가는 부부관계의 모양이나 상태를 자유자재로 다룬 속어로 이뤄진 미각적 묘사로 흥미롭게 이미지화한다. 이러한 미각, 촉각 등의 근접감각을 매개로 한 비유는 민중적 전통에서 낯익은 것들인 반금욕주의, 개방적 태도와 가까워진다.[187]

---

183 『임꺽정』 1, 330면.

184 위의 책, 458면.

185 위의 책, 79면.

186 위의 책, 294면.

187 『임꺽정』은 이러한 반(反)금욕적, 개방적 태도에 따라 판소리문학에 등장하는 육담의 세계를 때때로 보여준다. "아이 잘 기를까 젖 좀 봐야지" 하고 신부의 젖을 만져보면서, 여자의 젖

②와 ③은 촉각을 활용한 비유인데, ③의 경우 단지 감각에 국한된 것이 아닌, 뱀을 설 죽였을 경우 일어날 수 있는 여러 사태, 상황에 대한 상상적 예측을 낳게 한다. ④와 같이 동물의 움직임을 언어적으로 표상하는 것은 육체언어에 대한 관심을 반영한다. 육체의 상태나 변화에 대한 관찰과 재현은 삶의 구체성과 현장성에 대한 관심을 반영한다. 현실은 끊임없이 변동하고 있는 이상, 현실을 파악하고자 하는 사고도 운동하지 않으면 안 된다.[188]

이렇게 인물을 내면이 아닌 사건과 행위 중심으로 묘사하는 경우, 위의 예들에서 보듯이 점잖고 우아한 어휘가 아닌 비격식의 속어, 몸짓언어 등을 활용하게 되어 그 서술은 문어보다는 구어 표현을 쓰게 된다.[189] 그리고 우리에게 익숙한 행위·몸·감각을 매개로 한 묘사와 서술 방식은 앞의 인용 예에서도 확인했지만 민중의 생활감각을 반영하는 민중문화 고유의 입담과 해학, 속담 같은 구어적 성격의 비유를 도입한다. 이러한 비유는 솔직하고 꾸밈없는 성격과 행동, 서민적인 생기발랄함을 보여준다.

▫ **풍경이 잇스면 말근 소리 울려나고 국노루가 잇스면 향냄새가 풍기는 법이라.** 얼골 고운 절믄 과부가 잇고 소문이 안 날 리 업다.[190]

에 대한 육감적인 묘사를 한다. "묵모 같은 대접젖이 제일 이쁜 젖이구, 연적같이 넓적한 건 연적젖, 병같이 길쭉한 건 병젖, 쇠뿔같이 끝이 빠른 쇠뿔젖, 쇠불알같이 축 늘어진 쇠불알젖, 젖꼭지가 들어간 건 구융젖이라네."(홍명희, 『임꺽정』 6, 사계절, 1985, 199~200면)

188 『임꺽정』에 등장하는 백정의 푸줏간에서의 도살 장면을 하나 더 예로 들어보자. "멱을 질러 선지를 뽑고 뱃가죽을 다 젖히어 놓고 가죽을 벗기는데 **가죽에 뒷고기 한 점 붙이지 아니하고 선뜻선뜻 놀리는 칼이 실룩거리는 살결을 따라 들어가서** 뼈마디에 다치지 아니하였다."(홍명희, 『임꺽정』 1, 사계절, 1985, 220면)

189 가령 내면적 어조와 고도의 형상화를 지향하는 시에서 구어 사용은 억제된다.(이기문·이상규 외, 『문학과 방언』, 역락, 2001, 293면)

190 『임꺽정』 1, 672면.

- 족하의 말이라면 **소금 섬을 물로라도 끄는** 터이엇다[191]
- 말을 더 물어야 **말만 귀양 보낼** 줄 짐작하고[192]
- 아무리 보아도 좀 수상하야 잡아서 **등을 치면 꾸역꾸역 밥을 토할 것 가트나**[193]
- **범이 배가 고프면 가재두 뒤지는 일**이[194]
- 장모의 **땅파기로 졸르는 것**도 답답한데[195]
- 마음 한 구석에 **구진 고기 먹은 것 가튼** 생각은 업지 아니하엿다.[196]
- 황해도 백성들 생각에는 이래 죽으나 저래 죽으나 죽기는 일반이니 끄리고 사리고 할 것이 업다고 **칼물고 뛰엄뛰기**로 도적들이 되엇다.[197]

상상은 그것의 모체인 기억 속을 신속하게 돌아다니며 판단이 정리해 놓은 자료 중에서 필요한 것을 모아 놓는다. 홉스는 상상이 자기가 원하는 것을 찾아서 기억 속을 더듬어 다니는 것을 '사냥개가 냄새를 맡을 때까지 들판을 돌아다니는 것'에다 비유했다. 상상은 따라서 초월적이고 영험한 능력이라기보다는, 실제 경험의 잔재인 기억의 한 소산이고, 그 기억 속을 부지런히, 신속히 탐색하는 기능이다.[198]

그런데 『임꺽정』에서 인물의 행위와 감정을 묘사하기 위해 작가가 펼치는 민중적 상상력은 작가 개인의 기억의 양에 기초한다기보다는 속담, 관용구적 표현에서 보듯이 전통시대부터 내려온 구전적인 성격의 내용을 창조적으로 변용하는 데서 발생한다. 그것이 기억과 지혜에

191 위의 책, 300면.
192 『임꺽정』 4, 103면.
193 위의 책, 107면.
194 위의 책, 392면.
195 위의 책, 447면.
196 『임꺽정』 1, 540면.
197 『임꺽정』 3, 3면.
198 이상섭, 『영미비평사』 1, 민음사, 1985, 145면.

있어서 공동체에 의존하고 있는 이야기꾼의 능력이다.

2) 구어체 서술의 오락성

구어체 소설로서의 『임꺽정』의 특징은 인격화된 화자의 말투를 포함하여 이야기꾼이 발휘하는 유쾌한 구어체 서술의 오락적 효과에서도 발견된다. 원래 속담, 관용구 등의 구어체계들은 과장의 성향을 띠어 오락성 등이 나타나기 마련이다. 그런데 이에 덧붙여 『임꺽정』의 화자가 서술하는 문장들은 많은 부분에서 단어 또는 문구가 짝을 이뤄 구어적 발화의 리듬에서 오는 재미를 느끼게 하며 동시에 이야기 내용을 쉽게 전달한다. 이는 앞의 박태원이나 김유정 소설 등의 문장이 장황하여 현대 독자가 읽는 데 다소 방해를 받는 것과 비교가 된다.

- 장고소리가 **땅하고 나고** 징소리가 **꽝하고 낫다.** 큰 굿이 시작되엿다.[199]
- 홍천사 주장중은 탐심 만코 인색하야 **남이 주는 건 밧지 안는 일이 업고 남이 달라는 건 주어본 적이 업는 사람**인데[200]
- 술이 **식어서** 다시 **데워오고** 또 술이 **업서저서** 새로 **드려왓다. 주인과 손이 권커니 자커니** 술들을 먹는 중에 밤이 기퍼저서 시중드는 통인들 눈에 잠이 가득하엿다. 통인들이 손님을 **민주고주만** 녀길 때에 술ㅅ상이 겨우 끄티 낫다.[201]
- 대청 안에 멍석을 **드려깔고** 멍석 우에 등메를 **덧깔고** 층계에서 정면에 노힌 주홍교의 **냥쪽으로 벌려서** 또 **좌우로 모꺽기서** 보료방석들을 **깔어노코**[202]

---

199 『임꺽정』 3, 402면.
200 『임꺽정』 4, 194면.
201 위의 책, 420면.

▫ **거짓말 참말 석거작**으로 대답하엿섯다.[203]

정돈된 한 문장으로 단일하게 표현하는 것보다는 운을 맞추면서 나열과 대비가 갖는 구술의 효과를 통해 인물들의 행위와 동작을 해학적으로 보이게도 하며 장면의 정황을 인상적으로 전달한다. 운을 맞춘다고 해서 그것이 그냥 장식적이거나 유희적인 것에만 머무는 것은 아니다.

> 아페서 상투를 **풀어잡고 끄는 놈에** 좌우에서 팔죽지를 **끼어들고 끄는 놈에** 뒤에서 등덜미를 지펴서 **미는 놈에** 례방비장이 꼼짝 못하고 박갓 행길까지 끌려 나왓슬 때[204]

> 여편네는 **늑도 점도 안코 크도 적도 안코** 몸ㅅ집은 **뚱뚱하고** 낫판은 **둥그런데 거벽스럽고 심술스럽고 억척잇고 끼억잇고 틀지고 거방저** 보이엇다.[205]

> **박씨는 룩례를 가추고 원씨는 정실로 자처하고 또 김씨도 부실이라고 아니하는** 까닭에 꺽정이의 처가 광복산에 잇는 본처 말고 서울 안에만 세 사람이나 되엇다.[206]

때로는 아래와 같이 단문으로 분절시키지 않고 인물들의 행위를 구술의 형태로 묘사하여 속도감 있는 '활극'과 같은 장면을 연출하기도 한다. 연결어미류로 연결되는 구술 형태의 장문은 '이야기를 사건화하는' 효과를 가져 온다. 일정한 배경과 인물행동으로 이루어지는 사

---

202 위의 책, 338면.
203 위의 책, 600면.
204 『임꺽정』 2, 309면.
205 『임꺽정』 3, 251면.
206 위의 책, 276면.

건의 처음-중간-끝이 그려지면서 텍스트의 역동성이 자연스럽게 드러나게 되기 때문이다.[207]

> 꺽정이의 손ㅅ길이 번개가치 아프로 나가며 정상갑이 뺨에서 딱 소리가 나고 정상갑이 입에서 아이쿠 소리가 나왓다.[208]

> 리봉학이와 배돌석이가 넌달아서 말 뭇는 것을 황천왕동이는 대답 한마듸안코 부지런히 들메 풀르고 신발 벗고 방안에 들어와서 인사들도 건둥반둥하고 주저 안젓다.[209]

이러한 나열식, 대비적 효과를 갖는 문장들에서 판소리 어법의 영향을 짐작할 수 있다. 이는 전통시대의 구어문화가 지닌 축제와 쾌락의 역할을 다시 불러일으킨다.

- 나흘 되는 날 저녁 때 일행이 남소문 안 한첨지 집으로 드리닥치는데 한첨지 부자는 불일간 작별한 꺽정이를 청하여 (…중략…) 한담들 하고 잇섯다.[210]
- 팔이 아프다 어깨가 쑤신다 가슴이 결린다 또 발목이 시다 가진 소리를 다 하야 가며 문질러라 주물러라 하고 어린아이 보채듯 하야[211]
- 계항이의 눈에서 눈물이 덧거니 맷거니 하얏다.[212]
- 계항이가 상을 쨍그리며 얄깃얄깃하고 안젓다.[213]

---

207 정은균, 「중세국어의 상문성에 대한 문체론적 고찰」, 『텍스트언어학』 25, 2008, 274면.
208 『임꺽정』 4, 204면.
209 위의 책, 542면.
210 『임꺽정』 3, 336면.
211 『임꺽정』 1, 220면.
212 위의 책, 144면.

▫ 졸개 아이들처럼 **물텀벙 술텀벙** 가치 섭쓸려 지내지 못하면[214]

▫ 말대답을 **납씬납씬하구** 버리쟁이 업서 못쓰겟다.[215]

인물의 사고와 감정을 물리적인 실체인 음성언어로 전환하여 메시지를 전달하는 데 유창성을 느끼게 한다. 이러한 유창성은 이 음성언어들이 익숙하고 친숙한 언어라는 점에서 더욱 보증된다. '건강한 민중성'이란 말이 나오는 것은, 민중이 지배자들보다는 그가 처하고 있는 삶의 조건 때문에 어떠한 편견 없이 진실의 모습을 보는데 훨씬 유능하고 정직할 수 있기 때문이다.[216] 『임꺽정』은 몸·감각·행위를 지향하는 유희적이면서도 더 보탤 필요가 없는 자명한 구어를 통해 이를 충분히 발휘한다. 『임꺽정』에서 보이는 숙련성은 창조성, 새로운 효과의 조작에 있기보다는 마치 서사 시인이 하는 바와 같이 직업(craft)의 주어진 도구로 연기하는 비상한 솜씨에서 비롯된다. 구두문화에서는 예상된 연기를 장려하며, 반드시 독창성보다는 친근한 비유를 처리하는 최고의 숙달을 기대한다.[217]

그리고 『임꺽정』의 화자 역시 박태원의 『천변풍경』과 같이 이야기를 이끌어가면서 대체로 해학적인 어조를 유지한다. 그런데 이는 해학을 위한 해학의 차원을 넘어 인물과 사건의 정황을 명확하게 설명하는 데 도움을 준다. 아래에서 인용한 예는 소금장수 길막봉의 집안이 술꾼 집안이고 그 탓에 가정 형편이 항상 구차하다는 점을 해학적으로 서술한다. 그리고 이러한 해학적 어조는 아래 인용에서와 같이 ~업스

213 위의 책, 164면.
214 『임꺽정』 2, 616면.
215 『임꺽정』 4, 37면.
216 위의 책, 190면.
217 월터 J. 옹, 이영걸 역, 『언어의 현존』, 탐구당, 1985, 81면.

나 / ~업섯다 와 같은 예의 대구의 리듬 속에서 배가된다는 점이다.

하루 한 번 술대접을 안 바든 날도 **업스나** 저녁 한 끼 죽을 안 먹은 날도 **업섯다**.[218]

세계의 어떤 본질적인 측면들은 웃음(유쾌한 민속장르)에 의해서만 접근 가능한 것이기도 하다. '유쾌한 진리'가 가치 있는 것은 그것이 구체적인 관념을 전달해주기 때문이 아니라, 그것이 결코 숭배하지도 않고 명령하지도 않고 구걸하지도 않기 때문이다.[219] 민중문화의 형식과 내용 속에 강력하게 표현되어 온 삶에 대한 근본적 긍정, 순진하고 밝은 삶에의 열망, 현실파악의 기민성과 구체성 또 단호함은 해학이나 풍자 또는 간결하고 자연스러운 운문 및 이야기의 서사적 소박성과 관련된다.[220] 우리의 근대 역사소설들에서는 대부분 근대적 작가주의와 미적 엄숙주의를 바탕으로 하고 있기에 해학적 즐거움을 기대하지 못한다. 『임꺽정』이 구어체적 서술의 오락성을 기초로 보여준 작품 전반의 해학적 분위기는 식민지 시기 한국 근대 역사소설의 전개과정에서 거의 유일한 것이다.

3) 이야기꾼의 현대적 변용

『임꺽정』의 화자는 옛날이야기의 이야기꾼과 같은 모습을 보여주

---

218 『임꺽정』 1, 420면.

219 게리 솔 모슨·캐릴 에머슨, 오문석·차승기·이진형 역, 『바흐친의 산문학』, 책세상, 2006, 759면.

220 김종철, 「디킨즈의 민중성 : 「어려운 시절」 을 중심으로」, 『인문연구』 2, 1982, 179면.

는 것은 물론, 다양한 형태로 변주된 이야기꾼의 모습을 연출한다. 『임꺽정』은 전대의 야담이나 판소리에서 등장하던 화자를 현대적으로 변용, 계승한다. 구전문예를 근본적으로 특징짓는 것은 화자와 청중간의 동좌성(同座性), 육성성(肉聲性), 청각성이다. 그것으로 문학적 리얼리티가 확보되기도 한다. 그런데 애당초 그것이 결락된 근대소설의 '작자-독자'의 관계는 어떻게든 그 점을 보완해야 했다.[221] 그래서 화자는 청자와의 직접 만나는 효과를 가지기 위해 서술에서 가능한 구어적 성격의 어휘들을 선택한다.

- 꺽정의 아비가 더위에 병화가 도치어 밤낫으로 **소리소리** 질러서[222]
- 유복이 대답할 말을 **똥기어 주기도** 하얏다.[223]
- 일시 정신을 일헛더라도 **내내 잡어 잡수하고** 가만히 누어 잇슬 까달기 업다[224]
- 손에 잡히는 대로 **동당이를 쳣다. 아이쿠 지쿠**하고 삼사명이 나가자빠진 뒤에 (…중략…) 총각 하나를 붓들어서 **이리위 저리위를 시키며** 홰를 막앗다.[225]
- 다른 사람은 혹 안저서 허리도 굽으리고 바라보며 고개도 끄덕이어서 인사한 셈들로 **첫다.**[226]
- 단천령이 말을 할 때 박게서 **두세두세** 하는 소리가 나더니[227]
- 연천령이 창피본 분풀이로 군사들을 **죽일 놈 살릴 놈 하고** 한바탕 야단친 뒤[228]
- 김산이는 이마가 서늘하야 자지 **못하겟다거니** 길막봉이는 남이라고 자랴 혼

221 노구치 다케히코·노혜경 역, 『일본의 '소설' 개념』, 소명출판, 2010, 109면.
222 『임꺽정』 1, 1면.
223 위의 책, 21면.
224 위의 책, 437면.
225 위의 책, 500면.
226 『임꺽정』 4, 247면.
227 위의 책, 334면.
228 위의 책, 555면.

자 유난피우지 **말라거니** 서로 옥신각신 말할 때[229]

그리고 이야기꾼 화자는 유사 구술의 말투를 유지하여 끊임없이 청자를 의식하려 한다.

노픈 교의가 림꺽정이의 자리인 것은 **다시 말할 것이 업고**

쇠도리깨 도적이 다른 사람이 아니고 (…중략…) 곽오주인 것은 **다시 말할 것 업고** (…중략…) 우는 어린애의 우름을 끄치게 하도록 무서운 사람이 된 것은 뒤날 이야기다.[230]

그리고 화자는 고소설 화자의 말투를 빌려오기도 하지만 이를 기계적으로 따르지는 않는다. 예컨대 '각설(却說)'의 의미를 띤 언사를 할 경우에는, "이것은 더 자세이 이야기 할 것이 업는 일이고"[231]라는 방식의 일상에 한결 더 친숙한 구어의 어법으로 변형한다. 그리고 앞서 박태원의 『천변풍경』에서와 유사하게 화자들은 고소설의 전지적 화자와 달리 인격화된다. 고소설의 전지적 화자 역시 인물의 행위를 가치평가하며 서술함으로써 자신의 존재를 드러내는 부분이 있다. 그런데 『임꺽정』의 화자는 그러한 전지적 화자의 목소리 스스로를 하나의 인격체로 환기하면서 자신이 이야기하고 있음을 드러낸다는 점에서 구연현장의 이야기꾼을 닮아있다.

229 위의 책, 590면.
230 『임꺽정』 1, 401면.
231 『임꺽정』 2, 445면.

신방이라고 엿보는 것버터 **실업슨 사람의 일이거니** 더구나 엿본 광경을 **누가 말로 옴기며 붓으로 적을 것이랴**[232]

이 때 꺽정이 이하 청석골 두령들은 (…중략…) 가만히 **잇섯슬까.** 그럴 리가 만무한 것은 **누구나 다 짐작할 일이다.**[233]

화자는 등장인물이 놓인 상황에 함께 하기 위하여 대체로 그들의 지적·정서적 수준에 맞추며 자신의 억양과 가치를 그들의 것과 일체화한다. 물론 역사소설에서는 화자가 인물들과 함께 할 때 그의 언사와 행동이 당대의 일상과 풍속을 위배하여 비(非)역사적인 사태가 전개되는 일에 주의해야 한다. 『임꺽정』에서 무엇보다도 화자는 등장인물을 가리킬 때 사용하는 지칭어 등에서 감정적 명명을 함으로써 자신이 그들과 함께 생각하고 행동하고 있음을 보여준다.

- 천왕동이와 유복이가 서로 이야기하며 늘근 **녀편네**의 여플 지나오는 중에[234]
- **김가의 안해가** 집에 들어와서 안방과 건너방이 모다 빈 것을 보고는[235]
- **기집이** 몸은 돌려 안처는 채 돌아 안젓스나[236]
- 부엌 안에 **해끔한 얼굴**이 두어 번이나 나왓다 들어갓다 하엿다. (…중략…) **해끔한 얼굴이** 또 한 번 아래 웃간 사이 문으로 나타낫다. **해끔한 얼굴이** 나타날 때마다[237]

232 『임꺽정』 1, 639면.
233 『임꺽정』 2, 610면.
234 위의 책, 58면.
235 위의 책, 63면.
236 위의 책, 79면.
237 위의 책, 421면.

인용문 중 마지막 예에서는 화자가 소설 속의 여자를 '그녀'는 물론 아니고 그렇다고 '녀편네'도, '기집'도 아닌, '해끔한 얼굴'이라고 인물의 특징을 들어 지칭함으로써 그녀에 대한 화자의 감정 상태도 보여주며, 독자에게 그 '해끔한 얼굴' 때문에 일어나게 될 사건을 예견하게도 한다. 화자는 지칭어뿐만 아니라 등장인물과 걸맞은 수준의 상말을 쓰기도 한다. 어떤 경우는 화자의 감정적 언사가 노골적으로 드러나는 말을 사용하여 화자가 소설 안 인물과 사건들에 대하여 어떠한 태도를 드러내는지를 보여줘 화자의 인격적 요소가 살아난다.

『임꺽정』의 화자는 고소설의 화자와 일면 유사하면서도 공적인 화자로서는 하기 힘든 감정 섞인 비난의 말들을 함으로써 대상과 엄격한 거리를 유지하지 않는다. 즉 『임꺽정』의 화자는 이야기하고 있는 유일한 사람이라는 점에서 그 이야기의 완전한 주관자이지만 구연상황에서는 단지 한 개인일 뿐이다.[238] 독자는 이러한 화자의 언사들을 보면서 그가 작중인물들과 같이 어울리는 가족, 이웃, 친지의 한 사람 정도로 인지하게 된다. 화자는 독자들과 비슷하게 좁은 정신적 시야와 분별없는 취미를 갖기도 하지만, 또 한편으론 비할 수 없이 풍부한 그러나 꼭 같이 소박한 상상력을 갖는다. 그리고 화자의 인물들에 대한 내적인 관계 역시 그의 독자들의 그것과 똑같은 것이다.

- 부모 죽인 원수가 아닌데 돌풀매에 **대가리 깨어질 것**을 헤지 안코 돌석이를 뒤쪼친 사람이 업섯다.[239]
- 팔삭동이는 멍석 우에 네 활개를 벌리고 **샛바젓고**[240]

---

238 김재영, 「임꺽정의 현실성 연구」, 연세대 박사논문, 1997, 97면.
239 『임꺽정』 2, 94면.
240 『임꺽정』 1, 38면.

▫ 우리네 집안범절이 사대부나 다름이 업는 까달게 홍살문 안 사대부란 소리를 듯네 그려" **아니꼬운 소리**를 만히 하고 나서[241]

이야기를 이끌어가는 화자가 철저히 인격화되어 있기 때문에 독자는 『임꺽정』을 읽으면서 화자와 함께 모든 사건에 참예할지언정 "作者와 對面할 機會가 전혀 없게"[242] 된다. 작가의 주관적 이상이 작품을 지배하는 이광수의 『단종애사』와 같은 역사소설과 달리 『임꺽정』의 작가는 좀처럼 작품의 전면에 나서지 않고 오히려 그와 떨어져 서사적 거리를 지켜 사실주의 소설을 지향하게 된다. 그러니까 인물이 작가의 주관적 지향에 의해 움직이는 것이 아니라 냉철하게 객관적 관점의 논리에 따라 움직인다.

이야기판에서 이야기를 구연하는 사람은 이야기 상대가 이야기에 몰입하고 이야기 속 정보자 주인공과 일체화를 할 수 있도록 하는 것이 중요하다. 그래서 가끔 『임꺽정』은 화자가 아닌 등장인물이 스스로 '이야기꾼'이 되어 작품 안의 이야기를 이끌어나가는 액자 형식의 구성을 취하여 구전서사의 활력을 찾기도 한다. 이야기꾼이 된 등장인물들은 이야기를 해나가면서 청자가 된 등장인물들의 반응과 상호작용하며 대화를 주고받기도 하는 등 '협력 구연'의[243] 형태를 띠면서 구연 상황의 단조로움을 피해나간다. 이야기를 듣는 자들은 단순한 청취자가 아닌 것이다. 화자와 청자는 서로 연결되어 경험을 공유하고 이야기에 기여한다.

---

241 위의 책, 52면.

242 이원조, 「『임꺽정』에 관한 소고찰」, 『조광』, 1938.8, 263면.

243 심우장, 「이야기판의 협력 구연과 기억의 공유」, 김유정기념사업회 편, 『한국의 이야기판 문화』, 소명출판, 2012.

이야기가 올라가고 나려가고 또 가루새어 가리산 지리산이 될 때가 만헛스나 봉학이는 갈피를 차저 풀어가며 재미나게 들엇다. (…중략…) 천왕동이 이야기가 뒤범벅이 되어서 이야기를 잘 알아듯는 봉학이로도 연해 재처 뭇지 안흐면 돌석이 이야긴지 천왕동이 이야긴지를 알 수 업슬 때가 만핫다.[244]

작은 손가의 이야기가 단락이 나자 (…중략…) 꺽정이가 안성 이야기를 얼른 하라고 재촉하야 작은 손가는 겨우 입안에 침을 돌려가지고 다시 이야기를 계속하얏다.[245]

그 자리에서 이런 수작이 잇섯다.[246]

이야기가 기니 밥이나 먹구 나중 이야기합시다.[247]

기묘년 이야기도 나오고 신사년 이야기도 나왓는데 꺽정이와 단천령이 서로 돌아가며 말자루를 잡고 서림이도 간간이 말참녜를 들엇다. (…중략…) 그 문객이 단천령 이야기를 몰라서 빼기도 하고 꾸며서 보태기도 하야 일장을 다 마치자[248]

리참봉은 가볍게 수작을 끗마치고 대사가 그 뒤를 바더서[249]

서구 현대문학이나 서구적 영향을 강하게 받아온 제삼세계에 있어

244 『임꺽정』 2, 212·218면.
245 위의 책, 504면.
246 『임꺽정』 3, 219면.
247 『임꺽정』 1, 144면.
248 『임꺽정』 4, 336·365면.
249 『임꺽정』 1, 71면.

서의 현대문학과 예술의 전개는 대체로 다수 민중으로부터의 소외와 고립의 심화라는 현상으로 특징지어질 수도 있다. 이것은 마치 예술 상황의 당연한 조건인 것처럼 생각되기에 이르렀고, 그러는 동안 예술 본연의 사회적 존재 방식은 어디까지나 민중생활 공동체와의 유기적이고 생동적인 교류 속에서 존재한다는 사실도 망각되기가 쉬운 것이다.[250] 그런데 전통 구전문학의 이야기꾼은 개인적 내면을 통해 현실성을 얻는 것이 아니라 여러 계층들과의 교류를 통해 사회저변의 관심사와 집단의 경험을 포착하는 방식을 취한다. 『임꺽정』은 이러한 이야기꾼의 현대적 변용을 통하여 가능한 많은 것을 이야기화 하여 재미있는 서사성을 회복하며 근대문학 이후 소멸하게 된 작가 또는 화자와 독자 그리고 민중적 공동체와의 친밀한 유대관계를 보여준다.

3. 구어표현과 서술체의 현재성 : 김유정 소설

1) 표준화 · 표준어의 근대에 대한 저항

이 연구는 한국 근대소설에 계승된 구어 전통과 그것이 서구소설과 어떻게 상호작용을 하고 있는지에 초점을 맞춰 논의를 진행해오고 있다. 한국 근대소설사에서 김유정은 다른 작가들에 비해 과거 구어체 서술의 전통을 가장 많이 이어받고 있으며, 기존의 논의들 역시 이에

250 김종철, 「디킨즈의 민중성 : 「어려운 시절」을 중심으로」, 『인문연구』 2, 1982, 175면.

주목해왔다.[251] 그러나 그의 소설 역시 서구소설을 받아들였으며 그 안에는 이미 서구적 소설 체제가 성립되어 있기에 김유정을 논의하면서 이를 배격하는 것은 그 기반 자체를 부정하는 것이 된다. 단지 김유정 역시 앞서 다른 작가들과 마찬가지로 서구를 그대로 이식하지 않았고, 전통과 교섭하여 새로운 창조의 과정을 드러낸다. 이 항에서는 그의 소설에 나타난 전통의 구어적 언어 체계가 근대문학에서 의미하는 바가 무엇인지에 초점을 맞춰 논의해보고자 한다.

김유정이 등장한 시기 대부분의 평자들은 김유정 문학의 성과를 인정하면서도, 그의 소설 언어에 대해서는 부정적인 평가들을 내리고 있다. 그러한 첫 번째 예로 김동인의 평가가 있다.[252] 김동인은 김유정의 「금 따는 콩밭」을 중심으로 초기 작품들을 논하면서 사건 전개, 성격 묘사, 인물 심리의 추이 등이 자연스럽게 진행된 점을 높이 평가하면서도, 김유정 소설의 단점으로 '그 문장이 너무 거칠어 읽기 거북한 점'을 들며 '문장 수련'을 요구하고 있다. 김동인이 김유정 소설의 문장이 '거칠다'고 이해한 것은, 「금 따는 콩밭」에 나타난 비속어 등이 섞인 구어적 어휘 및 구어체 서술방식에 대한 낯설음에서 비롯된 것으로 짐작된다.

> 안해는 이 꼴을 바라보며 독이 뾰록같이 올랏다. 금점을 함네하고 금 한톨 못캐는 것이 버릇만 점점 글러간다 그전에는 없드니 요새로 건듯하면 탕탕 때리는 못된 버릇이 생긴 것이다. 금을 캐랫지 뺨을 치렛나. 제발 덕분에 고놈의 금 좀 나오지 말엇으면. 그는 뺨맞은 앙심으로 맘껏 방자하엿다. (… 중략 …) 그는

251 유인순, 「김유정 문학연구사」(전신재 편, 『김유정 문학의 전통성과 근대성』, 한림대 아시아문화연구소, 1997) 중, '작품에 나타난 전통성 연구' 참조.

252 김동인, 「3월 창작평 : 囑望한 新進, 김유정, 금따는 콩밭」(『매일신보』, 1935.3.26), 『김동인 전집』 6, 삼중당, 1976.

벌떡 일어스며 황밤주먹을 쥐어 창낭할만치 안해의 골통을 후렷다. '계집년이 방정맞게-' (… 중략 …) 적으나면 계집이니 위로도 하야 주련만 요건 분만 폭폭 질러노려나. 에이 빌어먹을 거 이판사판이다.[253]

김동인 등이 시도한 언문일치체는 사실 구두상의 속어를 주된 원천으로 한 대중언어는 아니었다. 그것은 마치 근대 중국의 5·4백화문과 같이 구미-일본어의 번역체를 합성하여 만든 신식 문언과 같은 것이다.[254] 다시 말해 그것은 신문학 초기 지식인들이 주도했던 또 하나의 글쓰기의 창조로서, 기층계급의 언어를 수용한 김유정의 구어체와는 다른 것이다. 당연히 김동인 등의 신 문학가는 김유정의 소설이 낯설고 읽기가 거북했을 것이다. 그들에게 김유정의 언어는 서구·일본의 문체를 본뜬 문법적 언어의 단아함에 대한 교란이며 일종의 신성모독이었다.

카프 계열 문인들의 경우, 김유정 소설의 문체에 대해서 더욱 부정적이었다.[255] 임화는 김유정이 방언이나 좋지 못한 말을 조장하는, 난용주의(亂用主義)를 노골화한 대표적 예로 든다.[256] 카프 쪽은 김유정 소설의 풍부하고 독특한 어휘에 주목하면서도 김유정 소설에 나타난 구어의 세계를 '극악한 언어의 마술' 또는 '형상의 신비화'로 본다.[257]

---

253 김유정, 「금 따는 콩밧」, 『개벽』, 1935.3, 62~64면.

254 백지운, 「근대 중국 언어운동의 스펙트럼」, 『역사비평』 70, 2005, 363면.

255 안함광, 「'금따는 콩밧'에 관하여(최근창작평)」, 『조선문단』 1935.7; 김남천, 「최근의 창작 : 2. 사회적 반영의 거부와 춘향전의 哀話적 재현, 김유정 「산골」」, 『조선중앙일보』, 1935.7.23; 안함광, 「작금 문예진 總檢 : 김유정씨의 「산골」」, 『비판』, 1935.12; 엄흥섭, 「性格描寫의 不調和」, 『조선일보』, 1936.5.6; 한효, 「신진작가론 : 김유정론」, 『풍림』 2, 1937.1.

256 임화, 「언어의 마술성」(『비판』, 1936.3), 『임화문학예술전집 3 : 문학의 논리』, 소명출판, 2009, 466면.

257 한효, 「신진작가론 : 김유정론」, 『풍림』 2, 1937.1, 45면.

그리고 이를 예술지상주의의 일환으로 간주하여 부정적으로 평가한다. 카프 비평가는 김유정 소설의 구어체에서 민중성을 발견하는 것은 고사하고, 김유정 작품에서 사회성이 결여되었다면 바로 그 원인이 문체 때문으로 본다. 그 대표적 예가 「산골」 같은 작품의 문체에 대한 비판이다. 안함광은 이를 "각설이패 식의 비속한 문장" 또는 "뒤범벅 식의 문장"[258]이라고 격을 낮춘다. 김남천은 "신문의 삼단기사식으로 '하였든 바', '하였는데', '하면서', '하던 바', '하려면은'으로 연결시켜 템포나 또한 ○○이나 그 어느 것 하나도 고려되어 있지 않고", 따라서 "언어의 완롱과 문장상 곡예"[259]임을 보여준다고 비판하고 있다.

> 이쁜이는 어려서부터 도련님과 가치 자랐고 가치 놀았으되 제가 먼저 그런 생각을 두었다면 도련님을 벌컥 떼다밀어 바위넘어로 곤두박이게 했을 리 만무이었고 궁뎅이를 털고 일어나며 도련님이 무색하야 멀거니 처다보고 입맛만 다시니 이쁜이는 그 꼴이 보기 가여웠고 죄를 저즈른 제 몸에 대하여 죄송한 자책이 없던 바도 아니었마는 다시 손목을 잡히고 이 잣나무 밑으로 끌릴 제에는 왼힘을 다하여 그 손깍찌를 버리며 야단친 것도 사실이 아닌건 아니나 그러나 어덴가 마음 한편에 앙살을 피면서도 넉히 끌리어가도록 도련님의 힘이 좀 더 좀 더 하는 생각이 전혀 없었다면 그것은 거즛 말이 되고 말 것이다. (…중략…) "난몰라 마님께 여쭐 터이야 난 몰라!" 하고 적잖히 조바심을 태이면서도 도련님의 속맘을 한번 뜯어보고자 "누가 종두 이러는 거야?" 하고 손을 뿌리치며 된통 호령을 하고 보니[260]

258 안함광, 「「금따는 콩밧」에 관하여(최근창작평)」, 『조선문단』 1935.7, 김재용·이현식 편, 『인간과 문학』, 박이정, 1998, 231면에서 인용.

259 김남천, 「최근의 창작 : 2. 사회적 반영의 거부와 춘향전의 哀話적 재현, 김유정 「산골」」(『조선중앙일보』, 1935.7.23), 정호웅·손정수 편, 『김남천 전집』 1, 박이정, 2000, 104면.

260 김유정, 「산골」, 『조선문단』, 1935.7, 14면.

카프가 비난한 김유정의 소설 문장은, 그 글월의 길이가 길든지 짧든지 거기 나타난 이야기 말이 쉴 새 없이 이어지는 것으로 되어 있다. 그런데 이것은 우리 옛이야기 말에서 지난 때를 쓰지 않고 처음부터 끝까지 현재진행으로 되어 있는 것과 비슷하다 하겠는데, 이 점에서 김유정의 소설문장은 이야기 말의 전통을 가장 많이 이어받고 있다.[261] 그리고 특히 「산골」에 나타난 위의 인용 장면의 만연체는 도련님을 향한 '이뿐이'의 복잡한 심정 즉 그녀의 정신적 리얼리티를 표현하기 위하여 이중부정법을 포함, 숨 가쁜 만연의 문장을 전개한 데서 빚어진 것이다. 오히려 이것을 분절화하면 이뿐이의 원 감정을 상투적인 것으로 표현하는 데 그쳐 그 효과가 반으로 줄어들 가능성도 있다.

김유정은 작품 속 인물의 심리에 따라 다양한 문체를 실험한다. 가령 「산골나그네」에서 깊은 가을 밤 뜻하지 않은 나그네를 맞이하게 된 산골 집주인의 놀라고 허둥대는 마음속이, 조리 있는 어법의 순서를 떠나 구술성의 가락에 따라 표현된다. **"남정네도 아닌데 이 밤ㅅ중에 웬일인가, 맨발에 짚신짝으로. 그야 아무러튼"**[262] 따위가 이러한 예로 이러한 종류의 기술 방법은 놀라움이나 기쁨, 슬픔을 표현하는데 말과 감정 사이에 발생할 수 있는 반성의 의식적 차이를 최소화한다. 카프 비평가들은 김유정이 '구인회'에 가입한 작가라는 사실 하나 때문에 김유정 소설 문체를 평가절하 한 것은 아닐까?

단지 이 시기에 김문집 또는 안회남 같은 이들은 핵심을 제대로 짚은 것은 아니되, 김유정 소설의 문체를 그나마 긍정적으로 평가한다. 김문집은 김유정을, 서구적 관점에서 플롯도 제대로 못 갖춘 "소설이

261 이오덕, 『우리 문장 쓰기』, 한길사, 1992, 108면.
262 김유정, 「산ㅅ골나그내」 『제일선』, 1933.3, 38면.

무엇인지를 모르는 소설가"라는 엉뚱한 평가를 하지만, 문장만큼은 농후한 개성과 전통미가 홍수를 이루며 "言語朝鮮의 傳統美를 살린 작가"[263]로 본다. 그는 유정을 "조선 문학에서 가장 부족을 느끼는 '모찌미(持味—體臭 또는 個體香)를 갖추고 있는"[264] 작가로 본다. 이러한 생각들은 대체로 지금까지 이어져 오는데,[265] 그것은 김유정 소설의 문체를 개인적 재능의 결과로 보거나, 단지 전통미 내지 원시성을 근대소설에 성공적으로 재현한 것으로 파악하는 데 그치고 있다.

그러나 이 글에서는 김유정 소설에 나타난 전통의 구어체들이 갖는 역사성에 주목하고자 하며, 그것이 서구적 근대성에 종속을 피하면서 어떻게 또 다른 근대성을 지향하고 있는지를 살펴보고자 한다. 김유정 소설의 구어세계는 그것이 전통적 구어의 문체를 계승했다는 그 자체보다는, 서구적 의미의 근대소설의 한계를 넘어서는 그리하여 또 다른 창조적 가능성을 갖고 있다는 점이 중요하다.

김유정 소설의 구어 전통은 그것 안에 토속어 및 방언 또는 육담, 욕설, 비속어를 적극 배치함으로써 근대에 대한 비판적 태도 더 나아가 이를 넘어서려는 태도를 드러낸다. 기존의 연구는 김유정 소설에 나타난 토속어 등에서 향토주의를 찾는다. 그러나 김유정의 토속어, 방언 등은 향토주의와는 다른 오히려 탈근대의 문제와 관련시켜 바라보아야 한다. 이는 이 시기 백석 시에 나타난 관서방언과 민속의 세계 혹은 상상력을, 향토주의와는 다른 차원에서 검토하면서 그것을 근대성의 문제와 관련시켜 바라보는 방식과[266] 유사하다.

263 김문집, 「夭折한 金裕貞君을 弔함」, 『조광』, 1937.5, 98면.

264 김문집, 「김유정」, 『비평문학』, 청색지사, 1938, 403면.

265 이러한 대표적 논의가 전상국의 「김유정 소설의 언어와 문체」(전신재 편, 『김유정 문학의 재조명』, 소명출판, 2008)이다.

266 김재용, 「근대인의 고향상실과 유토피아의 염원」, 『백석 전집』, 실천문학사, 1997, 472면.

근대가 시작되면서 모든 언어는 표준화되기를 요구받는다. 근대국가에서 언어의 표준화는 국가 구성원들을 차별로부터 자유롭게 하는 개방적 또는 공공적인 측면을 갖는다. 다시 말해 표준화, 보편화 등으로 대변되는 서양적 인식의 지평은 모든 사람들에게 동등한 인식과 기술의 주체로서 참여할 수 있는 가능성을 열어놓으며, 그런 한에서 인식과 기술이 계몽과 해방의 원리로 기능한다. 그러나 표준어가 한갓 도구가 아니라 주체로 기능하기 시작할 때 그것은 그 개방성과 공공성 덕분에 보편적 주체로 기능하게 되며, 그 결과 우리 자신을 지배하는 객관적 초자아로 군림하며 억압의 원리로 작용하기 시작한다. 더불어 공공적으로 생산되고 유통되는 표준어의 지배가 전체적으로 이뤄지면 인간들의 다름은 동일성 속에 지양되어버린다. 그리하여 동등한 만남의 지평이 도리어 인간 개별의 고유성을 감추어 참된 만남을 가로막는 장벽이 되어 인간관계에서 인격성의 흔적을 지우는 역할을 하게 한다. 더욱이 문제는 표준어가 동일성을 추구한다면 같아져야 할 기준이 있어야만 하는데, 무엇이 그 기준이 되느냐는 추상적인 법, 규칙이 아니라 현실적인 권력관계가 결정한다는 사실이다.[267]

다시 말해 표준어의 이면에는 공식적 단일어의 구축을 통해 중앙 지배세력의 정치, 사회적 기반을 강화하려는 의도가 개입된다. 단일 언어를 토대로 한 중앙집권적 국민국가라는 모델은 자연스러운 상태의 세계를 투영하는 것이 아니다. 이 모델은 독점적인 식민주의 세력이 강제로 정착시킨 것이다. 20세기의 국제 정책은 중앙의 엘리트를 무장시키고 지원하면서 항상 국민 국가를 옹호해왔다. 그리고 그 엘리트 계층이 변방의 주민들에게 저지르는 행태에는 눈을 감았다.[268] 서울의

267 김상봉, 「나르시시즘 또는 홀로주체성의 객관적 현실」, 『서로주체성의 이념』, 길, 2007, 136~162면 참조.

특정 계층의 언어만을 기준으로 하고 그 이외의 지역과 계층의 언어를 주변화 시키는 이 표준어의 권력은 궁극적으로 지역과 개별의 구체적 삶의 세계를 소외시킨다. 언어의 근대화를 지향하는 것처럼 보이는 김동인, 이광수의 언문일치체는 실은 대중과는 유리된 그 시기 특정 지식인 계층 내부에서 통용되던 일종의 사회적 방언에 불과하다.

그리고 근대 자본주의가 언어와 문화를 단일하게 통합하고자 할 때, 그것만큼 빠른 속도로 인간의 창의성과 풍부한 문화적 다양성을 고갈시키는 것은 없다. 문화적 획일성은 평화를 가져올 수 없다. 그것은 전체주의를 가져올 가능성이 더 높다. 다기한 언어와 문화들의 사멸을 방치하면 이 세계에 대해 우리가 알고 있는 지식의 총량이 직접적으로 줄어들게 된다. 왜냐하면 이 세계의 풍부함과 다양함을 이야기해 주던 목소리들이 없어지는 것이기 때문이다. 이것은 어떤 종이 멸종하면 그에 따라 환경의 어느 고유한 부분도 함께 희생되는 것과 마찬가지이다. 목소리들이 하나하나 사라지면서 우리는 자신이 누구였는지, 누구인지, 그리고 어떤 존재가 될 것인지를 조금씩 잃어가게 된다. 다양성은 널리 명성이 알려진 삶의 풍미만을 의미하는 것은 아니다. 그것은 삶은 선결 조건이 된다.[269]

김유정 소설의 문체는 서구적 근대가 기획하는 언어체계의 통일성을 넘어서고자 하는 의도를 보여준다. 예컨대 그의 소설에는 소리 등을 흉내 내는 고유한 상징어 사용의 빈도수가 높고 소리로 가득 차 있다. 김유정은 의성어 등 소리 또는 청각적 울림에 유독 관심이 많은 작가이다.

---

268 다니엘 네틀·수잔 로메인, 김정화 역, 『사라져 가는 목소리들』, 이제이북스, 2003, 292면.
269 위의 책, 333면.

박게서는 모진 **빗방울이 배추입에 부다치는 소리 바람에 나무 떠는 소리**가 요란하다. 가끔 **양철통을 나려 굴리는 듯 거푸진 천둥소리**가 **방고래를 울리며** 날은 점점 침침하엿다.[270]

산ㅅ골의 가을은 왜 이리 고적할까! 압뒤 울타리에서 부수수하고 떨닙은 진다. 바로 그것이 귀미테서 들리는듯 나즉나즉 속삭인다. 더욱 몹쓸 건 물ㅅ소리, 골을 휘돌아 맑은 샘은 흘러 나리고 야릇하게도 음률을 읊는다.

퐁! 퐁! 퐁! 쪼록 퐁!

박가테서 신발ㅅ소리가 **자작자작** 들린다[271]

이쁜이는 호미를 잽싸게 놀리며 폭폭 찍고 덤볏으나 그래도 웬일인지 일은 손에 붙지를 않고 그뿐 아니라 등 뒤 개울의 덤불에서는 온갓 잡새가 **귀둥대둥** 멋대로 속삭이고 먼발치에서 풀을 뜯고 있던 황소가 **메- 하고 느러지게도** 소리를 내뱉으니[272]

인쇄된 책에서 접하는 세계는 이전 구술의 언설과 관련된 감각과 음악적이고 모사의 차원이 배제된 추상적이고 논리적인 산문이 지배적인 체계가 된다.[273] 이러한 점에서 김유정은 최대한 청각적 상상력을 환기하는 세계를 개입시키고 있다. 그리고 김유정 소설에는 사람의 행위를 묘사하는 의태어 등의 부사어, 동사어의 쓰임 역시 현저하다. 그가 방언, 토속어에 집착하게 되는 이유는 그 때문이다. 동사와 부사의

---

270 김유정, 「소낙비」, 『조선일보』, 1935.2.1.
271 김유정, 「산ㅅ골나그내」, 『제일선』, 1933.3, 38면.
272 김유정, 「산골」, 『조선문단』, 1935.7, 16면.
273 마샬 맥루한, 임상원 역, 『구텐베르크 은하계』, 커뮤니케이션북스, 2001, 555면.

비중이 높다는 것은 대상이 변화 과정에서 드러내는 순간의 모습을 총체적으로 파악하여 구체적이고 개별적으로 나타나는 데 상대적으로 강하다는 것을 의미한다.[274]

내 겨드랑 밑에서 넘을락 말락 밤낮 요 모양이다. 개돼지는 **푹푹** 크는데 왜 이리도 사람은 안 크는지, 한동안 머리가 아프도록 궁리도 해보았다. 아하 물동이를 자꾸 이니까 뼉따귀가 옴츠라 드나부다. 하고 내가 **넌즛넌즛이** 그 물을 대신 길어도 주었다.[275]

험악한 석벽 틈에 맑은 물은 웅성 깊이 **충충** 고이었고 설핏한 하늘의 붉은 노을 한쪽을 **똑** 떼들고 푸른 잎새로 전을 둘렀거늘 (…중략…) 그걸 거울삼고 (…중략…) 눈물이 눈에서 떨어지니 잔잔한 물면에 물둘레를 치기도 전에 무슨 밥이나 된다고 기단 꺽찌는 **휘엉휘엉** 올라와 **꼴딱** 받아먹고 들어간다.[276]

길은 산길이라 사람은 없고 앞 뒤 산들은 울긋붉긋 물들어 가끔 **쏴** 하고 낙엽이 날린다. 누였누였 넘어가는 석양에 먼 봉우리는 자줏빛이 되어가고 그 반영에 하늘까지 불쾌하다. 험한 바위에서 있다금 물은 굴러나려 웅덩이의 맑은 물을 휘저놓고 **풍** 하는 그 소리는 실로 쓸쓸하다 이산서 수꿩이 **푸드득** 저산서 암꿩이 **푸드득** 그리고 그 사이로 소 장사 아놈과 나와 노랑으로 허위적허위적 (…중략…) 해가 마악 떨어지니 산골은 오색 영농한 저녁노을로 덮인다. 산봉우리는 수째 이글이글 끈는 불덩어리가 되고 노기 가득 찬 위엄을 나타낸다. 그리고 낮윽이 들리느니 우리 **미리 우에 지는 낙엽소리**![277]

274 이희재, 『번역의 탄생』, 교양인, 2009, 115면.
275 김유정, 「봄·봄」, 『조광』, 1935.12, 324면.
276 김유정, 「산골」, 『조선문단』, 1935.7, 19면.

넓적다리가 벌죽이는 찌저진 고잇자락을 아끼며 조심조심 사려딋는다. 손에는 츩으로 역거들은 일곱개 송이. 늙은 소나무 마다 가선 두리번 거린다. 산양개 모양으로 코로 쿡, 쿡, 내를 한다.[278]

웅칠이는 하눌을 쳐다보고 트림만 끄윽, 하고 말앗다. 술기가 코를 콱 콱 찔러야 할 터인데 이건 풋김치 냄새만 코밋에서 뱅뱅 돈다.[279]

한때는 인간의 커뮤니케이션이 전체적일 때가 있었다. 그때의 커뮤니케이션은 우리의 모든 감각 기관을 사용하는 것이었고, 그때 우리의 가장 중요한 감각은 구술과 관련된 것이었다.[280] 글을 쓴다는 것은 말로부터 시각적인 것만을 추출하여 외화를 하는 것인데 반해, 말한다는 것은 우리의 다섯 개 감각 모두를 한순간에 밖으로 외화하는 것이다. 김유정 소설은 인물의 생각을 묘사하는데 몸 전체의 감각들이 동원된다. 예컨대 부가 절을 이끄는 서술어에서 '~(라)고 말했다'라는 쓰임이 거의 나타나지 않고, 대신 다양한 신체의 행위들을 모방하는 언어로 이뤄지고 있다. 진정한 인간성과의 관계는 단지 상상력 혹은 추상적 사고의 대상이 아니라, 생생한 물질적이고 감각적인 접촉 속에서 실제로 실현되고 체험된다.[281] 아래 인용문에서 보듯이 주인공의 반응은 개념이 아닌 다양한 행위들로 표현된다.

277 김유정, 「가을」, 『사해공론』, 1935.1, 251면.
278 김유정, 「만무방」, 『조선일보』, 1935.7.17.
279 위의 글, 『조선일보』, 1935.7.25.
280 마샬 맥루한, 임상원 역, 『구텐베르크 은하계』, 커뮤니케이션북스, 2001, 546면.
281 미하일 바흐친, 이덕형 외역, 『프랑수아 라블레의 작품과 중세 및 르네상스의 민중문화』, 아카넷, 2001, 33면.

일이 암만 바빠도 나 배아프면 고만이니까. 아픈 사람이 누가 일을 하느냐. 피릇파릇 돋아오른 풀 한 숲을 **뜯어들고** 다리의 거머리를 **쓱쓱 문태며** 장인님의 얼굴을 **쳐다 보았다.**[282]

사귀로도니미 지쳐물은듯시플치 대구 추구거렸다. 나그내는 실탄긔색도 졸탄 긔색도 별로업시 시납으로 대꾸하엿다. 남편업고 몸부칠곳업다는 것을 간단히말하고난뒤 "이리저리 엇어먹어단게유" **하고 턱을 가슴에 묻는다.**[283]

이러한 행위들에서 독자는 주인공들이 겪는 세계와 일체감을 갖게 된다. 이에 반해 구어와 청각적 통합된 습관이 아닌, 표음문자로 된 언어와 시각적 통합으로의 변천은 인간 생활계의 현존의 느낌을 약화시키면서, 이 세계를 범속하며 사물들의 덩어리로 만들어 버린다. 그리하여 중립화되고 비(非)음성화된 물리계는 심각한 의미에서 인간 자신의 개인적·사회적 음성세계와의 연관으로부터 떨어져 나간다.[284] 시각적 공간분야가 주어라면, 구두·청각적 분야는 술어이다. 동사는 주어보다 강렬한 낱말이다. 즉 구술이란 한 물상을 지적하여 이름을 줄 때 지적하는 몸짓(공간적 작용)이다.[285]

사람들은 문자화되면 될수록 그들이 살고 있는 세계로부터 더욱 분리되는 경향이 있으며 따라서 모든 문자적 인간이 대상 또는 타인과 갖는 관계의 기본적 성격은 구체적이고 육체적인 것이 아닌 추상적이고 관념적인 것으로 변화한다. 구어에의 접근이 외부 세계의 보다 많

282 김유정, 「봄·봄」, 『조광』, 1935.12, 325면.
283 김유정, 「산ㅅ골나그내」, 『제일선』, 1933.3, 38면.
284 월터 J. 옹, 이영걸 역, 『언어의 현존』, 탐구당, 1985, 235·274면.
285 위의 책, 118·146면.

은 사람들과의 공감을 전제로 한 것이라 생각할 때 결국 그것은 공동체적 유대와 공감의 확대와 연관된다.[286] 그리고 구어를 통한 대상의 모방은 아도르노의 미메시스 개념으로 설명된다. 전통적인 예술이론에서 미메시스는 '객체의 모방'이라면, 아도르노의 경우는 '객체에의 동화'이다. 아도르노의 미메시스적 행동 방식은 대상을 객체화하는 근대인의 합리적인 행동방식과는 정반대가 되는 것으로서 대상에의 동화를 꾀한다.[287]

김유정의 소설에서 이러한 방식으로 사용된 구어의 체계들 — 숱한 의성어와 몸짓 언어, 방언, 토착어, 비속어는 근대의 표준화에 대한 저항이며, 표준어로 상징되는 근대의 중앙집권화와 인간 사이의 인격적 관계를 지우는 물신화에 대항하여 인간의 진정한 삶을 구하고자 하는 노력에 맞닿아 있다. 김유정이 작품 활동을 하던 시기가 바로 조선어학회를 중심으로 한 '한글운동'의 결과 표준어 / 방언의 확고한 위계화가 사회적으로 폭넓게 잡아가고 있던 때였다.[288] 김유정 소설은, 서구적 근대가 기획하는 언어체계의 통일성이나 작가의 개성의 통일성이 아닌, 바흐친이 지적했듯이 소설 장르가 근본적으로 전제하는 언어의 사회적 다양성과 음성적 다양성을 지향한다.

물론 구어체 또는 방언체가 현실성보다 호기심과 혐오감을 강조하는 식의 미학적 효과에 봉사하는 경우가 있다. 채만식은, 김유정과 유사하게 방언이나 비속어 등을 적극 구사하지만 그것은 속어와 비어를 주로 하여 추악하고 기괴한 것이나 교양 없고 볼품없는 평민의 이미지

286 유종호, 『사회역사적 상상력』, 민음사, 1987, 189면.

287 M. 호르크 하이머 · Th.W. 아도르노, 김유동 외역, 『계몽의 변증법』, 문예출판사, 1995, 34면.

288 김철, 「소설과 표준어 · 방언」, 『방언 이야기』, 태학사, 2007, 410면. 임화 역시 표준어의 관점에 서서 김유정 소설을 방언의 난용주의(亂用主義)가 노골화된 사례로 본다.(임화, 「언어의 마술성」, 『비판』, 1936.3)

를 그릴 때 쓰임으로써 부정적이고 비합리적인 인간관과 기존질서의 보수적 세계관을 강화하여 민중에 대한 전근대적인 관점을 드러내기도 한다.[289] 따라서 구어체 묘사로 이뤄진 채만식 소설의 농민계급에 대한 묘사는 그들 삶의 사실성보다는 차라리 그들의 또 하나의 특성일 가능성도 있는 퇴영적이고 우둔한 일면에만 초점이 맞춰 있어, 그들에 대한 작가의 부정적인 편견이 엿보인다. 김유정 소설과 달리 채만식 소설에서 웃음은 축소되며, 빈정거림의 형식들로 나타나는 경우가 많다. 그러나 김유정 소설의 비속한 언어들은 어찌 보면 민중적인 활발함과 유쾌함, 자질한 예의범절이나 형식적인 체면치레에 얽매이지 않는 솔직하고 꾸밈없는 인간성을 보여준다.

> 코가 좋아 보인다니 정말 그러냐고 몸이 닳아서 묻고 또 묻고 한다. 저로도 밋지 못할 그 사실을 한때의 위안이나마 또 한 번 드러보자는 심정이렷다. 그 속을 알고 짜정 코ㅅ날이 스나부다고 하면 년의 대답이 뒤ㅅ간엘 갈 때마다 잡아댕기고 햇드니 혹 나왔을지 모른다나 그리고 아주 좋아한다. (…중략…) 들병이로 돈 벌 생각도 말고 그저 집안에 가만히 앉었는 것이 옳겠다. 구구루 주는 밥이나 얻어먹고 몸 성히 있다가 **연해 자식이나 쏟아라**. 뭐 많이도 말고 굴때 같은 아들로만 한 열다섯이면 족하지.[290]

289 김홍수, 「소설의 방언에 대하여」, 이기문 외, 『문학과 방언』, 역락, 2001, 296면. 김유정의 경우도 화자든 인물이든 상소리를 막무가내로 써서 이러한 혐의를 받게 되는 부분들이 있기는 하다. "'제이미 붙을 죽어나 버렷으면' (…중략…) 그는 벌떡 일어스며 횡빔주먹을 쥐어 창남할 만치 **안해의 골통**을 후렷다. '계집년이 방정맞게-' (…중략…) 적으나면 계집이니 위로도 하야 주련만 요건 분만 폭폭 질러 노려나. 예이 빌어먹을 거 이판새판이다."(김유정, 「금따는 콩밧」, 『개벽』, 1935.3, 62~64면) "나는 노래를 가르키는데 **이 망할 년**은 소설책을 읽고 앉았으니 어떻거냐."(김유정, 「안해」, 『사해공론』, 1935.12)

290 김유정, 「안해」, 『사해공론』, 1935.12, 175면.

김유정은 해학과 비속을 낡은 시대의 문학적 잔재로 치부하던 근대적 예술관, 또는 인간이 반응하는 다채로운 사유와 행동양식을 이성과 합리라는 잣대로 배제하던 근대적 인간관을[291] 거부한다. 오히려 비속한 언어들은 억세고 질긴 민중적 삶의 한 부분, 또는 그 꾸려나가는 방식을 보여준다. "(오줌이) 좀만 뻗쳤드면 앞에 섰는 감독의 바지를 적실 뻔했다"(「금」)는 금광 일꾼의 말은 생산 현장의 감독과 노동자라는 위계의 질서를 희화화한다. 따라서 김유정 소설의 구어적 언어체계가 보여주는 표준화 또는 근대에 대한 비판은 그의 소설에 나타난 인물들의 근대 비판적 성격으로 나아간다.

김유정 소설이 토착어와 방언을 적극적으로 구사하다 보니, 그것에 의해 환기된 인간군들이 전근대적 또는 반이성적, 야만적 인간상의 형상을 그리는 것으로 빠질 가능성이 있다. 전통적 민담에 자주 등장하는 바보의 인물이 그 예이다. 같은 시기 이태준 소설에도 바보 또는 반편 인물들이 등장한다. 그들은 근대에 적응하지 못하고 패배하는 인물로 지식인 작가의 동정과 연민의 대상이다. 그리고 작품의 초점은 바보들과 속 깊은 친교를 나누는 지식인 작가의 따듯한 인간주의에 맞춰 있다.

그러나 김유정 소설에서 바보 인물은 결코 연민이나 동정의 대상이 아니다. "애! 너 혼자만 일하니?" 하는 마름 집 딸의 "긴치 않는 수작"에 "그럼 혼자 하지 떼루 하듸?"로[292] 내밸듯이 도리어 묻는 소작인 아들은 어리석어 보이면서도 당당하다. 그들은 오히려 천진난만한 유쾌함과 즉물적 육체성을 갖춘 인물들이다. 살아있는 구어로 형상화되는 김유정 소설의 바보 인물들은 활력이 넘친다. 닭싸움을 그리는 화자의

291 정출헌, 「판소리 향유층의 변동과 판소리사설의 변화: 「흥부가」의 사설을 중심으로」, 『판소리연구』 11, 2000, 113면.

292 김유정, 「동백꽃」, 『조광』, 1936.5, 274면.

서술과 주인공에게 트집을 잡아 따지고 드는 마름 집 딸의 말들은 원시적이기도 하고 육체적으로 살아 움직인다.

> 점순네 수탉(은 대강이그것도 똑 오소리 같이 실팍하게 생긴 놈)이 덩저리 적은 우리 수탉을 함부루 해내는 것이다. 그것도 그냥 해대는 것이 아니라 푸드득, 하고 면두를 쪼고 물러섰다가 좀 사이를 두고 또 푸드득, 하고 목아지를 쪼았다 이렇게 멋을 부려가며 여지없이 닦아놓는다. 그러면 이 못생긴 것은 쪼일 적마다 주둥이로 땅을 받으며 그 비명이 킥, 킥 할 뿐이다. 물론 미처 아물지도 않은 면두를 또 쪼키어 붉은 선혈은 뚝 뚝 떨어진다.
>
> (…중략…)
>
> 그리고 나의 등 뒤를 향하야 나에게만 들릴듯말듯한 음성으로
>
> "이 바보녀석아!"
>
> "애! 너 배내병신이지?"
>
> 그만도 좋으련만
>
> "애! 너 느아버지가 고자라지?"[293]

그리고 만무방, 들병이들의 인물은 근대적 표준어로 상징하는 균일성의 규범으로부터 일탈된 인물, 즉 근대의 사상, 조직, 규범 등에서 끊임없이 이탈코자 하는 자유분방한 인물들이다. 그들은 현실의 습속과 규범을 거스르는 인물들이다. '마적'을 꿈꾸고,[294] 반역의 「홍길동전」을

---

293 위의 책, 274 · 277면.

294 "왜 마적이 되고 싶으냐?" / "아니 글세 말이야" / "될라면 되겠지 뭐, 그까진 마적쯤 못되겠니?" / "에 그까진 마적이 뭐야-" (…중략…) "너 마적이 신중한 게다 좀체 사람은 못하는 거야, 씩씩하게 먹고 씩씩하게 일하고 좀 좋냐?" 하고 양복 웃 호주머니를 뒤지드니 손바닥 만하게 오린 신문지 쪽찌를 나에게 내주며 (…중략…) 내가 받아들고 읽어보니 그것은 마적단의 모집광고를 보고 물 건너 어떤 중학생 셋이 만주로 가다가 신의주 근방에서 붙들렸다는

그 어떤 서구문학 보다 높이 샀던[295] 김유정도 그와 같은 자는 아니었을까? 아래 인용된 「만무방」의 '응칠'은 힘들고 고생스러운 삶에 찌든 유랑농민이라기 보다는 마치 앞서 홍명희 소설의 '임꺽정'같이 묘사돼, 규범적 질서 따윈 아랑곳하지 않는 유유자적한 유랑자로서 '탈주의 상상력'을 불러일으킨다. 「따라지」(『조광』, 1937.2)에 등장하는 도시의 여급 '아끼꼬'도 「만무방」의 '응칠'과 같이 생각과 행동에서 거침이 없다.

이까진 걸 못먹어 그래 홧김에 또 한 놈을 뽑아들고 이번엔 물에 흙도 씻을 새 없시 그대로 텁석어린다. 그러나 다른 놈들도 별 수 없스렷다. 이 산골이 송이의 번고향이로되 아마 일 년에 한 개조차 먹는 놈이 드므리라.

—흠, 썩어진 두상들!

그는 폭넓은 얼골을 이그리며 남이나 드르란듯이 이러케 비웃는다. 썩엇다, 함은 데생겻다 모멸하는 그의 언투이엇다. 먹다 남아지 송이 꽁댕이를 바루 자랑스러히 입에다 치트리곤 트림을 석거가며 우물거린다.[296]

아끼꼬는 다시 올라가며 저도 남자가 됐드라면 '풋뿔'을 차볼걸 하고 후회가 막급이다. 그리고 산을 한 바퀴 돌아 나려가서는 이번엔 장독대 우에 요강을 버리리라 결심을 한다. 구렁이는 장독대 우에 오줌을 버리면 그것처럼 질색이 없다.

'망할 년! 이번에 봐라 내 장독 우에 오줌까지 깔길테니!'

이렇게 아끼꼬는 몇 번 몇 번 결심을 한다.[297]

기사였다.(김유정, 『생의 반려』, 『중앙』, 1936.8, 99면)

295 김유정, 「병상의 생각」, 『조광』, 1937.3, 191면.

296 김유정, 「만무방」, 『조선일보』, 1935.7.18.

297 김유정, 「따라지」, 『조광』, 1937.2, 321면.

만무방, 들병이, 깍정이, 따라지들이 드러내는 민중의 불멸의 감각은, 현존하는 권력과 지배적 진실이 결국 상대적인 것이라는 감각과 결합되어 있다. 그리하여 그들은 모든 공식성을 일시적으로 파괴시키면서, 인간 사이의 진정한 관계를 회복시키는 역사적 발효소가 된다. 그리고 이들의 감각은 '근대'의 일상사에 대한 소시민적 진지함, 실생활의 경제적 이익에 대한 타산적인 진지함, 도덕주의자들과 위선자들의 음울한 교훈적 진지함으로부터 끊임없이 자유로워지려는 과정을 보여주며 세계를 거꾸로 혹은 뒤집어 보게 한다.[298] 이는 다름 아닌 비속하지만 생기발랄한 그들의 구어의 세계를 통해 적극 실현된다.

2) 구전 이야기와 서구 시학의 결합

김유정 소설은 근대적 작가주의와 미적 엄숙주의 기준에서 볼 때 한낱 비문학적 이야기에 불과해 보이는 민담 등의 구비문학을 소설 안으로 끌어들이고 이것을 옛날이야기의 방식으로 서술해나간다. 김유정 소설의 인물과 스토리와 모티프의 많은 것은 옛날부터 전해 내려오는 동화나 전설 속에서 그 원형을 구하고 있다. 「산골나그네」의 근원은 우리 민담 '이부열녀(二夫烈女)'의 이야기이다.[299] 「만무방」에서 유랑 농민 부부가 가난 때문에 헤어져야 되는 장면은 '조신몽' 설화를 연상케 한다.[300] 「봄·봄」, 「동백꽃」은 결혼 전이나 시험 결혼 기간 장래의

298 미하일 바흐친, 이덕형 외역, 『프랑수아 라블레의 작품과 중세 및 르네상스의 민중문화』(아카넷, 2001)의 '카니발의 세계' 또는 '카니발의 언어' 참조.

299 전신재, 「김유정소설의 구비문학 수용」, 『아시아문화』 2, 한림대출판부, 1987, 38면.

300 최원식, 「1930년대 단편소설의 새로운 행보」, 『한국 현대 대표소설선』 3, 창작과비평사, 1996, 435~436면.

장인을 위해 노동력을 제공하는 신부 노역(bride service)에 종사하여 아내를 얻는[301] 우리에게 익숙한 내용의 민담을 연상시킨다. 안회남도 지적했듯이 "안해의 貞操를 팔어서 돈을 낙구게 하는 美人計의 內容을 이야기"[302] 하는 「소낙비」·「솟」 등의 작품은 처의 지혜로 남자가 곤경에서 벗어나 부를 쌓는 민담 모티프의 부정적인 변형이라 할만하다. 그리고 김유정 작품의 무대도 실제 그러한 민담의 배경과 분위기가 배어 있다. 「산골나그네」의 산골 사람들은 "아니다, 아니야. 장갈 갔으면 산신령에게 이러하다 말이 있어야지 괜시리 산신령이 노하면 눈깔망나니(호랑이) 나려 보낸다"라고 말한다. 굳이 민담은 아니지만 상전 도련님에게 사랑의 버림을 받는 이뿐이를 그린 「산골」이야기의 경우 「춘향전」을 패러디하고 있다.[303]

민담 등은 근대적인 문학 장르가 아니라 시효가 만료된, 한낱 항간을 떠도는 옛날이야기에 불과하다. 근대 단편소설에 대비되어 이러한 것들은 어쨌든 소설은 아니고 소설보다 저급한 설화적인 상태 정도로 이해되었다. 그러나 민중문화의 형식과 내용 속에 강력하게 표현되어 온 민주적이고 평등주의적인 인생관, 삶에 대한 근본적 긍정, 순진하고 밝은 삶에의 열망, 그리고 해학이나 풍자 또는 간결하고 자연스러운 운문 및 이야기의 서사적 소박성—이러한 것들은 근대문학에서 계승되고 재창조되어왔다.

김유정 소설 역시 민담을 근대적 소설 안에 재배치한다. 단 김유정 소설에서는 옛날부터 전해오는 민중의 이야기들을 역사적 현실성을

---

301 메리 E. 위스너 행크스, 『젠더의 역사』, 역사비평사, 2006, 59면.

302 안회남, 「小說의 正常的 本質은?: 九·十月 創作評」, 『조선일보』, 1936.10.13.

303 최원식, 「모더니즘 시대의 이야기꾼: 김유정의 재발견을 위하여」, 『민족문학사연구』 43, 2010, 354면.

가지는 이야기로 변용하여 이 시기 어느 문학과도 또 다른 리얼리즘 문학의 성과를 얻어낸다. 민담의 핵심적인 성격은 이념이나 논리에 구속되지 않는 소망스러운 삶의 상상적 실현인데, 김유정 소설에서는 그것이 현실비판의 리얼리즘 소설로 차용된다. 자신의 볏단을 스스로 훔쳐 갈 수밖에 없는 「만무방」의 이야기는 동화 같은 기발한 성격을 띠지만, 오히려 이를 통해 식민지 농촌의 비극적 현실을 드러내 이 작품이 1930년대 민중문학의 한 독보적 경지를 열어 보이게 한다.

그 밖에도 「소나기」, 「안해」, 「금 따는 콩밭」 등은 처(여자)의 지혜로 남자가 곤경에서 벗어나 부를 쌓거나, 또는 느닷없는 재물의 행운으로 부자가 되는 민담의 모티프를 빌리나, 「소나기」, 「안해」는 처를 매춘으로 몰아 가난에서 벗어날 것을 꿈꾸는 비극적 현실을, 「금 따는 콩밭」은 식민지 농촌 현실 안에서 가난한 자들은 도저히 운수가 좋을 수 없음을 반어적으로 보여준다. 또 일편단심의 부부애만을 강조한 전통적인 '이부열녀 이야기', 너무 비인간적이어서 조금은 끔찍한 지배층의 열녀이야기를 패러디한 「산골나그네」가, 민중적 삶의 현실로 들어와 가난하나 따듯하고 슬픈 부부애를 그리는 것으로 전환된다.[304] 김유정 소설의 옛날이야기들은 근대예술의 현실주의를 부정하기 위한 복고적인 것이 아니고, 이 시기의 구체적인 현실과 만나 새로운 창조적인 형태로 바뀐다. 이는 이효석의 「메밀꽃 필 무렵」 등의 소설이 설화적 요소를 빌리고 있지만 구체적 현실과 동떨어져 있는 것과 구별된다.

둘째, 김유정 문학의 민담 차용은 서구적 작가주의를 그대로 따르지 않으려는 의도를 갖는다. 옛날이야기가, 형식에 구애되지 않고 사람들이 살아온 내력 혹은 자기가 경험하고 기억하고 있는 것들을 친근한

304 위의 글, 435면.

분위기 속에서 전달하는 것이라고 할 때 비단 우리에게만 아니고 서구화, 산업화가 덜 된 문화에서는 대부분 익숙한 것이었다. 본래 이야기를 하고 듣는다는 것은 인간에게 있어서 아주 근원에 있는 심미적·정신적 욕구이나, 오늘의 문명은 이런 욕구나 창조적 능력을 균형 있게 발달시키지 못하고, 도리어 그런 근원적인 욕구를 억압하면서 순전히 두뇌 중심적이고 지적으로 편향된 기능만을 과잉 발달시키는 바람에 인간적인 균형을 잃게 한다.[305]

서구 근대소설은 작가가 독자와 이야기를 주고받는 방식의 것이 아니다. 작가라는 주체가 장면 뒤에 숨어 대상을 일방적으로 '보는' 방식이다. 서구의 소설에서 강조되는 시점(視點), 관점(觀點)이라는 시학 용어가 그렇다. 그러나 김유정 소설은 작가가 일방적으로 '보는' 방식이 아니고, 등장인물과 '이야기를 주고받는' 자세 또는 방법을 취하면서 이야기의 형태를 유지한다. 이를 위해 예의 판소리 문체인 '~느냐', '~구나', '~렷다' 등의 어미를 자주 사용하고, 너스레 문체와 문장 중간 중간에 '업쇼', '아따', '깜짝이야', '내 사실 참' 등의 추임새를 끼워 넣는다. 너스레 문체는 사물을 희화화하여 바라보는 능청스러움을 드러낸다.

> 나는 노래를 가르키는데 이 망할 년은 소설책을 읽고 앉었으니 **어떻거냐**.[306]

> 그러나 **내 사실 참** 장인님이 미워서 그런 것은 아니다.
>
> 그 전날 **왜 내가 새고개 맞은 봉우리 화전 밭을 혼자 갈고 있지 않었느냐**. (…중략…) 내가 다 먹고 물러섰을 때 그릇을 와서 챙기는데 **그런데 난 깜작 놀라지 않**

305 김종철, 『시적인간과 생태적 인간』, 삼인, 1999, 131면.
306 김유정, 「안해」, 『사해공론』, 1935.12, 172면.

었느냐.[307]

방안은 떠들썩하다. 벽을 두다리며 아리랑 찾는 놈에 건으로 너털웃음 치는 놈 혹은 숙은숙덕하는 놈……가즌각색이다.[308]

「떡」에서 "너는 보도 못하고 어떠케 그리 남의 일을 잘 아느냐. 그러면 그 장면을 목도한 개똥어머니에게 좀 설명하야 받기로 하자"는[309] 식으로 아예 적극적인 이야기 방식을 채택한다. 따라서 작가는 등장인물을 표상 또는 객체화(사물화) 된 대상으로가 아닌 '인격'으로 만난다. 바흐친 식으로 바꿔 표현하자면 인물들은 "저자 담론의 객체일 뿐만 아니라 직접적으로 의미화 하는 자기 담론의 주체"가 된다.[310] 작가라는 주체와 등장인물의 객체가 일면적으로 구분되지 않으며 상호공존하며 상호주체성을 띠게 된다. 김유정 소설에 나타나는 자유로운 종지법의 구사 자체가 화자가 지배하는 서술의 일방적인 일원화에 맞서는 것이다. 김유정의 민담 등 옛날이야기들의 차용과 이야기 방식은 이러한 서구적 작가주의가 낳은 한계를 넘어설 가능성을 갖는다.

셋째, 민담의 차용은 근대소설이 문학적 전문인들만의 소통과 창조의 공간인 전문화를 넘어서 대중성을 획득한다. 민담, 즉 활자화되기

307 김유정, 「봄·봄」, 『조광』, 1935.12, 326~327면.

308 김유정, 「산ㅅ골나그내」, 『제일선』, 1933.3, 39면.

309 김유정, 「떡」, 『중앙』, 1935.6, 20면. 바흐친은 타인의 의식은 객체나 사물처럼 관조하거나, 분석하거나, 정의할 수가 없으며, 오로지 대화적으로만 섭할 수가 있다(M. 비흐찐, 김근식 역, 『도스또예프스끼 시학』, 정음사, 1988, 102면)고 주장하는데, 김유정의 경우 바흐친이 얘기한 화자와 인물의 비사적인 또는 이면적 대화가 아니라, 노골적으로 청자 또는 인물에게 말을 건네는 방식의 대화를 작품 안에서 시도하고 있다.

310 게리 솔 모슨·캐릴 에머슨, 오문석·차승기·이진형 역, 『바흐친의 산문학』, 책세상, 2006, 417면.

이전부터 익숙하게 흘러 다니는 옛날이야기들은 뻔히 알고 있는 플롯을 가지고 있음에도 이야기 자체의 흡인력을 지니고 있다. 그런데 김유정 소설에서 중요한 것은 단순히 옛날이야기를 빌린다는 사실이 아니라, 그것이 서구의 소설 시학과 결합된다는 점이다. 민담의 느슨한 이야기 구조를, 서구소설의 장면중심의 구조 또는 급격한 장면의 전환 또는 밀도 있는 플롯과 결합, 변형하여 민담이 지향하는 해피엔딩이 아닌 오히려 반전의 결말을 이끌어낸다. 김유정은 본능적으로 옛날이야기에 밀착되어 있으면서도 동시에 서구 근대문학을 문학창작의 기본적인 바탕으로 한다.

김유정은 소재의 측면에서 볼 때는 향토주의, 전통적 작가로 보인다. 그러나 그는 실제로는 '구인회'의 구성원들 가운데서 이태준보다는 박태원, 이상에 가깝다. 김유정은 박태원 등과 비슷하게 제임스·조이스의 '율리시스'에 관심을 보이고, 자신들의 소설에서 다양한 형식의 실험을 한다. 김유정은 조이스의 '율리시스'에 대해서도 박태원과 비슷한 견해를 갖고 있었다. 박태원은 「구보씨」에서 '구보'의 입을 빌려 "제임스 조이쓰의 새로운 試驗에는 敬意를 表하여야 마땅할께지. 그러나 그것이 새롭다는, 오직 그 點만 가지고 過重評價를 할 까닭이야 없지"[311]라고 주장한다. 김유정 역시 외국문학 중 감명 깊게 읽은 것을 '율리시-스'라고 답하면서도[312] 단지 그것이 심리주의에 빠져 예술적 전달을 제대로 하지 못하고 있는 점을 부정적으로 본다.[313]

박태원은 앞서 살핀 바와 같이 『천변풍경』에서 서구의 영화적 수법과의 친근성을 보여주면서도, 기본적으로 전통적인 이야기 방식과 구

311 박태원, 『小說家仇甫氏의一日』, 문장사, 1938, 263면.
312 김유정, 「讀書設問」, 『조광』, 1937.3.
313 김유정, 「병상의 생각」, 『조광』, 1937.3, 189면.

어체 서술 등을 구사한다. 김유정은 말년의 병상에서 다소 의외로 서구 탐정소설 반 다인의 「잃어진 寶石」(『조광』, 1937.6~11)을 번역했었다. 그는 탐정소설을 번역하여 얻게 되는 원고료 수입에 연연했을 지도 모른다. 그러나 김유정 말고도 이 시기 탐정소설에 대한 작가들의 관심은 각별했다.[314] 김유정의 절친한 동무였던 안회남은 탐정소설을 수십 권이나 독파할 정도로 탐정소설 마니아였다. 그는 김유정이 번역한 탐정소설의 원작자 반 다인의 '탐정소설론' 등에 대해서도 상세한 소개를 했다.[315] 그 밖에 김유정이 탐정소설을 게재한 『조광』에는 이른바 '예술주의' 비평가 김환태 등의 번역 탐정소설도 연재되었다. 김유정의 탐정소설 번역은 결코 우연한 일 또는 원고료 수입에서만 이유를 찾아볼 수는 없다. 탐정소설은 영화만큼은 아니겠지만 그 시대 작가들의 주요한 관심 장르의 하나였다.

탐정소설은 서구의 근대시민사회의 시작과 함께 출발한 지극히 근대적 장르이다. 탐정소설에는 사건이 있고 이성과 논리의 힘으로 무장한 지적인 영웅이 있으며 그에 의해 사건이 해결되는 과정을 그린다. 그리고 이러한 속성 때문에 그것을 읽는 독자들의 일차적인 관심은 작품의 내용과 결말보다는 사건이 어떤 방식으로 어떻게 해결되는가에 쏠리게 된다.[316] 당연히 탐정소설은 플롯의 주요한 법칙이라 할 놀람과 그럴듯함, 긴장과 지속을 그 어떤 문학 장르보다 중요하게 생각하는 장르이다. 적어도 1930년대의 작가들은 서구 탐정소설의 시학을 접하면서 그로부터 기법 등의 원리에 영향을 받을 가능성이 있다. 김유

314 조성면의 「한국의 탐정소설과 근대성」(『대중문학과 정전에 대한 반역』, 소명출판, 2002)은 이러한 점에 착안하여 「만무방」의 문학적 성과를 지적했다.

315 안회남, 「탐정소설」, 『조선일보』, 1937.7.13~7.16.

316 조성면, 「한국의 탐정소설과 근대성」, 『대중문학과 정전에 대한 반역』, 소명출판, 2002, 43면.

정은 그것을 전통의 민담과 결합한다.

「만무방」의 이야기를 읽는 흥미로움 중의 하나는 '응오'의 볏단을 누가 훔쳐갔는가 하는 점에 놓이게 된다. 「만무방」의 서두는 예의 '전원문학'의 이름값을 하듯이, "산골에, 가을은 무르녹앗다"는 아주 한가로운 풍경을 그리는 데서 시작된다. 그러나 주인공 '만무방'이 자신의 아우의 볏단이 없어졌다 소문을 듣는 데서부터, 혐의자 '성팔'의 행적을 좇는 등 이야기는 긴장한다. 그리고 볏단 도난 사실과 함께, 고작 "동전 네 닙과 수수 일곱 되"에 장을 보고 오는 농군을 농군이 죽이는, 그것도 "흔적이 탈로날가 하야 낫으로 그 얼골의 껍질을 벅기고 조깃대강이 이기듯 끔찍하게 남기고 조긴"[317] 흉악한 살인 사건 이야기가 끼어들어 독자로 하여금 섬뜩한 느낌을 준다. 그러한 공포의 정서는 이야기의 끝 부분, 서낭당을 배경으로 족제비가 바스락거리며, 짝을 지은 늑대 두 놈이 골짜기를 건너는 산골의 깊은 밤에서 절정을 이룬다. "산골은 산신까지도 주렷스렷다. 아들 나 달라구 떡 갓다 밧칠이 업슬테니까. 이놈의 영감님 홧김에 덥석 달겨들면"[318]하는 설화적 상상으로 전율의 분위기를 가장 많이 높인다.

「산골 나그네」는 가난한 모자가 사는 산골 주막에 열아홉 살 여자 나그네가 찾아온다. 사건 설정 자체가 동화 같은 분위기의 전통적인 이야기에 가깝다. 작품의 전반부는 옛날이야기 흐름과 같이 느슨한 플롯을 따라 진행된다. 그런데 여인이 사라지는 장면에서 이 작품은 급박하게 전환한다. 인용한 아래의 장면을 보자.

317 김유정, 「만무방」, 『조선일보』, 1935.7.25

318 위의 글, 『조선일보』, 1935.7.31.

(가)

"애 덕돌아! 너 내일 우리 조마댕이 좀 해줄래?"

"뭐 어째?" 하고 소리를 빽지르고는 그는 눈ㅅ귀가 실룩하엿다.

"누구보고 해라야? 응? 이 자식 까놀라!"

어제까지는 턱업시 지냇단대도 오날의 상투를 못 보는가!

(나)

바로 그날이엇다. 웃간에서 혼자 새우잠을자고잇든 홀어미는 놀래여 눈이 번쩍띠엿다. 만뢰 잠잠한 밤ㅅ중이다.

"어머이! 그거 다라낫세유. 내 옷두 업고……"[319]

(가)는 낮의 타작마당에서 친구들이 새신랑을 놀리는 한가로운 전원적 풍경이 펼쳐진다. 그런데 작가는 (나)로 이야기를 전환하면서 어떠한 군말과 머뭇거림도 없이 '바로 그 날이엇다'로 상황을 반전시킨다. 그리고 신랑의 옷은 없어졌지만, 신부가 혼수로 받은 '은비녀'는 남겨 놓고 감으로써 신부의 도망이 의미하는 바가 무엇인지를 알아차리게 한다. 마치 김유정의 번역 탐정소설 「잃어진 寶石」에서 '보석'이 사건의 중심 열쇠가 되듯이 말이다. 신부는 시어머니가 혼수로 준 비싼 은비녀는 베개 밑에 놔두고 병든 남편 입힐 옷가지만 챙겨 도망한 실은 슬프고도 착한 며느리였다.

그 밖에 「솥」에서 주인공은, 들병이에 홀려 그녀에게 아내의 속옷, 힘지박, 심지어 솥까지 떼어다 바치고, 술판의 경쟁자들을 간신히 제치며 그녀의 기둥서방이 될 순간에 이른다. 그러나 뜻밖에도 그녀의

319 김유정, 「산ㅅ골나그내」, 『제일선』, 1933.3, 43면.

남편이 등장하면서 낭패를 본다. 이러한 의외의 사건 전개와 함께 독자가 갖는 흥미로움은, 주인공에 개의치 않는 들병이 남편의 천연스러운 행태 때문이다. 이상의 김유정의 작품 등을 살펴 보건대, 우리 근대소설사에서 김유정만큼 반전의 수법을 즐겨 쓰는 작가도 없다. 포우(E. A. Poe)가 단편소설의 장르를 확립한 자이기도 하지만 동시에 탐정소설의 비조라는 점에서 김유정의 탐정소설 번역이 우연한 일만은 아닐성싶다. 이야기를 긴장감과 통일성 속에서 치밀하게 조직하는 구성력이나 묘사방법, 표현기교 등은 서구문학과의 교섭에서 얻은 것이다. '구인회' 작가 박태원의 영화에 대한 관심은 유명한데, 김유정의 「소낙비」의 아래 장면은 영화예술의 영향을 짐작케 한다.

> **(가)** 계집은 몹시 놀라며
> "왜 이러서우 이거 노세유"
> 하고 몸을 뿌리칠랴고 앙탈을 한다.
> "아니 잠간만"
> 리주사는 그래도 놋치 안흐며 헝겁스러운 눈즛으로 계집을 달래인다. **흘러나리려는 고이춤을 왼손으로 연송 치우치며 바로 팔로는 계집을 잔뜩 응켜잡고는 엄두를 못내어 짤짤 매다 간신이 방안으로 끙끙 몰아너엇다.** 안으로 문고리는 재바르게 채이엇다. **(나)** 박게서는 모진 빗방울이 배추입에 부다치는 소리 바람에 나무 떠는 소리가 요란하다. 가끔 양철통을 나려 굴리는 듯 거푸진 천둥소리가 방고래를 울리며 날은 점점 침침하엿다.
> **(다)** 얼마쯤 지난 뒤엿다.[320]

320 김유정, 「소낙비」, 『조선일보』, 1935.2.1.

(가)는 춘호의 아내에 후끈 달은 '리주사'가 그녀를 방안으로 몰아넣느라 허겁지겁하는 행동이 눈에 보이듯이 재현된다. (나)는 방안에서 리주사와 춘호의 처 사이에 벌어지는 사태를 소낙비가 내리며 어두워진 바깥 풍경으로 대신한다. 그리고 (다)는 영화에서 카메라가 장면을 전환하듯이 화자는 다시 방안으로 시선을 돌린다. 김유정은 옛날이야기로 독자들의 흥미를 끈다. 그리고 옛날이야기를 서구의 소설, 또는 탐정소설, 영화 시학과 결합하여 소설이 갖춰야 하는 이야기의 성격과 형식미 모두를 얻는다.[321] 김유정은 이야기의 전통이 파괴되거나 그것의 힘이 약해지는 것을 인정하지 않았던 소설가이기도 하지만, 자기 시대의 호흡인 모더니즘의 세례도 사양하지 않은, 모더니즘의 서사전술도 때로는 채택한 리얼리즘과 모더니즘을 결합한 신판 이야기꾼, 즉 '이야기꾼 이후의 이야기꾼'을 감당한다.[322] 이 점에서 서구의 소설이 독자적인 스타일과 형식미를 강조하지만 자주 이야기의 모태로부터 절연되면서 서사문학의 생명을 잃는 것과 비교가 된다.

321 근대소설은 이야기라는 질료를 해부, 계산, 설계, 조작하여 플롯과 허구를 꾸민다. 내밀한 심리에 이르기까지 등장인물들은 작가에게 점령당한다. 합리적이고 합목적적인 소설의 서술은 철도적이다. 땅에 의거해 레일이 설치되듯이, 소설은 이야기에 근거해 인과관계를 실험한다. 진행되는 것은 이야기라기보다는 논리이다. 그러므로 "자기의 창조한 세계"란 작가의 이성에 정복·개조된 세계이다. 소설의 원리 자체로써 근대의 필연성이 선포되고 설득되는 것이다.(이경훈, 「식민지근대문학, 식민지로서의 근대문학」, 『오빠의 탄생』, 문학과지성사, 2003, 10면)

322 최원식, 「이야기꾼 이후의 이야기꾼」, 김유정기념사업회 편, 『한국의 이야기판 문화』, 소명출판, 2012, 403면.

3) 서구 리얼리즘의 지양

판소리계 소설이 당대의 습속이나 규범의 굴레를 전복하는 힘을 지니고 있으나, 서구 리얼리즘에 비해 사실과 경험에 대한 충실성이라는 점에서 미흡하고, 당대의 구체적 사회관계와 관련을 짓지는 못한다. 판소리와 옛날이야기의 전통을 수용한 김유정의 소설도 이러한 점을 가지고 있다. 리얼리즘은 서양에서 온 것이기는 하지만, 진보적인 사회 변혁사상으로 이어지는 서구 근대 사상의 가장 창조적인 지적 흐름을 대변한다. 19세기 전반 서구 리얼리즘 문학의 창조적 에너지의 진정한 원천은 수세기간 지속되어 온 서구의 진보적 휴머니즘의 전통, 그리고 이의 주요한 구성 요소를 이루는 '민중성'이었다. 따라서 19세기 후반 이래 리얼리즘적 성격의 퇴화의 핵심적 원인은 '민중성의 결여'이다.[323] 김유정이 활동하던 시기는 서구에서 수용된 부르주아 리얼리즘을 거쳐 프로계열의 리얼리즘이 절정을 이루고 한 고비를 넘어가던 시기였다. 이른바 순문학 단체로 불리는 '구인회'의 동인으로 프로 측으로부터 별로 좋지 못한 평판을 듣고 있었던 김유정은 리얼리즘에 대해서 어떠한 생각을 가지고 있었을까?

간단한 사실이나마 이미 알려진 김유정의 흥미로운 생각을 다시 꺼내본다. 잡지 『조광』(1937.2)에서 여러 작가들을 대상으로 벌인 「문화문답」이라는 설문 중, "世界歷史上 어느 時代, 어느 民族의 文化가 훌륭하다고 보십니까?"라는 질문이 있었다. 김유정은 이에 "아즉은 없었는 듯합니다. 허나 앞으로 장차 露西亞에[324] 우리 人類를 爲하야 크게 貢

323 김종철, 「디킨즈의 민중성 : 「어려운 시절」을 중심으로」, 『인문연구』 2, 1982, 173~174면.

324 전신재 편의 『원본 김유정 전집』(강, 1997) 외, 두 종의 『김유정전집』(현대문학사, 1968 / 김유정기념사업회, 1994)에는 '露西亞'가 '슬라브족'으로 바뀌어 있다.

獻될 바 훌륭한 文化가 建設되리라 생각합니다"라고 다소 의외의 답변을 헌다. 여기서 '로서아'는 이 시기 '소비에트 러시아'를 의미하는 것임은 두말할 필요도 없다. 김유정은 또 다른 지면을 빌려서는 오늘날 우리의 최고 이상은 위대한 사랑에 있으며, 위대한 사랑이 내포되지 못하는 한 오늘의 예술이 비로 길을 들 수 없음을 강조한다. 그리고 이런 점에서 러시아 무정부주의자 크로포트킨(P.A. Kropotkin)의 '상호부조론'이나 마르크스의 '자본론'이 훨씬 새로운 운명을 열 수 있는 것으로 강조한다.[325] 이런 몇몇의 단편적인 언급들에서 김유정과 사회주의의 관계를 따지는 하나의 징표를 엿보게 한다.

김유정은 분명히 프로문학의 사회적 리얼리즘에 대해서도 나름대로 자의식을 가지고 있는 것으로 판단된다. 이는 「만무방」을 비롯한 그의 일련의 작품에서 끊임없이 이뤄지는 사회적 발언에서 확인된다. 「만무방」의 경우, 『조선일보』에 연재하던 마지막 회의 글 말미에 "不得已한 事情으로 前回에 數十行 略하엿습니다"(1935.7.31)는 주가 달려 있는데, 이는 김유정의 사회적 발언이 문제가 된데서 빚어진 것이 아닌가 싶다. 그러나 김유정의 사회적 발언은 카프의 리얼리즘, 또는 서구의 비판적 리얼리즘과는 전혀 다른 방식으로 나타난다. 안회남의 김유정회고담을 보면, "인류(人類)의 역사(歷史)는 투쟁(鬪爭)의 기록이다. 한참 좌익사상이 범람할 임시 누가 이런 말을 하자, 옆에 있든 유정은 — 그러나 그것은 사랑의 투쟁의 기록이다. 하고 이렇게 대답한 일이 있다"고[326] 한다. 김유정의 프로문학에 대한 시각을 엿보게 하는 부분이다. 김유정 소설의 비극적인 농촌 현실에 관한 뼈아픈 소설직 증언은 일반적인 리

325 김유정, 「병상의 생각」, 『조광』, 1937.3, 193면.
326 안회남, 「겸허」, 『문장』, 1939.10, 56면.

얼리즘의 기준에서 손색없다. 그러나 김유정을 지배하는 것은 단순히 사회의식만이 아닌, 이를 넘어서는 좀 더 근원적인 의식, 즉 인간과의 본능적인 교감에 대한 의식 같은 것으로, 이는 이 소설가의 내면에 깊이 작용하고 있다. 김유정의 경우 자신의 소설 주인공들에게 대하는 것은 단순한 도덕적 의식이나 동정심과는 본질적으로 다르다. 보다 근원적 우애와 일치의 마음 또는 그런 마음을 향한 갈망이다.

이런 점에서도 김유정 소설에 자주 등장하는 상식적이지 않은 성윤리 의식을 드러내는 인물에 대해서도 또 다른 해석이 가능하다. 기존의 논의들은 김유정 소설에 자주 나타나는 아내의 매춘과 이를 방조 내지 공모하는 남편 등의 윤리의식을 황폐화된 것으로 보고 이를 식민지 궁핍한 현실과 관련짓는다. 김유정 소설에 나타난 매춘이 궁핍의 결과인 것은 틀림없으나, 김유정은 정작 이를 황폐화한 것으로 보지 않는다. 「소나기」에서 '춘호 처'의 몸을 탐하는 부자양반 '리주사'가 등장한다.

> 그런데 웬 년석의 냄새인지 무생채 썩는 듯한 시크므레한 악취가 물시로 코청을 찌르니 눈살을 크게 잽흐리지 안을 수 업다. 처음에야 그런 줄은 소통 몰랏드니 알고 보니까 비위가 조히 역하엿다. 그는 빨고 잇는 담배통으로 계집의 배꼽께를 똑똑히 가르키며
>
> **"예 이 살의 때꼽 좀 봐라 그래 물이 흔한데 이것 좀 못씻는단 말이냐?"**
>
> 하고 머처럼의 기분을 상한 것이 앵하단 듯이 꺼림한 기색으로 혀를 채엿다. 하지만 계집이 참다 참다 이내 무안에 못 이기어 일어나 치마를 입으랴 하니 그는 역정을 벌컥 내이엇다 옷을 빼서서 구석으로 동댕이를 치고는 다시 그 자리에 끌어안첫다. 그러고 자기 딸이나 책하듯이 아주 대범하게 꾸짓엇다.
>
> "왜 그리 계집이 달망대니? 좀 든직지가 못하구……"
>
> 춘호 처가 그 집을 나선 것은 들어간 지 약 한 시간만이엇다.[327]

이 주사는 자신의 욕심을 채우고 난 직후, 목욕을 오랫동안 못한 춘호 처의 몸에서 나는 악취 때문에 상을 찌푸리며 그녀에게 지청구를 준다. 여기서 최근의 탈식민주의 논의를 참조하자면,[328] 김유정 작품 속에 재현된 농촌, 향토들은 제국이 식민지를 타자화 할 때 항용 사용하는 무지와 반이성, 야만성, 성적인 일탈이 고스란히 재현되는 장소이다. 그러나 작가는 식민주의자가 피식민자를 타자화 하는 방식을 모방하면서도 그 모방을 통해 식민지하 농촌의 어두운 그늘을 식민지 근대주의자들에 되돌려주는 양가적인 방식을 취한다. 춘호의 처의 씻지 않은 몸에서 나는 악취 등이 보여주는 미개함 또는 야만성 등은 식민주의자에게는 피식민자의 열등성을 알려주는 증거이면서 동시에 공포를 불러일으킨다. 작가는 식민 담론의 권위를 좇아가면서도 이를 조롱하는 방식을 취한다. 피식민자들은 미개하고 야만적인 삶의 방식을 연행함으로써 식민지의 균질적인 시각적 응시를 교란한다.

김유정 소설에서 천하게도 보이지만 창피한 줄 모르는 신체의 유물론이 지배계급의 예의범절을 짓밟는다.[329] 작가는 춘호의 처가 겪는 수모를 우스꽝스럽게 몰고 가지만, 이러한 인물을 통해, 생존이라는 인간의 진실 앞에 정조라는 윤리 등이 얼마나 상대적이고 부분적인 것이라는 점을 드러낸다. 정조 등의 윤리적 성실성을 내세우며 마치 인간에 대한 이해를 하고 있는 듯이 얘기하는 도덕주의자들의 위선과 교훈을 우습게보고 있는 것은 아닌지? 김유정은 도덕이나 법에 대한 체제적인 관점의 위선과 허위를 비웃으며 계율, 도덕률에 대한 근본적인

327 김유정, 「소낙비」, 『조선일보』, 1935.2.1.

328 김양선, 「1930년대 소설과 식민지 무의식의 한 양상 : 김유정소설에 나타난 향토의 발견과 섹슈얼리티를 중심으로」, 전신재 편, 『김유정문학의 재조명』, 소명출판, 2008, 78~79면.

329 테리 이글턴, 「벤야민과 축제」, 여홍상 편, 『바흐친과 문학이론』, 문학과지성사, 1995, 173면.

부정에 서서 오히려 인간의 가능성에 대한 근본적인 긍정을 하고 있다.[330] 오히려 김유정 소설의 여주인공들은 '도덕의 피안'에서 사는 듯 지배계급이 훈육한, 성에 대한 노예의 도덕으로부터 자유롭다.[331] 물론 「가을」에서 "복만이 같이 내 팔을 안해도 없다. 우리 집에는 여편네라군 병들은 어머니밖에 없으나 나히도 늙었지만(좀 부끄럽다) 우리 아버지가 있으니까 내 맘대룬 못하고"[332] 같은 내용은 해학을 넘어 인물에 대한 조롱의 기미를 보이기는 한다.

김유정 소설은, 리얼리즘 작가들과 같이 약자라고 생각하는 자들의 입장을 대변하고 그들의 어려운 상태를 고발하는 방식을 통해 그들에 대한 사랑과 동정을 표시하지 않는다. 작가 또는 화자는 근본적으로 '그들이 되는 방식'을 취하고자 한다. 화자가 '그들이 되는 방식'은 바로 미학적으로는 화자가 그들과 같은 말을 쓰면서 그들의 언어와 함께 하는 데서 실현된다. 그것은 전통적 이야기의 구어의 세계가 적절히 봉사한다. 대체로 이야기 속에 있는 모든 말들은 동시에 교차하는 두 가지 맥락, 즉 두 개의 언어행위에 나타나게 된다. 작가-화자의 말과 등장인물의 말이 그것이다.[333] 김유정 소설에서 화자의 말투 또는 언어 수준은 지식인 작가 자신의 것이 아닌 판소리꾼 아니면 대부분 작중인물의 것에 의존하게 된다.[334]

"경을 읽을 때에는 눈을 감고 중얼거리는 것이 바로 장님이 왔고 투

330 김종철, 「블레이크와 민중문화」, 『인문연구』 4, 1983, 212면.

331 최원식, 「이야기꾼 이후의 이야기꾼」, 김유정기념사업회 편, 『한국의 이야기판 문화』, 소명출판, 2012, 402면.

332 김유정, 「가을」, 『사해공론』, 1935.1, 246면.

333 M. 바흐찐·V.N. 볼로쉬노프, 송기한 역, 『마르크스주의와 언어철학』, 한겨레, 1988, 190면.

334 이석훈에 의하면 김유정의 이야기 말투가 "야담(野談)이나 고담식(古談式) (…중략…) 시골 오입장이(술 먹으면 시골 오입장이적 風貌로 變한다)적 語調"(이석훈, 「유정의 면모 편편」, 『조광』, 1939.12, 314면)이었다고 한다.

전장을 뽑을 때에는 그 눈깔이 밝기가 부엉이 같다"[335]는 판소리 등에서 볼 수 있는 대조에서 오는 내용과 운율감이 청자를 흥겹게 한다. "이 자식이 일을 하나 시졸 하나", "콩밭에서 금을 딴다는 숭맥도 있담", "금점이란 칼 물고 뜀뛰기다",[336] "먹다 걸릴 만치 그토록 양식을 싸아두고 일이 다 무슨 난장 마즐 일이람"[337] 등의 문장에서는 화자와 작중인물의 말을 구분하기가 어렵다. 거의 기질적이라고 할 만한 농민적 성향을 가진 김유정은 삶의 현장에서의 농민들의 발음을 정확하게 포착해내고, 그것을 그대로 기록한다. 그가 비록 문자로 소설을 썼지만 그가 살려내고자 한 것은 문자 자체가 가지고 있는 의미의 세계가 아니라, 문자로 녹음을 해놓은 구어의 세계일 정도이다.[338] 따라서 김유정 소설은 현대소설에서 언어를 뒤틀고 비비꼬고 하는 식의 글투와는 거리가 멀다. 작가에게 길들여진 친숙한 구어는 화자의 태도를 당당하게 하며, 따라서 책에서 읽은 지식에 억압당할 필요도 없고 무엇을 표현해야 한다는 강박관념에 시달릴 필요도 없게 되는 셈이다.

> 금인가 난장을 맞을 건가 그것 때문에 농군은 버렸다. (…중략…) 그 소중한 밭에다 구멍을 뚫코 이 지랄이니 그 놈이 온전할 겐가. (…중략…) 남들은 돌아다니며 잘두 금을 주서오련만 저 망난이 제발 하나를 다 버려두 금 한톨 못 주서오나. 에, 엥, 변변치도 못한 사나이. (…중략…) 안해는 이 꼴을 바라보며 독이 뾰록같이 올랏다. 금점을 함네 하고 금 한 톨 못 캐는 것이 버릇만 점점 글러간다. 그전에는 없드니 요새로 건듯하면 탕탕 때리는 못된 버릇이 생긴 것이다.

335 김유정, 「떡」, 『중앙』, 1935.6, 22면.
336 김유정, 「금따는 콩밧」, 『개벽』, 1935.3, 55면.
337 김유정, 「만무방」, 『조선일보』, 1935.7.17.
338 전신재, 「판소리와 김유정 소설의 언어와 정서」, 『김유정 문학의 재조명』, 소명출판, 2008, 172면.

금을 캐랫지 빰을 치렛나. 제발 덕분에 고놈의 금좀 나오지 말엇으면. 그는 빰 맞은 앙심으로 맘껏 방자하엿다.[339]

내가 여기서 구문을 한 푼이나마 얻어먹었다면 **참이지 승을 갈겠다.** 오 원식 안 팍 구문으로 십 원을 답센 것은 술집 할머니요 나는 술 몇 잔 얻어먹었다.[340]

남의 집 머슴 녀석. 뺨을 내이고 멋업시 점잔을 피우는 중늙으니 상투쟁이. **이 물건은** 어서 날라 왓는지 보도 못하든 놈이다. 제 **이것들**이 뭘 한다구-[341]

김유정은 장식으로서의 문학을 거부하고 활달한 이야기꾼이 될 수밖에 없고 이야기하는 욕망을 직접 드러내는 스타일의 화법을 취한다. 당연히 「금」(1935)은 청자의 호기심을 유발하는 판소리문학 창자의 '미끼'와도 같은 발언 —"금점이란 헐 없이 똑 난장판이다"라는 식으로 이야기를 시작한다. 「떡」(『중앙』, 1935.6)은 이렇게도 시작한다.

원래는 사람이 떡을 먹는다. 이것은 떡이 사람을 먹은 이야기다. 다시 말하면 사람이 즉 떡에게 먹힌 이야기렷다. (…중략…) 이번 일이 버러진 것은 즉 여기서 시작되엿다.[342]

「떡」에서 작가적 화자의 전지성은, 이광수의 장편 『무정』에서처럼 작가의 정신세계와 지성의 산물이 아니라, 생활 속에 부대끼어 '찧고

339 김유정, 「금따는 콩밧」, 『개벽』, 1935.3, 58~62면.
340 김유정, 「가을」, 『사해공론』, 1935.1, 248면.
341 김유정, 「만무방」, 『조선일보』, 1935.7.27.
342 김유정, 「떡」, 『중앙』, 1935.6, 18면.

까부는' 가운데 얻어진 것이며, 특정한 관점을 지닌 개체가 세상을 '보는 것'이 아닌, 사람들과 사람들 사이의 관계를 통해 세계를 드러낸다.[343] "사람의 키가 무럭무럭 자라는 줄만 알았지 불배기 키에 모로만 벌어지는 몸도 있는 것을 **누가 알았으랴**"(「봄 · 봄」) 등의 김유정 소설에 빈번히 나타나는 서사적 약자의 자탄(自歎) 발화는 그것이 인물의 것인지 인물에 공감하는 화자의 것인지 분간도 안 간다. 이러한 구술의 어법은 이야기하는 사람과 듣는 사람의 공동체적 유대, 그리고 공감의 확대와 관련된 공동의 예술체험을 갖게 한다. 그럼으로써 이러한 어법은 단순한 이야기 전달의 기능을 넘어서서 공동체 인식에 근거한 소망을 이야기 세계에 암암리에 부여한다. 이는 결국 서구소설의 경험을 그대로 밟지 않고 궁극적으로는 서구 모더니즘 소설의 미학적 긴장을 해체하면서 인간관계의 소원함을 넘어선 따뜻한 공동체적 삶을 향한 나름대로의 길을 추구할 수 있는 또 다른 방식이 되고 있음을 보여준다.

어떻게 보면 구어체란 궁극적으로 실제 말과 문자를 일치시키는 것이기보다는 타인과 체험을 공유하며 그들과 대화를 나누듯이 실제 말하는 것과 같은 상황 안에서 기술하는 문체이다. 루카치 같은 리얼리즘 이론가에게서 소설이 현실에 대한 모형화이고 예술적 반영은 이러한 모형화의 원리가 된다면, 바흐친에게서는 현실이 아니라, 이러한 현실과 결부되어 이미 하나의 실재를 구성하고 있는 말이나 의식에 대한 묘사가 문제가 된다.[344]

김유정 소설은 서구 리얼리즘의 진보적 상상력, 사회적 상상력에 분명히 영향을 받고 있다. 그러나 그것은 전통적 구어 미학의 세계와 교

343 나병철, 「시각중심성을 넘어선 서사와 울림의 소설」, 『현대문학이론연구』 33, 2008 참조.
344 변현태, 「바흐찐의 소설이론: 루카치와의 비교의 관점에서」, 『러시아소비에트문학』 7, 1996, 116면.

섭하면서 이 시기 여느 리얼리즘 소설과는 다른 창조적 세계를 보여준다. 「땡볕」(『여성』, 1937.2)에서 남편의 지게에 얹혀 '되지도 않는' 유언을 남기고 있는 아내의 목소리가 생생하다.

> "저 사춘 형님께 쌀 두되 꿔다 먹은 거 부대 잊지 말구 갚우" (…중략…) "그러구 임자 옷은 영근 어머이더러 사정 얘길 하구 좀 빨아달래우" …… 때는 중복 허리의 쇠뿔도 녹이려는 뜨거운 땡볕이었다. 덕순이는 빗발같이 나려붓는 얼골의 땀을 두 손으로 번갈라 훔처가며 끙끙 나려올 제, 안해는 지게 우에서 그칠 줄 모르는 그 수많은 유언을 차근차근 남기자, 울자, 하는 것이다.[345]

문학의 리얼리즘은 설득력이 있어야 성취할 수 있는데, 문학의 설득력은 오직 진실을 그리는 힘에서 나오는 것이고 그 진실은 작가가 인물과 진정한 대화를 나누는 속에서 실현된다. 그리고 이는 작가가 귀담아 들어야 하는 인물의 말들 — 생기 왕성한 구어의 재현에서 실현된다. 이것은 화자 주체가 타자와 함께 뗄 수 없이 공존재로서 거울 속에서 자신을 들여다보듯이 타자의 생애를 읽으며 말을 건네는 시선이며, 타자의 몸에 씌어진 내러티브에 귀를 기울이는 청각적 시선이다. 화자 주체는 눈이 아니라 눈물로 타자를 바라볼 수 있는 것이다.[346]

---

345 김유정, 「땡볕」, 『여성』, 1937.2, 95면.
346 김종갑, 「공동체적 시선을 위하여 : 토니 모리슨의 『푸른 눈』」, 『안과밖』 15, 2003, 240면.

4. 구어의 성과와 부정적 기능 : 채만식 소설

1) 구어체와 극화

1930년대의 채만식 문학은 식민지 치하의 부정적인 세태를 통해 식민지 현실을 비판하는 데 중점을 두고 있다. 그런데 그의 소설의 비판 방식은 잘 알다시피 기존의 현실 모사의 리얼리즘 소설과 달리 풍자 또는 반어의 정신과 기법으로 이뤄진다. 이를 위해 그의 소설은, 고소설의 이야기체와 판소리의 구연방식의 현장성을 채용하며 구어를 대담하게 구사하는 등 전통적 이야기의 방식을 새로운 문체적 장치로 활용한다. 채만식 문학은 서양 근대 사실주의 소설 기법론이 강조한 정면에서의 사실적 묘사, 작가의 개관적 위치 고수 등에 역행하면서 반(反)사실주의적 기법처럼 보이는 판소리 사설의 기법 등을 사용하는 것이다.[347] 이러한 방식들이 적극 활용된 채만식의 구어체 소설들은 1930년대 후반 중 1938년 한 해에 집중적으로 발표된다. 『天下太平春』(『조광』, 1938.1~9)에 이어 연속적으로 발표한 「痴叔」(『동아일보』, 1938.3.7~14), 「이런處地」(『사해공론』, 1938.8), 「少妄」(『조광』, 1938.10) 등이 바로 그것이다. 그동안 1930년대 후반 채만식 소설의 풍자의 의미는 사상적, 주체적 측면에서 규정되어 왔는데 이 글은 이러한 풍자를 위해 사용한 여러 장치 중에서 구어체가 어떠한 역할을 하고 있는지를 살피고자 한다.

『천하태평춘』은 식민지 부르주아의 삶이 지닌 부정적 모습을 그 현실의 본질과 역사성에 비추어 비판한 채만식의 가장 대표적인 작품이

347 이주형, 「『태평천하』의 풍자적 성격」, 『채만식』, 문학과지성사, 1984, 120면.

다. 이 작품은 구한말에 요호부민 계층으로 출발하여 한일병합 이후에는 지주와 고리대금업자로서 상업 자본을 축적한 '윤장의(尹掌儀)'와 그에 기생하는 윤씨 일가족을 비롯한 여러 인물들의 삶을 통하여 식민지 자본가계급의 퇴폐성과 그들의 필연적 파멸을 그리고 있다. 특히 윤장의 같은 상업 고리대 자본가들이 왜 친일을 할 수밖에 없었는가 하는 사실을 객관적 현실 위에서 반영했다는 점에서 이 작품은 리얼리즘적 성격을 뚜렷이 한다. 이러한 『천하태평춘』의 리얼리즘적 성취는 부르주아 리얼리즘 문학 일반과 달리 풍자의 방식을 통해 이뤄지고 풍자의 수단으로 욕설 등의 비속어, 사투리 등의 구어들이 중요한 기여를 하고 있다. 그중 전라도 방언은 일상어로서 자연 구어의 특성을 가장 잘 드러내는데, 속물적이고 경박한 주인공의 성격을 구현하는 데 일정한 역할을 한다. 그런데 『천하태평춘』에서 화자가 주인공을 서술하기 위해 능숙하게 다루는 사투리의 언사도 언사이지만, 전라도 사투리를 쓰는 인물 스스로의 발언이 극화되어 있는 장면에서 높은 수준의 풍자가 실현된다.

이 작품에 나타난 윤장의 영감의 여러 모습들 중에서도 식민지 부르주아의 반역사성을 현실의 본질에 비추어 풍자하여 리얼리즘의 성과를 가장 선명하게 보여주는 극화된 장면 중의 하나가, 중일전쟁 사태를 얘기하는 윤장의의 모습을 그린 부분이다. 『천하태평춘』의 시간 배경인 "정축년(丁丑年) 구월 열××날인 오늘 하루"[348]는 다름 아닌 중일전쟁이 발발하여 이에 대한 중국, 러시아의 대응 등이 급박하게 돌아가던 시기이다. 이 시기 어떠한 소설도 이렇게 부정적인 주인공의 입을 빌려 중일전쟁과 관련된 시대의 현안에 대하여 길게 발언하는 무대

348 채만식, 『天下太平春』, 『조광』, 1938.8, 256면.

를 마련해준 예도 없다. 그리고 중일전쟁 사태의 본질이 유식한 화자나 지식인 인물의 전문화된 발언이 아니라 오히려 상말과 사투리를 쓰는 윤장의의 입을 통해 의도치 않게 나오기에 역설적으로 풍자의 효과를 얻는다. 윤장의는 중일전쟁의 전황을 알리는 호외를 받아 들고 고리대 브로커와 나름의 진지한 대화를 전개해나간다.

호외 방울소리에 말을 끊기우고 주객은 다가치 잠잠합니다. 제각금 사변현실에 대한 자기네의 인식정도를 토대삼아 그 발전을 호외 방울소리에 의해서 제맘대루 상상을 하고 있든 것입니다.

(…중략…)

"워너니 즈까짓 놈덜이 어디라구 세계서두 첫재 간다넌 일본허구 쌈을 헐라구들 것잉가? (…중략…) 아-니 글시 좋게 호떡 장수나 히여먹구 인죄견 장수나 히여먹을 일이지 어디라구 글시 덤비냔 말이여!"

"즈이는 별조 없어두 다 믿는 구석이 있어서 그랬다드군요"

"믿다니?"

"아라사를 찜 믿구서 그랬다봐요"

"아라사를? ……"

"네, 그것두 달리 그랬으꼬마는, 아라사가 쏘삭쏘삭해서 지나의 장개석일 충동일 시켰대요. 이애 너 일본하구 싸움 안니? 안 해? 이 병신 바보 녀석아 그래 그렇게 꿈쩍 못해?…… 싸움해라 싸움해. 허기만 허면 내가 뒤에서 한목 거달어 줄테니 응 아무 걱정 말구서 덤벼 들어라. 덤벼서 싸움만 하란 말이다. 허면 다 좋은 수가 있으니…… 이렇게 중농이를 놓았대요"

"오올치그런디 아라사가 그랬다!……. 그런듸 아라사가 왜?……. 저 거시기 그때 일아전쟁(日俄戰爭)에 진 원혐으로? 그 분푸리루?"

(…중략…)

"그건 몰으시는 말습입니다 ……. 아라사루 말허면 아따 저 무엇이냐 사회주의를 하는 조종이거든요"

"거 참 아라사는 그렇다데 그려……. 그 놈의 나라에서는 부자사람의 것을 말끔 뺏어다가 멋이냐 농군놈덜 혀구 나누어 주었다지?"

"그렇지요 ……"

"그런듸?"

"그런데 아라사는 즈이만 그걸 할뿐 아니라 지나두 갖다가 즈이허구 한판속을 만들려구 들거든요"

"청국을? …… 청국두 그놈의 부랑당속을 맨들어? …… 그게 무어니 무어니 히여두 이 사람아, 알구보닝개루 바루 부랑당 속이지 별것이 아니데 그려? 자네는 몰으니마넌, 옛날 죄선두 활빈당(活貧黨)이라닝게 있었너니. 그런듸 그게 시체 그놈의 것 무엇이냐 사회주의라더내 그거허구 한속이더니……"

"지나뿐이 아니라, 온 세계를 그러자구 든다니까요 (…중략…) 그러니깐 (…중략…) 일본이 따들구 나서가지굴랑 지나를 정신을 채리게 하느라구 이를테면 따구ㅅ개나 붙여가면서 훈계를 하는 게 이번 전쟁이랍니다."

(…중략…)

"참 장헌 노릇이여……. (…중략…) 관리허며 순사를 우리 죄선으루 많이 내보내서, 그 숭악헌 부랑당 놈들을 말끔 소탕시켜 주구 (…중략…) 이번에 그런 전쟁을 히여서 그 못된 놈의 사회주의를 막어내주니 원 그렇게 고맙구 그렇게 장헐 디가 어디 있담 말잉가? (…중략…) 어-참 끔직이두 고맙구 장헌 노릇이네! (…중략…) 게 여보소, 이번 쌈에 일본이 갈디읍시 익이기넌 익이렷대잉?"[349]

윤장의가 중일전쟁 사태를 바라보며 다다르게 되는 중요한 결론은,

349 채만식, 『天下太平春』, 『조광』, 1938.5, 140~144면.

이 전쟁에서 중국을 후원하며 일본과 맞서 있는 국가가 그 자신이 이른바 '숭악한 부랑당'으로 생각하는 소위 사회주의를 신봉하는 '아라사'라는 점이다. 윤장의가 '태평천하'라고 생각하는 식민지 자본주의 체제의 항구성을 위협하는 것은 바로 다름 아닌 사회주의세력이다. 주지하다시피 만주사변(1931)과 중일전쟁(1937)은 자본주의 국가 일본의, 자국 내 자본적 모순 및 위기 상황을 돌파하기 위해 치러야 했던 불가피한 침략전쟁이었다. 이러한 사실에 비춰 볼 때 윤장의와 브로커의 대화는, 제국주의 일본에 맞서는 사회주의에 대한 지배계급의 담론이 대중에게 어떻게 스며들어 가 있는지를 잘 보여준다.[350] 작가 또는 화자의 유식한 발언을 통해 이야기 된 것이 아님에도 윤장의의 입으로부터 거칠게 쏟아져 나오는 비속어와 사투리로 이뤄지는 중일전쟁에 대한 윤장의의 말들은 오히려 사태의 핵심에 다가서게 한다. 화자는 사회주의에 대한 자신의 생각 또는 주견을 방기한 것같이 보이지만, 실제로 윤장의의 생각을 그의 비속어와 사투리로 극화함으로써 자신의 생각과 경쟁적 대화를 나누게 한다.[351]

윤장의의 말과 모습이 이 부분에서 극화되는 것은 윤장의라는 인물이 화자로부터 떠나 독립되어 있기 때문이다. 윤장의의 전라도 사투리

---

350 『天下太平春』은 중일전쟁의 사태를 통해, 사회주의권을 중심으로 진행되는 반파시즘 인민전선 및 일본의 군사적 모험에 따른 제국주의의 위기 가능성 등에 대한 나름대로의 역사적 전망을 품고 있는 셈이다. 이와는 대조적으로 이광수는 중일전쟁을 통해 일본의 전쟁 의도가 제국주의적 지배를 위함이 아니라 진정 아시아를 위한 것이라는 사실을 알게 되었다고 말한다. 한편 이태준 등의 소시민적 성향의 작가는 「장마」(1936), 「패강랭」(1938) 등의 작품을 통해, 중일전쟁을 전후로 본격적 전시체제에 접어든 식민지 조선의 모습을 착잡한 시선으로 바라보고 있지만, 그 전쟁의 역사적 성격을 묻고자 하지는 않는다.

351 사회주의에 대한 채만식의 인식 수준은 그렇게 높았던 것으로 보이지 않는다. 그러나 그 인식 수준의 높고 낮음이 문학적 성취를 결정하는 것은 아니며, 채만식 문학에서 사회주의 이념이 갖는 중요성은 그것이 작품 전체의 서사를 규율하는 '미학적 조종 중심'으로 기능한다는 점이다.(하정일, 「채만식문학과 사회주의」, 『채만식문학의 재인식』, 소명출판, 1999, 78면.

와 비속어, 그와 비교되는 약삭빠른 브로커의 말씨들이 곁들이면서 화자는 이들 목소리의 날것을 경청하며 이들과 넓은 의미에서 '대화'를 나눈다. 여기서 '대화'란 작가와 인물이 서로 동등한 권리와 동등한 의미를 지니고 의식들 간의 상호작용을 담는 특수한 형식으로서의 대화의 특성을 말한다. 그 밖에도 『천하태평춘』에서 이러한 윤장의 영감의 말로 이뤄지는 극화의 장면은 인물의 현실성을 얻어내는 데 중요한 역할을 한다.

> "춘심아- 너 멧 살이지?"
> "열다섯 살이지 머, 그새 먹어서 없어졌을라구요?"
> (…중략…)
> "아이 참, 영감님은 몇 살이세요?"
> "나? 글시 원, 하두 많이 먹어서 인재넌 나히먹은 것두 다아 잊어버렸넝가부다!"
> "애개개 암만 나히를 많이 잡수셨다구 잊어버리는 사람이 어디가 있어요?"
> (…중략…)
> "춘심아! 너, 내가 나이 많언개 싫으냐?"
> "싫은 건 무었엇 있나요? 몇 살이세요? 정말……"
> "그렇게 알구 싶으냐?" (…중략…) 예순…… 응 다섯 살이다"
> "아이구머니!"
> 춘심이는 입이 떡 벌어지고, 윤장의 영감은 윤장의 영감대루 또 속이 있어서 입이 벌심 벌어집니다.
> 윤장의 영감의 나히 꼬박 일흔인 줄은 천하가 다 아는 노릇입니다. 그런 것을 글세 '애인'한테래서 그중 다섯 살만 주리여 예순다섯으로 대다니 우리는 그것을 단작스럽다고 웃어버리기 보다 오히려 옷깃을 바루 잡고 '엄숙히' 한번 생각해보고 싶습니다.[352]

『천하태평춘』에서 주로 화자에 의해 대상화, 사물화되곤 하던 윤장의는 이 장면에서는 자의식을 가진 개별화를 얻어내게 된다. 인물들은 화자의 설명으로 만들어진 '성격'을 넘어 스스로의 발언을 통해 '개성'으로 탄생한다. 그리고 그러한 인물에 대한 화자의 동감 또는 조롱의 복합적 어조가 교차된다. 모든 훌륭한 저자는, 작품이 참된 것이라면, 저자 마음대로 침범할 수 없는 성격의 인물을 창조한다. 다성적 저자가 순전히 종결 불가능한 주인공들을 구상하면, 그는 인물들에게서 예측 불허의 반응을 불러일으키는 기법뿐 아니라, 인물들이 서로 논쟁을 벌이기도 하고 저자의 견해와 논쟁을 벌이기도 하는 다양한 기법을 사용하게 된다.[353] 위의 장면은 『천하태평춘』의 다른 부분에서와 같이 화자에 의해 유형화되어 버린 윤장의의 '성격'이 아니라, 어린 여자를 향한 욕정에 불타는 늙은 부르주아의 스스로 살아 움직이는 '개성'을 보여준다.

윤장의는 작가, 혹은 화자에 의해 성격화된 것이 아니라 다른 인물 곧 춘심이를 통해 자신의 형상을 부여받는다. 윤장의의 성격은 그가 어떤 인물의 의식 속에 비춰지느냐에 따라 다양한 방식으로 바뀌어 연출된다. 상대방을 향한 등장인물의 의식적 지향은 대화에서 가장 첨예하게 드러난다. 대화는 동일한 대상, 혹은 사건들을 향해 각 인물들의 말이 만나는 지점이기 때문이다.[354] 윤장의에게 독자적인 말을 부여함으로써 그의 자의식이 발생하며 이러한 자의식은 개성적 인간의 전제 조건이다. 참고로 대화로 재현되는 채만식 소설의 극화 장치는 — 물론

352 채만식, 『天下太平春』, 『조광』, 1938.6, 172면.

353 게리 솔 모슨·캐릴 에머슨, 오문석·차승기·이진형 역, 『바흐친의 산문학』, 책세상, 2006, 447면.

354 김종욱, 「관념의 예술적 묘사 가능성과 다성성의 원리 : 염상섭의 『삼대』론」, 『민족문학사연구』 5, 1994, 127면.

소설 담론은 연극의 '명시적 대화'와 근본적으로 다른 것이기는 하지만 —이미 그의 '대화소설' 또는 희곡, 시나리오 등에서 예견된 바가 있다.

요컨대 『천하태평춘』의 풍자는 화자의 입심도 중요하지만, 윤장의 스스로의 입말을 모방 또는 재현하는 극화의 장면이 삽입되기 때문에 그 효과를 발휘한다. 채만식 소설은 마치 판소리가 운문과 산문의 반복에 의한 긴장과 이완의 구조를 서술상에서 드러내듯이,[355] 판소리의 아니리와 같은 화자들의 요설 사이로 인물 간 대화로 이뤄진 극화된 장면을 삽입하여 작품의 긴장미를 확보하는데, 이는 「치숙」에서도 확인된다. 『천하태평춘』의 윤장의 영감의 사회주의에 대한 두려움 또는 반발심은 「치숙」에서는 일본인 상점의 젊은 점원의 발언을 통해 변주되어 나타난다.

「치숙」의 화자인 점원은 마치 자신에게 친근한 청자를 앞에 두고 이야기하는 방식을 취한다. 일인칭으로 분한 화자는 사적 개인사를 매개로 시대와 사회에 대한 공적 전언(傳言)을 하는데, 청자 일반을 대하면서도 특정 청자를 향하는 듯한 '해요'체의 화법을 구사한다. 이 화법은 청자에게 익숙해서 공감도와 호소력을 높이지만 한편으로는 청자를 비롯해 어느 누구도 일인칭 화자의 얘기에 한마디도 끼지 못하고 듣게만 하기에 화자는 일방적이고 자기도취적이 된다. 그리고 화자는 이에 힘입어 청자를 수동적, 수용적인 동조자로 보며, 이러한 일방성과 고착성으로 풍자 효과는 더욱 커진다.[356] 그런데 능숙한 구어체로 이뤄지는 화자의 말 안에도 시속의 다양한 풍경이 펼쳐진다.

---

355 송현호, 「「치숙」의 서사구조와 서술방식 연구」, 이주형 편, 『채만식 연구』, 태학사, 2010, 403면.

356 김홍수, 「채만식 소설의 문체」, 『국어문학』 32, 1997, 56면.

계제에 마침 또 좋은 자리가 잇엇고요. '미네'상이라고 '미쓰꼬시' 앞에서 빠나나 '다다끼우리' 하는 인데 사람이 퍽 좋아요. 우리집 '다이쇼' 主人도 잘 알고 허는데 그이가 늘 날더러, 조선 '오깜상' 하구 살엇으면 좋겟다고 중매서달라고 그래 쌌어요. 돈을 모아둔 게 없어도 다 벌어먹고 살만하니까 그런 사람 맛나서 살면 아주머니도 신세 편할 게 아니라구요? 그런 걸 글세 몇 번 말해야 숭헌 소리 말라고 듣지 아는 걸 어떠커나요.[357]

화자는 사회주의 운동을 하다 징역살이를 한 남편 때문에 신세를 망쳤다고 생각하는 아주머니에게 일본인 상인과 재가를 하라고 권유한다. 권유하는 화자의 발언 안에는 다른 이의 목소리들이 긴장하며 서로 부딪친다. '미쓰꼬시' 앞에서 빠나나 '다다끼우리(노점상이 좌판을 두드리며 물건을 싸구려로 파는 것)'를 하는 일본인 '미네상'이 말하는, "조선 오깜상하구 살엇으면 좋겟다"는 목소리가 있는가 하면, 이에 대해 "숭헌 소리 말라"는 조선 아주머니의 목소리도 있다. '미스꼬시', '다이쇼', '다다끼우리', '오깜상' 등의 경박한 말소리에 비춰, '숭헌 소리 말라'는 아주머니 말은 대조적인 울림을 준다. 「치숙」이 주로 '나'라는 인물의 요설과도 같은 독백으로 이뤄져 있으면서도 그 독백 안에 놓인 인물들의 대화적 성격이 기묘한 아이러니의 효과를 낳는다.[358] 화자는 한 명인데도 연극적인 대화의 공간이 생겨난다. 독백이되 이른바 극적인 독백이다.

그러나 「치숙」에서 역시 핵심적인 것은 화자의, 사회주의 운동 전력이 있는 아저씨에 대한 반발이다. 화자가 '사회주의'를 비난할 경우, 자신의 지식의 한계 때문에 "사회주의라디나 믹길리라더냐" 또는 "어쌨

357 채만식, 「痴叔」, 『동아일보』, 1938.3.7.

358 정홍섭, 『채만식문학과 풍자의 정신』, 역락, 2004, 143면.

다고 그걸 끝끝내 하지 못해서 그 발광인고?” 하며, “그게 밥이 생기는 노릇이란 말이요? 명예를 얻는 노릇이란 말이요? 필경은 잽혀가서 징역사는 놀음? 아마 그놈의 것이 아편하구 꼭 같은”[359] 식으로 무식한 발언밖에 못한다. 그래서 화자는 사회주의를 식민지 지배세력의 담론으론 ‘번안’한 ‘다이쇼 主人’의 권위 있는 입을 빌려 사회주의를 공격하고 나선다.

> 저- 서양 어데선가 일하기 실혀하는 게름뱅이 몇 놈이 양지쪽에 모혀앉어서 놀고먹을 궁리을 했더라나요, **우리 집 ‘다이쇼-’가 다 자상하게 이야기를 해줍디다** 그려.
>
> 게, 그 녀석들이 서루 구누를 하기를, 자 이 세상에는 부자가 잇고 가난한 사람이 잇다 하니 그넉 도무지 공평한 일이 아니다.[360]

그리고 화자는 자신에게 익숙한 1930년대 후반기 식민지 사회의 공식문화와 언어를 동원하여 아저씨의 사회주의에 대한 비난에 나선다.

> 아 그런데 그 못된 놈의 풍습(사회주의 – 인용자)이 삽시간에 동서양 각국 안간 데 없이 퍼저가지골랑 한동안 내지에도 마구 굉장히 드세게 도라다녓고 내지가 그러니까 멋도 모르는 조선 영감상들도 덩달어서 그 숭내를 냇다나요.
>
> 그러치만 시방은 그새 나라에서 엄하게 밝히고 금하고 한 덕에 만히 너끔해젓고 (…중략…) 그럴 게지 글세. 아 해서 좋을 양이면야 나라에선들 왜 금하며 무슨 원수가 젓다고 붙잡아다가 징역을 살리나요.

359 채만식, 「痴叔」, 『동아일보』, 1938.3.8.
360 채만식, 「痴叔」, 『동아일보』, 1938.3.9.

좋고 유익한 것이면 나라에서 도리혀 장려하고 잘 하라치면 사읍도 주구 그러잔어요.

활동사진이며 '스모'며 '만자이(漫談—인용자)**'며 또 '왓쇼왓쇼**(마을축제—인용자)**'랄지 '세이레이 낭아시**(위령제—인용자)**'랄지 라디오체조랄지** 이런 건 다 유익한 일이니까 나라에서 설도도 하고 그러잖아요.[361]

인용된 내용에서 대중문화와 관련된 일본말들이 난무하는 것은 채만식의 소설이 단지 세태소설의 성격이라는 사실을 가리키는 것만은 아니다. 위의 일본말들은 대중들에게 익숙한 식민지 자본주의의 대중적, 공식적, 지배적 담론들이다. 이것을 이 시대의 불온한 언어인 '사회주의'와 대비하여 식민지 조선의 현실을 환기한다. 작가는 자신의 편인 사회주의를 옹호하기보다는 사회주의를 비난하는 대중, 이 시기의 지배적 담론을 자기 지시적으로 반영한다. 중앙 집권과 헤게모니 장악을 꿈꾸는 모든 사회정치적 기도는 이데올로기 내부에 편재하는 탈 중심적(원심적) 세력을 언제 어디서나 적대시한다. 이 세력이 기호 작용에 걸쳐 광범위하게 의식적 패러디로 표현될 때 바흐친은 이 세력을 '축제'라고 부른다. 또, 이 세력이 역사상 어느 시대든 글의 형태로 기록될 때 바흐친은 이를 '소설'이라고 불렀다.[362]

작품 후반부에는 아예 조카가 아저씨를 "따잡고 몰아셀 량"으로 둘이 맞대면 한다. 둘 사이의 대화는 조카의 공세적 질문과 아저씨의 머뭇거리고 웅얼대는 수세적 답변 과정으로 이뤄진다. 이 대화 안에서도 사회주의에 대한 화자의 발언이 계속되며, 양자의 대화가 막판에 이르

---

361 위의 글.

362 그레이엄 페치, 「바흐친의 소설 담론과 브레히트의 서사극」, 여홍상 편, 『바흐친과 문학이론』, 문학과지성사, 1997, 341면.

러서는 '사회주의'에 관한 입씨름보다는 얼뜨기 사회운동가로서 아저씨의 무력한 측면이 극화되면서 서사적 긴장이 고조된다. 여기서 아저씨 역시 조카의 속물성과 더불어 풍자의 대상이 된다. 특히 사회주의자가 지향하는 이념의 문제를 떠나, 그들이 현실적으로 어떻게 무책임하고 무능한가가 풍자된다.

조카의 오촌 당숙 아주머니는 열여섯 살에 아저씨네 집으로 시집을 왔다. 그런데 아저씨는 공부를 한답시고 서울로 동경으로 십여 년이나 돌아다니다가 공부를 다 마치고 오더니만, 그다음에는 "그놈의 짓(사회주의 운동—인용자)에 디립다 발광해 다니"던[363] 중, 조강지처를 버리고 학생 출신의 여인을 얻어 산다. 이후 아저씨는 오 년의 감옥살이를 하게 된다. 아주머니는 남의 집 식모로 들어가면서까지 남편의 옥바라지를 하고, 출감한 이후에는 헌신적으로 간병을 한다. 아주머니의 절대적 헌신으로 간신히 생계를 꾸려 나가고 있는 아저씨의 처지를 보며 조카는 아저씨와 다음과 같은 대화를 나눈다.

> "아저씨?"
> "와그래?"
> "아즈머니가 고맙잡습니까?"
> "고맙지"
> "불상하지요?"
> "불상? 그러치. 불상하다면 불상한 사람이지!"
> "그런 줄은 아시느만?"
> "알지"

363 채만식, 「痴叔」, 『동아일보』, 1938.3.8.

"알면서 그러시우?"

"고생을 낙으로- 그놈 쓰라린 맛을 씹고 씹고하면서 그놈에서 단맛을 알어내는 사람도 잇느니라. 사람도 잇는 게 아니라 사람마다 무슨 일에고 진정과 정신을 꼬박 거기다가만 쓰면 그러케 되는 법이니라. 그러니까 그찜되면 그때는 고생이 낙이지. 니이 아즈미니만 두고 보더래도 고생이 고생이면서 고생이 아니고 고생하는 게 낙이란다."

"그러타고 아저씨는 그걸 다행이만 역이시우?"

"아-니"

"그러거들랑 아저씨두 아즈머니한테 그 은공 더러는 갚어야 옳을 게 아니요?"

"글세, 은공을 모르는 건 아니지만……"

"그러니 인제 병 확실히 다아 나신 뒤엘라컨……"

"바빠서 원……"

글세 이 한다는 소리 좀 보지요? 시침이 뚜욱 따고 누워서 바쁘다는군요.[364]

일인칭 화자인 조카의 쉴 새 없는 말이 진행되던 중, 아저씨도 비로소 자신의 말을 하게 된다. 모든 인물들은 "저자 담론의 객체일 뿐만 아니라 직접적으로 의미화 하는 자기 담론의 주체"이다.[365] 인물이 담론의 주체가 된다고 해서 이들이 '작가의 구상에서 빠져 나가는 것은 아니다. 단지 모놀로그적인 작가의 시야에서 벗어나는 것'이다. 작가는 주인공을 발명하는 것이 아니고, 찾아내는(발견하는) 것이다.[366] 이 지점에서 화자의 독백적 요설로 지속되던 소설의 전개가 극화의 장면을

---

364 채만식, 「痴叔」, 『동아일보』, 1938.3.14.

365 게리 솔 모슨·캐릴 에머슨, 오문석·차승기·이진형 역, 『바흐친의 산문학』, 책세상, 2006, 417면.

366 최건영, 「미하일 바흐찐의 초기 저작과 폴리포니 소설론의 기원 : 바흐찐 소설론의 성격규명을 위한 서설」, 『슬라브학보』 11(1), 1996, 100~101면.

얻어낸다. 조카가 단순히 캐리커처가 되지 않는 것은 아저씨의 단점 못지않게 아저씨와 대비된 조카의 장점도 살리기 때문이다. 아저씨의 목소리, 어눌함, 몸짓 등은 사회주의 운동의 전력을 가진 식민지 시대 지식인의 한 모습을 극화한다. 어려서 결혼한 무식한 시골 아내를 버리고 교육받은 신식 여성과 새 살림을 차리는 것은 당시의 상당수 지식인들이 저지른 봉건적 과오인데, 그 동일한 인물이 또한 동시에 사회주의자가 되어 있다. 즉 지식인의 사회적 실천과 획득된 관념 사이의 날카로운 괴리가 목격된다.[367]

채만식의 해방 후 작품 「민족의 죄인」(1948)이 고백의 서사로서 주목할 만한 개인적 진정성을 갖추게 되는 것 역시 주인공의 반성 때문만은 아니다. 「민족의 죄인」은 서술 주체를 둘로 나눠 '주인공'의 반성(말하기)과 '서술자'의 변명·변호적 미메시스(보여주기)의 이원적 형식을 취한다. 여기서 중요한 것은 화자와 화자의 친일을 비난하는 자의 대화상황을 그리는 미메시스 부분인데, 그것은 화자의 반성의 진정성을 획득하게 하는 효과를 준다.[368]

그런데 1938년 한 해 채만식의 마지막 구어체 소설 「이런處地」, 「소망」은 그와 같은 미학적 성과를 얻어내지 못한다. 이 두 작품은 속물 부르주아 또는 속물 아내의 구어로 이뤄진 독백만이 있을 뿐, 이들을 극화하는 대화 장면과 같은 것이 제시되지를 않아 작품이 의도하는 풍자의 효과가 나타나질 않는다. 「이런處地」의 화자인 '나'는 당대의 시속을 좇아 살아가는 부르주아 속물이다. 그는 지방 은행의 '지점장 대리'이고, 그의 형은 그 회사의 대주주로 그들 집안은 먹고 사는 데 아무런 걱정이

367 염무웅, 『채만식』, 지학사, 1985, 270면.
368 박상준, 「「민족의 죄인」과 고백의 전략」, 이주형 편, 『채만식 연구』, 태학사, 2010, 416면.

없다. 단지 그가 가진 걱정이란 조혼한 아내와의 불화, 그리고 그 때문에 얻은 첩들의 문제가 다이다. 작품의 내용은 입말로 구사되는 화자의 일방적 발언이 중심을 이루는데, 작품 안에는 그러한 화자의 말을 듣고 있는 그림자 성격의 인물인 청자가 한 명 있기는 하다. 1938년 한 해 채만식은 「천하태평추」부터 「소망」에 이르기까지 그 시대의 다양한 계층의 속물들을 그려 현실을 풍자하고 사회적 억압에 따른 소외에 대한 보상을 받고자 한다. 이를 위해 작가는 다양한 속물 화자들을 내세워 그들의 생각하는 바를 복화술사와 같이 그들 스스로의 입말을 통해 재현한다. 「이런處地」의 화자는 속물화된 식자 계층의 말솜씨로 이 시기 지식인들 사이에서 유행했던 '모랄론'에 대해 비아냥조의 말을 하기도 한다.

자네 참 요새 내가 무엇가지고 연구하는지 아나? (…중략…) 인간성과 가정문제…… 허허허허 그러키는 허나 이 **격렬한 시대적 급류** 속에서 그런 유장한 문제를 가지고 연구니 무어니 하는 수작이 좀 신경이 둔하기도 하고 쑥스럽기도 하기는 하네마는 아 여보게 내가 가진 여러 가지 조건 — 주위 환경이랄지 성격이랄지 체질이랄지 또 **요새 거 '모-랄' 소리 많이 하데마는** 그 '모-랄'이랄지 그런 여러 가지 조건으로 해서 현재 이상 아무러케구 달러질 수는 없는 내가 아닌가?[369]

거저 이런 세탤수록 농판 좋아 응? 엿점에 어푸러진 중놈같이 허허- 웃구서 세상이야 어떠케 되어가건 제 생긴대로 아무데나 한편 구석에 처백혀서 별소리 없이 살아가는 거야. (…중략…) 나는 죽거들랑 '나마비-루' 탕크에다가 수장(水葬)을 해주게 히히히히히. (…중략…) 조혼 친구 얼려서 무시로 술이나 마시고 술이 깨면은 골통품이나 만지고[370]

369 채만식, 「이런處地」, 『사해공론』, 1938.8, 132면.

그런데 「이런處地」의 화자는, 「천하태평춘」의 화자, 「치숙」의 속물 화자와는 달리 극화되어 있지를 못하다. 그저 자조적인 화자의 말들이 긴장감 없이 반복, 지속된다. 화자의 발언은 논쟁적인 성격을 갖지 못하는데, 이는 작품 속에서 화자와 맞대면하는 청자의 역할이 아무 것도 주어지지 않는 데서도 확인된다. 말은 주고받는 데서 생겨나고 발달하며 여기서 일정한 극화가 이뤄지고 인물의 구체적 삶이 나타나는 것인데 「이런處地」는 그렇지 못하다. 채만식은 지식인의 자조적 모습을 객관화하지 못하는데, 이는 「소망」에서 다시 재연된다.

「소망」은 일인칭 화자인 아내가 화자의 언니 때로는 남편에게 하소연하고 푸념하는 내용으로 이뤄져있다. 아내의 요설과도 같은 푸념이 입말로 질탕하게 늘어 놓이지만 이것은 「이런處地」와 유사하게 신변사에 국한되어 있다.

> 그런 걸 글세 내가 혀가 닳두룩 말을 해두 안 들어요. 넵다 날더러 **신경이 무헌 속물이 돼서 자꾸만 보기 싫은 인간들허구 섭슬려 도야지처럼 엄부렁 덤부렁 지내란다** 고 독설이나 뱉구[371]

아내의 입만을 통해 재현되는 남편의 말에는 생활인으로서의 남편의 발화라기보다는 평범하지 않은 어떻게 보면 광인처럼 비장한 발언만이 나타나 있다.

> '천민? 속물! 세상이 곤두서는 데는 태평이면서 옷 좀 거꾸루 입은 건 저리 야

---

370 위의 글, 『사해공론』, 1938.10, 133 · 139면.
371 채만식, 「少妄」, 『조광』, 1938.10, 290면.

단이야?'

(…중략…)

'응, 길을 피해서 돌지두 않구 맘을 터억 놓구서, 고개를 들구서 팔을 커다랗게 치면서 그 앞을 어엿하게 지내왔단 말이야. 아주 당당히……. 그래! 그게 해방이란거야 해방! 해방은 유쾌헌 거야 유쾌헌 거야!'[372]

「치숙」의 화자도 「소망」의 화자와 마찬가지로 자신의 신변사를 이야기한다. 그러나 「치숙」의 화자가 이야기하는 대상은 일반 청중이고 그들과 보이지 않는 대화적 경쟁을 벌인다. 그러나 「소망」의 화자는 자신의 자매에게 일방적인 푸념을 내뱉는 형식을 취하고 있다. 화자는 작가 또는 일반 청중과 같은 공중(公衆)을 대상으로 하고 있지는 않다. 한마디로 「치숙」만큼 다양한 외부자를 의식하지 않고 있으니, 화자의 이야기는 신변잡사로 떨어지며 화자와 독자 간 의미 있는 긴장 관계를 낳게 할 빌미가 적다. 그리고 아내의 쉴 새 없는 수다가 그 중심을 차지하게 되면서 극화의 장면이 가능하지 않고, 「치숙」같이 화자와 인물 간의 아이러니적 긴장 관계를 이루지도 못한다.

응! 글세 그애 아버지 말이우 대체 어떻거면 좋아! 생각하면 그냥……

(…중략…)

옳아 언니 시방 하는 말이 맞었어. 나두 실상 그렇게 짐작은 했다우. 그러니 말이지, 사내대장부가 어찌 그대디 못 낫구? 이건 과천(果川)서 뺨 맞구, 서울 와시 눈 흘기기 아니우? 제엔장 미질, 치리리 뛰치니서서 냅디 한비탕…… 응? 그럴 것이지, 그렇잔우.

372 위의 글, 290 · 298면.

그러구 저러구 간에 시방 나루서는 병(病)시초나 또 뿌렁구나 그게 문제가 아니야.

(…중략…)

날더러 그 이를 이해(理解)를 못헌다구? 딴전을 보구 있네! 그게 어디 이해를 못혀는 거유?[373]

2) 구어의 부정적 기능

『천하태평춘』의 전지적 화자의 말투는 김유정, 박태원, 홍명희 소설의 전지적 화자들의 말투와는 다른 차원의 성격을 갖고 있다. 여기서 화자의 말투란, 화자가 등장인물 또는 청자와 어떤 자세로 대화를 나누는가, 대화의 자세, 각도, 내용 등이 무엇인가 하는 방향에서 분석이 된다. 김유정 소설의 화자는 대부분 등장인물들과 지적, 정서적인 수준을 같이 하고 있다. 혹자는 김유정의 말투를 '시골 오입쟁이의 어조'라고 지적하기도 했다.[374] 그것이 어떤 것인지 특정화 할 수는 없지만 김유정 소설에서 화자의 말투 또는 언어 수준은 지식인 작가 자신의 것이 아닌 대부분 강원도 산골을 살아가는 작중인물의 것에 의존하고 있다. 화자에게 길들여진 등장인물들의 친숙한 구어는 화자가 책에서

373 위의 글, 290 · 285 · 299면.

374 이석훈은 김유정의 말솜씨를 다음과 같이 회고하고 있다. "입이 무겁고 말더듬인 유정이 '마이크' 앞에 앉더니 아주 능청스럽게 잘한다. 야담(野談)이나 고담식(古談式)이어서 (…중략…) 여니 때는 대단이 입이 무겁고 말더듬이지만 放送을 할 때와 술 먹은 뒤 — 술座席에선 아주 能辯이오 達辯이었다. 시골 오입장이(술 먹으면 시골 오입장이적 風貌로 變한다)적 語調로 가끔 內地語를 석거가며 座席을 번짝 들었다 놓는다.(이석훈, 「유정의 면모 편편」, 『조광』, 1939.12, 314면)

읽은 지식에 억압당할 필요도 없게 하고 무엇을 표현해야 한다는 강박관념에 시달릴 필요도 없게 만든다.

『천변풍경』의 화자의 언어는 김유정의 것과는 다소 다르다. 화자는 등장인물과 거의 비슷한 지적, 정서적 수준을 유지하고 있지만 가끔씩 등장인물과 거리를 두는 지식인의 말투를 보여준다. 그러나 그럴 경우에도 지식인 말투의 화자는 소설 상황에서 이탈하지 않고 자기반영적이며 종국에는 늘 등장인물들과 말을 섞는다. 그것은 앞에서 살펴본 것처럼, 화자가 인물들과 벌이는 다양한 내적 대화 등에서 발견된다. 『임꺽정』 역시 역사소설임에도 화자는 시공을 초월한 전지적 화자가 아니라 소설의 무대 안에 있는 하나의 등장인물로 인격화되어 있다.

『천하태평춘』의 화자는 청자(독자)와 제휴하여 독자를 이야기 세계에 참여하기 위해 적극적인 구어체 서술방식을 사용한다. 그런데 박태원, 김유정 등과 달리 그 화자는 등장인물 위에 '군림'하는 자세를 취한다. 여기서 군림은, 풍자소설의 화자가 늘 그러하듯이 소설 속 부정적 인물에 대해서 지적, 정서적, 도덕적으로 우월한 위치를 갖는 것만을 의미하지 않는다. 군림이란 화자가 인물들과 대화적 자세를 취하지 않아서 인물에게 독자적 말을 제대로 부여하지 않으려는 것을 의미한다.

화자의 언어는 세계를 재현할 뿐만 아니라 자신을 재현의 대상으로 상상하기도 한다. 화자의 언어가 동일한 화제를 두고 다른 언어의 가능한 말과 자신의 말을 비교하는 청자들을 곁눈질할 때, 양식화나 겹목소리 내기의 몇몇 요소들이 나타난다. 겹 목소리 내기는, 내적으로 대화화된 말의 문제다. 모든 언어가 다른 언어와 관련해서(다른 언어에 견주어서) 끊임없이 시험에 부쳐지고 재시험에 부쳐지는 한, '소설의 눈'으로 볼 때 어떤 언어도 절대적 특권을 누리지 못한다. 장르로서의 소설의 기본적인 충동은 이질적 언어의 성격을 가능한 한 강렬하게 대화화하는 것이다.[375] 이러한 점에 비춰볼 때, 『천하태평춘』의 화자는 대화적이 아니라 독백적(지배적)으로 흐르는 경우가 많다.[376]

화자는 등장인물과 그리고 청자와도 진정한 의미의 대화 관계를 맺지 않는다. 대화가 합의를 전제로 하는 것이 아니고 목소리들의 불일치를 지향한다고 볼 때, 『천하태평춘』의 화자는 인물에 대하여 권위적이고 통제적이다. 화자는 이야기 안에서 사물화된 인물을 굽어보고 있는 형국이다. 『천하태평춘』의 인물들은 자의식을 갖고 변화 발전하는 동적인 인물이 아니라 고정된 정적인 상태에 있다.[377] 혹자는 『천하태평춘』의 화자를, 권위적 존재가 아니라 관객과 무대의 구별 없이 스스로를 웃음의 대상에 포함시킨 민중 축제에서의 광대와 같다고 한다.[378]

그러나 『천하태평춘』의 화자는 등장인물이 쓰는 상스러운 말, 사투리를 구사할지라도 그것으로 자신을 희화화하거나 대상화하지는 않는다. 이보다는 자신의 말솜씨와 입심을 동원하여서 등장인물을 통렬하게 풍자하면서 청자와 함께 이를 즐기고자 한다. 그리고 화자는 인물뿐만 아니라 청자들에게 절대적인 힘을 가지고 압도한다. 화자는 유식하면서도 상말을 구사하지만 이를 통하여 다른 사람에게 웃음거리

375 게리 솔 모슨·캐릴 에머슨, 오문석·차승기·이진형 역, 『바흐친의 산문학』, 책세상, 2006, 532~553면.

376 전일적으로 하나의 이념적 입장이 관철되는 것이 독백적 소설이라면, 대화적 소설에서는 작가 역시 예술적 형상화 체계에서 일정하게 제한된 기능과 역할을 수행하면서 작품에 수용되는 다양한 세계들이 자신의 목소리를 충분하고도 완전히 낼 수 있게 하는 구조를 창조해 내는 것이다.(이강은, 「소설의 역사철학적 전망 : 루카치와 바흐찐의 소설이론을 함께 읽기」, 『문예미학』 4, 1999, 41면)

377 배봉기, 「채만식 소설의 희극성 연구」, 『현대문학의 연구』 2, 1989, 176면.

378 김동환, 「「천하태평춘」 의 판소리 문체 연구」, 『국어교육』 73, 1991, 340면.
「천하태평춘」 이야기를 끌고나가는 힘은, 겉으로는 설화식으로 독자에게 친절한 말투를 사용하여 대등한 관계를 설정하고, 속으로는 독자의 감정을 마음대로 조종하는 판소리식의 서술방식이 교묘하게 얽혀있는 수법에 있다고 하겠다.(김성수, 「이야기의 전통과 채만식 소설의 짜임새」, 한국정신문화연구원 석사논문, 1983, 56면)

가 되는 것이 아니라 권위적이며 고압적 자세를 드러낸다. 어떤 논자는 『천하태평춘』에서 작중화자는 단지 윤장의 일가의 이야기를 충실히 옮기는 역할을 할 뿐 거기에 나타나는 사건과 행위에 대해 어떤 직접적이고 계몽적 언설을 늘어놓지 않는다고 한다. 오히려 작가 자신의 지식인적 자의식을 스스로 자제하면서 독자 대중과의 의사소통에 집중하고자 하는 화자의 '간접적' 역할 때문에 작품의 아이러니적 풍자의 효과를 배가시킨다고 한다.[379]

『천하태평춘』의 서술을 이끌고 가는 화자의 경어 말투는 설화식으로 내포청중과의 밀접한 제휴를 유도하는 효과도 있지만,[380] 독자의 생각을 자신의 뜻대로 부리고자 하는 화자의 거만함과 비아냥거림을 보여주기도 한다. 이는 오히려 화자의 권위적 독백을 뒷받침한다. "계동(桂洞) 윤장의(尹掌儀) 영감은 출입을 했다가 **일력거를 잡숫고** 돌아와 방금 **댁**의 대문 앞에서 내리는 **참입니다**"[381]라고 시작하는 문장에서도 볼 수 있듯이 화자는 '댁', '참입니다'와 같은 경어를 쓰지만 그것이 '일력거를 잡숫고'[382]라는 희화적인 말투(다른 부분에서는 상스러운 어휘, 말투)와 어울리지는 않기에 인물을 조롱하는 것을 알게 한다. 그리고 그 말 자체에서 인물을 지배하는 화자 자신의 권위적인 모습을 감지하게 된다. 화자는 실제로 등장인물 모두에게 무차별적으로—물론 윤장의를 비롯한 모든 인물이 부정적인 인물이기는 하지만—비아냥거림의 언어로 일관한다.[383]

379 정홍섭, 『채만식문학과 풍자의 정신』, 역락, 2004, 241면.

380 나병철, 「구어체 소설과 또 다른 근대의 기원」, 『모더니즘과 포스트모더니즘을 넘어서』, 소명출판, 1999, 399면.

381 채만식, 『天下太平春』, 『조광』, 1938.1, 168면.

382 1948년 동지사 간 단행본 『太平天下』에는 "인력거를 처억 잡숫고"라고 보태 희화적인 표현을 더욱 강화시킨다.

작품 서두에서 윤장의 영감은 말할 필요도 없지만 그에게 수모를 당하는 인력거꾼에게도, "**좁쌀 계급인 일력거군**이 그래도 **직업적 달련이란 위대한 것**이어서 젖 먹든 힘까지 애끼잖고 겨우겨우 끌어올려 마츰 남대문보다는 조그만 작은 소슬대문 앞에 채다을 내려놓고 무릎에 지렸든 담뇨를 걷기까지에 **성공을** 했읍니다"[384]고 서술하여 은연중 인력거꾼을 조롱하는 말투를 쓴다. 윤영감의 성적 노리개의 대상인 동기(童妓) '춘심'도 화자에게는 경멸의 대상이다. 가령 춘심이는, "**대가리를 쌀쌀 흔들며 암상떨이**"[385]를 한다는 식으로 그려진다. 심지어 어린 딸들을 동기로 팔아야 하는 가난한 부모를, "(어린 딸을) 논다니 판에다 내놓아 목구멍을 도모하자는 에미 애비들"[386]이라며 악취미의 경멸을 드러낸다. 화자는, '본정통' 일본인 가게 주인의 입을 빌려 말하는 것이기는 하지만, 아래와 같은 구절에서 무의식적으로 식민지 조선의 민중을 비하하기도 한다.

> 때묻은 무명 고의적삼에 지게를 짊어지고 붉은 다리를 추어올린 '**요보**'가 아니면 뒤짐 지고 흰 두루맥이에 어둔 얼굴, 힘없이 버린압어릿거리를 눈으로 가개를 끼웃끼웃 가만히 들어와서는 물건마다 한참씩 뒤적뒤적 하다가 살몃이 나가 바리는 '**센징**'들 만이 죄선사람인 줄 알기를 십상으로 하던 본정통 주인들은[387]

383 '현재가 과거 사실에 대한 빈정거림'을 나타내는 '~겠다(요)'의 구성을 쓰고, '용언의 어간 또는 시제 표현의 선어말 어미 뒤에 붙어 어떤 사실을 무관심하거나 조금 빈정거리는 태도로 전달할 때 반말투로 이르는 종결어미 구성체'인 '~다나(요)'를 쓰고 있다.(이태영, 「채만식 소설 『천하태평춘』에 나타난 방언의 특징」, 『국어문학』 32, 1997, 192면)

384 채만식, 『天下太平春』, 『조광』, 1938.1, 168면.

385 위의 글, 『조광』, 1938.6, 168면.

386 위의 글, 166면.

387 위의 글, 『조광』, 1938.9, 326면.

사람과 사물에 대한 악취미와도 같은 일방적인 비웃음의 언어는 화자와 인물의 관계를 냉각시키거나 단절시키며 무관심으로 이끈다. 화자가 모든 인물에 냉소적이며 어떤 경우는 그의 말과 그가 부정적으로 간주하는 윤장의의 말이 뒤섞여 양자 간에 분간이 안 되는 대목도 있다. 아래의 인용문에서 화자가 쓰는 말들('이사찜', '성능' 등)을 보면 윤장의의 심복인 '대복'이는 물건이나 다름없이 취급된다.

(대복은) 윤장의 영감네가 서울로 이사해 올 때에 자가용 회계원 겸 서무서기 겸 심부림꾼 겸 만능재비루다가 **이사찜과 한가지로 묻혀가지고 왔읍니다.**

이래 십 년, 대복이는 까딱없이 지내왔읍니다. 참말로 윤장의 영감한테는 깍어 마쳤어도 그렇게 손에 맞기는 어려울 만큼 **성능**(性能)**이** 두루딱딱이로 만점이었읍니다.[388]

화자가 윤장의의 어린 여자와 애정 행각을 그릴 때는, 윤장의와 거리를 두는 경우도 있지만, 자주 윤장의의 눈길에 밀착하여 그의 말을 그대로 빌린다. 서술의 주체가 모호해질 정도로 화자와 윤장의의 목소리가 혼합되어 윤장의의 엽색행각을 직접 보는 것과 같은 효과로 독자의 관심을 자극한다.

만약 그 식욕을 엄밀히 구별한다면 시골 있을 무렵에 '계집애' — 어리기는 해도 '계집'으로써의 기능을 갖춘 — 그 놈을 잡아먹던 식성(食性)과 시방 열 네 살 고 또래의 '계집' 이전인 '계집애'에게 대해서 울어나는 구미(口味)와는 세동이 달으다 하겠습니다. (…중략…) 윤장의 영감의 이 새로운 식욕은 그런데 매우

388 위의 글, 『조광』, 1938.5, 146면.

강렬하기까지 해서 도저히 그대루 참지를 못할 지경이었습니다. (…중략…) 시골 고향에서 살 때에 그러한 '머리 검은' 병아리를 적잖이 노략질 한 전감이 있는 것[389]

요년은 보아야 그렇게 소리를 바락 질으고 **미꾸리새끼처럼** 빠져 나가기는 했어도 그저 저만치 물러 앉었을 따름이요 옳거나 골딱지를 냈거나 **도망을 가거나 하기는새레** 날 잡어 보라는드끼 **밴들밴들 웃고** 있지를 않겠습니까. **마구 간을 녹힙니다.**[390]

젖내야 날갑시 그래도 '게집'애라고 그런 연극을 할 줄 알던 것입니다.[391]

화자는 등장인물 어느 누구를 편들지 않고 있어 풍자정신을 수행하는 주체로서의 역할을 해나가지만, 그것은 대체로 일방적이고 단일한 어조로 이뤄지고 있다. 이 때문에 화자가 그리는 인물의 '성격'은 나타날지언정 인물들이 하나의 '인격'으로 소설 안에서 형상화되지 않고 화자의 객체로 대상화된다. 그리고 독자는 이러한 인물들을 그리는 화자의 입심만을 즐기게 될 뿐이다. 화자에 의해 규정되고 유형화된 인물들의 성격적 특징은, 작품 내내 장식적으로 부가되는 사건들(가령 윤장의의 계속되는 엽색 및 자린고비 행각 등)을 통해 잉여적으로 반복된다.[392]

---

389 위의 글, 『조광』, 1938.6, 165~167면.

390 위의 글, 175면.

391 위의 글, 『조광』, 1938.7, 246면.

392 "이렇게 다시 한 번 손질을 해보면 가사 십전짜린 줄 알고 오십 전 짜리를 잘못 끄냈더래도 **톱날이 있고 없는 것으로 아조 적실하게 분별**을 할 수가 있는 것입니다."(위의 글, 『조광』, 1938.1, 173면)는 자린고비로서의 윤장의의 꼼꼼한 성격을 잘 보여주지만 독자는 그 인물에 대한 화자의 익살스러운 논평 한 가지를 더 듣게 되는 것일 뿐이다.

그리고 지속적으로 이어지는 화자의 조롱과 비아냥거림의 말들은 많은 경우 내용이나 주제의 맥락에서 이탈되어 조롱 그 자체를 위한 조롱의 언어라는 인상을 주기도 한다. 더욱이 화자는 인물의 부정적 성격을 강조할 시, 많은 부분에서 상말을 동원하여 인신 또는 불구적인 신체에 관한 공격을 한다. 예를 들자면 장애자 또는 폄훼된 신체적 장애를 빌러 인물과 세상을 풍자한다. 그러한 언어들은 판소리문학과 같이 그로테스크 리얼리즘의 측면에서 인물의 부정성을 과장, 왜곡하는 효과를 기대하는 면도 있지만 실제로 그러한 풍자가 어떠한 인물이건 간에 무차별적으로 적용되며 냉소적 욕설 내지 혐오의 성격으로 귀결된다.

> 이놈이 묘하게 생겼습니다. 위선 부룩송아지 대가리같이 머리가 곱슬곱슬하고 노랗기까지 한 게 장관이요 그런 **대가리가 어쩌면 그렇게 큰 지** 남의 것 같습니다. 눈은 **사팔이**어서 얼굴을 모으로 둘러야 똑바루 보이고 **코는 비가 오면 고개를 숙여야** 합니다.[393]

> 열다섯 살이라면서, 몸동이는 네댓살박이만큼도 발육이 안 되고, 그렇게 **갓얄핀 몸 우에 가서 큼직한 머리가 올라앉은 게 하릴없이 콩나물 같읍니다.** (…중략…) 아닌게아니라 아이가 숨을 쉴 때마다 두 코구멍에서 엿가래 같은 누-런 코줄기가 이건 바루 빠스톤처럼 바쁘게 들락날락합니다.[394]

> 학교라고는 근처에도 못 가보았고 **얼굴은 얇디 얇운 납작 바탕에 죽은깨가 다닥다닥 백혀서 그리 줄 수 없는 인불**입니다.

393 위의 글, 『조광』, 1938.1, 183면.
394 위의 글, 『조광』, 1938.3, 263면.

> 그런 중에도 제일 안 된 건, **잡어느려 놓은 드시 뚜우하니 나온 우아렛 입술**입니다. **이 쑤욱 나온 입술로 그 값을 하느라고 그러는지 새수 빠진 소리**를 잘 합니다. (…중략…) 양반 혼인을 하느라고 서울 어느 **가랑이가 찢어지게 가난한** 집으로 시집을 갔다가 새 서방이 일 년 만에 **전차에 치어죽어서 과부가 되었다**고 이애기한 그 딸 (… 중략…) 이마가 좁고 양미간이 넓고 코 잔등은 폭신 가러앉고 왼얼굴에 죽은깨를 끼얹어놓고 목이 옴츠러지고 이런 생김새가 아닌게 아니라 **청승맞게**는 생겼습니다.[395]

인신공격성의 까대는 웃음, 신체적 약점을 감각적 쾌락의 도구로 활용하고, 심지어 "새서방이 전차에 치어죽은" 과부의 생김새가 "아닌 게 아니라 청승맞게 생겼"다는 서술 등에서는 인간적 연민을 비롯해 어떤 공감도 보이지 않는 박정한 느낌 때문에 화자의 비인간적 냉소주의를 짐작케 한다. 윤장의 뿐만 아니라, 그의 집안 여자들을 실제 과부이건 아니건 간 '생과부 통과부 떼과부' 하며 리듬까지 실어 희화화한다.[396] 이는 식민지 대지주계급 일가의 부도덕성을 비판하고자 하는 작가의 의도를 집중화한 것이지만, 인간에 대해 갖는 근본적인 냉소주의를 엿보게 한다.[397]

> 이렇게 생과부 통과부 떼과부로 과부 모를 부어 놓았으니 꽃모종이나 같었으면 춘삼월 제 철을 기대려 이웃집에 갈러주기나 하지요. 이건 모는 부어 놓고도

395 위의 글, 259~260면.

396 표정옥, 「채만식 소설에 나타난 영상적 기법의 담론 연구」, 『어문학』 90, 2005, 617면.

397 화자는 자주 인간을 동물 그 이상도 이하도 아니라는 투의 말을 뱉곤 한다. "새김생이 **자웅을 후리려고** 우는 것과 마찬가지로, 총각은 거기 어디 촌 처녀 색시더러 들으란 노래고 기생은 또 제대로 제 정낭(情郎)더러 들으란 노래고. 이렇듯 본능에서 울어나서 노래를 불으기는 김생이나 인간이나 매 일반이지만(채만식, 『天下太平春』, 『조광』, 1938.7, 234면)

모종으로 갈러줄 수도 없는 인간 모종이니 딱한 노릇입니다.[398]

대체 시어머리라는 **종족**이 며누리라는 **종족**한테 얼마나 야숙스러운 **생물**이면 이런 박절할 속담까지 생겼겠읍니다.

'암캐 같은 시어머니'었든지 **'테리야 같은** 시어머니었든지 간에 시어머니, 우씨가, 여호가 꽁꽁 물어간 것은 아니나 당뇨병으로 세상을 떠나므로 해서[399]

구어나 방언은 속어와 비어를 주로 하여 추악하고 기괴한 것이나 교양 없고 볼품없는 평민의 이미지를 그릴 때 쓰임으로써 부정적이고 비합리적인 인간관과 기존질서의 보수적 세계관을 강화하며 민중에 대한 전근대적 관점을 드러낸다.[400] 부정적 성격과 비속함이 과장되는 희화적 인물에게 대담한 수법으로 쓰이는 방언 등은 흥미를 높이는 오락적 요소를 강조하는 데로만 나가기도 한다. 따라서 반어적·풍자적 인물들의 방언은 그 현실성을 잃고 미학적 기능에 봉사한다. 윤장의의 경우에서도 마찬가지로 역사성과 현실성보다도 호기심과 혐오감이 강조될 때 방언의 기능은 예전 문학어의 귀족적 전통에서 보았던 미학적 효과를 좇게 된다.[401] 홍명희가 『임꺽정』에서 기층 민중을 그리면서 방언을 전혀 사용하지 않고 있다는 사실은 또 다른 측면에서 음미할 점이 있다.

그리고 작품의 진행과 특별한 관계가 없이 희화화하고자 하는 상황에 대한 익살스러운 묘사는 채만식의 예의 허황한 수다에 도달한다.

---

398 위의 글, 『조광』, 1938.3, 261면.
399 위의 글, 266~267면.
400 이기문·이상규 외, 『문학과 방언』, 역락, 2001, 296면.
401 위의 책, 306면.

조롱을 위한 조롱의 언어가, 스타일의 내용으로부터의 분리가 일어나게 한다. 이러한 분리는 화자의 현학과 심미적 안목을 내보이고 싶은 장식적 수사의 말에서 나타나기도 한다.

> 그 채림새가 또한 홀란스럽니다. 옷은 안팎으로 윤이 지르르 흐르는 모시진솔 것이요 머리에는 탕건에 바쳐 죽녕(竹纓) 달린 통영갓(統營笠)이 날아갈듯이 올라 앉었습니다.
>
> 발에는 솜을 한 근씩은 두었음직한 하얀 버선에 운두 새까만 마른 신을 조고맣게 신고 바른손에는 은으로 개대가리를 만들어 붙인 화류개화장이요 외인 손에는 설흔네살백이 묵죽한 합죽선입니다.
>
> 이 풍신이야말로 아까울사! 옛날 세상이었드면 일도의 방백(一道方伯)일시 분명합니다.[402]

이러한 장식성은 인물의 행위를 묘사할 경우에도 그것이 인물의 심리를 적절하게 보여주려는 의도보다는 동일한 정황을 큰 의미 부여가 없이 부가적으로 설명하고 있는 인상을 준다.[403] 또 풍자를 위해 화자는 다양한 지식을 패러디하여 상황을 서술해 간다. 증손녀 같은 동기와 애정 행각을 벌이는 윤장의를 "'연애는 환장이니라(Love is blind)'다더니 옛말이 미상불 옳아 이대지도 야숙스리, 윤장의 영감 같은 노인에게까지 들어맞기를 하는군요"[404]라고 짤막한 서양 금언을 활용하여 조롱하기도 한다. 일본어, 서구 외국어, 외래어가 방언이나 전통적 언어

402 채만식, 『天下太平春』, 『조광』, 1938.1, 170면.
403 "경손이는 (…중략…) 마루로 나오더니 안방에다 대고 **혓바닥을 날름 코를 실룩 눈을 째긋 오만상이 짓**을 다 합니다."(위의 글, 『조광』, 1938.7, 245면)
404 위의 글, 『조광』, 1938.6, 174면.

요소와 공존함으로써 빚어지는 혼합과 대조가 작위와 감각적 취향에 이끌려 자주 풍자를 위한 풍자, 요설로 또는 장식으로 남는다.[405]

> 과부라고 **중성**(中性)**이 아닌 바에야 생리적으로 꼼짝 못할 '명령자'가 있는 것**을 이성이 그럽지 않을 이치가 없습니다. (…중략…) 그가 성자(聖者)다운 수련을 쌓지 않은 이상 단지 **과부라는 형식**만이 있어 가지고는 **홀몬 분필**의 명령인 **한 개의 커다란 필연**을 도저히 막어낼 수가 없는 것입니다.[406]

> **'빠스튜'** 함락과는 항렬이 달으기는 하지만, 아무튼 윤장의 영감은, 그처럼 육친의 피로써 물들인 재산뎀이 우에 올라앉어[407]

> 이 쓸어넣고 들먹거려 하는 욕이 고씨의 입으로부터 떼러지자마자 마침내 **농성**(籠城)**코 나지 않든 적**(敵)은 성문을 좌우로 크게 열고 — 가 아니라 — 안ㅅ방 미닫이를 벼락 치듯 열어제치고 일원 대장이 **투구 철갑에 장창을 비껴들고** — 가 아니라 — 윤장의 영감이 싸움을 걸어마고 나섭니다 (…중략…) 신사(또는 숙녀)적으로 하는 **파인·플레이**라 그런지 어쩐지 몰라도 하나가 말을 하는 동안 하나가 나서서 가루 막는 법이 없고, 한바탕이 끝이 난 뒤래야 하나가 나서군 합니다. (…중략…) 아무리 아굿심이 세다 해도 본시 남자란 여자의 입심을 못 당하는 법인데, 가뜩이나 이렇게 맹렬한 **십자포화**(十字砲火)**의 육탄** — **아닌 언탄** — 을 맞고 보니 윤장의 영감으로는 **총퇴각**이 아니면 달리 **기습**(奇襲)**이나 '게릴라'** 전술을 쓸 수밖에 별 도리가 없습니다.[408]

---

405 김홍수, 「소설의 방언에 대하여」, 『국어문학』 25, 1985, 601면.
406 채만식, 『天下太平春』, 『조광』, 1938.5, 151면.
407 위의 글, 『조광』, 1938.2, 162면.
408 위의 글, 『조광』, 1938.4, 100~101면.

『천변풍경』에도 『천하태평춘』과 같이 화자가 작중인물을 풍자하는 언어들이 나타난다. 그러나 화자는 그러한 언어로 인물을 지배하고 있기보다는 화자 자신의 자기반영적 모습도 드러내며 인물들과 함께 생각하고 행동하고자 한다. 화자의 어떤 말도 절대적 특권을 누리지 못하게 하고 일방적인 독백으로 빠지는 것을 막는다. 진정한 다성적 작품을 창조하려면 저자는 그 인물과 동등한 자격으로 만날 수 있어야 한다.[409] 작가 또는 화자는 자기의 말에 자의식을 갖고 등장인물과 꾸준히 대화적 자세를 가지며 청자를 의식한다. 그 결과 『천변풍경』의 화자는 작품의 시공간 안에서 하나의 인격체로 활동하고 있지만, 『천하태평춘』의 화자는 극중 인물이 아니라 극 바깥에 위치한 활동사진의 '변사'가 된다.

3) 구어와 민중연대의 문제

채만식 소설은, 등장인물 또는 등장인물이 된 화자의 말을 사투리 등의 구어로 재현할 경우 소설의 사실성을 부여하고 작가가 전달하고자 하는 뜻을 효과적으로 전달한다. 그러나 『천하태평춘』의 화자가 사투리, 상스러운 말 등을 빌려 구어체 서술을 해나갈 시, 모든 인물들은 작가가 부여하는 '리듬'에 종속되며 화자와 그들의 대화적 가능성이 사라지는 경우가 잦다. 화자는 청자와 함께 등장인물에 맞서 공조의식을 갖지만, 화자가 궁극적으로 인물은 물론 청자와 대화적 자세를 갖는

409 게리 솔 모슨·캐릴 에머슨, 오문석·차승기·이진형 역, 『바흐친의 산문학』, 책세상, 2006, 418면.

것은 아니다. 박태원 소설의 화자가 소설적 상황 속에서 인물들과 더불어 행동하고 인물의 발전에 동참하고 있지만 채만식 소설의 화자는 인물과 같이 생각하고 행동하기보다는 우월한 자로 행세하고 있으며 인물은 고정된 정적인 상태에 놓여 있다. 채만식 소설의 화자는 고정화된 대상의 비소함 또는 왜소함에서 유발되는 자기 우월감의 확인을 통한 웃음을 제공한다.

1930년대의 채만식을 계승했다고 보는 이문구 소설의 화자는 농민이기는 하되 대체로 '입담' 또는 '입심'이 좋은 농민이다. 그들은 재담가 아니면 '놀이마당'의 전문 광대들이 구사하는 정도의 입심 수준을 가진 인물로 꾸며 있다. 그들이 말하는 언어들 중 일부는 농민들의 실제 삶의 현실에서 나온 것도 있지만 작위적인 요소들도 많다는 인상을 받는다. 화자와 입심 좋은 농민들은 곳곳에서 공격적인 말싸움을 벌인다. 그들로부터 다채로운 풍자의 언사를 느낄지언정 농민들의 것이기도 한 어눌함의 언사를 찾아보기가 어렵다. 이문구 소설의 화자는 농촌의 삶과 현실에 발을 디디고 있으며 그들의 정서를 공유하고 있는 자임엔 틀림없지만, 그는 보통 농민이라기보다는 지식인 또는 재담가의 말솜씨를 갖춘 자이다.[410] 화자는 농민과 비슷한 정서를 갖고 있지만, 늘 농민을 '그들'이라고 하며 대상화하고 거리를 갖는다.[411]

---

410 "확성기 가락은 늘 구붓구붓한 논두렁을 타고 퍼져서 그런지 모처럼 한번이나 여겨들으려면 되게 구불텅거렸으며, 바짝 얼어 으등그러진 논두렁들이 제대로 배겨낼까 싶잖게 요란스러웠다."(이문구, 『우리동네』, 민음사, 1981, 34면)
인용된 문장에서 비유의 매개물은 농촌 풍경 안의 '논두렁'이지만, 확성기 가락의 구부러짐을 논두렁의 그것과 비유하는 것에는 지식인 화자의 멋을 부린 수사라는 인상을 준다.

411 "그러므로 **그들은** 도시 사람들의 풍속을 대강은 어림하고 있었으며 부럽다 못해 시늉까지 하려 들었다."(위의 책, 48면)
"**그들은 자기들이 구경한** 비정상적인 여러 가지 것들을 발전이라고 믿었으며 그런 견문을 유식으로 여겼다."(49면)
"언제부터 비롯된 풍속인지 모르나 묵은 장과 양념 대신 화학조미료와 왜간장으로 조리를

『천하태평춘』의 경우, 화자는 작가 대신 군림하여 무차별적으로 모든 인물을 대상화하여 그들에 대한 풍자로 나가고 있다. 그러나 『천하태평춘』을 읽고 나면 한바탕의 입담을 들은 것 같고 요설 성향의 풍자에 함몰되어 허무주의적 느낌이 들게 한다. 요설적 풍자는 모든 것을 입심으로 처리하여 현실을 가린다. 그것은 주관성 · 추상성이기에 현실의 본질에 이르는 길을 오히려 차단한다. 남는 것은 허무주의적인 것뿐이다.[412] 자의식이 없는 화자의 일방적인 풍자는 근본적으로 인간에 대한 냉소주의를 지향한다. 그러한 냉소주의에 바탕을 둔 말은 따라서 작품의 흐름과 의미에 봉사한다기보다는 '소비재'로 변신하여 '요설적'이라는 평가를 받으며 장식적 또는 오락적으로 기능한다. 사투리, 상스러운 말은 민중의 활기를 보여주기보다는 지식인인 것처럼 보이는 화자가 사용하는 조롱과 냉소의 언어로 쓰인다. 여기서도 채만식 문학이 근본적으로 갖고 있는 민중에 대한 냉소주의가 발견된다.

채만식 문학의 지향점이 식민지 현실에 대한 인식 및 그 비판에 놓여 있었기에 그의 문학은 당대 조선 민중의 주요한 구성을 이루고 있는 농민 문제에도 관심을 갖고 있다. 그의 「보리방아」(1936)는 농촌, 농민 문제에서 채만식 특유의 강렬한 현실비판 정신을 보여 주는 첫 번째 농민소설이다. 그러나 이들 작품에 나타나는 농민계급은 모두 상황에 굴복하여 비극적 처지에 빠지는 수동적인 계급으로 그려진다. 채만식은 식민지 농촌현실에 대해 엄중하고도 날카로운 인식을 드러냄에도, 그의 농민소설에 그려진 농민의 민중적 건강함 또는 기량에 대해서는 주목하는 적이 별로 없다.

하는 게 여기 아낙네들의 버릇이었다."(52면)

412 김윤식 편, 『채만식』, 문학과지성사 1984, 63면.

김유정 소설의 농촌의 인물은 비록 그들이 비록 식민지 농촌 사회의 경제적 비극을 상징할지라도, 지배 질서나 그 담론을 뒤집어보는 자들로 그려진다. 이에 비해 채만식 소설의 농촌 인물들은 아둔하고 미련하다. 그들의 삶은 결국 파탄으로 떨어질 수밖에 없게 그려진다. 채만식은 농민 계급이 가지고 있는 건강성 또는 생명력 등에 주목하기보다는 차라리 그들의 또 다른 계급적 속성인 무지함 내지는 우둔한 측면에만 주목하여 그들에 대한 허무주의적이고 비관주의적인 태도를 드러낸다. 1930년대 후반 채만식 소설에 등장하는 농민을 비롯한 민중적 인물들은 허무주의와 절망에 빠져 있거나 무력하다. 그리고 작가는 이들도 부정적인 상층계급과 마찬가지로 어김없이 풍자적이며 냉소적으로 그려낸다. 이러한 냉소와 풍자에 방언, 상스러운 욕설 등의 구어가 역시 봉사하고 있다.

채만식은 『천하태평춘』에서 화자를 시켜 전라도 말씨를 상스러운 것으로 직접 언급한다. 그리고 그의 소설에서 방언사용은 부정적인 인물이나 시대변화와 현실에 어두운 농촌인물들에 거의 국한된다. 그러나 『탁류』에서 남승재 같은 지식인은 서울 출신인데다가 방언에 둔감하다. 「치숙」의 사회주의 운동의 전력이 있는 아저씨는 출신지역도 불확실한데다가 스스로를 추상화하는 문어의 말투를 쓴다. 채만식의 언어의식은 중앙 표준어의 관점에 이끌려 있지 않은가 하는 느낌마저 든다. 또한 채만식의 현실인식의 수준과 방언이 반비례 관계에 있지 않은가 하는데, 농민의 경제사적 시각을 대변하는 「논 이야기」에서 방언을 절제하거나, 『천하태평춘』의 화적패 습격 장면에서 방언이 쓰이지 않은 점이 그렇다. 역사의식과 현실비판의 시각을 반어적으로 드러낸 윤장의 영감의 경우도 극화된 윤장의의 장면 몇몇을 제외하곤 적어도 방언의 관점에서는 현실적 모사보다 미학적 의도에 비중이 더 놓인다.[413]

이에 반해 김유정 소설의 구어는 민중의 투박하지만 건강하고, 낙천적인 익살스러움을 보여준다. 김유정의 구어체에서 빚어지는 웃음은 표적이 있는 농담이나, 대상을 향해 우월한 입지를 견지하는 풍자가의 조롱과는 다르다. 그러나 채만식 소설에서는 때로는 민중이 추방되고 민중인 양하는 구어와 방언이 이를 대체하고 무대 위의 볼거리로 등장한다. 말의 아우라는 "언어로서의 말 그 자체에 — 그 사전적 의미에 — 속하는 것처럼 여겨질 수 있지만, 실제로 아우라는 "주어진 말의 통상적으로 기능하는 장르에" 속한다. "그것은 말에서 되울리는 장르 전체의 메아리"[414]라고 할 수 있는데 김유정과 채만식이 사용했던 방언과 비속어의 구어는 기술적 물성을 지닌 언어의 차원에서 볼 때는 양자가 동일한 것으로 보이지만 그것이 민중연대성이라는 맥락과 관계하여 사회적 물성을 지닌 담론으로 분석될 때 그 내용은 현저하게 달라진다.

413 김홍수, 「소설의 방언에 대하여」, 『국어문학』 25, 1985, 603~604면.
414 게리 솔 모슨·캐릴 에머슨, 오문석·차승기·이진형 역, 『바흐친의 산문학』, 책세상, 2006, 507면.

제7장
맺음말

이 연구는 우리 근대소설이 조선 후기 판소리문학과 국문소설 등에 나타난 구어 전통을 받아들이면서도 서구의 근대성과 어떠한 방식으로 상호작용할 수 있는지를 모색하며, 이러한 상호작용을 통해 성취하게 되는 새로운 문체의 성립을 논증해내는 것을 목표로 했다. 서구를 수용하면서도 서구를 억압이 아닌 자기 변형의 유연하고 창조적인 통로로 간주하며, 전통적 경험 역시 상실하지 않고자 한 소설적 노력들은, 소설의 위기를 말하는 현금 소설 발전의 활로를 모색할 수 있는 암시를 받는다. 그리고 식민지 시기 소설사에서 구어 전통의 수용에서 문학적 성과를 보여준 작품들을 재평가하여 이를 문학사 전면에 내세우는 것은 소설사 내부에 국한된 문제가 아니다. 이는 우리 문화 전반에 걸쳐있는 현학성과 난해성을 극복하고 자기표현의 길을 찾게 한다.

구어체는 글을 쓰는데 그것을 현실 생활에서 이야기하듯이 쓰는 문체이다. 소설문학에서 구어체는 일차적으로 등장인물의 말을 재현하면서 이뤄진다. 더불어 화자가 소설 안의 비언어적 현실, 지문 등을 서술하는 경우에도 이뤄진다. 그리고 근대소설에서는 과거 판소리·야담문학과 달리 화자와 독자(청중)가 물리적으로 분리되지만, 근대 구어체 소설의 경우 구연 상황과 유사한 내포적 소통상황을 통해 양자 간의 유대를 유지하면서 이뤄진다. 이 연구는 소설문학의 구어체를 논의하면서 이러한 세 가지 층위를 대상으로 하며, 구어체를 구어적 표현(일상의 대화언어, 비속어, 방언, 속담 등의 관용어, 의성·의태어 등)과 구어체 서술의 방식의 측면으로 나눠 논의하고자 했다.

구어 전통은 조선 후기 판소리문학을 비롯한 국문소설 또는 야담 등에서 나타나며, 이후 근대의 신소설에 계승된다. 그런데 신소설에서 비속어, 속담 등의 관용어와 몸짓언어 등의 구어가 계승되지만 과거 판소리·야담문학에서 이야기꾼과 청중이 직접 대면하는 상황에서 이뤄진 다양한 구어체 서술의 전통은 점차 사라진다. 그리고 신소설에 계승된 구어적 표현과 수사법들은 1910년대 이후 우리 소설이 서구와 일본 소설을 수용하고 국한문체 방식의 언문일치체를 지향하면서 오히려 위축된다. 그러나 1920년대 중반부터 순국문체로 소설을 쓰기 위한 일련의 노력들이 전개되면서 다시 구어적 표현과 수사법을 모색하게 된다. 그리고 1930년대 박태원, 홍명희, 김유정, 채만식 등의 작품들에서는 구어적 표현 또는 수사법을 넘어 전통의 구어체 서술방식을 적극적으로 받아들이며, 그것은 서구소설과의 상호작용을 통하여 새로운 문체적 성과를 만들어낸다.

기존의 연구는 근대문학사에서 구어 전통의 계승을 김유정, 채만식 등 개별 작가의 차원에서 논의를 전개해왔다. 그러나 이 연구는 이들 작가들을 중심으로 논의하기에 앞서, 조선 후기 소설문학에 나타난 구어 전통이 근대소설사에서 어떠한 배경 아래 위축되었는지를 묻고, 그것이 어떠한 모색의 과정을 거쳐 1930년대 일련의 작가들에게서 발전적으로 나타나는지를 소설사적 전개 방식을 통해 살펴보았다. 그리고 근대소설사에서 구어 전통을 계승하면서 그것을 서구소설의 미적 원리와 결합해낸 성과를 따져보는 기준으로 다음과 같은 원칙을 제시했다. 첫째로는 구어전통이 단순히 근대소설에 잔존하고 있다는 사실을 확인하기보다는 근대소설이 그것을 어떻게 받아들여 새로운 문체적 가능성으로 변용, 창조해 내는지의 여부이다. 그리고 둘째로는 서구문학의 대항으로서 전통의 추수가 아니라, 전통소설과 서구소설의 교류가 이뤄지는가, 다시 말해 문화 간 순환적 교류의 상호 영향이 이뤄지는가 하는 점이다. 마지막 원칙으로는 우리의 근대소설이 구어 전통의 계승만이 아닌, 그것이 기층문화 또는 민중성을 기초로 한 전통성을 계승하여 자양분으로 쓰느냐의 문제다.

근대소설로 연결되는 18·19세기의 조선 후기 국문소설은 문체와 구성의 측면에서, 국문 영웅소설과 같은 문장(어)체 소설, 그리고 판소리계 소설로 나뉜다. 전자의 경우, 국문체를 정착시켜 근대소설의 발전을 견인하지만 보수적·귀족적 세계관과 함께 예술적 긴장이 떨어진 채 통속화 경향이 심화되며 20세기 초로 인계된다. 이에 비해 조선 후기의 선진적인 민중사상을 담은 판소리계 소설은 구어체를 통해 최고의 문체적 표현을 얻어 근대소설로의 상승 계기를 갖는다. 우선 판소리 서사체에 나타난 비속어, 몸짓언어 등 구어적 표현의 진솔성은 조선 후기의 민중사상을 효과적으로 드러낸다. 그리고 조선 후기 판소리문학 등은, 민중의 말이나 생각을 지배층의 것과 다양하고 활발히 뒤섞어 혼음, 바흐친의 '다성성'의 효과를 드러낸다. 셋째, 판소리문학의 연행 현장에서 획득된 화자의 청자에 대한 유연한 대응 및 자세는 화자와 인물 각각의 시점을 용이하게 혼합하고 상호 순조롭게 이동하여, 화자는 여러 목소리를 뒤섞음으로써 한 작품 안에서 언어체계의 통일성이나 작가의 개성의 통일성이 아닌 사회적 다양성, 음성적 다양성을 드러낸다.

그럼에도 판소리문학 등 조선 후기 국문소설에 나타난 구어체는 근대성을 실현하는데 다음과 같은 한계를 보이기도 한다. 첫째, 욕설, 지저분하고 속된 말의 성격을 띤 구어들은 상층 문화를 전복하고 상층 사회를 비판하는 기능을 수행하지만 흥미 위주의 우스개 차원으로 떨어지기도 한다. 오히려 적용되는 상황에 따라 하층계급을 희화화하여 그들의 비속함 또는 저급함을 부각하는 매개로 쓰인다. 둘째, 재담의 형식으로 상황을 서술하는 경향이 경험을 구체화하기 보다는 경험에 대해 무관심하며 장식적이거나 언어유희 자체로 그치는 경향을 드러내 극적 완성도를 저해하기도 한다. 셋째, 구어체서술은 아무래도 심리묘사 또는 내면관찰에 이르는 것을 방해 한다. 넷째, 판소리문학에서 현실 인간은 발견되지만 이를 둘러싼 현실 배경은 잘 발견되지 못한다. 끝으로 연행 예술의 장점인 창자와 관중 또는 청자 사이의 구어적 소통이 근대예술이 지향하는 양식적 완성도 내지는 서구 예술이 장르 문화를 통해 얻어낸 형식 질서를 산만하게도 한다.

신소설은 국문을 표기 수단으로 한 조선 후기 국문소설의 전통을 잇는다. 신소설이 순국문을 사용하고 있다는 사실은 조선 후기 평민문학을 대표하는 국문소설의 전통을 계승하며 봉건 지배계급의 문화에 도전한 일종의 시민적 미학의 발로이다. 이해조 등의 신소설에서 나타나는 국문의 생동감은 종래의 국문소설 특히 영웅소설이 국문으로 되어 있지만 상투화된 것과 달리 발전적 계승을 보여 준다.

신소설에 나타난 지문과 대화의 분리 표기방식은, 판소리계 소설 화법 형태의 자유분방한 성격을 수용하는 당시로서는 최선의 방식이었다. 이해조 소설들의 실감 나는 대화는, 그의 소설이 대체로 사건소설임에도 장면중심의 구조를 보여주고 구성을 밀도 있게 하여 긴장된 시간 단위 속에서 서사가 짜이게 한다. 신소설에서 살아 움직이는 대화언어는, 비록 지문과 대화의 분리 표기방식이 외래적인 것일지라도 판소리계 소설의 화법 같은 전통의 뒷받침 없이는 신소설에서 그 실현이 불가능했다.

신소설에서는 판소리에서 자주 눈에 뜨이는 몸짓 언어 등이 풍요롭게 나타난다. 비유적 표현으로는 속담과 전승비유, 고사를 인용하는데, 이들은 문어체 소설에서 보는 것과 같이 식자층에 점유되어 상투어가 된 것이 아니고 서술 속에 녹아들어간다. 신소설에서는 판소리문학보다도 오히려 속담 사용의 빈도수가 높아지고 강화된다. 이들 속담들은 인상적인 비유의 기능을 수행하면서 해학적인 어조를 조성하여 이야기의 재미를 더한다. 그러나 언어유희, 욕설 등의 구어의 수사법은 독자들의 통속적 흥미를 자극하는 수준에 머문다. 신소설의 구어적 수사 체계가, 판소리계 소설과 같은 해학과 풍자가 활기를 보여주는 것은 주로 작가가 부정적 대상으로 설정한 인물이 등장하는 경우에 한해서이다.

신소설에서는 작가가 부정적으로 평가하는 하층민을 묘사하거나 그들의 행위가 전개되는 상황을 서술하는 경우에 한해서만 생동감 있는 구어적 표현이 나타난다. 반면 작가가 긍정적으로 옹호하는 인물계층을 서술해야 할 경우는 살아 움직이는 느낌의 구어 표현이 약해지고, 문어체 소설에서 보아 온 상투적 문체가 나타난다. 신소설이 작품 안에서 동일한 국문으로 쓰였지만 구어체와 문어체의 두 부분으로 분리, 양립되어 서술되는 것은 무엇을 의미하는가? 신소설 작가들로부터 엿보이는 반봉건적 성격은 양반문화를 거부하는 판소리계 소설의 생동감 있는 구어체적 표현을 계승케끔 한다. 그러나 봉건지배층의 대안세력으로, 신소설 작가들이 긍정적으로 생각하는 개화세력을 그릴 경우 종래의 귀족적 영웅소설의 보수적 문체 체계를 선택한다. 이는 당대 신소설 작가의 반봉건·개화의식이 실제 물적 토대를 기반으로 하지 않은 관념적인 성격의 것이며 오히려 기존질서의 보수적 세계관을 강화하고 있음을 보여 준다.

신소설 작가 이해조 소설은 한일병합 이후 크게 달라져, 『매일신보』에 실린 그의 연재소설은 신문의 성향에 맞춰 통속적 성격을 강화한다. 그리고 그것은 문체 측면에서 전대 문장(어)체 소설로 돌아간다. 이해조의 『매일신보』 소설들은, 조선 후기 국문소설에 나타난 민중언어의 리얼리티를 되살려 시정의 일상세태를 그리고자 하는 노력을 중단한다.

1910년대 번안소설에 나타난 묘사의 양적 증대는, 고소설의 율문 문체를 사라지게 하고 산문의 성격을 강화하여 근대의 서사적 문법을 다듬는다. 그러나 음송되던 전대 소설과는 또 다른 모습으로 서술 문체가 장황해진다. 그리고 자연스럽지 못한 일본식 말투, 속담이나 민중적 어법의 비유 대신 장식적인 성격을 띤 한자성어의 수사와 관용구 등의 출현 빈도수가 높아진다. 여기에 더해 종래의 어법을 대신하여 신파적 성격의 문체가 나타나, 화자의 영탄과 반복적이고 장식적이며 감상적인 말투들이 주요 특성을 이루며, 대화문에 나타나는 과도한 비속어를 제외하고는 전통적 구어 표현과 수사법은 사라진다.

이광수의 『무정』은 이전의 소설 화자가 보여준 여러 서술 방식을 빌려 소설의 이야기적 성격을 잃지 않고자 한다. 동시에 이야기를 풀어

나가는 화자의 외적이고 객관적인 시점에 주인공의 내적이고 주관적이고 감정적인 시점이 수시로 덧입혀짐으로써 독자들은 이전의 소설과 달리 주인공의 내면을 실감으로 대한다. 이광수 소설의 문체는 한국 근대소설 문체의 전범으로 평가되지만, 아쉬운 건 조선 후기 국문소설에서 성장되어 왔던 다양한 몸짓말, 속남의 비유 등 우리말의 잠재력을 계승하지 못한다. 따라서 민중문화의 고유한 입담과 해학, 그리고 이야기적 전통과 만나지 못하고, 이들의 언어 안에 담긴 역사적 경험의 지혜와 아울러 이광수 자신의 언어가 시험될 가능성이 차단된다. 이광수는 자신의 문학에서 언어의 위계질서를 내면화하는 방향으로 나가 구어 내지 속어의 세계를 억압하는데, 이는 국한문 표기로 이뤄진『개척자』등의 장편에서 심화된다.

1910년대 유학생 출신의 작가들은 서구·일본의 영향으로 인간의 내면을 그리는 '단편소설'과 같은 서사 양식을 본격적인 근대소설로 간주한다. 내면을 묘사하기 위한 새로운 국문체가 등장하지만, 실제 이는 일본에 영향 받은 국한문혼용체이다. 지식인 작가들은 줄거리 중심의 고소설·신소설의 기술은 순국문체로 가능하나, 그것이 내면화된 생을 중시하는 근대소설의 기술에서 사색적인 진지함을 담을 수 없는 것으로 간주한다. 따라서 그들은 전대 소설에서 통속성의 기초로 보이는 기층계급의 구어 전통을 가볍게 보거나 무시한다. 새로운 지식인들이 모여 만든 잡지 및 1920년대 유행하는 동인지 등은 그들 특유의 분파성과 폐쇄성으로 살아있는 구어를 배제하고 자신들만의 사회적 방언을 강화한다.

1910년대 후반 당시 사회의 부정적 모습을 가난한 하층민의 삶의 현실에서 찾아보고자 하는 현실비판 경향의 소설이 등장한다. 하층민의 현실을 그리면서 산문적 관심과 더불어 일종의 미학적 정직성이라고 할까, 작가는 현실의 경험에 충실해진다. 이들 소설에서는 한자들이 전면에서 사라지면서 순국문체를 선택하며 소설의 묘사력도 신장한다. 그 밖에 나혜석의 글은 이 시기 대부분 남성 계몽주의자들의 글과 달리 추상성을 깨며, 인간의 정감을 구체적으로 표현하기 위하여 상대적으로 구어 표현을 도드라지게 보여준다.

1910년대 유학생 작가들의 언어의식은 1920년대 초기 동인지 작가로 이어진다. 김동인의 관심사는 일본어 어휘나 표현들을 어떻게 적절한 조선어로 바꿀 것인지에 있었다. 1920년대 초기에는 어떠한 작가든 대부분 국한문체 또는 일본식의 국한문체로부터 자유롭지 못하다. 김동인 등은 자신의 문체를 내세워 언문일치를 주장하지만, 그것은 조선 후기 소설의 언어에서 후퇴한 국한문체로 그것에서 한국어, 특히 민중의 일상어를 발견하기 어렵다. 단 여성, 하층민을 그린 작품들에서 순국문체를 보여주는 데 성과는 제한적이다.

염상섭은 초기와 달리 1920년대 중기 이후, 조선 후기 문학에 나타난 구어 수사의 풍부한 표현력을 재발견한다. 그의 소설에서는 전통적 비유와 수사를 포괄한 속담 또는 그와 유사한 민중적 어법의 비유, 그 중에서도 다양한 의성·의태어가 부활한다. 이러한 구어적 표현은 염상섭 소설에서 당대 시정의 세계와 시정인들의 인정기미를 효과적으로 전달한다. 단 그의 구어 표현과 수사법에서 조선 후기 판소리문학이 보여준 민중적, 전복적 성격 등을 찾아보기는 어렵다.

현진건은 「운수 조흔 날」을 계기로 일체의 한자표기가 사라지며 국문체가 전면화한다. 그런데 이러한 국문체의 모색은 표기상의 문제에서 그치지 않고, 민중적 비유의 수사법이 활발해지는 것으로 나아간다. 그리고 민중적 감수성을 반영하는 문체를 근대 사실주의 문체로 다듬는다.

「B舍監과 러브·레타」 같은 소설의 화자는 서술태도가 상대적으로 유연해지며 부분적으로 판소리 창자의 말투를 패러디하는 등, 구이체 서술의 맹아적 행태를 드러내 풍자적 상황을 만들어낸다.

나도향 소설은 등장인물의 목소리가 작가의 목소리로 윤색된 것이 아니라, 그들 인물의 목소리로 직접 듣게 되고, 따라서 인물이 발회하는 목소리의 상대적인 자유와 독립성을 보여준다. 그리고 비유와 수사에서 감각 특히 촉각 등에 기초한 어휘들이 많아진다. 이러한 점은 이후 김유정에게 적극적으로 나타난다. 단 김유정과 달리 나도향 소설은 다양하고 활기에 찬 몸짓언어들과 더불어 대중들의 욕망이나 정서를 적극 드러내지는 못한다.

1920년대 사실주의 소설은 1910년대와 달리 순국문체를 적극적으로 모색하기 시작하는데 이는 구어적 표현과 수사를 복구하려는 과정과 병행한다. 그리고 그것은 작가들이 일상과 민중의 삶의 현실을 찾아나가는 과정에서 실현된다. 그러나 임화는 1920년대 초기 소설들이 속어, 민중어로 진실하게 접근하지 못하는 언어의 한계를 보이는데 이러한 부르주아 리얼리즘의 한계를 넘어 프로문학에 와서야 새로운 언어적 세계가 개척된다고 본다. 그러나 부르주아 사실주의에서 보이는 언어의 한계는 경향소설에서도 나타난다.

최서해 소설은 등장인물과 그들 체험의 온전한 재현을 위해 함경도를 비롯한 지역의 사투리 또는 중국어를 적극적으로 활용한다. 그리고 절박한 가난 등의 상황을 묘사하는 데서 화자가 잠적되며 한자어 등을 포함하여 관념적 언사가 자제되어 초기 경향소설들과 다른 현실 묘사의 사실성을 얻는다. 단 그의 소설 역시 화자가 인물의 심리나 생각을 서술할 경우, 작가 자신의 발언이 개입되는 등 화자 텍스트에 의미가 함축된 한자어를 많이 써서 작중인물보다 지적이고 신빙성 있는 화자의 이미지를 드러내 경향소설이 가진 관념적 서술의 한계를 보여준다.

이기영 소설은 삼인칭 화자가 이야기를 전개하나, 화자는 문체상 변화의 뚜렷한 표식 없이 수시로 자신과 비슷한 생각을 가진 등장인물의 관점을 채용하기 위하여 그의 내면 발화 속으로 미끄러져 들어간다. 판소리계 소설에서 보이는 '자유직접체' 같은 화법을 실현하면서 유사구술, 또는 구어적 몸짓을 통해 화자는 다소 유연한 서술 자세를 갖는다.

그리고 부르주아 사실주의에서 발견하기 어려운 농민 대중의 건강한 정서를 보여준다. 그것은 속담, 방언과 구어적 표현으로 이뤄진 민중적 비유와 수사 체계 등 농민대중의 구어들을 통해 실현된다. 그럼에도 이기영 소설의 서술에는 수시로 지식인 화자의 말투가 나타난다. 화자의 서술에서 지식인적 말투와 민중적 말투가 뒤섞이는데 이기영 소설은 그 정도에 따라 사실주의 소설과 프로 이념을 선전하는 계몽문학을 오간다.

한설야가 「과도기」에서 식민지 공업화되어 가는 당대의 현실을 효과적으로 그리는 게 가능했던 것은 작가 자신의 몸 스스로 딛고 있던 함경도 농어촌의 구체적 현실을 매개로 했기 때문이다. 그리고 그것은 작중 인물의 방언과 같은 구어의 사용을 통해 이뤄진다. 프로문학 진영에서 한설야는 이기영만큼 언어의 민중성에 관심이 많았던 작가인데, 그의 구어체 모색은 1930년대 후반 자신의 '신변소설'에서 적극적으로 이뤄진다. 「泥濘」 등은 사회주의 지식인이 생활을 매개로 한 자기 성찰을 통해 사회주의의 갱신, 목적론을 극복한 새로운 사회주의로 나간다. 이러한 자기 성찰의 형상화에 구어체 묘사가 한 몫을 담당한다. 「이녕」 등에서 부녀자의 구어를 두드러져 보이게 하는 것은, 그들의 언어가 지식인의 말과 대비되는 열등 언어임에도, 사회주의 지식인의 허구성, 사회주의 지식인을 회유하는 식민지 권력에 대한 야유를 보여주기 때문이다.

이와 같이 서구 또는 일본의 근대문학에 촉발되어 시작했던 우리 소설문학은 서구의 길을 좇는 모습을 보이기도 하지만 1920년대 이후 우리의 근대소설사는 서구, 그리고 일본과도 다른 비서구적 시각에서 새로운 자기 발견의 길을 모색하기 시작하고 1930년대 들어서 서구소설의 원리와 구어체 전통이 적극적으로 상호작용하면서 서구와는 또 다른 독자적 근대문학의 가능성을 보여준다. 박태원 문학은 근대가 함유한 새로운 것을 욕망하지만 동시에 전근대적인 가치관도 손에서 놓지 않는다. 지식인의 자의식의 세계에 갇혀, 서구의 모더니즘 소설을 흉내 낸 「소설가 구보씨의 일일」(이하 「구보씨」)조차 구어체 서술방식이 서구가 만나는 방식을 보여준다. 「구보씨」는 서구의 모더니즘 소설과 같이 현실로부터 소외된 내면의 형상화를 본격화한다. 그러나 모더니즘 소설처럼 고독을 물신화하지는 않는다. 「구보씨」의 내적 독백의 세계는 부단히 외부 세계의 사건, 특히 시정의 풍속 또는 일상의 세계와 만난다.

화자는 자신의 시선을 자기중심주의에서 탈출시키기 위해 공간분화에 따른 서술방식의 다층화가 이뤄지고, 병렬 구성의 확장과 이에 따른 유사구술의 서술방식 등 서술태도의 다양화를 꾀한다. 화자는 각각의 등장인물의 위치에 서기 위하여 복화술과 같은 방식을 취해 그와 인물 사이의 존재론적 경계선을 지운다. 이 때문에 간접화법식의 부가절이 완전히 사라지는 것은 아니지만 중간에 삽입된 화자의 보고나 주석 없이 계속되는 말들로써 간명한 대화가 이뤄지며 말맛의 효과를 낸다. 그 밖에도 박태원 문학은 화자가 자주 본 이야기에서 이탈하는 '메타렙스' 놀이 등을 통해 근대소설에서 구어체 서술 또는 이야기의 가능성을 실현한다.

기존의 연구는 박태원의 『천변풍경』이 영화처럼 작가가 부재하며, 이는 서구의 근대소설이 지향한 바를 실현하는 과정으로 본다. 그러나 『천변풍경』의 작가는 부재하는 것이 아니라, 오히려 화자는 소설의 사건 현장에서 인격화된 한 인물로 참여한다. 『천변풍경』의 화자는 삼인칭 전지적 시점을 유지할 때조차 개별화된 일인칭 화자의 지위를 공유하는데, 바로 이 내적 균열과 변화의 순간에 인물들과 작가의 균등한 지위가 투사되고, 이를 통해 작가가 지닌 판관의 지위가 '내재적으로' 상실된다. 작가는 화자에게 미적 권력을 분할함으로써 스스로를 소외(혹은 육화)시킨다. 『천변풍경』의 작품 여기저기에 편재하게 되는 화자의 목소리는 전지적 작가처럼 서사의 완고한, 단일한 중심이 아니라 작품 전체를 관통하면서 다른 목소리들과 교호작용 한다. 장면 제시를 할 때조차 나타나는 화자의 목소리란 '전달자-서술'이며 '구어체 서술'에 다름 아니다. 능숙한 이야기꾼의 화자는 서구소설에서 보여준 다양한 극적 장면을 효과적으로 연출한다.

『천변풍경』의 화자는 냉정한 관찰자라기보다는 천변의 인물들과 비슷한 처지에서 하층민들의 경험을, 그들 자신의 실제 느낌과 의식에 끊임없이 충실하려는 노력에 기초하여 묘사한다. 화자는 구어체적 서술상황에서 주제격 조사(은 / 는)대신 주격조사(이 / 가)를, 그리고 '우리'라는 대명사를 빈번히 사용하는 등, 등장인물의 입장과 진실을 이해하기 위해서 그들과의 체험을 공유하는 태도를 보여준다. 그리고 '이중지향의 담론'을 구사하여 인물의 행위를 묘사하는 동시에 특정한 스타일의 발화와 문장을 모방하며 패러디의 효과를 드러내 해학과 익살을 보여준다. 이는 권위주의, 위선이 팽배한 공포의 파시즘 시대에 맞선 또 다른 방식의 저항이다.

화자는 자신이 애정을 가진 이들은, 인물평가적 수식어를 통해 두둔을 하여, 독자는 화자의 인격이 어떠한 것인지 쉽게 파악한다. 화자는 인간의 가치, 미덕은 대체로 낮고 약한 이들의 연대를 통해서 실현된다고 본다. 그러나 그러한 태도가 멜로물과 같이 퇴행적인 주정주의로 떨어지지 않는 것은 화자가 우월하고 중립적 위치에서 인물을 서술한 데서가 아니라, 인물, 청자와 줄곧 연대의식을 쌓는 방식의 구어체 서술에서 비롯된다. 이러한 유대는 민중적 감수성에 뿌리를 두고 구어로 이뤄진 화자의 능변과 기지에서 비롯된다. 다양한 구술적 방식으로 이뤄진 박태원 소설의 언어는 하나의 언어가 아니라 다양한 문체와 목소리가 만들어내는 메들리가 된다. 박태원 소설의 구어체는 단순히 문체의 문제로 그치는 것이 아니라 화자가 인물과 청자와의 친화력과 자연스러움을 확보할 수 있는 길이 된다. 이러한 구어체는 종래의 번역체의 외양을 띤 언문일치체와 경쟁하며 이를 넘어서 새로운 문체의 가능성을 열어 보인다.

1930년대 김유정 등이 등장하기 전까지 근대 작가들은 민중의 생활과 의식의 기초가 되는 행위·몸·감각 등의 가치에 대해 깨닫지 못하거나 무시해왔다. 홍명희의 『임꺽정』은 인물의 내면 또는 심리를, 인물의 외면 — 말, 행위 또는 몸짓 등을 최대한으로 서술하면서 보여준다. 인물을 내면이 아닌 사건과 행위 중심으로 묘사하는 경우, 점잖고 우아한 어휘가 아닌 비격식의 속어, 몸짓언어 등을 활용하게 되어 그 서술은 문어보다는 구어 표현을 기초로 하게 된다. 그리고 우리에게 익숙한 행위·몸·감각을 매개로 한 묘사와 서술 방식은 민중의 생활감각을 반영하는 민중문화 고유의 입담과 해학, 속담 같은 구어적 성격의 비유를 도입한다. 이러한 비유는 꾸밈없는 성격과 행동, 서민적인 활기와 유쾌함을 보여준다. 그런데 『임꺽정』에서 인물의 행위와 감정을 묘사하기 위해 작가가 펼치는 민중적 상상력은 작가 개인의 기억의 양에 기초한다기보다는 속담, 관용구적 표현에서 보듯이 전통시대부터 내려온 구전적인 성격의 내용을 창조적으로 변용하는 데서 발생한다.

구어체 소설로서의 『임꺽정』의 특징은 인격화된 화자의 말투를 포함하여 이야기꾼이 발휘하는 구어체 서술의 오락적 효과에서도 발견된다. 화자가 서술하는 문장들은 많은 부분에서 단어 또는 문구가 짝을 이뤄 구어적 발화의 리듬에서 오는 재미를 느끼게 하며 동시에 이야기 내용을 쉽게 전달한다. 이는 앞의 박태원이나 김유정 소설 등의 문장이 장황하여 현대 독자가 읽는 데 다소 방해를 받는 것과 비교가 된다. 그리고 나열식, 대비적 효과를 갖는 문장들에서 판소리 어법의 영향을 짐작케 한다. 그 밖에 『임꺽정』의 화자 역시 박태원의 『천변풍경』과 같이 이야기를 이끌어가면서 대체로 해학적인 어조를 유지한다. 그런데 이는 해학을 위한 해학을 넘어 인물과 사건의 정황을 명확하게 설명하는 데 도움을 준다.

구전문학을 근본적으로 특징짓는 것은 화자와 청중간의 '동좌성(同座性)', '육성성(肉聲性)', '청각성'이다. 문학적 리얼리티는 그것으로 확보되었다. 그러나 애당초 그것이 결락된 근대소설의 '작자-독자'의 관계는 어떻게든 그 점을 보완해야 했다. 그래서 화자는 등장인물이 놓인 상황에 함께 하기 위하여 대체로 그들의 지적·정서적 수준에 맞추며 자신의 억양과 가치를 그들의 것과 일체화 한다. 그리고 이야기판에서 이야기를 구연하는 사람은 이야기 상대가 이야기에 몰입하고 이야기 속 정보자 주인공과 일체화를 하고자 한다. 『임꺽정』의 화자는 물론 등장인물이 스스로 '이야기꾼'이 되어 작품 안의 이야기를 이끌어 나가는 액자 형식의 구성을 취하여 구전서사의 활력을 찾는다. 이야기꾼이 된 등장인물들은 이야기를 해나가면서 청자가 된 등장인물들의 반응과 상호작용하며 대화를 주고받기도 하는 등 '협력 구연'의 형태를 띠면서 구연 상황의 단조로움을 피해나간다.

김유정 소설의 구어세계는 그것이 전통적 구어의 문체를 계승했다는 그 자체보다는, 서구적 의미의 근대소설의 한계를 넘어서는 그리하여 또 다른 창조적 가능성을 갖고 있다는 점이 중요하다. 김유정 소설의 구어 전통은 그것 안에 토속어 및 방언 또는 육담, 욕설, 비속어를 적극 배치한다. 그러한 구어의 사용이 현재적 의미를 갖는 것은 그것이 표준화에 저항하며, 표준어로 상징되는 근대의 중앙집권화와 인간 사이의 인격적 관계를 지우는 물신화에 대항한다는 점에서다. 이러한 표준어에 대한 저항과 함께 김유정 소설의 인물들은 근대 비판의 성격을 보여준다. 만무방, 들병이, 깍정이, 따라지들이 드러내는 민중의 불멸의 감각은, 현존하는 권력과 지배적 진실이 결국 상대적인 것이라는 감각과 결합되어 있다. 이들의 감각은 '근대'의 일상사에 대한 소시민적 진지함, 실생활의 경제적 이익에 대한 타산적인 진지함, 도덕주의자들과 위선자들의 음울한 교훈적 진지함으로부터 자유로워지려는 과정을 보여주며 세계를 거꾸로 혹은 뒤집어 보게 한다. 이는 비속하지만 유쾌한 성격의 구어를 통해 실현된다.

김유정 소설은 근대적 작가주의와 미적 엄숙주의 기준에서 볼 때 한낱 비문학적 이야기에 불과해 보이는 민담 등의 구비문학을 소설 안으로 끌어들인다. 민담 등의 민중문화의 형식과 내용 속에 강력하게 표현되어 온 민주적이고 평등주의적인 인생관, 삶에 대한 근본적 긍정, 순진하고 밝은 삶에의 열망, 그리고 해학이나 풍자 또는 간결하고 자연스러운 이야기의 서사적 소박성 — 이러한 것들은 계승되고 재창조되어야 할 가치를 지닌다. 김유정은 이러한 옛 이야기들을 근대적 소설 안에 재배치하여 역사적 현실성을 가지는 이야기로 변용한다.

그리고 민담을 근대소설에 배치하면서, 서구적 작가주의를 그대로 따르지 않고 문학적 전문인들만의 소통과 창조의 공간인 전문화를 넘어서 대중성을 획득한다. 서구의 모더니즘 소설은 독자적인 스타일과 형식미를 강조하지만 이야기의 모태로부터 절연되면서 결국 서사문학의 생명을 잃어버린다. 이에 비해 민담, 즉 활자화되기 이전부터 익숙하게 흘러 다니는 옛날이야기들은 뻔히 알고 있는 플롯을 가지고 있음에도 이야기 자체의 흡인력을 지닌다. 김유정 소설은 이러한 옛날이야기를 빌려와 이를 서구의 소설 시학과 결합하면서 소설의 형식미와 이야기적 성격 모두를 성취한다.

판소리계 소설은 당대의 습속이나 규범의 굴레를 전복하는 힘을 지니나, 서구 리얼리즘과 다르게 구체적 사회관계를 반영하지 못한다. 김유정의 소설도 이러한 일면을 가진 것처럼 보인다. 그러나 「만무방」 등에서 김유정의 비극적인 농촌 현실에 관한 뼈아픈 소설적 증언은 일반적인 리얼리즘의 기준에서 손색없다. 김유정을 지배하는 것은 단순히 사회의식만이 아닌, 이를 넘어서는 좀 더 근원적인 의식, 즉 인간과의 본능적인 교감에 대한 의식이다. 김유정 소설은, 보통의 리얼리즘 작가들과 같이 약자라고 생각하는 자들의 입장을 대변하고 그들의 어려운 상태를 고발하는 식으로 그리지 않는다.

작가 또는 화자는 '그들이 되는' 방식을 취한다. 이는 화자가 그들과 같은 말을 쓰면서 그들의 구어를 표현하는 데서 실현된다. 구어체란 실제의 말과 문자를 일치시키는 것이기보다는 타인과 체험을 공유하며 그들과 실제 말하는 듯싶은 상황 안에서 기술하는 문체이다. 루카치 같은 리얼리즘 이론가에게서 소설이 현실에 대한 모형화이고 예술적 반영은 이러한 모형화의 원리가 된다면, 바흐친에게서는 현실이 아니라, 이러한 현실과 결부되어 이미 하나의 실재를 구성하고 있는 말이나 의식에 대한 묘사가 문제가 된다. 문학의 리얼리즘은 설득력이 있어야 하는데, 설득력은 오직 진실을 그리는 힘에서 나오고 진실은 작가가 귀담아 들어야 하는 인물의 말들—구어의 생생한 재현에서 실현된다.

채만식 작품의 리얼리즘적 성취는 일반적인 리얼리즘 문학과 달리 풍자의 방식을 통해 이뤄지고 이러한 풍자의 수단으로 판소리 구연과 같은 문체와 대담한 구어 표현체계가 사용된다. 특히 방언은 일상어로서 자연 구어의 특성을 가장 잘 드러낸다는 점에서 『천하태평춘』의 경우, 전라도 사투리로 발언하는 주인공 인물의 현실성이 확보된다. 그런데 『천하태평춘』에서 화자가 주인공을 서술하기 위해 능숙하게 다루는 사투리의 언사도 언사이지만, 전라도 사투리를 쓰는 인물 스스로의 발언이 극화되어 있는 장면에서 높은 수준의 풍자가 실현된다. 주인공의 말들이 성공적으로 극화되는 경우, 화자는 인물에 관해 이야기하려고 하기보다는 그와 대화적 자세를 취한다. 여기서 대화란 작가 또는 화자가 인물이 서로 동등한 권리와 동등한 의미를 지니고 의식들 간의 상호작용을 담는 특수한 형식으로서의 성격을 말한다. 그러나 채만식 작품에서는 몇몇의 극화 장면들을 제외하고는 인물들이 대체로 화자에 의해 대상화 또는 사물화된다.

『천하태평춘』의 전지적 화자는 판소리와 같이 청자와 제휴하여 그들을 이야기 세계에 적극 참여케 한다. 그러나 화자는, 상말, 방언 등의 구어를 통해 판소리 창자와는 달리 자신을 웃음의 대상에 포함시키기보다는 등장인물 또는 청자 위에 군림한다. 화자의 군림은 판소리문학과 달리 화자가 인물들과 대화적 관계를 가지거나 그들의 처지에 서있지 못하게 한다. 인물들은 자의식을 갖지 못하며 사물화된다. 그리고 화자는 이들 모두에게 무차별적인 풍자를 가하며, 독자는 그렇게 하는 화자의 입심만을 즐긴다. 화자가 이야기하는 인물의 성격은, 작품 내내 장식적으로 부가되는 사건들(『천하태평춘』의 경우, 윤장의의 다양한 엽색 및 자린고비 행각 등)을 통해 잉여적으로 반복될 뿐이다.

화자의 조롱과 비아냥거림의 구어들은, 많은 경우 주제의 맥락에서 이탈되어 조롱을 위한 조롱을 지향하는 유희적 성격을 지녀, 스타일의 내용으로부터의 분리를 일으킨다. 덧붙여 화자는 인물을 풍자할 때, 욕설과 비속어의 구어를 사용하여 인신공격성의 까대는 웃음, 신체적 약점을 감각적 쾌락의 도구로 활용한다. 화자가 구사하는 구어나 방언은 속어와 비어를 주로 하여 추악하고 기괴한 평민의 이미지를 그릴 때 쓰임으로써 부정적이고 비합리적인 인간관과 기존질서의 보수적 세계관을 강화하는 민중에 대한 전근대적 관점을 드러낸다.

1930년대 후반 채만식 소설에 등장하는 지식인은 물론 민중적 인물들조차 무력하다. 그리고 작가는 이들 모두를 상층계급과 마찬가지로 풍자적이며 냉소적으로 그린다. 이러한 냉소와 풍자에 방언, 상스러운 욕설 등의 구어가 미학적으로 봉사한다. 이에 반해 김유정 소설의 구어는 민중의 건강하고, 낙천적인 익살스러움을 보여주면서 채만식의 것과는 다른 역할을 해나간다. 말의 아우라는 언어로서의 말 그 자체에 속하는 것처럼 여겨지지만, 실제로 아우라는 주어진 말의 통상적으로 기능하는 장르에 속한다. 그것은 말에서 되울리는 장르 전체의 메아리이다. 김유정과 채만식이 사용했던 방언과 비속어의 구어는 기술적 물성을 지닌 언어의 차원에서 볼 때는 양자가 동일한 것으로 보이지만 그것이 민중연대성이라는 맥락과 관계하여 사회적 물성을 지닌 담론으로 분석될 때 그 내용은 현저하게 달라진다.

참고문헌

1. 논문

강명관, 「판소리계 소설에 나타난 식욕과 판타지」, 『고전문학연구』 32, 한국고전문학회, 2007.

강영주, 「『임꺽정』과 꾸쁘린의 『決鬪』」, 『진단학보』 92, 진단학회, 2001.

고미숙, 「20세기 초 잡가의 양식적 특질과 시대적 의미」, 『창작과비평』 88, 창작과비평사, 1995.

______, 「'전근대'와 '탈근대'의 횡단을 위한 시론」, 『실천문학』 54, 실천문학사, 1999.

권두연, 「『소년』, 문체 실험의 장」, 『민족문학사연구』 36, 민족문학사학회, 2008.

권보드래, 「한국·중국·일본의 근대적 문학개념 및 문학어 형성(1) : 소설 「不如歸」의 창작 및 번역·번안 양상을 중심으로」, 『대동문화연구』 42, 성균관대 대동문화연구원, 2003.

________, 「1910년대의 새로운 주체와 문화 : 『매일신보』가 만든, 『매일신보』에 나타난 대중」, 『민족문학사연구』 36, 민족문학사학회, 2008.

________, 「1910년대의 이중어 상황과 문학 언어」, 『한국어문학연구』 54, 한국어문학연구학회, 2010.

권용선, 「1910년대 '근대의 글쓰기'의 형성과정 연구」, 인하대 박사논문, 2004.

권정희, 「도쿠토미 로카[德富蘆花] 『호토토키스[不如歸]』의 번역과 번안」 : 조중환의 『불여귀』」, 『민족문학사연구』 22, 민족문학사학회, 2003.

김동식, 「한국의 근대적 문학개념 형성 과정 연구」, 서울대 박사논문, 1999.

김동환, 「「천하태평춘」의 판소리 문체 연구」, 『국어교육』 73, 한국어교육학회, 1991.

김미지, 「박태원 소설의 담론 구성 방식과 수사학 연구」, 서울대 박사논문, 2008.

김미형, 『한국어 구어와 문어의 특징 연구』, 『한말연구』 15, 한말연구학회, 2004.

김병국, 「고대소설 서사체와 서술시점」, 『현상과 인식』 16, 한국인문사회과학회, 1981.

______, 「국문소설의 문체와 구성」, 황패강 편, 『한국문학연구입문』, 지식산업사, 1982.

김상욱, 「현진건의 『적도』 연구 : 계몽의 수사학」, 『선청어문』 24, 서울대 국어교육연구소, 1996.
김성수, 「이야기의 전통과 채만식 소설의 짜임새」, 한국정신문화연구원 석사논문, 1984.
______, 「이기영 소설연구」, 성균관대 박사논문, 1991.
김성옥, 「최서해 소설의 서술방식 연구」, 서울대 박사논문, 2005.
김양선, 「1930년대 소설과 식민지 무의식의 한 양상 : 김유정소설에 나타난 향토의 발견과 섹슈얼리티를 중심으로」, 김유정문학촌, 『김유정문학의 재조명』, 소명출판, 2008
김영범, 「조선 후기 판소리 담론과 민중집단의 집합의식」, 『한국학보』 12(2), 일지사, 1986.
김윤식, 「김동인 문학의 세 가지 형식 : 대동강의 사상과 감각을 중심으로」, 『한국학보』 11(2), 일지사, 2002.
김재영, 「임꺽정의 현실성 연구」, 연세대 박사논문, 1997.
김재용, 「근대인의 고향상실과 유토피아의 염원」, 『백석전집』, 실천문학사, 1997.
______, 「근대극복으로서의 공동체 발견과 그 명암」, 『실천문학』 50, 실천문학사, 1998.
김정자, 「'서술의 유형'으로 본 소설의 문체적 분석 : 채만식과 최서해를 중심으로」, 『국어국문학』 23, 문창어문학회, 1986.
김종갑, 「공동체적 시선을 위하여 : 토니 모리슨의 『푸른 눈』」, 『안과밖』 15, 영미문학연구회, 2003.
김종욱, 「관념의 예술적 묘사 가능성과 다성성의 원리 : 염상섭의 『삼대』론」, 『민족문학사연구』 5, 민족문학사학회, 1994.
______, 「구술문화와 저항담론으로서의 소문 : 이기영의 『고향』론」, 『한국현대문학연구』 16, 한국현대문학회, 2004.
김종철, 「디킨즈의 민중성 : 「어려운 시절」을 중심으로」, 『인문연구』 2, 영남대 인문과학연구소, 1982.
______, 「블레이크와 민중문화」, 『인문연구』 4, 영남대 인문과학연구소, 1983.
______, 「리비스와 공동체의 이념」, 『안과밖』 8, 영미문학연구회, 2000.
김 철, 「소설과 표준어 · 방언」, 『방언 이야기』, 태학사, 2007.
김학성, 「잡가의 사설 특성에 나타난 구비성과 기록성」, 한국고전문학회 편, 『국문학의 구비성과 기록성』, 태학사, 1999.
김현주, 「'거동보소'의 담화론적 해석」, 『판소리연구』 6, 판소리학회, 1995.
______, 「「춘향전」담화의 회화성」, 『판소리연구』 10, 판소리학회, 1999.

______, 「판소리의 다성성, 그 문제적 성격과 예술, 사회학적 배경」, 『판소리연구』 13, 판소리학회, 2002.
______, 「문장체 고소설과 판소리서사체의 언어조직 방식」, 『고소설연구』 19, 한국고소설학회, 2005.
______, 「「춘향가」 문체의 환유적 성격」, 『판소리연구』 19, 판소리학회, 2005.
______, 「판소리 연행에서의 공간 침범과 전위의 문제」, 『판소리연구』 23, 판소리학회, 2007.
______, 「판소리에서 감각패턴의 연행적 기능과 의미」, 『판소리연구』 24, 판소리 학회, 2007.
김환희, 「현진건의 인물묘사에 나타난 프랑스 사실주의와 한국고전수사학」, 『비교문학』 20, 한국비교문학회, 1995.
김홍수, 「소설의 방언에 대하여」, 『국어문학』 25, 국어문학회, 1985.
______, 「명사화의 담화 기능과 문체 양상」, 『어문학논총』 14, 국민대 어문학연구소, 1995.
______, 「채만식 소설의 문체」, 『국어문학』 32, 국어문학회, 1997.
______, 「소설의 시점과 관련 문법현상」, 『어문학논총』 25, 국민대 어문학연구소, 2006.
나병철, 「시각중심성을 넘어선 서사와 울림의 소설」, 『현대문학이론연구』 33, 현대문학이론학회, 2008.
노지승, 「1920년대 초반, 편지 형식 소설의 의미」, 『민족문학사연구』 20, 민족문학사학회, 2002.
류준필, 「근대계몽시기 신문 및 소설의 구어 재현 방식과 그 성격」, 『대동문화연구』 44, 성균관대 대동문화연구원, 2003.
박상준, 「「민족의 죄인」과 고백의 전략」, 이주형 편, 『채만식 연구』, 태학사, 2010.
박일용, 「「유충렬전」의 문체적 특징과 그 소설사적 의미」, 『홍익논총』 26, 홍익대 출판부, 1993.
______, 「「유충렬전」의 서사구조와 소설사적 의미 재론」, 『고전문학연구』 8, 고전문학회, 1993.
______, 「가문소설과 영웅소설의 소설사적 관련양상」, 『고전문학연구』 20, 고전문학회, 2001.
박진영, 「일재 조중환과 번안소설의 시대」, 『민족문학사연구』 26, 민족문학사학회, 2004.
박철희, 「문체와 인식의 방법 : 스타일에 대하여」, 『문학사상』 7, 문학사상사, 1973.4.
박헌호, 「30년대 후반 '가족사연대기' 소설의 의미와 구조」, 『민족문학사연구』 4, 민족문학사학회, 1993.
박현수, 「김동인 초기소설 연구」, 『현대소설연구』 13, 한국현대소설학회, 2000.
______, 「과거시제와 삼인칭 대명사의 등장과 그 의미」, 『민족문학사연구』 20, 민족문학사학회, 2002.
박희병, 「야담과 한문단편 장르규정의 몇 가지 문제에 대하여」, 『한국한문학연구』 6, 한국한문학회, 1985.
______, 「춘향전의 역사적 성격 분석」, 임형택 · 최원식 편, 『전환기의 동아시아문학』, 창작과비평사, 1985.
______, 「고전소설연구의 새로운 방향 모색」, 『민족문학사연구』 1, 민족문학사학회, 1991.
______, 「한국고전소설의 발생 및 발전단계를 둘러싼 몇몇 문제에 대하여」, 『관악어문연구』 17, 서울대 국어국문학과, 1992.
배개화, 「『문장』지의 내간체 수용 양상」, 『현대소설연구』 21, 한국현대소설학회, 2004.
배봉기, 「채만식 소설의 희극성 연구」, 『현대문학의 연구』 2, 한국현대소설학회, 1989.
배수찬, 「근대적 '서사' 관념의 형성 과정에 대한 연구」, 『민족문학사연구』 29, 민족문학사학회, 2005.
백지운, 「근대 중국 언어운동의 스펙트럼」, 『역사비평』 70, 한국역사학회, 2005.
백지혜, 「박태원 소설의 사유방식과 글쓰기의 형식」, 『관악어문연구』 30, 서울대 국어국문학과, 2005.
변현태, 「바흐찐의 소설이론 : 루카치와의 비교의 관점에서」, 『러시아소비에트문학』 7, 한국러시아문학회, 1996.
______, 「바흐찐의 소설이론과 그 현재적 의미」, 『창작과비평』 159, 창비, 2013.
서대석, 「유충렬전 연구」, 『창작과비평』 43, 창작과비평사, 1977.
서정섭, 「김동인 소설 언어 연구」, 『텍스트 언어학』 8, 한국텍스트언어학회, 2000.
서지영, 「여성의 몸과 근대적 욕망의 지형도 : 식민지 시대 기생과 까페 여급을 중심으로」, 한국여성연구소, 『여성의 몸』, 창비, 2005.
서대석, 「유충렬전 연구」」, 『창작과비평』 43, 창작과비평사, 1977.
소준섭, 「김기림의 시론에 나타난 '명랑'의 의미」, 『어문론총』 51, 한국문학언어학회, 2009.
송현호, 「「치숙」의 서사구조와 서술방식 연구」, 이주형 편, 『채만식 연구』, 태학사, 2010.
신선경, 「사태의 추상화와 분류 : 문어적 텍스트의 명사적 표현을 중심으로」, 『한국어 의미학』 16, 한국어의미학회, 2005.
안정숙, 「『율리시즈』연구 : 바흐찐의 다성성과 여성의 목소리」, 『영미문학페미니즘』 3, 한국영미문학페미니즘학회, 1996.
양문규, 「1910년대 소설의 근대성 재론 : 내면의 문제를 중심으로」, 연세대 근대한국학연구소, 『한국문학의 근대와 근대성』, 소명출판, 2006.
______, 「1910년대 나혜석 문학의 또 다른 근대성」, 문학과사상연구회 편, 『근대 계몽기 문학의 재인식』, 소명출판, 2007.
오경복, 「박태원 소설의 서술기법 연구」, 이화여대 박사논문, 1994.
우한용, 「한국 근현대소설과 문체 : 소설문체론의 방법 탐구를 위한 물음들」, 『현대소설연구』 33, 한국현대소설학회, 2007.
유종호, 「한글만으로의 길(상)」, 『창작과비평』 13, 창작과비평사, 1969.
이강은, 「소설의 역사철학적 전망 : 루카치와 바흐찐의 소설이론을 함께 읽기」, 『문예미학』 4, 문예미학회, 1999.
이경재, 「한설야 소설의 서사시학 연구」, 서울대 박사논문, 2008.
이경훈, 「오디세우스의 변명」, 『대합실의 추억』, 문학동네, 2007.
이득재, 「바흐찐과 가타리의 언어이론 비교연구」, 『러시아어문학연구논집』 9, 한국러시아문학회, 2001.
이문영, 「바흐찐의 모순의 역동성에 관한 소고」, 『러시아연구』 10(2), 서울대 러시아연구소, 2000.
이상수, 「한국어로 철학하기」, 『창작과비평』 106, 창작과비평사, 1999.
이연숙, 「일본어에의 절망」, 『창작과비평』 105, 창작과비평사, 1999.
______, 「일본에서의 언문일치」, 『역사비평』 70, 한국역사연구회, 2005.
이오덕, 「우리소설에 나타난 남의 나라 말과 말법 : 이인직에서 김동인까지」, 『국어생활』, 국어연구소, 1990.12.
이원조, 「『임꺽정』에 관한 소고찰」, 『조광』, 1938.8.
이은선, 「『천변풍경』에 나타난 주체-타자 연구」, 『한국 근대문학연구』 21, 한국근대문학회, 2010.
이장욱, 「바흐찐과 '서정적 수치'」, 『러시아연구』 13(1), 서울대 러시아연구소, 2003.
______, 「고골미학의 대화주의와 카니발리즘」, 『러시아어문학연구논집』 24, 한국러시아문학회, 2007.
이정옥, 「박태원 소설 연구 : 기법을 중심으로」, 연세대 박사논문, 1999.
이정원, 「고소설과 판소리의 장르 특질과 텍스트 양상」, 『고소설연구』 11, 한국고소설학회, 2001.
이주형, 「『태평천하』의 풍자적 성격」, 김윤식 편, 『채만식』, 문학과지성사, 1984.

이태영, 「채만식 소설 『천하태평춘』에 나타난 방언의 특징」, 『국어문학』 32, 국어문학회, 1997.

이화진, 「박태원의 「소설가 구보씨의 일일」론 : 구보소설의 창작원리와 그 의미」, 『어문학』 74, 한국어문학회, 2001.

이현주, 「박태원의 천변풍경 연구」, 연세대 석사논문, 1997.

이혜령, 「조선어, 방언의 표상들 : 한국 근대소설, 그 언어의 인종주의에 대하여」, 『사이』 2, 국제한국문학문화학회, 2007.

임형택, 「20세기 초 소설의 신구양식의 관련양상」, 『한국고전소설과 서사문학』, 집문당, 1998.

______, 「「동패낙송」연구 : 야담의 기록화 과정과 한문단편의 성립」, 『한국한문학연구』 23, 한국한문학회, 1999.

______, 「동아시아 서사학 시론 : 구운몽」과 「홍루몽」을 중심으로」, 『대동문화연구』 40, 성균관대 대동문화연구원, 2002.

______, 「소설에서 근대어문의 실현경로 : 동아시아 보편문어에서 민족어문으로 이행하기까지」, 『대동문화연구』 58, 성균관대 대동문화연구원, 2007.

장경현, 「문어 / 문어체 · 구어 / 구어체 재정립을 위한 시론」, 『한국어의미학』 13, 한국어의미학회, 2003.

장문석, 「이야기판 · 이야기꾼 · 근대소설가 : 이기영을 통해서 본 구술문화에서 문자문화로의 이행 一考, 1924~1933」, 『어문론총』 53, 한국문학언어학회, 2010.

장소원, 「문법연구와 문어체」, 『한국학보』 12(2), 일지사, 1986.

전광용, 「이인직 연구」, 『서울대논문집』 6, 서울대 출판부, 1957.

전신재, 「김유정소설의 구비문학 수용」, 『아시아문화』 2, 한림대 아시아문화연구소, 1987.

______, 「판소리의 생소화 효과」, 『공연문화연구』 3, 한국공연문화학회, 2001.

정연희, 「김동인의 시점론과 언문일치」, 『현대소설연구』 23, 한국현대소설학회, 2004.

정은균, 「중세국어의 장문성에 대한 문체론적 고찰」, 『텍스트언어학』 25, 한국텍스트언어학회, 2008.

정출헌, 「판소리 향유층의 변동과 판소리 사설의 변화 : 「흥부가」의 사설을 중심으로」, 『판소리연구』 11, 판소리학회, 2000.

조남현, 「사상의 하강과 언어표현력의 상승」, 『한국현대문학사상탐구』, 문학동네, 2001.

조성면, 「한국의 탐정소설과 근대성」, 『대중문학과 정전에 대한 반역』, 소명출판, 2002.

주형예, 「19세기 판소리계 소설의 서술기법 연구」, 연세대 박사논문, 2008.
______, 「여성 이야기를 통해 본 20세기 초 소설시장의 변모 : 이해조 〈원앙도〉·〈보란병〉을 중심으로」, 『한국고전여성문학연구』 22, 한국고전여성문학회, 2011.
진영복, 「한국 근대소설과 사소설양식」, 한국문학연구학회 편, 『한국 근대문학과 일본문학』, 국학자료원, 2001.
진정석, 「이야기체 소설의 가능성」, 문학사와 비평연구회 편, 『1970년대 문학』, 예하, 1994.
차혜영, 「1930년대 『월간야담』과 『야담』의 자리」, 『상허학보』 8, 상허학회, 2002.
천정환, 「박태원 소설의 서사기법에 관한 연구」, 서울대 석사논문, 1992.
______, 「한국 근대소설 독자와 소설 수용 양상에 대한 연구」, 서울대 박사논문, 2002.
최건영, 「미하일 바흐찐의 초기 저작과 폴리포니 소설론의 기원 : 바흐찐 소설론의 성격규명을 위한 서설」, 『슬라브학보』 11(1), 한국슬라브학회, 1996.
최기숙, 「언어의 육체성, 공감과 경험의 수사학 : 「남원고사」의 문체 미학」, 『고소설연구』 16, 2003.
최원식, 「은세계 연구」, 『창작과비평』 48, 창작과비평사, 1978.
______, 「소설과 생활 : 「조그만 일」을 중심으로」, 『염상섭연구』, 새문사, 1982.
______, 「서구 근대소설 대 동아시아 서사」, 『대동문화연구』 40, 성균관대 대동문화연구원, 2002.
______, 「창조적 장편의 시대를 대망한다」, 『창작과비평』 136, 창비, 2007.
______, 「모더니즘 시대의 이야기꾼 : 김유정의 재발견을 위하여」, 『민족문학사연구』 43, 민족문학사학회, 2010.
최정무, 「민족과 여성 : 혁명의 주변」, 『실천문학』 69, 실천문학사, 2003.
최태원, 「번안소설·미디어·대중성 : 1910년대 소설 독자의 문제를 중심으로」, 사에구사 도시카쓰 외, 『한국 근대문학과 일본』, 소명출판, 2003.
태혜숙, 「몸, 바흐친, 페미니즘」, 『영어영문학』 48(1), 한국영어영문학회, 2002.
하정일, 「'천변'의 유토피아와 근대비판」, 구중서·최원식 편, 『한국 근대문학사연구』, 태학사, 1997.
______, 「김수영, 근대성 그리고 민족문학」, 『실천문학』 49, 실천문학사, 1998.
______, 「채만식문학과 사회주의」, 『채만식문학의 재인식』, 소명출판, 1999,
______, 「1930년대 후반 한설야 문학과 자기 성찰의 깊이」, 문학과사상연구회, 『한설야문학의 재인식』, 소명출판, 2000.
표정옥, 「채만식 소설에 나타난 영상적 기법의 담론 연구」, 『어문학』 90, 한국어문학회, 2005.
한기형, 「근대어의 형성과 매체의 언어전략」, 『역사비평』 71, 한국역사연구회, 2005.

한설야, 「말의 매력」, 『청색지』, 1939.12.
한수영, 「말을 찾아서 : 이문구론」, 『사상과 성찰』, 소명출판, 2011.
황도경, 「관조와 사유의 문체」, 『박태원 소설연구』, 깊은샘, 1995.
______, 「위장된 객관주의 : 문체로 읽는 「감자」」, 『문체로 읽는 소설』, 소명출판, 2002.
황호덕, 「한국 근대형성기의 문장 배치와 국문담론」, 성균관대 박사논문, 2002.
村田雄二郎, 류준필 역, 「'文言 · 白話'를 넘어서 : 근대 중국에서 '국어' 문제」, 『중국현대문학』 36, 한국중국현대문학학회, 2005.

2. 단행본

강영주, 『벽초 홍명희연구』, 창작과비평사, 1999.
고미숙, 『한국의 근대성, 그 기원을 찾아서 : 민족 · 섹슈얼리티 · 병리학』, 책세상, 2001.
구자황, 『이문구 문학의 전통과 근대』, 역락, 2006.
권보드래, 『한국 근대소설의 기원』, 소명출판, 2000.
김대행, 『우리시대의 판소리문화』, 역락, 2001.
김동인, 『김동인전집』 6권, 삼중당, 1976.
김상봉, 『서로주체성의 이념』, 길, 2007.
김상환, 『철학과 인문적 상상력』, 문학과지성사, 2012.
김영민, 『한국 근대소설의 형성과정』, 소명출판, 2005.
김유정문학촌 편, 『김유정 문학의 재조명』, 소명출판, 2008.
김윤식, 『한국 근대문학양식논고』, 아세아문화사, 1990.
김윤식 편, 『채만식』, 문학과지성사 1984.
김재용 외, 『한국 근대민족문학사』, 한길사, 1993.
김재용 · 이현식 편, 『안함광 평론 선집』 1, 박이정, 1998.
김종철, 『시적인간과 생태적 인간』, 삼인, 1999.
김현주, 『구술성과 한국서사전통』, 월인, 2003.
나병철, 『근대성과 근대문학』, 문예출판사, 1995.
______, 『소설의 이해』, 문예출판사, 1998.
______, 『모더니즘과 포스트모더니즘을 넘어서』, 소명출판, 1999.
나종석, 『차이와 연대』, 길, 2007.
문학과사상연구회 편, 『채만식문학의 재인식』, 소명출판, 1999.
________________, 『한설야문학의 재인식』, 소명출판, 2000.
________________, 『근대 계몽기 문학의 재인식』, 소명출판, 2007.

민족문학사 연구소 편, 『근대 계몽기의 학술·문예사상』, 소명출판, 2000.
문금현, 『국어의 관용 표현연구』, 태학사, 1999.
박진영 편, 『번안소설어 사전』, 현실문학, 2008.
박헌호, 『식민지 근대성과 소설의 양식』, 소명출판, 2004.
서경호, 『중국소설사』, 서울대 출판부, 2004.
송민호, 『개화기소설의 사적 연구』, 일지사, 1975.
신동욱 편, 『현진건의 소설과 그 시대인식』, 새문사, 1981.
안영희, 『한일근대소설의 문체 성립』, 소명출판, 2011.
양문규, 『한국 근대소설사연구』, 국학자료원, 1994.
염무웅 편, 『채만식』, 지학사, 1985.
유종호, 『사회역사적 상상력』, 민음사, 1987.
______, 『동시대의 시와 진실』, 민음사, 1995.
이강은, 『반성과 지향의 러시아소설론』, 한국학술정보, 2009.
이경훈, 『오빠의 탄생』, 문학과지성사, 2003.
이기문·이상규 외, 『문학과 방언』, 역락.2001.
이기문, 『개화기의 국문연구』, 일조각, 1975.
이보경, 『문과 노벨의 결혼 : 근대 중국의 소설 이론 재편』, 문학과지성사, 2002.
이상경, 『인간으로 살고 싶다 : 영원한 신여성 나혜석』, 한길사, 2000.
이상섭, 『영미비평사』 1, 민음사, 1985.
______, 『영미비평사』 2, 민음사, 1996.
______, 『영미비평사』 3, 민음사, 1987.
이선영 편, 『문학비평의 방법과 실제』, 삼지원, 1983.
________, 『김유정』, 지학사, 1985.
이연숙, 고영진·임경화 역, 『국어라는 사상 : 근대일본의 언어인식』, 소명출판, 2006.
이오덕, 『우리 글 바로쓰기』 2, 한길사, 1992.
______, 『우리 문장 쓰기』, 한길사, 1992.
이윤식, 『남원고사 원전비평』, 보고사, 2009.
이재선, 『한국개화기소설 연구』, 일조각, 1972,
______, 『한국현대소설사』, 홍성사, 1979.
이진경, 『노마디즘』 2, 휴머니스트, 2002.
이태준, 『문장강화』, 창작과비평사, 1988
______, 『무서록』, 깊은샘, 1994.
이희재, 『번역의 탄생』, 교양인, 2009.
임철규, 『눈의 역사 눈의 미학』, 한길사, 2004.

임화, 임규찬·한진일 편, 『신문학사』, 한길사, 1993.
임화문학예술전집편찬위원회 편, 『임화문학예술전집 3 : 문학의 논리 1』, 소명출판, 2009.
__________, 『임화문학예술전집 4 : 평론 1』, 소명출판, 2009.
임형택·강영주 편, 『벽초 홍명희와 『임꺽정』의 연구자료』, 사계절, 1996.
전신재 편, 『김유정 문학의 전통성과 근대성』, 한림대 아시아문화연구소, 1997.
정호웅·손정수 편 『김남천 전집』 1, 박이정, 2000.
정홍섭, 『채만식문학과 풍자의 정신』, 역락, 2004.
조동일, 『소설의 사회사 비교론』 1~3, 지식산업사, 2001.
진영복, 『자기지시적 글쓰기의 분석과 해석』, 한국학술정보, 2005.
최경봉, 『우리말의 탄생』, 책과함께, 2005.
최경옥, 『한국개화기 근대 외래한자어의 수용연구』, 제이앤씨, 2003.
최병우, 『한국 근대 일인칭소설 연구』, 한샘출판, 1995.
최원식, 『한국 근대소설사론』, 창작사, 1986.
_____, 『한국 근대문학을 찾아서』, 인하대 출판부, 1999.
한기형 외, 『근대어·근대매체·근대문학 : 근대 매체와 근대 언어질서의 상관성』, 성균관대 출판부, 2006.
한수영, 『문학과 현실의 변증법』, 새미, 1997.
한정숙, 『여성은 이렇게 말했다』, 길, 2008.
황도경, 『문체로 읽는 소설』 소명출판, 2002.

역서

이효덕, 박성관 역, 『표상공간의 근대』, 소명출판, 2002.
가라타니 코오진 외, 송태욱 역, 『근대 일본의 비평』, 소명출판, 2002.
노구치 다케히코, 노혜경 역, 『일본의 '소설' 개념』, 소명출판, 2010.
마루야마 마사오·가토 슈이치, 임성모 역, 『번역과 일본의 근대』, 이산, 2000.
마에다 아이, 유은경·이원희 역, 『일본근대독자의 성립』, 이룸, 2003.
미우라 노부타카·가스야 게이스케 편, 이연숙·고영진·조태린 역, 『언어제국주의란 무엇인가』, 돌베게, 2005.
사카이 나오키, 이득재 역, 『사산되는 일본어·일본인』, 문화과학사, 2003.
__________, 후지이 다케시 역, 『번역과 주체』, 이산, 2005.
스즈키 토미, 한일문학연구회 역, 『이야기된 자기』, 생각의나무, 2004..
야나부 아키라, 서혜영 역, 『번역어 성립과정』, 일빛, 2003.

진노 유키, 문경연 역, 『취미의 탄생』, 소명출판, 2008.
코모리 요이치, 정선태 역, 『일본어의 근대』, 소명출판, 2003.
하라타 유미, 임경화 역, 『여성표현의 일본 근대사』, 소명출판, 2008, 203면.
하타노 세츠코, 최주한 역, 『『무정』을 읽는다 : 『무정』의 빛과 그림자』, 소명출판, 2008.
여홍상 편, 『바흐친과 문화이론』, 문학과지성사, 1995 · 1997.
게리 솔 모슨 · 캐릴 에머슨, 오문석 · 차승기 · 이진형 역, 『바흐친의 산문학』, 책세상, 2006.
다니엘 네틀 · 수잔 로메인, 김정화 역, 『사라져 가는 목소리들』, 이제이북스, 2003.
더글러스 로빈슨, 정혜욱 역, 『번역과 제국』, 동문선, 2002.
데이비드 로지, 김경수 · 권은 역, 『소설의 기교』, 역락, 2010.
란다 스브리, 이충민 역, 『담화의 놀이들』, 새물결, 2003
리디아 리우, 민정기 역, 『언어횡단적 실천』, 소명출판, 2005.
리하르트 반 뒬멘, 최윤영 역, 『개인의 발견』, 현실문화연구, 2005.
M. 맥루한, 박정규 역, 『미디어의 이해 : 인간의 확장』, 커뮤니케이션북스, 1997.
________, 임상원 역, 『구텐베르크 은하계』, 커뮤니케이션북스, 2001.
메리 E. 위스너 행크스, 노영순 역, 『젠더의 역사』, 역사비평사, 2006, 59면.
M. 바흐찐 · V.N. 볼로쉬노프, 송기한 역, 『마르크스주의와 언어철학』, 한겨레, 1988.
미하일 바흐친, 이득재 역, 『바흐찐의 소설미학』, 열린책들, 1988.
___________, 김근식 역, 『도스또예프스끼 시학』, 정음사, 1988.
___________, 전승희 외역, 『장편소설과 민중언어』, 창작과비평사, 1988.
___________, 이득재 역, 『문예학의 형식적 방법』, 문예출판사, 1992.
___________, 이덕형 · 최건영 역, 『프랑수아 라블레의 작품과 중세 및 르네상스의 민중문화』, 아카넷, 2001.
___________, 김희숙 · 박종소 역, 『말의 미학』, 길, 2006.
___________, 김윤하 역, 『프로이트주의』, 뿔, 2011.
스티븐 컨, 박성관 역, 『시간과 공간의 문화사』, 휴머니스트, 2004.
시모어 채트먼, 김경수 역, 『영화와 소설의 서사구조』, 민음사, 1999
A. 하우저, 백낙청 · 반성완 역, 『문학과 예술의 사회사 : 근세편』 상, 창작과비평사, 1980.
E. 아우얼바하, 김우창 · 유종호 역, 『미메시스』, 민음사, 1979.
월터 J. 옹, 이영걸 역, 『언어의 현존』, 탐구당, 1985
________, 이기우 · 임명진 역, 『구술문화와 문자문화』, 문예출판사, 1995.
이언 와트, 전철민 역, 『소설의 발생』, 열린책들, 1988.

츠베탕 토도로프, 『바흐찐 : 문학사회학과 대화이론』, 까치글방, 1987.
카를로 진즈부르그, 김정하·유제분 역, 『치즈와 구더기』, 문학과지성사, 2001.
캐롤린 하일브런, 김희정 역, 『셰익스피어에게 누이가 있다면 : 여자들에 대한 글쓰기』, 여성신문사, 2002.
팸 모리스, 강희원 역, 『문학과 페미니즘』, 문예출판사, 1997.
라터 펠스키, 김영찬, 심진경 역, 『근대성의 젠더』, 자음과모음, 2010.
페데리코 마시니, 이정재 역, 『근대 중국의 언어와 역사』, 소명출판, 2005.
M.호르크 하이머·Th.W. 아도르노, 김유동 외역, 『계몽의 변증법』, 문예출판사, 1995.
호미 바바, 나병철 역, 『문화의 위치』, 소명출판, 2002.

간행사 근대 한국학총서를 내면서

새 천 년이 시작된 지도 벌써 몇 해가 지났다. 식민지와 분단국가로 지낸 20세기 한국 역사의 와중에서 근대 민족국가 수립과 민족 문화 정립에 애써온 우리 한국학계는 세계사 속의 근대 한국을 학술적으로 미처 정리하지 못한 채 세계화와 지방화라는 또 다른 과제를 안게 되었다. 국가보다 개인, 지방, 동아시아가 새로운 한국학의 주요 대상이 된 작금의 현실에서 우리가 겪어온 근대성을 다시 한번 정리하고 21세기에 맞는 새로운 모습으로 탈바꿈시키는 것은 어느 과제보다 앞서 우리 학계가 정리해야 할 숙제이다. 20세기 초 전근대 한국학을 재구성하지 못한 채 맞은 지난 세기 조선학·한국학이 겪은 어려움을 상기해 보면, 새로운 세기를 맞아 한국 역사의 근대성을 정리하는 일의 시급성은 아무리 강조해도 지나치지 않다.

우리 근대한국학연구소는 오랜 전통이 있는 연세대학교 조선학·한국학 연구 전통을 원주에서 창조적으로 계승하고자 하는 목표에서 설립되었다. 1928년 위당·동암·용재가 조선 유학과 마르크스주의, 그리고 서학이라는 상이한 학문적 기반에도 불구하고 조선학·한국학 정립을 목표로 힘을 합친 전통은 매우 중요한 경험이었다. 이에 외솔과 한결이 힘을 더함으로써 그 내포가 풍부해졌음은 두말할 나위가 없다. 연세대학교 원주캠퍼스에서 20년의 역사를 지닌 매지학술연구소를 모체로 삼아, 여러 학자들이 힘을 합쳐 근대한국학연구소를 탄생시킨 것은 이러한 선배학자들의 노력을 교훈으로 삼은 것이다.

이에 우리 연구소는 한국의 근대성을 밝히는 것을 주 과제로 삼고자 한다. 문학 부문에서는 개항을 전후로 한 근대 계몽기 문학의 특성을 밝히는 데 주력할 것이다. 역사 부문에서는 새로운 사회경제사를 재확립하고 지역학 활성화를 위한 원주학 연구에 경진할 것이다. 철학 부문에서는 근대 학문의 체계화를 이끌고 사회과학 분야에서는 학제 간 연구를 활성화시키며 근대성 연구에 역량을 축적해 온 국내외 학자들과 학술 교류를 추진할 것이다. 이러한 연구들은 일방성보다는 상호 이해와 소통을 중시하는 통합적인 결과물의 산출로 이어질 것이다.

근대한국학총서는 이런 연구 결과물을 집약적으로 정리하기 위해 마련한 총서이다. 여러 한국학 연구 분야 가운데 우리 연구소가 맡아야 할 특성화된 분야의 기초자료를 수집·출판하고 연구성과를 기획·발간할 수 있다면, 우리 시대 연구자들뿐만 아니라 학문 후속세대들에게도 편리함과 유용함을 줄 수 있을 것이다. 새롭게 시작한 근대한국학총서가 맡은 바 역할을 충분히 할 수 있도록 주변의 관심과 협조를 기대하는 바이다.

2003년 12월 3일

연세대학교 원주캠퍼스 근대한국학연구소